El NO-DO,
catecismo social de una época

Saturnino Rodríguez Martínez

El NO-DO,
catecismo social de una época

Editorial Complutense

No está permitida la reproducción total o parcial de este libro, ni su tratamiento informático, ni la trasmisión de ninguna forma o por cualquier medio, ya sea electrónico, mecánico, por fotocopia, por registro u otros métodos, sin el permiso previo y por escrito de los titulares del copyright.

© 1999 by Saturnino Rodríguez Martínez

© 1999 by Editorial Complutense, S. A.
Donoso Cortés, 63-3.ª planta. 28015 Madrid
Tel.: 91 394 64 60 / 1. Fax.: 91 394 64 58

ISBN: 84-89784-78-7
Depósito legal: M-16387-1999
Impresión: Gráficas Marte, S.A.
Diseño de cubierta: Escriña

A Mari Vi y Miryam, a quienes este libro les robó buena parte de su tiempo. A Dora y a Satur, de cuya mano esa dura época que recuerda el libro me resultó más fácil (in memoriam).

Sumario

INTRODUCCIÓN	XIII

CAPÍTULO 1: ESPAÑA SALÍA DE UNA GUERRA CIVIL
El retorno a la tradición (1939-1945)	1
Legitimación institucional (1946-1956)	3
Normativa sobre los Medios de Comunicación	5
Los orientadores de la "educación popular"	11
Las bases del nacionalcatolicismo	14
"Educación popular" desde los medios de comunicación	17
Atisbos de apertura	22
Ideología "mosaico" del Régimen	25
Una ideología propia de "Cruzada"	27
También había disidencias	32
La cruzada de "buenas costumbres"	35
Las "familias franquistas"	40
Texto y contexto del NO-DO	46

CAPÍTULO 2: ¿MEDIOS DE COMUNICACIÓN O COMUNICADOS?
El papel de los medios en la sociedad	49
El análisis de los contenidos de NO-DO	53
Medios para la persuasión	55

CAPÍTULO 3: CINE, INDUSTRIA Y PROPAGANDA
El cine como industria	59
El cine documental	60
El documento Informativo	62
El cine en la Alemania nacional-socialista	63
El cine en la Italia fascista	66
El cine en Rusia, Gran Bretaña y Estados Unidos	68
El cine en España en ambos bandos	73
El primer "Noticiario español"	75

Capítulo 4: NO-DO: LA VIDA DE UN NOTICIARIO ESPAÑOL

Los antecedentes de NO-DO 82
El nacimiento de NO-DO 85
Una necesidad sentida 90
Comienzos difíciles 94
Con la Televisión, comenzó e fin de NO-DO 100
NO-DO, un balance final 106
NO-DO para la educación popular 113

Capítulo 5: NO-DO Y LA EDUCACION POPULAR

Al servicio del Régimen 119
Proyección obligatoria en cines 123
Información en exclusividad 125
Comienza el declive 128
Suprimida la obligatoriedad de NO-DO 130
Muere el Noticiario, pero nace el Archivo 131
Continente y contenido de NO-DO 133

Capítulo 6: ¿QUÉ CONTABA NO-DO?

El tono de vencedores 144
Lo intrascendente, noticia principal 154
Los "items" en NO-DO 155

6.1. Amnesia contra las heridas de la Guerra Civil
Deliberada intrascendencia 161
Cómo se cubrían los silencios 167

6.2. La postura durante la Segunda Guerra Mundial
En favor de la "neutralidad" 172
De "germanistas" a "aliadistas" 177
Y siempre "antibolcheviques" 180
Franco cambia los Gobiernos 184

6.3. Postura tras la Segunda Guerra Mundial
Bienvenido, Mr. Marshall... 191
Aislamiento internacional 195
Con los países "hermanos" 200
El acontecimiento Eva Perón 203
España, indultada en la ONU 205
La crónica de otros conflictos tras la Guerra Mundial 208

6.4. *El Generalísimo, caudillo "Por la gracia de Dios"*
    El rostro civil del Régimen 215
    Respeto a la institución monárquica 219
    Los gestos hacia el "Movimiento" 221
    Sobre todo, inauguraciones 223
    "Hijo fiel de la Iglesia" 230
6.5. *"España, una, grande, libre"... y católica*
    "Por rutas imperiales" 233
    Un Estado confesional 236
6.6. *La vida como una "pasarela"*
    Como un espectáculo de "varietés" 241
    Noticias "Miscelánea" 243
    Poco espacio para la cultura 248
    Folclorismo más que folclore 253
    Había un hueco para el cine 255
    Sobre el propio NO-DO 257
    Una economía autárquica 258
    La "pertinaz sequía" 263
6.7. *"Panem et circenses"*
    El gol de Zarra y otros 266
    La "fiesta nacional" 271

CAPÍTULO 7: PALABRAS FINALES
    Los medios "median" mucho 275
    Amnesia colectiva 275
    Noticiario como educador popular 276
    Una orientación confesional 277
    Pintoresquismo para tapar los silencios 278
    Entre el Eje y los Aliados 279
    Una información superficial 280
    Los padrinos para la ONU 281
    Voz e imagen del Régimen 281

CAPÍTULO 8: Los Sumarios del NO-DO 283

BIBLIOGRAFÍA 369

NOTAS 389

Introducción

Quienes veníamos al mundo cuando aún no había terminado la Guerra Civil, ni tenemos tan pocos años como para haberla olvidado, ni tantos como para mantener fresca su memoria. Somos esa generación intermedia sobre la que tanto se ha hablado, a caballo entre la "España profunda" y los nuevos tiempos. En todo caso, la madurez traía aparejado un sereno interés por aquellos años que nuestros padres vivieron con intensidad.

Durante muchos años los miles de metros de celuloide de NO-DO reposaron en los archivos primero de *Radiotelevisión Española (RTVE)* y después de la *Filmoteca Española* en un reposo y silencio rotos por algún incidente de incendio que supuso la desaparición de parte del inapreciable material. La España de la transición democrática de los años setenta bien avanzados optaba por una especie de amnesia de un pasado poco transparente en cuanto a aquellas libertades que se comenzaban a saborear. Parecía como si con los decretos municipales que cambiaban el nombre del "Generalísimo Franco" de tantas y tantas calles de nuestra geografía nacional se quisiese también esfumar lo que aquellos años de autarquía trajeron consigo. De ellos, NO-DO era sin duda la constancia más evidente. No en vano hoy tiene la consideración de "archivo histórico". Ese mismo silencio de años hizo que apenas se estudiase a fondo el documental franquista y mucho menos se extrajesen conclusiones sobre las intenciones del mismo, si realmente las había.

Por aquellos años cuarenta –años de fuerte impacto de lo visual, lo cinematográfico– al *Catecismo* religioso de Astete o Ripalda le acompañaba un nuevo catecismo civil que orientaba la mente y las costumbres –"buenas costumbres"– de los españoles recién salidos de una contienda civil entre hermanos, en buena parte organizada por formas no sólo distintas, sino contrarias de entender la vida. Llegado el año 1956, otro púlpito más solemne, convincente, atractivo y contundente le desplazaría en protagonismo. Era la Televisión, aquella especie de NO-DO servido a domicilio. El resumen histórico *Crónica de España* decía: "Nació el NO-DO, a estilo de los noticiarios UFA, para información y aleccionamiento, a falta entonces de televisión"[1]. Sus dirigentes no lo reconocían, pero la identidad e intencionalidad político-social de ambas creaciones audiovisuales y comunicativas era evidente.

Las palabras con las que el entonces ministro de Información y Turismo, Gabriel Arias Salgado, inauguraba la Televisión en España momentos antes de celebrarse una misa, son buena prueba de lo dicho: "Hoy, día 28 de octubre, domingo, día de Cristo Rey, a quien ha sido dado todo el poder de los Cielos y la Tierra, se inauguran los nuevos equipos y estudios de la Televisión Española. Mañana, 29 de octubre, fecha del XXIII Aniversario de la Fundación de la Falange, darán comienzo, de una manera regular y periódica, los programas diarios de televisión. Hemos elegido estas dos fechas para proclamar así los dos principios básicos fundamentales, que han de presidir, sostener y enmarcar todo el desarrollo futuro de la televisión en España: la ortodoxia y rigor desde el punto de vista religioso y moral, con obediencia a las normas que en tal materia dicte la Iglesia Católica, y la intención de servicio y el servicio mismo a los principios fundamentales y a los grandes ideales del Movimiento Nacional." La extensa cita, al tiempo que explica las intenciones fundacionales que estaban en la base de la política educativa del Régimen, justificaba también la importancia del componente religioso, cosa que resultará evidente a lo largo del libro. Lo religioso –lo religioso confesional y más concretamente católico– define una buena parte de las políticas y proyectos de los constructores de la España que salía de la Guerra Civil.

El trabajo abarca desde el número 1 de NO-DO, que se proyectó en los cines el 4 de enero de 1943, hasta el número 722, proyectado en las pantallas el 5 de noviembre de 1956. España acababa de salir de una guerra en suelo propio y vivía los ecos de otra que se batía en Europa. Así comenzaba NO-DO, que para nuestro trabajo concluirá con otros escenarios bélicos: la sublevación de Hungría contra el yugo soviético y su terrible represión. Nuestro análisis termina deliberadamente con aquel Noticiario que da cuenta de la inauguración de la Televisión Española. A partir de ese momento, NO-DO comenzó una etapa que concluiría con su extinción definitiva, previo paso por otra etapa de colaboradora de su hermana mayor la televisión. Los nuevos medios y su enorme impacto social se imponían de forma implacable. Si NO-DO había constituido un intento de socialización de un pueblo salido de los sufrimientos de una guerra entre hermanos, los nuevos tiempos y nuevos aires, por un lado, y la primacía con que un medio más poderoso podía realizar la misma tarea, por otro, dejaban de justificar su existencia.

Introducción

Uno de los estudiosos de esa época escribe: "El período que transcurre entre el fin de la Guerra Civil española y la firma del Concordato entre el Estado español y la Santa Sede es probablemente el peor conocido en lo que respecta a las relaciones entre la Iglesia católica y el poder político durante los últimos siglos de la vida española"[2]. Es justamente ese período el que cubre este trabajo sobre NO-DO. "Lo que parece un cuadro de costumbres es, sin embargo, un correcto punto de partida. La identificación de la Iglesia durante la Guerra Civil resultó bien palpable, y la España que hereda este período es secuencia directa de aquélla. Calvo Serer explicaba en su día que "las relaciones [...] de la Iglesia y el Estado en España y la importancia presente de aquélla en la vida pública arrancan de la guerra, y durante ella se desprende lo que se desea para el porvenir".

La consecuencia lógica de todo ello será la altísima incidencia de su presencia en la vida española. El autor citado señalará la realidad de esta presencia "en todas partes: en el hogar y en la escuela, en la oficina y en la calle, en la fábrica y en el cuartel, en la Universidad y en los espectáculos, en las diversiones, en las costumbres y hasta en las relaciones íntimas"[3]. La insistencia en algunos momentos en la evidente situación de excelentes relaciones entre Estado e Iglesia no significa tanto el interés en analizar ese hecho concreto como tal, cuanto evidenciar una de las esferas –y desde luego no la menos importante– con las que el nuevo Régimen o nuevo Estado, como se le denominó, pretendía educar a la población.

El Nuevo Régimen tenía sus planes educativos y la Iglesia se presentaba para ello como la institución más adecuada para llevarlos a buen puerto. Ella, a su vez, veía en el nuevo Estado el protector idóneo de sus intereses tras una etapa inmediatamente anterior en que sus efectivos habían sido perseguidos, sus locales de culto y educación incendiados o requisados y su doctrina completamente desatendida. La simbiosis se produciría casi sin pretenderlo. Ni los hombres del Nuevo Régimen procedían de una trayectoria católica militante y activa, como era conocido y lo demostraron posteriormente, ni la Iglesia llegó a abandonarse totalmente en sus benefactores y bendecir incondicionalmente sus proyectos.

El Noticiario oficial NO-DO se convertiría, casi sin saberlo, no sólo en la imagen pública e informativa de esa relación, sino también en uno de los instrumentos de educación popular más privilegiados, como deduciremos del propio análisis interno de los contenidos de NO-DO. "Valdría la pena, entonces, mirar hacia el propio equipo NO-DO, hacia sus imágenes y sus voces, antes de hacerlo a las intenciones del régimen, pues es bien sabido que, contra lo que puede sospecharse, NO-DO no solía recibir consignas estrictas de signo ideológico y, desde luego, jamás se transmitían éstas por escrito. No cabe duda de que sus artífices conocían las predilecciones de los gobernantes e intentaban satisfacerlas, pero esto no debiera ser identificado como un control riguroso. En suma, el estilo NO-DO, independientemente de su empeño ideológico, el cual se fue desdibujando con los años, respondió a la obra de un equipo de profesionales que practicaban una hábil autocensura (mayor o menor según los casos), en lugar de ser el producto de una ideologización en el fondo inexistente en el mismo régimen"[4].

NO-DO nació con una pretendida objetividad informativa a la que pronto se le cargaría de subjetividad en una política educativa que intentaba unificar pautas culturales. El esquema de valores que se quería transmitir era tan simple como la resignación y la combatividad. Los soportes para conseguirlo –al menos como aparecían en imágenes– serían la Iglesia, la familia y la diversión. Eso nos va a llevar al núcleo central del trabajo: el análisis interno del NO-DO. Cuando preguntamos a través de distintas entrevistas a quienes habían intervenido en la realización del NO-DO si recibieron algún tipo de presión, insinuación o consigna a la hora de orientar su trabajo, todos coincidían negándolo de plano. La verdad es que el análisis de las imágenes y los textos que la acompañan dejan poco lugar a duda sobre el interés del Nuevo Régimen en los puntos que consideraba importantes en su tarea de "educación popular". Será pura casualidad, pero de hecho constantes como las de la grandeza de la patria, la unidad interpretada como uniformidad, el anticomunismo combativo, la simpatía hacia el Eje, la orientación de la vida conforme a los criterios de fe y moral católicas, el apoliticismo excluyente de toda participación ciudadana en las decisiones, son los valores que se transmiten. Son los mismos que se dictan en discursos y textos oficiales, se transmiten en las publicaciones de la época, se enseñan en los centros educativos, se predican en las iglesias... y se encuentran también en NO-DO.

¿Y si NO-DO –llegamos a preguntarnos implícitamente en un momento– ni siquiera era consciente del papel que desempeñaba en ese cometido de transmisor de los valores tradicionales de viejo cuño con que los gestores del nuevo Estado añoraban la España imperial del Siglo de Oro? Las potencias occidentales que cerraron sus puertas a la España franquista advertirían en plena "guerra fría" la importancia de contar con un socio que en todo momento había vivido con mayor bisceralidad que ellos mismos la lucha anticomunista. Estados Unidos y la Santa Sede serían los avales para su ingreso en la Sociedad de las Naciones, y las Repúblicas iberoamericanas los únicos acompañantes y "cirineos" en el via–crucis. NO-DO sería el testigo y cronista excepcional de todo ello.

Del NO-DO llegaron a hacerse hasta tres ediciones diferenciadas con las letras A, B y C. Nos hemos centrado en la serie A por ser la más estrictamente informativa, como lo demuestra el hecho de ser la primera en proyectarse en las salas de cine. Hemos dejado de lado igualmente el reportaje *Imágenes,* que comenzó en 1945 con temas monográficos y una periodicidad semanal que alcanzó los 1.126 números hasta 1968, con diez minutos de duración cada número. A partir de ese momento fue sustituida por una serie de documentales en color y una edición especial denominada *Imágenes del Deporte,* con periodicidad mensual. Hubo otros proyectos como el de la producción de documentales de carácter turístico en unión con el Ministerio de Información y Turismo, que desde 1971 se titulaba *Imágenes del Turismo* y se enviaron regularmente a Iberoamérica. De los 722 noticiarios de la serie A, que van desde el 4 de enero de 1943 al 5 de noviembre de 1956, con una media de diez minutos de duración cada uno, hemos visionado aquellos que corresponden a los momentos más críticos o más destacados de la actualidad de esos años, dominados por la postura española ante la Segunda Guerra Mundial, el aislamiento de que España fue objeto por las potencias mundiales y el comienzo de sus relaciones con las mismas marcado por la firma de los Acuerdos con los Estados Unidos y del Concordato con la Santa Sede con unos días de diferencia.

La más costosa de las tareas ha consistido en analizar exhaustivamente –aquí sin una selección aleatoria– todos y cada uno de los sumarios que semana tras semana acompañaban la proyección de los noticiarios colocándose en las entradas de las salas de cine de toda España. Adviértase que la obligatoriedad de proyección de que gozaba NO-DO contribuye de forma decisiva a valorar el poder de inculturación que pudo tener el Noticiario-Documental particularmente en los primeros años de existencia, que son justamente los que abarca este libro. De todas y cada una de las miles de noticias de esos 722 sumarios se han agrupado primeramente en bloques las secciones de mayor cadencia; posteriormente se han analizado dentro de ellos las constantes e *items* de mayor frecuencia, y finalmente quedan repartidos en pequeños titulillos que resumen las que consideramos intenciones no manifiestas de sus patrocinadores.

Introducción

Ésta era la realidad objetiva contada desde el propio NO-DO. Pero, por otro lado, había que repasar exhaustivamente los acontecimientos que, fuera del circuito controlado de este medio oficial, se incluían en la prensa de aquellas fechas. También había que repasar los acontecimientos que, sin ser tenidos en cuenta en el momento en que se produjeron –posiblemente por razones de censura o control–, hoy aparecen en cualquier cronología de aquellos años. Realizada esta tarea, se observa que cuantitativamente hay diferencias notables entre los hechos que entonces se narraban y los que hoy sabemos que ocurrieron, aunque no se contasen. La comparación entre lo que ocurría realmente y lo que ocurría en NO-DO aporta, por su exclusión, otro dato más al análisis. Y todo ello sazonado con representativas declaraciones de personajes que tuvieron que ver directamente con los avatares del NO-DO, desde el primero de sus directores, que a su vez había sido jefe del Departamento de Cinematografía en el Gobierno de Franco en Burgos, hasta el ministro de Sindicatos, del que dependía el del Espectáculo y al que estaba vinculado NO-DO.

El trabajo de análisis, que constituye el núcleo del mismo, va precedido de una síntesis histórica del propio NO-DO, así como de la legislación que fue acompañando su vida y un estudio del propio método cinematográfico utilizado para su producción. Previamente, y dado el carácter sociológico del trabajo, hemos introducido dos marcos de obligada referencia para una mejor comprensión del fenómeno: el marco histórico (lo que ocurría en España y el mundo) y el marco mediático-social (papel persuasivo o propagandístico de los medios). La primera parte, por tanto, es una síntesis histórica de los años en que se desarrolla el NO-DO (1943-1956), que son los del primer franquismo, centrados especialmente en aquellos que al ser considerados como vertebrales por el sistema encontraban lugar preferente en el Noticiario-Documental; las denodadas luchas por la legitimidad del Nuevo Régimen; el bloqueo internacional de las potencias occidentales y el comienzo de apertura del Régimen al que sigue la aceptación de España en las Naciones Unidas; hecho este último en el que intervinieron de forma decisiva los Estados Unidos y la Santa Sede. En la segunda parte sintetizamos el papel que les ha cabido a los medios en la sociedad, la utilización que de los mismos se ha hecho como método no sólo de persuasión, sino de propaganda e inculturación, y la pormenorización de algunos casos de manipulación que, para cumplir estos fines, se hizo del medio concreto cine y especialmente del cine documental. Todo ello en momentos en que el cine lograba sus mayores cotas en el género documental y en momentos en que las escuelas sociológicas norteamericanas y europeas convertían en objeto privilegiado de sus análisis la manipulación que se hacía de los medios con fines propagandísticos en el período "entre guerras" y en las guerras mismas. La tercera parte como núcleo central sintetiza la historia de NO-DO, su naturaleza y el análisis pormenorizado de sus contenidos, que terminamos por agrupar en unos cuantos *items* que, fuera de otras consideraciones de coincidencia o discrepancia, son de carácter casi paradigmático a la hora de entender el Noticiario.

Podríamos decir que el libro aporta un análisis sobre la inculturización de los españoles de la postguerra. España se presentaba como un pueblo que había salido de una guerra empobrecido en todos los órdenes. Sobre él caían inexorables las consignas del Régimen con objetivos socializadores concretos. Pese a la penuria del momento, tenía medios suficientes para hacerlo. Todo ello debía, naturalmente, articularse. A esos efectos, la manipulación que pudiese existir de NO-DO, que en cualquier caso estaba por encima de la voluntad de sus autores inmediatos, no logró alcanzar sus cotas deseadas. En el fondo no existía sino un objetivo concreto: crear aquella España Una por la que los inspiradores del Régimen luchaban por la homogeneización y socialización de la cultura. Había una fuerte insistencia en la moral pública. El público –como una esponja ahíta y sedienta– absorbía de forma insensible aquellas noticias, con frecuencia superficiales, que acabarían teniendo carácter de categoría.

La verdad es que las intenciones de los inspiradores de NO-DO resultaban desalentadoras porque no habían conseguido aquella unidad, o, mejor, uniformidad deseada. Así le parecía a uno de los intelectuales del Régimen, Dionisio Ridruejo, que compartió responsabilidades de prensa en los primeros años y que decepcionado escribía: "Un régimen como el nacido de la Guerra Civil tenía que aspirar a poseer un aparato cultural propio, suyo. Ahora bien, el instrumento cultural, aunque pueda ser controlado, no puede ser nunca propiedad estricta de un régimen político, y hasta me parece que el marxismo ha exagerado creyendo que puede serlo de una clase. Una cosa es usar, manipular, utilizar y otra poseer realmente: hacer propios el saber y los medios de expresión. Éstos vienen de antes y van más allá de sus utilizadores. Hay en ellos elementos inasibles y fines propios. Si se investiga la realidad, la realidad manda y es quimera pretender que obedezca."

Lo que ocurre es que un medio como el cine nacido con la fuerza que aportaba la imagen para mostrar la realidad, como podía serlo NO-DO, no cumplió esa función. Pero tampoco consiguió, como bien señala Ridruejo, variar los saberes del pueblo, que vienen de atrás y van más allá de sus utilizadores. A la vista está la resolución que han ido teniendo aquellos intentos, mirando a la sociedad española del momento actual. Mientras tanto, había llegado la televisión –la televisión que Franco nunca quiso, como hoy se sabe–, y con ella toda una corriente imparable de modos y maneras de vivir y entender la vida distinta de aquellas con las que se había querido conformar un "espíritu nacional". Hoy vivimos de aquellos retales del ayer, pero aún no hemos alumbrado el mañana.

El Noticiario-Documental (NO-DO) como pan semanal alimentaba las mentes de los españoles de la postguerra, en momentos por otro lado en que el cine y el cine documental –sin competencia alguna en el ámbito audiovisual– gozaba del favor popular en el mundo entero. En aquel 1943 se estrenaban dos hitos de la cinematografía en diversos planos: *Casablanca* y *Guadalcanal*.

Capítulo I
España salía de una Guerra Civil

NO-DO es el retrato de una época. Se impone comenzar por describirla, así sea brevemente. La época abarca del año 1939 a 1945, que para unos historiadores –según sus tendencias– se conoce como etapa de *homogeneidad fascista* y para otros de a*sedio exterior y conspiración*. NO-DO nace en 1942, en el segundo momento de esa etapa, y termina para este libro en 1956, que algunos historiadores denominan como etapa de *supervivencia y segunda victoria*[1].

El retorno a la tradición (1939-1945)

Por aquellos años, los nuevos dirigentes de la política española querían rescatar toda una serie de tradiciones que habían conferido a España su glorioso pasado. Es la mentalidad de un importante sector falangista muy ligado al Eje Roma-Berlín en los años 1940-1941. En 1940 hay tres acontecimientos claves: la firma de un protocolo adicional al Pacto Ibérico firmado con el presidente Salazar de Portugal en el mes de junio, la ocupación de la zona internacional de Tánger, en Marruecos, por las tropas españolas, que abandonarán cinco años después, en el mes de julio, y la entrevista entre el Caudillo y Hitler en Hendaya el 23 de octubre. Al año siguiente, 1941, se producirán otros acontecimientos importantes: el encuentro entre el Caudillo y el Duce Mussolini en la localidad italiana de Bordighera; otro encuentro con el mariscal francés Pétain en Montpellier y la posición española de *neutralidad,* declarada en 1939, a la que sustituye el 24 de junio otra de *no beligerancia.* Ante la *Operación Barbarroja,* con la que Hitler quiere invadir la Unión Soviética, Franco se limita a enviar la División Azul con el general Muñoz Grandes al frente. El año 1942, con el cambio de rumbo de la Segunda Guerra Mundial, comienza a percibirse el ocaso de la Falange en el marco estatal[2], a la que Franco no había tenido otra alternativa que favorecer con su apoyo decidido. Por Decreto del 19 de mayo de 1941 había retirado al Ministerio de Gobernación su responsabilidad del Servicio de Prensa y lo había confiado a la Vicesecretaría de Educación Popular recién creada en el seno de la Falange. Pero Falange entraba en su recta final en 1944 con un Decreto del 12 de diciembre por el que se disolvían las milicias y otro de 27 de julio de 1945 por el que se le retiraba del Servicio de Prensa y Propaganda, que volvía al Ministerio de Educación. Son sólo algunos datos que no conviene olvidar cuando intentamos conocer un documental, NO-DO, al que entendemos se le querían asignar cometidos educativos populares.

El Noticiario NO-DO nace justamente cuando la guerra mundial está decantándose claramente por el bando *aliado* y Franco va reconociendo la imperiosa necesidad de volver a ese redil del que se había alejado en favor del Eje. En la misma medida su política iría transformándose en un sistema de mayor respeto a las libertades y de mayor participación. En esa época comienzan a desmontarse no pocos símbolos y a instaurarse otros, así fuese superficialmente. Las imágenes del Noticiario estarían impregnadas de esa misma actitud titubeante que el Gobierno le transmitía.

Se observa también en esa etapa el retorno a la normalización diplomática y el paso de una dictadura absoluta a una monarquía representativa buscando una cierta legitimidad de carácter democrático. A finales de 1950, las Naciones Unidas, con el voto favorable de los Estados Unidos, revocaban aquella decisión del año 1946 que recomendaba no establecer relaciones diplomáticas con España y le prohibía pertenecer a sus organismos. Franco aprovecharía la situación para rescatar la dignidad perdida y propalar desde sus propios medios cómo Occidente había reconocido el error e injusticia cometidos. En diciembre de 1950, Estados Unidos enviaba embajador a Madrid y tras de él en pocos meses retornarían los demás. En 1953, España suscribía un Concordato con la Santa Sede que oficializaba en el ámbito de las relaciones internacionales los privilegios que había venido otorgando a la Iglesia la Guerra Civil. El 4 de no-

A NO-DO se le querían asignar cometidos educativos populares

viembre de 1950 se produce la vuelta a la normalidad diplomática dando el *placet* al ingreso de España en las organizaciones internacionales y recomendando el retorno de embajadores. En 1952, España era miembro de la Organización Mundial de la Salud (OMS), en 1953 ingresaría en la UNESCO y, por fin, en 1955 sería admitida en la propia ONU.

Legitimación institucional (1946-1956)

Terminada la Guerra Civil y desde la orientación que presidía el Nuevo Régimen, urgía enterrar la legislación existente –republicana y lejana al talante de los nuevos gobernantes– y elaborar nuevas pautas legales más consonantes con su ideario y que contribuían a otorgar al Estado una legalidad que no tenía. Interesados más directamente con lo relacionado con ese medio informativo audiovisual que era NO-DO, vamos a recordar sólo aquellas que tenían relación con los medios de comunicación y también con la Iglesia, supuesta la tarea encomendada de tutelar lo relacionado con la educación y cultura populares, dentro de aquella inspiración católica que animaba al Estado.

Desde los primeros años de la postguerra hay un buen número de leyes que buscaban favorecer a la Iglesia[3]. Eran los primeros ladrillos de un edificio que culminaría años más tarde en el Concordato de 1953, considerado por el Régimen como el mejor de todos los hechos en la historia de las relaciones de la Santa Sede con Estado alguno. Algunas de estas leyes no esperaron siquiera al término de la guerra, como ocurre con la legislación sobre el matrimonio y el retorno de órdenes religiosas como la Compañía de Jesús, expulsada durante la República. Se derogaba el divorcio civil señalando explícitamente que se abandonaba el espíritu laico, "devolviendo así a nuestras leyes el sentido tradicional, que es católico" (23-IX-1939). Se establecía o recuperaba el Cuerpo de Capellanes de Beneficencia (30-VI-1939), la dotación al clero en los Presupuestos del Estado (9-XI-1939), el pago de haberes a sacerdotes impedidos (17-V-1940), el Cuerpo de Eclesiásticos en el Ejército (12-VII-1940), el descanso dominical (13-VII-1940), mayores facilidades para la inscripción de matrimonios celebrados durante la República (31-XII-1940) o barrer de plano la posibilidad de crear cualquier asociación sin autorización del Ministerio de Gobernación, con la excepción de las asociaciones católicas con fines religiosos (25-I-1941).

A partir del 7 de junio de 1941 hay una serie de acuerdos del Estado con la Iglesia que comienzan por aquel en que a propósito del nombramiento de obispos, el Estado se comprometía "a no legislar sobre materias mixtas o sobre aquellas que puedan interesar de algún modo a la Iglesia, sin previo acuerdo con la Santa Sede". Acuerdo completado en julio del 1946 con otro sobre nombramiento de canónigos y párrocos; en diciembre de ese mismo año, sobre seminarios y universidades pontificias; en agosto de 1950, sobre jurisdicción castrense y atención religiosa a las Fuerzas Armadas, eximiendo a clérigos y religiosos del servicio militar. La Ley sobre Ordenación de la Universidad reconocerá solemnemente que "inspirándose en el sentido católico, consustancial a la tradición universitaria española, acomodará sus enseñanzas a las del dogma y de la moral católica" (29-VII-1943). Un Decreto de 26 de enero de 1944 insistiría en los criterios católicos que debían inspirar la educación universitaria. Una Circular de 25 de marzo de 1944 quitaría la censura previa obligatoria para los textos litúrgicos y textos latinos usados por la Iglesia católica. Un Decreto de 29 de septiembre de 1944 establecía la enseñanza religiosa en las Escuelas Superiores de Enseñanza Profesional y Técnica, y otro Decreto del 29 de septiembre del 1944 establecía lo mismo para el grado medio. Se creaba la Asesoría eclesiástica de los Sindicatos, con lo que se pretendía dar eficiencia a las consignas para gobernantes emanadas de las encíclicas y mensajes pontificios, como se dice expresamente en el texto (11-X-1944). La Ley Orgánica del Consejo de Estado se refiere abiertamente a la Iglesia (25-XI-1944).

De forma solemne el *Fuero de los Españoles* del 17 de julio de 1945 establecía en su artículo sexto que la religión católica, oficial del Estado, gozaría de protección también oficial:

"La profesión y práctica de la Religión Católica, que es la del Estado español, gozará de protección oficial. Nadie será molestado por sus creencias religiosas en el ejercicio privado de su culto. No se permitirán otras ceremonias ni manifestaciones externas que las de la Religión Católica."

En esa misma fecha nacía la *Ley de Educación Primaria* reconociendo a la Iglesia el derecho a la creación de escuelas primarias y de magisterio, expidiendo incluso titulaciones, junto con el derecho "a la vigilancia e inspección de toda la enseñanza en los centros públicos y privados de este grado, en cuanto tenga relación con la fe y las costumbres". Incluso una Orden del 17 de julio de 1946 sobre régimen interior en la Academia General del Aire otorgaba una importancia especial a la formación religiosa. La Ley de Sucesión en la Jefatura del Estado (26-VII-1947) definía a España como "Estado católico, social y representativo" y daba entrada en el Consejo del Reino a la Iglesia a través del obispo de mayor jerarquía y antigüedad entre los que fuesen procuradores en las Cortes.

Una Orden del 7 de octubre de 1947 –hacía cuatro años había nacido NO-DO– señalaba que en la *Junta Superior de Orientación Cinematográfica* no sólo habría un vocal religioso sino que podría interponer su veto en materia dogmática o moral. El Decreto del 2 de julio de 1948 que refundía la legislación sobre Protección de Menores colocaba al obispo de Madrid-Alcalá en el Consejo Superior. La ley del 16 de julio de 1949 sobre bases de la enseñanza media y profesional admitía la creación de centros de este tipo por parte de la Iglesia.

Normativa sobre los Medios de Comunicación

Para entender el marco legal en que se inscribe NO-DO debemos retrotraernos a los años anteriores, a los años de la Guerra Civil e inmediatamente posteriores. Entre *1936-1939,* en plena Guerra Civil, no faltan las disposiciones restrictivas para la libertad de expresión. En diciembre de 1936 se ordenaba la confiscación de material subversivo e inmoral, y un año después, en noviembre de 1937, se creaba la *Junta Superior de Censura Cinematográfica.*

Serrano Suñer inspiró una *Ley de Prensa* que el 22 de abril de 1938 firmaría Franco, y resultó el único instrumento legal hasta la otra *Ley de Prensa* de 1966 promulgada por el entonces ministro Fraga Iribarne. Después de la publicación de aquella Ley de Prensa de Serrano Suñer, una Orden del 29 de abril de 1939 imponía la autorización previa para la publicación, distribución y venta de todo tipo de publicaciones impresas. El 24 de mayo de 1939 se dictaría una disposición sobre depuración de periodistas que se completaría con otra más restrictiva aún un año después. Según Juan Beneyto, que llegó a ser director general de Prensa en el Ministerio de Información y Turismo con Arias-Salgado y director de la Escuela de Periodismo, el Decreto de 1938, aunque tendría carácter de ley y regularía las relaciones con la prensa hasta la ley de Fraga en 1966, "fue obra del grupo que tenía Serrano a su alrededor, fundamentalmente católicos, como Pavón, Ibáñez Martín, los hermanos Giménez Arnau, José Antonio y Enrique". Pero añade a continuación que "una vez terminada la guerra mundial, a Franco le pareció que había que hacer desaparecer las apariencias falangistas o totalitarias. El Instituto de Estudios Políticos perdió su contenido y pasó a la Facultad de Ciencias Políticas; desapareció la delegación de Prensa del Movimiento, que pasó a Educación, e incluso durante dos o tres años no hubo ministro del Movimiento, sino secretario general. Otra Orden de 15 de julio de 1939 introducía la censura sobre guiones cinematográficos, obras de teatro, líricas y composiciones musicales. La Ley Serrano quedaba completada con dos ordenanzas del 24 de abril de 1940 y del 24 de febrero de 1942.

La Ley Serrano venía a poner una relativa normalidad a las severas normas adoptadas tras el conflicto comenzado el 18 de julio de 1936. En la ley del 38 se decía:

> "No podía perdurar un sistema que siguiese tolerando la existencia de ese "cuarto poder", del que se quería hacer una premisa indiscutible [...]. No podía admitirse que el periodismo continuara viviendo al margen del Estado [...]. Testigos quienes hoy se afanan en la empresa de devolver a España su rango de nación unida, grande y libre, de los daños que una libertad entendida al estilo democrático había ocasionado a una masa de lectores diariamente envenenados por una prensa sectaria y antinacional (afirmación que no desconoce aquel sector que actuó en línea rigurosa de lealtad a la patria), comprenden la conveniencia de dar unas normas al amparo de las cuales el periódico viva en servicio permanente del interés nacional [...]. Hay que evitar los males que provienen de la libertad de tipo democrático. La prensa debe estar siempre al servicio del interés nacional; debe ser una institución nacional, una empresa pública al servicio del Estado."

Ya desde el artículo 1.º la Ley otorgaba al Estado capacidad total de fiscalizar y vigilar todas las publicaciones, y se ampliaría en el artículo 2.º concretando dicha vigilancia en la extensión de las publicaciones, el nombramiento de los directivos, reglamentación de la profesión periodística, control de su actividad y censura previa. Se constituyeron la *Dirección General de*

Prensa, la *Escuela Oficial de Periodismo* y el *Registro Oficial de Periodistas.* Incluso la *Federación de Asociaciones de Prensa,* a través de sus tribunales de honor, podía excluir de por vida a un profesional del Registro Oficial.

Entre *1939 y 1941,* ya terminada la Guerra, se iría completando la normativa con una nueva Orden del 18 de abril de 1940, por la que incluso las conferencias y charlas, con excepción de las pronunciadas en instituciones de la FET y JONS, Universidad e Iglesia, contasen con la autorización de la Dirección General de Propaganda. En plena Segunda Guerra Mundial, los asuntos de Prensa dependían de la Vicesecretaría de Educación Popular de FET y JONS, creada el 20 de mayo de 1941, que a su vez dependía orgánicamente de la Secretaría General del Movimiento y, por tanto, de la Falange, bajo el mandato de José Luis Arrese. El vicesecretario era Gabriel Arias Salgado, que tenía dos directores para Prensa y Propaganda: Luis Ortiz y Tomás Cerro Corrochano. Un Decreto posterior, del 10 de octubre de 1941, transferiría servicios y organismos de la Subsecretaría de Prensa y Propaganda y del Ministerio de Gobernación a la recién creada Vicesecretaría.

Toda la legislación y normativa posteriores que regularían la existencia de los medios de difusión deben entenderse dentro de las más amplias que determinaban los derechos de los ciudadanos y que a su vez sólo pueden entenderse en esa época a la luz del único instrumento que los regulaba, que era el *Fuero de los Españoles,* promulgado el 16 de julio de 1945. Concretamente la Orden de marzo de 1946 supondría un alivio mínimo atenuando las normas de censura de Prensa.

El término Fuero "designaba en otro tiempo las cartas y franquicias concedidas a las ciudades y a sus habitantes. Quizá no sea ocioso señalar que este Fuero fue concedido en una época en la que la democratización constituía para el Gobierno español un mal necesario impuesto por las circunstancias internacionales"[4]. Desde la perspectiva más positiva, el *Fuero* proclamaba la existencia de derechos y libertades esenciales en los tiempos modernos tales como la libertad de expresión del pensamiento, de asociación y reunión, de creencias y culto con reservas, del secreto de la correspondencia, de circulación y residencia, la inviolabilidad del domicilio y la no retroactividad de las leyes penales.

En el artículo 12 se garantizaba la *libertad de expresión,* pese a que después se mantuviesen intocables las disposiciones sobre la censura previa. Los ciudadanos –decía el *Fuero*– no gozan de estos fueros sino cuando son compatibles con las exigencias del orden público y la seguridad del país. Y ahí es donde cabe también una lectura negativa en el sentido de que el artículo 35 del texto autoriza la suspensión temporal por Decreto-Ley de las libertades de expresión, correspondencia, domicilio, asociación y reunión. El artículo no tiene condición alguna y está sometido, por tanto, a la única consideración del gobernante, lo que ocurre sin más consideraciones por ejemplo en la huelga de Asturias de 1958, la de 1967 en Vizcaya o la del 1968 en todo el País Vasco. En el artículo 12 del propio *Fuero* se señalaba que "todo español podrá expresar libremente sus ideas mientras no atenten a los principios fundamentales del Estado". En cualquier caso, comparado con las libertades alcanzadas en la República en el terreno de la expresión, el *Fuero de los Españoles* suponía un recorte legal. Todo esto sucedía entre 1945 y 1951"[5].

Entre *1945 y 1951* la dinámica queda marcada por la terminación de la Guerra Mundial en mayo de 1945. El 2 de julio de ese año la Vicesecretaría de Educación Popular deja de depender de la Secretaría General del Movimiento (de la Falange) para integrarse en el Ministerio de Educación de José Ibáñez Martín. El nuevo ministro de Exteriores, Martín Artajo, no parecía estar de acuerdo con unos medios identificados con el Eje y buscaba cambiar la dependencia administrativa de la Prensa e incluso llegar a una nueva Ley. Luis Ortiz es nombrado subsecretario de Educación Popular, y Tomás Cerro, director general de Prensa, también de talante católico como Ibáñez Martín y Martín Artajo. Naturalmente, NO-DO pasa de su dependencia de la Secretaría del Movimiento a la del Ministerio de Educación.

Entre *1951 y 1957* vuelven las responsabilidades a quienes las habían tenido durante la Guerra Mundial, Gabriel Arias y Juan Aparicio, que reaccionaron con una cerrazón mayor: impidieron una apertura que se sentía y pedía desde otros ámbitos ajenos a los del Movimiento. El Decreto del 21 de marzo de 1952 ponía en marcha la *Junta de Clasificación y Censura de Películas Cinematográficas,* tanto extranjeras como nacionales, que además debían pasar sus guiones una censura previa.

Ya avanzado el *desarrollismo franquista,* en febrero de 1963 se dictarían nuevas normas de censura cinematográfica y, tras la nueva Ley de Prensa de marzo de 1966, llegaría la corrección de las normas represivas del artículo 165 bis del Código Penal en abril de 1967, imponiendo limitaciones punitivas a la libertad de expresión, y las de la Ley de Secretos Oficiales en abril de 1968. La nueva Ley de Prensa de 1966, aprobada por las Cortes el 15 de marzo y publicada el mes de abril, como señalaba en su discurso el ministro Fraga Iribarne, liberalizaría de alguna forma el panorama vigente hasta ese momento. Más tarde, en febrero de 1975, se aprobarían las nuevas normas de censura cinematográfica, aunque entramos ya en una etapa que rebasa el objeto de este libro con el nacimiento de la televisión en España en 1956.

Las relaciones del Estado surgido de la Guerra Civil con los Medios de Comunicación –y ésa es la etapa del nacimiento de NO-DO que analizamos– se establecían a través de la Secretaría General del Movimiento, cuyo jefe supremo era José Luis de Arrese, un viejo falangista, colaborador del fundador José Antonio Primo de Rivera, que oscurecería un tanto la figura del cuñado de Franco, Ramón Serrano Suñer. A la larga, la Secretaría del Movimiento tendría sus mayores problemas en las relaciones con el ministro de Asuntos Exteriores, Serrano Suñer, que se resistía a perder el ámbito de influencia en la Prensa, él que había disfrutado de ser el autor de la simbología y orientación del Nuevo Régimen.

Tanto Arias Salgado como Aparicio aprovecharon la nueva estructura para ir recortando la poderosa influencia de Serrano Suñer, que sin el control sobre Prensa y Radio había perdido buena parte de su poder[6]. Una de las primeras consecuencias de su pérdida de control sobre los medios fue la negativa de la Vicesecretaría de Educación Popular a que los periódicos recogiesen un discurso del embajador en Alemania, conde de Mayalde, afirmando que tanto la Prensa como la Radio en España habían estado siempre incondicionalmente al lado de Hitler y del III Reich y que los editoriales del periódico de la Falange, *Arriba*, obedecían a la inspiración de Serrano Suñer.

Ramón Garriga, que relata lo anterior, es testigo de excepción en su calidad de amigo personal de Serrano y corresponsal en Berlín. Para urdir un contraataque contra la Secretaría, le hizo venir a España buscando pasar al Ministerio el control sobre la información internacional. El proyecto no agradó a Franco, y Ramón Garriga no vino por fin a España. Dos días antes de los sucesos de Begoña del 15 de agosto de 1942 que precipitarían su salida del Gobierno, Serrano Suñer enviaba unas declaraciones inoportunas en cuanto se producían en momentos en que Franco buscaba un impuesto distanciamiento del Eje: "Ideológicamente formamos con propia personalidad en el bloque de los Movimientos revolucionarios (socialistas o sindicalistas), en oposición a la democracia y al comunismo"[7].

Los *sucesos de Begoña* fueron los últimos causantes de la creación de NO-DO, en opinión de varios de sus calificados iniciadores. Aquello fue el final de Serrano Suñer y el final de una etapa dominada, junto a otros recortes, por la censura filonazi y la vuelta a una información centrada en las fuerzas aliadas contendientes de la Segunda Guerra Mundial. NO-DO nacía en 1942, en la Vicesecretaría de Educación Popular –una forma eufemística de referirse a lo más parecido a un Departamento de Propaganda–. Dependería después de la Delegación de Cinematografía, y en la esfera jerárquica, de Arias Salgado y Juan Aparicio.

Lo que se buscaba con la creación de NO-DO era la educación popular de una ciudadanía con una formación que no sobrepasaba la del nivel escolar

De todo lo anterior puede apreciarse que en lo referente a la "educación popular" se establecía una importante imbricación entre la Iglesia en calidad de orientadora principal y los medios como vehículo educativo. Todo lo relacionado con las orientaciones y personas que estaban al frente del sistema educativo nos interesa en ese convencimiento que tenemos de que lo que se buscaba con la creación de NO-DO era la educación popular de una ciudadanía con una formación que no sobrepasaba la del nivel escolar. Esto, que era válido para otros medios, lo era sobre todo para los medios audiovisuales y más concretamente para el cine, al que se le atribuía un privilegiado impacto en la formación popular.

Como única diversión, el cine copaba la atención de los españoles de aquellos difíciles años, pero su fuerza era aún mayor si las imágenes recogían la actualidad más próxima. Estas intenciones estaban más en la mente de quienes idearon el proyecto que de quienes lo realizaron y mantuvieron. Cuando fueron entrevistados, casi coincidentemente afirmaban que nunca recibieron presiones de ningún tipo, salvo casos excepcionales, y que el propio Noticiario se sentía ajeno a toda orientación política.

Los orientadores de la "educación popular"

Entre esos orientadores de la política de educación popular habría que colocar en primer lugar, así sea cronológicamente, a José Ibáñez Martín, el primer ministro de Educación del Gobierno de Franco. Su responsabilidad sobre la política de los medios fue más directa cuando la tutela de los mismos se dejó en manos de la política educativa quitándosela a la política del Ministerio de Interior y al Movimiento. José Ibáñez Martín se aproxima mejor que nadie al prototipo de hombres del Nuevo Régimen que durante muchos años orientó la actividad educativa y cultural de España. Un turolense educado en Valencia y Madrid, en donde hizo Letras y Derecho, que ocupó durante doce años –desde que tomara posesión el 10 de agosto de 1939 de su cargo de ministro de Educación Nacional– las más altas responsabilidades: presidencia del Consejo de Estado, de la Comisión de Justicia de las Cortes y del Consejo Superior de Investigaciones Científicas, embajador y miembro de tres Academias. Su política católica se centró en la incondicional ayuda a los colegios dirigidos por congregaciones religiosas, en el contenido de los planes y en los libros de texto.

Ibáñez Martín había conocido a José María Albareda en la etapa republicana y con él intercambió proyectos sobre problemas educativos. Concluida la guerra y convertido en ministro, Ibáñez Martín llamó a Albareda para asumir la secretaría general del Consejo Superior de Investigaciones Científicas (CSIC), que había sido creado por Ley del 24 de noviembre de 1939. La relación de Albareda con el padre Escrivá de Balaguer hace a su vez que desde los comienzos se rodee de miembros del Opus Dei que supondrían el relevo de las cátedras universitarias. Se calcula que del 20 al 40% de las cátedras cubiertas entre 1939 y 1951 habían ido a parar a profesores del entorno del Opus Dei, o directamente miembros del mismo[8]. Se ha escrito que no fueron tantos los ministros del llamado grupo católico (Ibáñez Martín, Larraz, Martín Artajo, Ruiz Giménez, Castiella, Silva, Garicano y Cabello de Alba), y, por tanto, tampoco pudo ser tan grande su influencia, pero las carteras que ocuparon resultaron decisivas y el tiempo de permanencia en las mismas fue largo.

Del ministro Ibáñez Martín –hasta su cese en 1951– dependían los *Servicios de Información y de Prensa* del Estado a través de los cuales se ejercía la

Panorama cultural sombrío el de la España de los 40. Dionisio Ridruejo, Pedro Laín Entralgo y Antonio Tovar eran representantes de la intelectualidad en el falangismo de los primeros años, que luego pasarían a la disidencia. En la foto, Ridruejo (centro) flanqueado por Tovar a su derecha y Laín a su izquierda, en un acto de la redacción de la revista "Escorial", fundada por ellos en el año 1940.

censura, aunque muchas competencias estaban encomendadas a otros Ministerios y al organismo de los Sindicatos. Al frente de este cometido estaba precisamente Gabriel Arias Salgado, que al cesar Ibáñez Martín los separaría para crear, junto al de Turismo, un nuevo Ministerio.

Aunque Ibáñez Martín procedía de la ACNP (*Asociación Católica Nacional de Propagandistas*), que tanta influencia tuvo en los primeros años del franquismo y volvió a tenerla nuevamente en sus finales, conectaba más con el espíritu del grupo *Acción Española* que, junto con la CEDA (*Confederación Española de Derechas Autónomas*) de Gil Robles, participó en la "sanjurjada" de 1932. Era un hombre de profundas convicciones tradicionales y católicas que, formado en las filas de Acción Española, entendió como una tarea de reconstrucción moral su misión política en la caótica situación del país. La obra principal de Ibáñez Martín se sitúa en la base de la orientación educativa y cultural de la política franquista. A imitación de la *Kaiser Wilhelm Gesellschaft* alemana o el *Consiglio Nationale de la Richerche* italiano, creó el Consejo Superior de Investigaciones Científicas intentando enmendar la plana de la *Institución Libre de Enseñanza*. De la importancia que daba a la orientación educativo-cultural del país da buena cuenta la serie de leyes que fue sacando adelante: Ley de Ordenación Universitaria (1943), Ley de Protección Escolar (1944), Ley de Educación Primaria (1945), Ley de Creación de Institutos Laborales (1949).

El discurso pronunciado por Ibáñez Martín ante el propio Franco en la inauguración del Consejo Superior de Investigaciones Científicas constituye una muestra excepcional de lo que aquellos hombres, responsables de poner en marcha la dolorida España salida de la Guerra Civil, querían para sus hombres. Decía en aquella ocasión:

"La ciencia es para nosotros una aspiración hacia Dios. Queremos una ciencia católica, esto es, una ciencia que, por sometida a la razón suprema del Universo, por armonizada con la fe "en la luz verdadera, que ilumina a todo hombre, que viene a este mundo" (Jo, 1,9), alcance su más pura nota universal. Liquidamos, por tanto, en esta hora todas las herejías científicas, que secaron y agostaron los cauces de nuestra genialidad nacional y nos sumieron en la atonía y decadencia. Nuestra ciencia es la "Ciencia española de nuestro Imperio" [...], "la genialidad teológica española" [...]. Aquí tenéis, señor, formado en línea, distribuido por las falanges y centurias de sus patronos e institutos, el nuevo ejército de la ciencia española, apercibido ya para la gran batalla de la cultura, ávido de cumplir el programa de la restauración, enrolado en la disciplina del Estado y animado de un espíritu unitario de servicio a la Patria [...]. Se agrupan en torno a vuestra egregia figura de Caudillo de España [...]. Todos han acudido con ardimiento a vuestra orden de leva y de recluta" [9].

Hoy nos llama la atención esa mezcla de: jerarquismo militar, falangismo entusiasta, exaltación de la cultura como algo uniforme forjado en troquel, sentido de la misión universal-imperial de España, hispanidad expansionista, moralidad de las costumbres y catolicismo militante como única forma de vivir todo lo demás.

Las bases del nacionalcatolicismo

Con Ibáñez Martín compartían responsabilidades educativas e idéntico celo otros destacados personajes en la base de esa orientación educativa que conocemos como *nacionalcatolicismo*. Uno de ellos, Romualdo de Toledo, estaba al frente de la dirección de Enseñanza Primaria. Un antiguo diputado tradicionalista que en la República defendió denodadamente a los religiosos dedicados a la enseñanza y llegó a ser director gerente de la *Sociedad Anónima de Enseñanza Libre (SADEL)*, que agrupaba a todos los colegios católicos. Pero Ibáñez Martín tuvo otro director general, el de Enseñanza Media y Superior, José Pemartín, que manifestaba idénticas o más radicales actitudes de cómo debía ser orientada la educación superior. Su libro *¿Qué es lo nuevo? (Consideraciones sobre el momento español presente)* desvela, junto al ideario del personaje, la política educativa en aquellos momentos. Para Payne, el libro en cuestión es el texto más influyente en la política del momento[10]. Para este hombre, que despreciaba la *Institución Libre de Enseñanza*, a cuyos máximos exponentes denomina "caciques de la educación oficial", lo que habían pretendido los masones fue desfigurar el "verdadero ser ideológico" de España. De la Institución, añade, "anticatólica y antiespañola..., no ha de quedar piedra sobre piedra".

El capítulo noveno de ese libro –bajo el título *La Instrucción Pública*– constituye todo un programa de actuación de cara a la educación popular en los distintos niveles. Ya es significativa la denominación de "instrucción" en lugar de educación. "Nosotros lo que pretendemos –escribe– es dar un sello católico general a la Universidad española en su totalidad, como representación, la más alta y selecta, de la cultura española y de la Cultura del Estado nuevo, fascista-católico, que diseñamos."

El capítulo entero está sazonado de alusiones a la "España Católica y Falangista tradicional", al "fascismo intensivo según el cual el Estado fiscalizará con toda su autoridad la Unidad Católica e Hispánica de los ideales", de la "catolización de la Segunda Enseñanza", etc.[11] Pemartín establece cómo lo católico es el elemento constitutivo del "ser español". Constitutivo del ser nacional:

"El Catolicismo Nacional-Español –no como "ser dogmático", sino como "ser historia"– está determinado en espacio y tiempo. Es el realizado en España precisamente en el mo-

mento en que se forma nuestra nacionalidad completa; este catolicismo nacional se integra totalmente al desembocar España en el siglo xvi. Éste es el Catolicismo histórico-político que hay que buscar como fuente y raíz de nuestra nacionalidad [...]. Lo que no puede ser es nacionalista español, si no es, implícita o explícitamente, "Católico siglo XVI". Porque en esto último está concretada su temporalización histórica, dibujada según este perfil temporal, la esencia de nuestra nacionalidad"[12].

Toda esta teoría la iría concretando Pemartín hasta llegar al ámbito de las relaciones entre la Iglesia y el Estado[13]. Y en aquella situación de Estado recién salido de una Guerra Civil, "Cruzada" contra la irreligión, ese sentido católico de la vida debía ser el orientador de toda la actividad social:

"Por consiguiente, si España ha de ser nacional y ha de ser fascista, el Estado español ha de ser necesariamente Católico. No sólo que reconozca que el Catolicismo es la Religión de la mayoría de los españoles y, como tal, la proteja; no que sólo reconozca, que sólo acepte, o respete, o reverencie, o proclame... Ninguno de estos verbos es suficiente. Es preciso el verbo Ser. Que el Estado español sea católico."

Pemartín pasa inmediatamente a señalar algunas de las atribuciones que piensa deben legislarse y que resumimos particularmente en lo que afectan a la educación y orientación de los españoles particularmente en el ámbito de los medios por lo que podría atañer al Noticiario NO-DO. Éstos eran los puntos:

"1.º Hay que declarar a la Religión Católica como la Religión Oficial del Estado español. 2.º No se ha de permitir enseñanza alguna en contra de la Religión Católica, ni en los establecimientos oficiales, ni en los privados. 3.º No se ha de permitir proselitismo, ni público ni privado, en favor de otras religiones. 4.º Propugna que no se permita 'el culto público de ninguna otra Religión'. 5.º Sugiere se 'reconozcan como incluidos orgánicamente en el Estatuto Jurídico del Estado español todos los derechos de la Iglesia y su jurisdicción'. 6.º Dice expresamente: 'Se entregará a la Iglesia la vigilancia efectiva de la Enseñanza, Prensa e Imprenta españolas en materias dogmáticas'. Los puntos 7.º y 8.º se refieren a la devolución de los bienes confiscados a la Iglesia por Mendizábal y a la inclusión de las necesidades de la Iglesia en los Presupuestos del Estado. En el punto 9.º se reclama un Reglamento o un Concordato que 'regulará los detalles de estas funciones'."

Otro de los guías orientadores de la nueva situación sería Ernesto Giménez Caballero, a quien recuerda Raymond Carr en su resumen de la historia reciente de España cuando escribe: "Las diatribas de uno de los padres fundadores de la Falange, que había visto en Mussolini al salvador de la "catolicidad" y en Cervantes a un antiespañol traidor a los valores representados por Don Juan y las corridas de toros, eran características no solamente de una atmósfera que catalogaba a los intelectuales como pesimistas, como "eunucos indignos de ocupar una plaza en la España viril", sino también de un regreso al barbarismo verbal. Los excesos lingüísticos de la Falange y del "Estado misional ético" iban a degradar durante toda una generación el lenguaje político y literario. Su contrapartida en la España "roja" lo constituía el mundo empapado de eslóganes de la propaganda marxista. A pesar de la retórica falangista que infectó los pronunciamientos "públicos del Gobierno, los valores fundamentales del nuevo Estado lo constituían el orden militar y la ortodoxia católica, los valores de Castilla, creadora de la unidad española y martillo de herejes"[14].

Su militante convencimiento de la coincidencia entre lo español y lo católico como esencia de la grandeza de España aporta argumentos intelectuales a ese nacionalcatolicismo triunfante en los años de la postguerra. Para ello, desde su condición de escritor reconocido, lo que en un fascismo o nazismo del momento se traduciría en un ritual castrense en las marchas y arengas, en él adquiere barrocos caracteres literarios que rozan lo absurdo.

"El genio fundamental de Europa –el católico– lo encarnó España [...]. Si ha de volver otra vez el equilibrio católico del mundo, ¡pliéguese este mundo a quien tan magnamente supo y sabrá servir a ese genio: el genio de España! [...]. Y como estas afirmaciones mías encierran una solemnidad tal que pudiera rayar en lo ridículo, como podrían sus alas tropezar con lo rasero, ¡tomemos altura, con un golpe audaz de timón!, para contemplar la circundez del panorama, la distribución topográfica de los genios o divinidades que rigen la Historia del Hombre desde que esta Historia comenzó a extenderse por la cartografía del mundo, como las nubes por el cielo: en rangos de batallas y tormentas"[15].

En Ernesto Giménez Caballero se produjo una extraña evolución. Era doctor en Filosofía y escritor, colaboró en el periódico *El Sol* y había fundado en 1927 la revista *La Gaceta Literaria,* de gran influencia en los medios literarios.

Abandonó en 1929 el movimiento vanguardista y su ideario liberal para cambiarlo por otro tradicional y nacionalista. Fue embajador en Paraguay entre 1963 y 1974, escribiendo exaltados libros de crónicas sobre Portugal, Galicia, Argentina, México, Bolivia y Paraguay. Fue Premio Nacional de Literatura en 1934 y Premio Nacional en 1953.

"Educación popular" desde los medios de comunicación

Esa orientación educativa de signo nacional-católica, que estaba en la base de los medios que se consideraban de mayor influencia en el público de la Nueva España, tenía también sus inspiradores. Era la orientación que dominaría ese púlpito privilegiado del Noticiario NO-DO con el que se contribuía a organizar la vida social española del modo privilegiado que lo hacen los medios. No es exagerado el símil de púlpito, deliberadamente simbólico, habida cuenta del color confesional del paisaje español del momento. El responsable de los medios durante muchos años en diversos cometidos fue Gabriel Arias-Salgado, personaje de quien se ha escrito recientemente que llevaba "la cultura como una monja de clausura fanática y un poco tonta [16].

Arias-Salgado, como tantos hombres del Nuevo Régimen en sus primeros años, no dudaba en afirmar que la España que había emergido de la Guerra Civil era una España vencedora contra las fuerzas del mal en una auténtica Cruzada bendecida por la jerarquía eclesiástica. La ley del 20 de mayo de 1941 por la que se creaba dentro de la Secretaría General del Movimiento la *Visecretaría de Educación Popular* fijaba claramente sus objetivos de "emplazar de manera adecuada los *Servicios de Prensa y Propaganda* en atención a la sustantividad de su significación doctrinal y política". Dependía, por tanto –aunque no se dijese tan abiertamente–, del aparato político de la Falange. De momento quedaba descartada la creación de un Ministerio –precisamente porque su mejor inserción radicaba "en los órganos elaboradores de la doctrina política del Estado"–, Ministerio que llegaría diez años más tarde con la denominación de Ministerio de Información y del que sería primer y máximo titular precisamente Gabriel Arias-Salgado.

Le sustituiría Manuel Fraga Iribarne, que acometería la empresa de la *Ley de Prensa*, la cual vería la luz en 1966. Quedaba, por lo tanto, muy claro que el cometido que se asignaba a los medios era el de ser, más que instrumentos de comunicación, instrumentos de propaganda y endoctrinamiento político. La política de información del hombre fuerte de los medios en la primera etapa franquista queda bien reflejada en las obras de compilación que editó durante su gestión ministerial[17]. Se ha llegado a decir que la remodelación de 1951 con nuevo Ministerio de Información y Turismo del que dependían los asuntos de prensa, con Arias-Salgado al frente, produjo una inexplicable confusión entre teología y franquismo. El testimonio que sigue refleja las intenciones profundas que animaban la política informativa de Arias-Salgado cuando llegó al Ministerio:

> "Sus estudios escolásticos y su interés por la teología, unidos a la fe en el sistema imperante, le hacían ser un convencido sin prejuicios sobre la misión que le había sido encomendada: salvar a los ciudadanos del mal, de la contaminación pecaminosa de ideas extrañas. Y creo personalmente, por recuerdos estudiantiles e inicio en la profesión periodística, así como por testimonios de personas solventes que le conocieron bien, que Arias-Salgado no fue un político que desempeñó su cargo como lo hizo por el deseo de agradar al jefe del Estado y aferrarse al sillón, o por un cinismo convencional o de coyuntura, sino que ejerció su mandato con el íntimo convencimiento de que su actuación se derivaba de un deber de conciencia, y sentía, profundamente, la responsabilidad de que de él dependía, en gran medida, no sólo el acatamiento de los españoles a un sistema político y a su jefe, sino también su rectitud moral, la sanidad de sus costumbres y, a la postre, incluso su salvación eterna"[18].

Esto era tan cierto, que siempre tuvo en el Ministerio a un sacerdote teólogo a su lado con objeto de consultarle los asuntos relacionados con el hecho religioso. Franco colocaba a un hombre con quien en ese terreno no cabía la pluralidad informativa. Arias-Salgado venía de las Humanidades y la Filosofía Escolástica y había desempeñado puestos de gobernador y jefe provincial del Movimiento en Salamanca desde el fin de la guerra hasta cuatro años más tarde. Después sería secretario de Educación Popular y delegado nacional de Prensa y Propaganda hasta 1946 (con inequívoca alusión a los cometidos que se le asignaban de homologación entre prensa y propaganda), en que pasa a ser secretario general para la Ordenación Económico-Social de las Provincias.

Uno de los autores que han estudiado el papel y avatares de la Prensa durante el Régimen de Franco y el cometido que le cupo a Arias-Salgado reproduce una conversación del mismo con José María Pemán, en la que le confesaba que el discurso que cada año pronunciaba ante la Asamblea de la Prensa era recogido con los demás en sendos volúmenes que en conjunto –decía– "viene a formar una teología de la Información. Parto de Santo Tomás, que dejó sentado para siempre que la libertad es la opción entre los bienes posibles, pero excluido el mal"[19]. Ésa era su filosofía fundamental que inspiraría cuantas ediciones, censuras, presiones o sugerencias emanasen de la Vicesecretaría, primero, y del Ministerio, después.

Ya en su tiempo se referían a las disposiciones de Arias-Salgado y su *Teología de la Información*. "La concepción de un Estado teocrático y la conocida fórmula de una moralidad objetiva y superior, derivada del derecho natural, son los ejes sobre los que gira toda una concepción de la política entendida como consecución de un bien común general, nunca definido más allá de puras abstracciones, que se eleva por encima del bien particular y concreto de los individuos"[20]. En otro estudio sociológico sobre el franquismo, Arias-Salgado aparece incluido en el capítulo de integristas porque, aunque reconoce lo importante del elemento católico en su trayectoria, aún era superior la densidad de su integrismo en la mejor de las tradiciones del pensamiento español más reaccionario[21].

Su convicción de ser un profeta de la nueva situación y la convicción profunda de que "sólo hay libertad para el bien", le llevaría a polemizar incluso con personas y órganos de la propia Iglesia como el prelado Herrera Oria y el semanario *Ecclesia*, entonces órgano de la Acción Católica y hoy de la Conferencia Episcopal Española. Las paces vendrían tras la entrevista que el político y el prelado tuvieron en la residencia de este último en Málaga. Las levísimas suavizaciones de la censura de una circular del 25 de marzo de 1944 apenas supusieron la supresión de censura para publicaciones literarias anteriores a 1800, las musicales con letra anterior a 1900, los textos latinos de la Iglesia y las publicaciones de carácter litúrgico. Excepciones que lograron evitar la censura para el semanario *Ecclesia* precisamente. Cuál no sería el control de los medios en esta época de Arias-Salgado, que la propia *Federación de Asociaciones de la Prensa* hizo público en 1955 un decálogo de la profesión periodística cuyo punto primero decía: "Como españoles de fe católica y defensores de los principios del Glorioso Movimiento Nacional, tenemos el deber de servir esta verdad religiosa y esta verdad política con fervor, en nuestra tarea de información y orientación."

En ocasiones esa especie de convicción del destino que le había signado la Providencia para ser ángel de la guarda de las débiles mentes españolas, le llevaría a situaciones que, de no estar documentadas, difícilmente serían creíbles. Rafael Abellá, en un libro que siembra de anécdotas todo ese apartado de rearme moral al que también nos referiremos, cita textualmente una declaración de Arias en 1952: "Stalin viaja con frecuencia y no se dan explicaciones acerca de adónde va. Pero nosotros lo sabemos [...]. Se va a la República de Azerbaidján, y allí, en un pozo abandonado de las perforaciones petrolíferas, se le aparece el Diablo, que surge de las profundidades de la Tierra. Stalin recibe las instrucciones diabólicas sobre cuanto hay que hacer en política. Las sigue al pie de la letra, y esto explica sus éxitos pasajeros"[22].

El inmediato colaborador de Gabriel Arias-Salgado desde el primer momento fue Juan Aparicio. No le quedaba a la zaga en esa especie de "cruzada de limpieza de decencia intelectual y buenas costumbres". Aparicio, que procedía de las JONS de Ramiro Ledesma Ramos, con quien colaboró, fue el brazo derecho de Arias en la Delegación de Prensa dentro de la Vicesecretaría. Fundador de la Falange y autor del lema "España, Una, Grande, Libre", había trabajado en prensa y propaganda para el general Millán Astray. Fue profesor en la escuela de periodismo del diario *El Debate* y fundó el semanario falangista *El Español*. Fundador también de la revista *Gaceta de la Prensa Española*, escribía en su primer número en 1942: "La prensa concebida como instrumento de la atomización de nuestro continente tenía que doblegarse al triunfo político de las revoluciones nacionales en Europa, que significan la unidad europea [...]. La prensa está en orden, dentro de su orden fundamental y eterno para servir a Dios o para servir al César."

La *Gaceta de la Prensa Española* es otro de los hitos en el camino de organizar y orientar la instrucción de los españoles salidos del enfrentamiento bélico. En ella se incluyeron entre 1942-1946 las sanciones dictadas contra periódicos y periodistas contrarios a la normativa vigente. También de la mano de la Subsecretaría de Educación Popular de la Falange se creaba en 1942 el *Instituto de Opinión Pública,* que oficializaba el ya existente Servicio Español de Auscultación. El interés por el control y orientación de los medios llevará a los dirigentes del nuevo régimen a trasladar idénticas inquietudes a la enseñanza creando instituciones que formasen nuevas hornadas de profesionales.

En 1940 se había intentado crear una sección de Periodismo en la Facultad de Filosofía; tan sólo un año después nacía la *Escuela Oficial de Periodismo* por una Orden de la Vicesecretaría de Educación Popular con fecha 17 de noviembre de 1941, dependiente de la Delegación Nacional de Prensa, para cuyo ingreso como alumno se exigía ser español, poseer título de bachiller o maestro, tener entre dieciocho o treinta años, acreditar buena conducta, falta de antecedentes penales y ser militante de Falange Española Tradicionalista y de las JONS. Datos todos ellos que había que acreditar previamente. Los profesores, igual que en otros ámbitos, para acceder al cargo debían jurar ante Dios por España y su Caudillo servir a la Patria con fidelidad a los Principios del Estado Nacional-Sindicalista y entregarse al servicio de su profesión para que las futuras promociones de periodistas mantengan el espíritu fundador y creador de la Falange.

De la entidad de la Escuela da constancia el texto de la misma Orden cuando define a la misma como "el organismo académico encargado de la formación integral del periodista, formándole espiritual y técnicamente para el desempeño de su misión al servicio de la cultura e interés de la patria, con el fin de crear una conciencia colectiva y orientar la cultura popular en cumplimiento de las consignas del Estado"[23]. Otro Decreto de la Vicesecretaría (18 marzo 1943) crearía la *Unión Española de Periodistas*, órgano representativo de los profesionales de la prensa, en la que en el mismo tenor de textos similares se hablaba del mejoramiento moral y educación política de los periodistas, cumpliendo su misión "sin apartarse de los postulados de la Falange Española Tradicionalista y de las JONS", según reza el Reglamento de la Unión en el Anuario anteriormente citado.

Llegado este punto creemos necesario volver a insistir en la importancia de conocer a los protagonistas y situaciones que en aquellos años decidían la política educativa. La orientación educativa y cultural imperaba lógicamente en una estructura del Estado tan jerarquizada como aquella, dominando todas sus manifestaciones y en consecuencia también las de aquel documental cinematográfico, el NO-DO, que a través de la fuerza de lo visual acompañaría obligatoriamente las sesiones de cine. Al tándem Arias-

Salgado/Aparicio le cupo alguna parte de responsabilidad en ese bloqueo en los medios para el que pedían una mayor apertura organismos tan poco sospechosos de veleidades como la propia Iglesia. Cuenta Tusell que Pemán en su diario escribió sobre esta cerrazón señalando que se debía a "Carrero Blanco y a sus órdenes; a Aparicio, con su inteligente decisión, y a Arias, con su bobería paciente"[24].

Atisbos de apertura

Entre todos esos personajes que orientaron la educación popular de la España salida de la Guerra Civil, sobre todo en el ámbito de los medios de comunicación –y NO-DO lo era de forma privilegiada–, tenemos que referirnos a quienes tímidamente comenzaban a intentar posiblemente la única apertura viable en aquellos momentos. Uno de ellos, Alberto Martín Artajo, abogado y hombre destacado de las filas católicas nacido en 1905, que llegó a ser miembro de distintos Consejos de Administración de bancos y empresas. Bajo su responsabilidad cayó la política exterior y educativa de España durante casi veinticinco años. Había sido vicepresidente de la *Confederación de Estudiantes Católicos* primero, vicepresidente nacional de la *Acción Católica* a partir del año 1931 y desde 1940 presidente de la Junta Nacional de Acción Católica, el órgano supremo que acogía a las distintas ramas masculina, femenina y especializada. Posiblemente sea el hombre del sector católico que más responsabilidades políticas haya detentado durante más años. Cuando Franco le llamó a la vida política sabía que cubriría muchos frentes y deseos: Martín Artajo tenía algunas relaciones en el Vaticano, que Franco necesitaba para captar las simpatías necesarias del exterior; no era falangista, con lo que contribuía a la disminución de la influencia casi exclusiva en la política, cosa que también Franco deseaba; simpatizaba con la monarquía y deseaba una modificación de la vigente Ley de Prensa, en las que entonces pensaba Franco[25].

Desde el Ministerio de Asuntos Exteriores, Martín Artajo decidía no pocas de las cosas que tenían que ver con los medios de comunicación. Para algún historiador del franquismo, en el programa de Martín Artajo y del sector "colaboracionista" la prensa jugaba un papel de primerísima importancia. Ese asunto figuraba en las primeras conversaciones de Artajo y Herrera Oria con Franco, que buscaba sobre todo la reaparición de *El Debate* y la

Estraperlo, pan blanco, cartilla de racionamiento, gasógeno... son palabras incorporadas al recuerdo de aquellos tristes años cuarenta de penuria y hambre. En la tahona de la foto, el cliente recibe unos panes esperando le sellen la correspondiente cartilla.

desaparición de un régimen de prensa más propio de tiempos de guerra que de paz. Del despacho de Martín Artajo salieron prácticamente todas las propuestas de nombramientos en las responsabilidades de los medios a los que estamos pasando revista[26]. El primero, Luis Ortiz como subsecretario de Educación Popular y Tomás Cerro como director general de Prensa. Tanto Ángel Herrera Oria como Martín Sánchez-Julián, de la ACNP, tuvieron mucho que ver en la designación de estos cargos ante Martín Artajo. Los nombramientos suponían el desplazamiento de la Falange de esta área importante que, a través de la Vicesecretaría dependiente de la Secretaría General del Movimiento que ocupaba Arrese, descansaba en manos de Gabriel Arias-Salgado y Juan Aparicio.

Luis Ortiz era, como Tomás Cerro Corrochano, miembro de la Asociación Católica Nacional de Propagandistas (ACNP) y redactor de *El Debate*. Catedrático de Instituto desde 1932, fué con Franco secretario técnico del Ministerio de Organización y Acción Sindical y luego de Educación, siendo nombrado en 1942 director general de Enseñanza Media y Universitaria. Uno de los hombres con mayor preparación intelectual en aquellos momentos, que tuvo importantes responsabilidades en la tarea cultural del Nuevo Régimen y, por tanto, no sólo en la prensa, sino en propaganda, radio, cine y teatro, actividades todas ellas dependientes de la Subsecretaría de Educación Popular. La disposición que pone en marcha en diciembre de 1942 el NO-DO lleva justamente la firma de esta Subsecretaría. Días después de su toma de posesión, la revista *Ecclesia,* de Acción Católica, titulaba un editorial "Libertad de prensa", cosa que jamás medio alguno se había permitido en el Régimen franquista.

De la Secretaría, con carácter de Ministerio, dependía la *Vicesecretaría de Educación Popular* de la Falange Española Tradicionalista y de las JONS, que tendría cuatro Delegaciones Nacionales: Prensa, Propaganda, Cinematografía-Teatro y Radiodifusión. Al frente de la Vicesecretaría puso Arrese a Gabriel Arias-Salgado, poder absoluto a partir de ese momento en todo lo relacionado con los medios, hasta que se creó en 1951 un Ministerio –el de Información y Turismo– del que él mismo sería ministro. Sus palabras tiempo después, en un discurso ante el primer Consejo Nacional de la Prensa el 16 de diciembre de 1953, constituían a posteriori una evidencia del ánimo que había inspirado desde el primer momento su gestión ante los medios informativos: "Entre una prensa incontrolada y teóricamente libre y una prensa estatalizada, fabricada, sometida a una dirección de hierro, la fórmula española es la de la prensa orientada, prensa que resulta de la integración del pueblo y el Estado en un cuerpo orgánico de estructura política perfecta"[27].

En la etapa de Martín Artajo como ministro de Asuntos Exteriores –y precisamente porque se trataba de un tema diplomático– se estaba intentando ofrecer en los medios una postura más favorecedora a los Aliados y menos germanófila. Las influencias de Ángel Herrera y otros compañeros de la ACNP seguramente tenían su influjo, así como también en ese deseo de llegar a disponer de una Ley de Prensa, extremo éste que tan sólo llegaría con Fraga Iribarne en el Ministerio de Información y Turismo en 1966. No pudo conseguirse nada porque tanto Arias-Salgado como Juan Aparicio pensaban que la prensa debía ser "orientada", y cualquier otra cosa era un "vagabundeo ideológico". La tensión era tan evidente, que el propio Herrera Oria, ya obispo, llegó a tener un enfrentamiento con el ya ministro Arias-Salgado, que trascendió a los medios informativos.

Ideología "mosaico" del Régimen

Si NO-DO refleja esa orientación educativa que las nuevas autoridades querían para los españoles, no está de más señalar cuáles eran las bases ideológicas que sustentaba el Nuevo Régimen. Para no pocos historiadores la única palabra que encuentran a la hora de enmarcarla en algún lugar es simple y llanamente la de franquismo. Y el franquismo es, sobre todo, eso... franquismo a secas, sin apenas otras connotaciones.

Posiblemente la ideología principal radicaba en la falta de ideología, en el intento de desideologizar la mente de los ciudadanos, a quienes se les prometía pan y paz a costa de acatamiento, de no disensión, de falta de ideas políticas propias.

> *"'A diferencia de otros regímenes totalitarios, el régimen despótico franquista no pretendió controlar la totalidad de la sociedad, ni tampoco conseguir la movilización constante de sus miembros. Por el contrario, buscó una obediencia pasiva fomentando la despolitización social mediante el frecuente uso de movilizaciones inocuas y alternativas de cariz religioso, deportivo y folclórico'. Justamente las áreas que el Noticiario NO-DO trata con excepcional amplitud como fiel reflejo que era de esa sociedad que se deseaba y comenzaba a alumbrarse".*

El Nuevo Régimen en sus primeros momentos comenzó a definirse diferenciándose de la Nueva Europa como un nacional-sindicalismo, tal como lo denominó el catedrático de Derecho Político Luis del Valle en su obra *El Estado Nacionalista Totalitario-Autoritario, aproximación al nacional-socialismo alemán y al nacional-fascismo italiano*[28]. Las propias denominaciones con que se autocalificaba o calificaban otros, da una idea aproximada de las intenciones que animaban al Nuevo Régimen: "Estado nacional", de acuerdo con el Punto primero de la Falange; "Estado autoritario", con su jerarquía y disciplina bien definidas; "Estado unitario", acorde con la "unidad de destino en lo universal"; "Estado ético" o "misionero", cultivador de las nuevas ideas y propagador de las mismas; "Estado sindicalista", con el Punto noveno de la Falange; "Estado imperialista", coherente con el Punto tres de Falange, y "Estado tradicional", de acuerdo a la filosofía unificadora de Franco. Títulos todos ellos que subrayaban afirmaciones como aquella del Fundador de Falange,

José Antonio, al decir: "Ser español es una de las pocas cosas serias que se puede ser en el mundo"[29].

Otros historiadores del fascismo y su correlato español convienen en atribuir al franquismo esa falta de ideología definida a la que nos referíamos. Había una amalgama de puntos programáticos tomados de los más diversos lugares, siendo el tradicional católico uno de los principales. Elías Díaz, que ha estudiado la actividad intelectual durante el franquismo y en consecuencia la ideología que inspiraba al mismo, escribía recientemente:

"La ideología oficial que desde el principio se impone en el régimen franquista fue, puede decirse, una amalgama del viejo integrismo reaccionario tradicional con el totalitarismo inspirado, no sin variantes específicas, desde idearios y países de estricto carácter fascista. Se implanta por la fuerza un cierto fascismo católico que reúne las ancestrales inquisiciones religiosas con el totalitarismo y la dictadura política para la casi total negación de la libertad de expresión del pensamiento y de las demás libertades y derechos fundamentales" [30].

Esta falta de un cuerpo de doctrina inherente al franquismo la mantienen, así sea indirectamente, incluso los apologetas más destacados del mismo. Uno de ellos, Gonzalo Fernández de la Mora, ministro con Franco entre 1970 y 1974, ideólogo del sistema y catedrático universitario, venía a significar esta misma idea de "ideología mosaico"[31]. Resultaba sorprendente escucharle que Franco nunca había querido ganar la guerra y que le llamaron más bien para que la ganara. Pero aún resultaba más sorprendente al afirmar que le cedieron el legado doctrinal que era un crisol de las ideas de Joaquín Costa, Ortega y Gasset, Menéndez Pelayo, José Antonio Primo de Rivera y Ángel Herrera Oria, para que tratase de ponerlo en práctica.

Al hablar del franquismo –en cuanto su ideología podía estar presente en los modos de vida y educación popular que transmitían los medios como el Noticiario NO-DO– hay que hablar más de componentes que de líneas vertebrales, porque se trataba más bien de elementos que sumados ofrecían un perfil[32]. Componentes que resumimos junto con quienes han estudiado la sociología del franquismo en los siguientes: autoritarismo básico, regeneracionismo corporativista, conservadurismo nacionalista, tercerismo utópico, triunfalismo imperial, nostalgia liberal, nacionalcatolicismo, catastrofismo antropológico, paternalismo elitista, tecnocratismo aperturista y populismo aperturista.

Uno de los componentes importantes y constantes de la nueva situación política era el del autoritarismo que tenían en común, aunque por distintos motivos, los principales grupos sociales componentes del franquismo: militares, falangistas y católicos. Todos ellos con una fuerte dosis del principio jerárquico y la responsabilidad entendida como un acto castrense. Incluso la Falange, pese a su orientación sindicalista y su simbología, que suponían por ejemplo el tratamiento de *tú* aunque se tratase de un diálogo entre un superior y su subordinado. Un autoritarismo que el propio *jefe* entiende como imprescindible cuando se produce una simbiosis –como ocurría con Franco– entre él mismo y el país, hasta el extremo de que él juzgase que su propio destino y fortuna corrían pareja con el destino y bienestar de la patria.

Una ideología propia de "Cruzada"

Otro de los intelectuales del Régimen y orientador de la política educativa popular era Francisco Javier Conde, que desde la propia Subsecretaría de Educación Popular en las fechas en que salía de la misma el Decreto de creación de NO-DO destacaba cómo el aspecto religioso impregnaba los actos genuinos del caudillaje: "La misión religiosa del gobierno político presupone, como términos correlativos, la conciencia de pertenecer a un pueblo elegido. Esta conciencia está presente en la interpretación de la guerra como cruzada y de España como pueblo llamado a salvar al hombre moderno del abismo en el cual ha caído. La voz de Dios es melodía prístina que señala el camino en las horas difíciles"[33].

Hay más autores que sostienen esa misma hipótesis de Conde según la cual el franquismo no es ni fascismo ni nacismo, sino caudillismo con una fuerte dosis de sentido religioso carismático, con la resultante de hacer del hecho constitutivo una Cruzada. Y recuerdan, por ejemplo, que el entonces obispo de Salamanca Pla y Deniel y el cardenal Gomá, Primado de España, bautizaron el conflicto fratricida como "cruzada religiosa". Los militares no utilizaban el término de Cruzada al menos con el mismo sentido religioso del que lo usaban los jerarcas de la Iglesia. Hablaban de "cruzada patriótica" o "cruzada en defensa de España". Sin embargo, tampoco puede olvidarse que, como señala Payne[34], el general Mola, organizador del Movimiento, empleó la expresión "la verdadera España católica", y en uno de sus mensajes por radio el 15 de agosto exaltaría "la cruz que era y sigue siendo el símbolo de nuestra religión y de nuestra fe", comprometiéndose a elevarla por encima del nuevo Estado.

El propio Franco había dicho en uno de los altos de la guerra: "¡Nosotros somos católicos. En España o se es católico o no se es nada!" No es de extrañar que años después el segundo de los *Principios del Movimiento Nacional* de 1958 declarase solemnemente: "La nación española considera como timbre de honor el acatamiento de la ley de Dios, según la doctrina de la santa Iglesia Católica, Apostólica y Romana, única verdadera fe inseparable de la conciencia nacional que inspira su legislación." La tendencia católica se acusó una vez que Franco se convirtió en Burgos en nuevo Jefe del Estado el 1 de octubre del 1936. La primera vez que se empleó el término de "Estado católico" es en un Decreto menor de 30 de octubre de 1936 en el que se propone el plato único en los restaurantes un día a la semana para ahorro de comida imprescindible en aquellos momentos. El 6 de diciembre –sigue Payne– se reestablecieron las funciones de los capellanes en el Ejército nacionalista. A lo largo del 1937 se comenzaron a establecer las relaciones del nuevo Estado con la Iglesia, concretándose en numerosas medidas en materia educativa y de práctica religiosa.

Otro de los rasgos que parecen caracterizar el franquismo es el componente católico tradicionalista que domina casi toda la época como reacción a la pasada situación republicana contra la que se sublevó Franco organizando un Alzamiento que terminaría siendo una "Cruzada"[35]. La sublevación de Franco nunca tuvo en sus comienzos un carácter de guerra religiosa ni nada semejante. Las manifestaciones y proclamas de los primeros momentos están muy lejos de esta consideración, fuera de Navarra, en donde al parecer la expresión de *Cruzada* la utilizó por primera vez el sacerdote navarro F. Izurdiaga, que luego sería jefe de Prensa y Propaganda, e incluso el general Mola en sus alocuciones por radio[36]. El primer documento oficial en que aparece la palabra "Cruzada" es una carta pastoral de los obispos de Pamplona y Vitoria (6-VIII-1936) alentando a sus fieles a luchar por un enemigo que divide las fuerzas católicas.

El entonces obispo de Salamanca, Pla y Deniel, publicaba el 30 de septiembre de 1936 su famosa pastoral *Las dos ciudades*, en la que bendecía a los "cruzados de Cristo y España. La actual lucha reviste la forma externa de una Guerra Civil, pero en realidad es una Cruzada. Fue una sublevación; pero no para perturbar, sino parta restablecer el orden". El 13 de febrero de 1938 en el paraninfo de la Universidad de Salamanca diría aquella frase que se usó tan profusamente de que la guerra "era una verdadera Cruzada por Dios, por la religión y por la civilización". Por su parte, el Primado de España, cardenal Isidro Gomá, empleó contadas veces la expresión Cruzada, aunque en su pastoral del 23 de noviembre de 1936 *El caso de España* dirá que en la guerra "debe reconocerse un espíritu de verdadera Cruzada en pro de la religión católica". Sólo cuando la guerra va consolidando sus posiciones utiliza con mayor frecuencia el calificativo de Cruzada. En todo caso la postura del cardenal Gomá era más coherente que la de la mayor parte del complaciente episcopado. Gomá va distanciándose del Nuevo Régimen hasta apartarse casi definitivamente. En los escritos pastorales de numerosos obispos podemos encontrar textos sancionadores del modelo político que estrenaba España[37]. De las *Actas y Documentos de la Santa Sede relativos a la Segunda Guerra Mundial* se deduce que el omnipotente ministro Serrano Suñer sugirió a los alemanes intercediesen ante la Santa Sede para que confirmase el carácter de Cruzada de la guerra alemana frente a la URSS, extremo éste al que se negó rotundamente Pío XII[38].

Pero fue la *Carta Colectiva del Episcopado Español*, escrita con el objetivo primordial de dar a conocer los hechos a los obispos hermanos del mundo, la que ha suscitado mayor interés y la que desvela más claramente la postura de la Iglesia española ante la nueva situación. Esta *Carta*, considerada como pieza clave a la hora de interpretar el papel de la Iglesia española en la Guerra Civil, tuvo una gestación complicada que relata documentadamente una historiadora que tuvo acceso a la correspondencia cruzada entre el cardenal Gomá y el secretario de Estado, Eugenio Pacelli[39]. El cardenal viajaría a Roma buscando el apoyo del Vaticano para el régimen de Franco. El papa Pío XI, aunque naturalmente deseaba el bien de la Iglesia, no veía bien significarse en una política concreta. No obstante, a su regreso de Gomá, fue nombrado el 19 de diciembre "representante confidencial y oficioso" de la Santa Sede ante el Gobierno. Y ahí se inscribe el deseo de Franco de conseguir que los obispos suscribiesen una carta colectiva respaldando su Régimen. Tras largas gestiones, consultas al Vaticano, borradores y presiones, 43 obispos, todos –excepto tres– y cinco vicarios capitulares hacían suya la causa del Régimen en aquel documento de cuarenta y dos páginas publicado el 1 de julio de 1937. Aunque en honor de la verdad debe señalarse que cuidaban de no apostar por una forma concreta de gobierno[40].

No firmaron: Vidal i Barraquer, de Tarragona, que se encontraba en Italia y ya se había negado al proyecto anterior; Mateo Múgica, de Vitoria, que se negó al proyecto aduciendo encontrarse fuera de su diócesis, en Inglaterra, y Francisco Javier Irastorza Loínaz, de Orihuela. El escrito tuvo una enorme difusión en todo el mundo, dando fe de ello las cifras de ejemplares alcanzadas y sobre todo el lugar clave del mismo a la hora de entender el papel de la Iglesia española en el conflicto bélico. La carta colectiva tomaría de Pío XI la idea vertebral de que en España se estaba librando una lucha entre dos civilizaciones y formas de entender la sociedad. El estilo de la carta responde al del cardenal Gomá con toques similares a los de la pastoral que escribiera Pla y Deniel bajo el título de *Las dos ciudades*. Aunque es cierto que la Carta constituye un espaldarazo evidente al Movimiento, no lo es menos que los obispos querían dejar clara su postura de no sentirse atados ante nadie.

En realidad el propio Pío XII había facilitado con sus palabras los instrumentos que necesitaban los hombres del Régimen para bautizar la pasada guerra. El mismo día de la victoria, 1 de abril, el Papa enviaba este telegrama:

"Levantamos nuestro corazón al Señor, agradecemos sinceramente, con V. E., deseada victoria católica España. Hacemos votos para que este queridísimo país, alcanzada la paz, emprenda con nuevo vigor sus antiguas y cristianas tradiciones, que tan grande la hicieron. Con esos sentimientos efusivos enviamos a S. E. y a todo el pueblo español nuestra apostólica bendición. Papa Pío XII [41].

Más que una canonización del sistema, la Santa Sede, lo mismo que los propios obispos españoles, lo que hacían era celebrar con júbilo la salida de aquella etapa republicana de catacumbas y persecución que acababan de vivir y la entrada en otra situación en la que ellos orientarían la educación y moral de la ciudadanía. Sin pretenderlo estaban sancionando otros intereses políticos al tiempo que se pisoteaban derechos y libertades fundamentales que tradicionalmente habían defendido. La respuesta de Franco al Papa es el mejor resumen del cometido que se asignó a la Iglesia:

"Intensa emoción nos ha producido paternal telegrama de Vuestra Santidad con motivo victoria total de nuestras armas, que en heroica Cruzada han luchado contra enemigos de la Religión, de la Patria y de la Civilización Cristiana."

El telegrama del Papa sería desarrollado en un nuevo mensaje que enviaría el 18 de abril felicitándose por la victoria con que Dios había coronado el "heroísmo cristiano de vuestra fe y caridad, probados en tantos y tan generosos sufrimientos":

"La nación elegida por Dios como principal instrumento evangelizador del Nuevo Mundo y como baluarte inexpugnable de la fe católica acaba de dar a los prosélitos del ateísmo materialista de nuestro siglo la prueba más excelsa de que por encima de todo están los valores eternos de la religión y el espíritu [...]. El sano pueblo español, con los dos votos característicos de su nobilísimo espíritu, que con la generosidad y la franqueza, salió en defensa de los ideales de la fe y de la civilización cristiana, profundamente arraigados en el suelo fecundo de España; y ayudados de Dios, que no abandona a los que esperan en Él, supo resistir el empuje de los que, engañados por los que los envenenaron hablándoles de un ideal de exaltación de los humildes, lucharon en provecho del ateísmo [...]. Dios, en su misericordia, se dignará conducir a España por el camino seguro de vuestra tradicional y católica grandeza" [42].

Un mes después, el 18 de mayo, Franco celebraba el primer Desfile de la Victoria en el Paseo de la Castellana con la meticulosidad de una liturgia bien estudiada. Habían llegado a Madrid las reliquias de las glorias nacionales que se colocarían cerca de la tribuna. Reliquias como la señera de Jaime I, el pendón de Alfonso VIII en la conquista de Cuenca, el pendón de las Navas de Tolosa, el pendón de la colegiata de San Isidoro, el pendón de Castilla, el pendón de la batalla de Almansa, el estandarte real de la conquista de Granada y la bandera de Castaños en la batalla de Bailén. Antes del desfile –que duró cinco horas– había tenido lugar la imposición a Franco de la Laureada de San Fernando, que tanto ansiaba desde África.

Al día siguiente, 19 de mayo, la gran ceremonia religiosa de "coronación": Franco recibido bajo palio en la iglesia de Santa Bárbara, de Madrid, por el cardenal Primado y otras jerarquías. También habían llegado otras reliquias para esta ocasión, reliquias más ligadas al sentido religioso de la

Cruzada: la bandera de la batalla de Lepanto, el gallardete de la nave capitana de don Juan de Austria en el encuentro con los turcos, el famoso Cristo de Lepanto, la lámpara votiva del Gran Capitán, dos trozos de las cadenas de Navarra, los tapices de Pastrana, el Arca Santa de Oviedo, la Cruz de la Victoria de Alfonso III... Los embajadores amigos de Alemania, Italia, Japón y Portugal. Actúa el coro de los monjes benedictinos de Silos. El cardenal Primado consagra a Franco ante el Cristo de Lepanto: "Oh, Dios, a quien todo se somete, a quien todas las cosas sirven, haz que los tiempos de tu fiel siervo, el Caudillo Francisco Franco, sean tiempos de paz, y aleje con tu clemencia las guerras bárbaras." Franco contesta: "Señor Dios, en cuyas manos está todo derecho y todo poder, préstame tu asistencia para conducir este pueblo a la plena libertad del Imperio, para gloria tuya y de tu Iglesia. Señor: que todos los hombres conozcan que Jesús es el Cristo, el Hijo de Dios vivo." El historiador Hills escribió refiriéndose a la famosa ceremonia inaugural del nacional-catolicismo española: "Algunos la aprobaron; otros la consideraron herética; hubo quien dijo que bordeaba en la blasfemia"[43]. Los estudiosos extranjeros de nuestra historia más reciente parecían entender las cosas desde otra perspectiva, posiblemente con menos apasionamiento que quienes las vivían tan próximamente:

> "El gesto quiso simbolizar la estrecha interdependencia del ejército victorioso y la Iglesia, pero invertida: no se trataba de que los generales hubieran luchado a favor de la Iglesia, sino de que la Iglesia había ofrecido sus servicios ideológicos y propagandísticos al ejército rebelde. Franco, Mola y los otros conspiradores fueron los padres del golpe que dio lugar a la Guerra Civil, pero los obispos españoles eran los padrinos de la Cruzada, nombre que equivalía a la teoría según la cual los generales —aunque no fueran creyentes o pertenecieran a la masonería— y sus tropas, incluso si se trataba de musulmanes africanos, luchaban por la España católica y contra los errores antipatrióticos y la corrupción, a favor de Cristo y en contra del Anticristo"[44].

También había disidencias

Es evidente que la postura eclesiástica era mayoritariamente de aceptación de los hechos, pero no faltaban tampoco las disidencias o discrepancias.

Lo que es más: hay altibajos en las posturas, dada la propia ambigüedad de la actitud de principio de la Iglesia. De ahí que los mismos personajes que en un momento se aliaban en el sector del colaboracionismo evidente o latente, en otro momento concreto se encontrasen enfrentados a los gobernantes de la nueva situación. En realidad no todo eran parabienes de la Iglesia a la nueva situación ni todo eran bendiciones. Incluso debe decirse que, entre quienes bendecían lo que tenía el Nuevo Régimen de defensa de los valores cristianos y rechazo de los crímenes de que habían sido objeto los eclesiásticos en la pasada guerra fratricida, había quienes de ninguna de las maneras bendecían el Régimen en sí ni apostaban por aquella opción política concreta de Franco. En este contexto se explica la tardanza del Vaticano en aceptar el régimen de Franco. Buena parte de los conflictos se debían al desentendimiento entre organizaciones de la Iglesia y organizaciones de otras de las "familias" del franquismo: la Falange.

El primero de ellos, la negativa de algunos obispos a firmar la *Carta Colectiva* a que nos hemos referido. Como consecuencia de la condena del Régimen de Franco, Vidal i Barraquer moriría en 1943 fuera de España, y Mateo Múgica, que regresó a España, murió a los noventa y siete años en Zarauz. El ministro de Gobernación, Serrano Suñer en 1940, como responsable de Prensa en aquel momento, prohibió la difusión de una carta pastoral del cardenal Gomá titulada *Lecciones de la guerra y deberes de la paz*, que pedía la reconciliación y el perdón de unos y otros después de una guerra fratricida. Para unos y otros la situación era insostenible, y en junio de 1941 se llegó a un entente por el que el Vaticano reconocía al Estado el antiguo privilegio de presentación de obispos que tenían los reyes de España. El cardenal Gomá moría el 22 de agosto de 1940 y en noviembre de 1941 había un nuevo Primado, el antiguo obispo de Salamanca y buen amigo del Régimen que era Pla y Deniel[45].

En aquellos años de postguerra el obispo de Calahorra, Fidel García Martínez, había criticado durante la Segunda Guerra Mundial la actitud germanófila del Régimen en dos pastorales de clara orientación antinazi en 1942 y en 1944. El más tradicional de los prelados, el arzobispo de Sevilla, cardenal Segura, ridiculizó en el púlpito en 1940 el propio término de Caudillo. Por el contrario, un solo obispo, el "obispo azul" de Madrid, se afilió a la Falange: Eijo y Garay. Con él, el Primado de Toledo, Enrique Pla y

Deniel, se alzaban como los grandes valedores de Franco. Muy a tener en cuenta la pastoral de este último en 1945, alegato en favor del Régimen, así como su intervención ante el Colegio Cardenalicio en Roma en 1946 manteniendo la tesis de que el combate nacionalista había sido una verdadera "cruzada"[46]. El año 1965 marcaría el claro distanciamiento de la Iglesia española hacia el Régimen. Las razones que explican el cambio habría que encontrarlas en el Concilio Vaticano II, que suponía una renovación completa para la Iglesia.

Sin embargo, tampoco puede decirse rotundamente que la Iglesia española canonizase incondicionalmente y sin reserva alguna al Nuevo Régimen. Naturalmente, lo primero que pensamos es en el talante católico como ideología vertebral: ¿cómo iba a oponerse la jerarquía de la Iglesia católica a un sistema que avalaba una buena parte de sus luchas, que le daba el trabajo hecho?

El brazo civil otorgaba sus poderes al brazo eclesial para que llevase a cabo su tarea, entre espiritual y castrense como puede apreciarse. De ambas cosas tenía buenas dosis el nacionalcatolicismo que rezumaban textos como el precedente. Hay un testimonio excepcional de Dionisio Ridruejo al mantener la hipótesis de que tanto el Ejército como la Iglesia eran las columnas institucionales que sostenían el Régimen. El Ejército, con su defensa a ultranza de los valores morales, sus ideas de las esencias patrias y sus creencias fundamentales en una mentalidad muy simplificada, refleja "con toda exactitud la mentalidad de la que hemos llamado clase [media] tradicional". Por su parte, la Iglesia, "su identificación con la clase media tradicional podemos compararla a la del molde con la cera [...]. La Iglesia volvería a sus viejas querencias: a buscar en el Estado un brazo secular, dócil y enérgico, y a recabar la prescripción de los elementos de pluralidad y diversificación que pudieran causar menoscabo en la homogeneidad espiritual de la vida colectiva. Esto significaría también una exigencia dedespolitización"[47].

A partir de 1946 en las monedas de circulación corriente, alrededor de la efigie del Caudillo podía leerse: "Caudillo de España por la gracia de Dios"; los españoles, en expresión "joseantoniana", eran "mitad monjes, mitad soldados" y "portadores de valores eternos"; los centros de formación sacerdotal, los seminarios, en expresión del propio Franco, debían ser "forjadores de hombres para la Patria"; la consigna, el saludo, el santo y seña era el de "Por el Imperio hacia Dios", y el propio Franco, salvador de la Patria, era el "Generalísimo Cristianísimo de la Santa Cruzada". La edición del *Catecismo de la Doctrina Cristiana* del padre Ripalda en 1944 decía textualmente: "Los principales errores condenados por la Iglesia son trece: el materialismo, el marxismo, el ateísmo, el panteísmo, el racionalismo, el protestantismo, el socialismo, el liberalismo y la francmasonería [...]. Es nefasta la libertad de prensa. ¿Hay otras cosas nefastas? Sí, la libertad de enseñanza, la libertad de propaganda y la libertad de asociación."

En 1945, desde el ámbito civil y en el artículo 6.º del *Fuero de los Españoles* se leía: "La profesión y práctica de la Religión Católica, que es la del Estado Español, gozará de protección oficial. Nadie será molestado por sus creencias religiosas en el ejercicio privado de su culto. No se permitirán otras ceremonias ni manifestaciones externas que las de la Religión Católica." El *Informe Foessa* del año 1970 calificaba a la Iglesia como "poder legitimador" de aquella época en que la Iglesia estuvo estrechamente vinculada al poder desde 1939 hasta 1960, en que comenzó a experimentar una profunda transformación con el Concilio Vaticano II. Su papel consolidador del Régimen en reconocimiento al tratamiento de que había sido objeto es definitivo a la hora de entender la época.

La cruzada de "buenas costumbres"

De la mano de esa ideología de Cruzada entendida como conquista de una catolicidad que se había perdido, había también una importante cruzada de rearme moral en la vida y costumbres para la España nacida de la Guerra Civil. NO-DO, como no podía ser de otra forma, se hacía eco de esa política social patrocinada por el Nuevo Régimen. Lo hacía en esos pequeños e imperceptibles detalles que van salpicando el Noticiario. Por ello consideramos de importancia establecer un pequeño marco teórico sobre los propósitos que animaban a la Administración recién establecida en España. Fundamentalmente era la restauración de la tradición en tiempos en los que España había conseguido sus mayores cotas de gloria. Esa restauración de las tradiciones iba a tener su mejor aliado en los sectores de la Iglesia más anquilosados en el pasado.

En ese intento de restauración es donde puede entenderse el enorme esfuerzo de la Iglesia por permeabilizar la sociedad de su moral cristiana. Navarra se constituiría en uno de los primeros lugares de rearme moral con normativas que marcarían la pauta ortodoxa y puritana para la España nacionalista. Navarra –recuerda R. Carr– fue el primer lugar en que se legisló contra la costumbre de ir en mangas de camisa en los bares, contra los trajes de señora "indecentes", contra los trajes de baño "con mujeres dentro", contra el modernismo lingüístico empleando palabras extranjerizantes y contra las librerías limpias de "obras pornográficas, marxistas o corruptas". Este "retorno a la identificación de España con el catolicismo intransigente representaba una interpretación de la historia española profundamente distinta de la de las mejores mentes de la República"[48]. "Era tan peligroso para un simpatizante de la izquierda el que dichas simpatías fueran descubiertas en la católica Navarra, como para un cura el ser atrapado en Alicante o Lérida"[49].

Sin embargo, no se pueden sacar conclusiones simplificadoras. Eclesiásticos que en un principio fueron los defensores más denodados de esa regeneración moral, y por tanto alentadores de las disposiciones y campañas del Gobierno, eran al mismo tiempo criticados por el mismo Gobierno debido a algunas de sus actuaciones o cartas pastorales. Un buen ejemplo de lo dicho puede constituirlo el propio obispo de Pamplona, Marcelino Olaechea, uno de los más afectos en una región muy significada durante la guerra en el tradicionalismo carlista. El año 1946 fue obligado a desistir de escribir una pastoral en que defendía el pago de atrasos de pensiones a huérfanos de la Guerra Civil y en contra del cierre de un centro tradicionalista.

En ese obsesivo intento de "moralidad pública" por el que el Régimen entendía la erradicación de malas costumbres y la falta de decencia cristiana, el primer Gobierno de Franco instauró el Consejo Superior de Protección de Menores y el Patronato de Protección de la Mujer (6 noviembre 1941), que presidía justamente Carmen Polo de Franco y contaba con un cuerpo específico de celadoras que con una extensa red de voluntarias velaban por la moral pública. Los autodenominados "Caballeros de la Pública Moralidad en el Baile" y los "Cruzados de la Modestia Cristiana" ayudaban a ese cometido de mirar por la castidad. Por Ley de 1 de agosto de 1941 se legisla sobre protección a las familias numerosas, que con la legislación del 13 de diciembre de 1943 constituye un importante paquete de medidas tendentes a proteger

Franco siempre se declaró "hijo fiel de la Iglesia". Lo que no restaba a las proberviales tensiones con el cardenal Segura, que en esta instantánea aparecen muy sonrientes durante la visita que Franco realizó a Sevilla en mayo de 1946.

la "institución familiar". El cardenal Primado de España, Pla y Deniel, desde su condición de arzobispo de Toledo, llegó incluso a escribir pastorales sobre normas de modestia femenina que se convertían en una sanción religiosa de todas aquellas leyes, normas, bandos y disposiciones que querían moralizar las costumbres de la Nueva España.

En todas estas disposiciones, muy lejos del frío estilo jurisdiccional, se percibe el estilo de la soflama propagandística y el barroquismo retórico en que son abundantes las referencias a la regeneración de las costumbres, la erradicación del laicismo marxista, la extensión del Imperio, los designios religiosos, la cruzada moral, el recto uso del matrimonio, etc. Se entiende fácilmente que la Iglesia defensora de las costumbres más tradicionales se sintiese protegida por el estado de cosas puesto en marcha por el nuevo

Régimen que se constituía en brazo civil de su lucha moralizante y ortodoxa, sin que ello quisiese significar la complacencia total de la jerarquía con un sistema político concreto. A su vez, los gobernantes del nuevo Estado, sin ser creyentes convencidos y reflexivos, recibían de alguna forma la sanción canónica y bendición sagrada de los hombres de la Iglesia.

Junto a la orientación educativa no sólo religiosa, a la Iglesia se le asignaba también la orientación de la misma convivencia social de acuerdo a la "moral cristiana". En fin de cuentas, no en balde el Caudillo reconocía que la suya había sido una victoria en favor de la "civilización cristiana". El NO-DO, tan preocupado de la vida social, lógicamente se hacía eco de esta misma situación. "Lo que parece cuadro de costumbres es, sin embargo, un correcto punto de partida. La identificación de la Iglesia durante la Guerra Civil resulta bien palpable, y la España que hereda este período es secuencia directa de aquélla", escribe Ruiz Rico, y cita a Calvo Serer, que explicaba en su día cómo "las relaciones [...] de la Iglesia y el Estado en España y la importancia presente de aquélla en la vida pública arrancan de la guerra, y durante ella se desprende lo que se desea para el porvenir". La consecuencia lógica de todo ello será la altísima incidencia de su presencia en la vida española. El autor citado en líneas precedentes señalaría la realidad de esta presencia "en todas partes: en el hogar y en la escuela, en la oficina y en la calle, en la fábrica y en el cuartel, en la Universidad y en los espectáculos, en las diversiones y en las costumbres, y hasta en las relaciones íntimas"[50].

El historiador Juan Pablo Fusi señalaba en entrevista realizada dentro de uno de los Cursos de Verano de la Universidad Complutense de Madrid, titulado *Franco y su época,* cómo tras un detenido estudio sobre la cultura durante el franquismo, había llegado a la conclusión del papel fundamental y casi monopolístico que le cupo a la Iglesia en la conformación educativa y cultural de la sociedad española durante el franquismo. "Nunca hubo antes tantas cátedras ocupadas por sacerdotes o miembros de órganos católicos como el Opus Dei o la ACNP (Asociación Católica Nacional de Propagandistas), y el endoctrinamiento político de la juventud española fue prácticamente inexistente." Y añade que esa encomienda a la Iglesia de sus obligaciones educativas se realizaba por lo que suponía de alivio a la desgastada economía española y que "la ética de la Iglesia favorecía los objetivos de Franco tales como la despolitización y desmovilización de la opinión pública".

Ese tono moralizador inspirado en la doctrina católica que alentaba la política educativa del Régimen era determinante en la política informativa de la que NO-DO era un exponente, aunque posiblemente el más cuidado y el más privilegiado, conscientes como eran del poder de la imagen en el casi naciente cine documental. La influencia en lo educativo tendrá su resonancia inmediata en lo que de educativo tenía el Noticiario. Ese otro ingrediente redentor o combativo aparecerá claramente en la lucha anticomunista de la que hay constante referencia en NO-DO. La misma militancia católica explicará la contrariedad que siente el nuevo Régimen cuando otros países le dan la espalda.

La añoranza por los gloriosos tiempos pasados tiene su trasunto inmediato en la grandilocuencia con que el Noticiario da cuenta de celebraciones patrias de alguna tradición. Y por supuesto en la orientación escolar del momento. Los organismos oficiales bajo cuya responsabilidad recaería la educación popular, significativamente se denominarían en ocasiones "Instrucción pública". Y con unos efectos tan rotundos, que casi perduran hasta hoy mismo. Aquellas ideas de imperio, defensa de la fe y unidad a toda costa aparecían reflejadas de forma privilegiada en los libros de texto escolares, cuya lectura constituye hoy una verdadera delicia.

La censura eclesiástica llegó incluso a provocar enfrentamientos con un Régimen que había hecho posible su posición social, llegándose a casos tan paradójicos como el de prelados como el cardenal Segura o el arzobispo Pildain –claramente reaccionarios–, que, sin embargo, se enfrentarían al propio Franco. O más tarde el de Arias-Salgado con el que sería posteriormente cardenal Herrera Oria. Todo ello con la censura y rechazo de sectores minoritarios de la misma Iglesia más próximos a la intelectualidad, pero muy lejanos de los centros de poder real, que pasados los años cincuenta acabarían definitivamente con ese estado de cosas. Lo cual nos lleva de la mano a pensar que "todo régimen que confía en una base religiosa para su legitimación –especialmente de una religión transnacional– se arriesga a una crisis de legitimidad en caso de que la ética política de la religión cambie, si el nuevo clero, los intelectuales religiosos y los líderes eclesiásticos ponen en duda la interpretación que sirvió al régimen. El carácter heterogéneo de la religión con respecto a la política es siempre un reto latente"[51].

Este control sobre la educación y cultura populares era para la Iglesia de una importancia capital. Venía de pasadas situaciones en que con cierta reiteración sus centros habían sido cerrados, sus bienes confiscados, sus publicaciones clausuradas y sus miembros maltratados o muertos. Se trata de volver a concretar cuál era la actitud de las jerarquías eclesiásticas hacia esos hombres del Movimiento y de una revolución a la que habían bautizado como Cruzada. Si por un lado la Iglesia mantenía sus distancias del falangismo –no tanto de los gobernantes–, necesitaba de su confesión abierta de catolicismo y limpieza de las costumbres para abolir el peligro que suponían las nuevas ideas expresadas en los medios de comunicación de los que recelaba. La Iglesia contemplaba con precaución el impulso de unos medios de comunicación, dentro de una ideología liberal burguesa y frente a una concepción jerarquizada de la vida. Le preocupaban los medios posibilitando el libre acceso a los acontecimientos y las opiniones sobre los mismos, ya fuesen políticas o religiosas.

Un importante estudio del *Centro de Investigaciones Sociológicas* (CIS) sobre el papel de la Prensa en el Régimen de Franco resume cuál era el papel que le cabía a la Iglesia en la tarea de orientación cultural de las gentes[52]. Según este estudio, las primeras manifestaciones del temor de la Iglesia a la nueva situación que creaban los nacientes medios de comunicación se sitúan en sus mismos orígenes: en 1892, cuando la imprenta hacía difusión del ideario de la Revolución Francesa. Gregorio XVI, en su encíclica *Mirari Vos*, aventuraba su doctrina y recelos sobre la libertad de imprenta:

> *"La libertad de imprenta, nunca suficientemente condenada si por tal se entiende el derecho a dar a la luz pública toda clase de escritos; libertad por muchos deseada y promovida. Nos horrorizamos, venerables hermanos, al considerar qué monstruos de doctrina, o, mejor dicho, qué sin número de errores nos rodea, diseminándose por todas partes en innumerables folletos y artículos que, si son insignificantes por su extensión, no lo son ciertamente por la malicia que encierran; y de todos ellos sale la maldición que vemos con honda pena esparcirse sobre la tierra [...]. Hay que luchar con todas nuestras fuerzas, según lo exige asunto tan grave, para exterminar la mortífera plaga de tales libros, pues existirá materia para el error mientras no desaparezcan en el fuego esos instrumentos de maldad"*[53].

Las "familias franquistas"

Ese carácter de ideología-mosaico a la que nos hemos referido anteriormente, muy presente en todo intento educativo-cultural del Régimen, posiblemente proceda de la extracción de otras tantas ideologías procedentes de lo que han dado en llamarse las familias políticas dentro del franquismo: Ejército, Falange e Iglesia. Nos entretenemos especialmente en esta última por su condición de valedora de los aspectos educativos y morales del Régimen –fundamentales en lo que hoy llamaríamos socialización de los españoles salidos de la Guerra Civil–, que la hacen particularmente interesante para nuestro trabajo sobre uno de esos instrumentos educativos: el Noticiario Documental NO-DO.

Si en el ámbito de la familia falangista existían disensiones e incluso profundas excisiones, tampoco faltaban desacuerdos en el seno de la familia católica. Disensiones entre los católicos más aperturistas de la Asociación Católica Nacional de Propagandistas (ACNP) junto al sector falangista de la revista *Escorial* y los más integristas representados por el Consejo Superior de Investigaciones Científicas y su revista *Arbor*. Disensiones, por tanto, entre los que Dionisio Ridruejo llamaría "comprensivos" y "excluyentes".

El exponente más claro de este enfrentamiento lo constituye la polémica que copó la atención cultural española de aquellos años entre el libro *España como problema*, de Laín Entralgo, del ámbito falangista-católico de *Escorial*, y el de Calvo Serer, director de *Arbor*, en el libro *España sin problema*[54]. Laín reconoce en los que llama "nietos de la generación del 98" el imperativo de una opción drástica: entre la afirmación católica y nacional y la negación rotunda de los dos con la afirmación de sus contrarios. Desde la parte católica y nacional, Laín insistirá en la urgente necesidad de realizar una síntesis, ya que en "cuanto españoles pensamos que todo lo intelectualmente valioso de la historia de España, hiciéranlo católicos o librepensadores, es parte de nuestro patrimonio". Frente a un eclecticismo propone una síntesis comprensiva de España. Los valores que constituyen esa "España esencial" serían: el sentido católico de la existencia sin ser "martillo de herejes", es decir, el catolicismo como luz y perfección, no como coacción; el respeto a la dignidad y libertad de la persona humana y a la justicia social, y unos pocos hábitos más, como el idioma. Todo lo demás es accidental. Era una visión, por tanto, de contraste cultural, una visión de España como conflicto y síntesis.

Por el contrario, Calvo Serer, en posturas de las que iría evolucionando posteriormente, venía a defender la tesis contraria en el trabajo que publicó poco después del de Laín: "Nosotros tenemos que mantener ahora a todo trance la homogeneidad lograda en 1939. Parodiando o invirtiendo los términos de una frase de Fernando de los Ríos, podríamos decir que tenemos que dar por terminada la "conjugación de las heterodoxias" por medio de la "eliminación de las discrepancias" [...]. Diálogo sí, pero para convencer, para asimilar." A diferencia de Laín, España no era un problema para resolver, sino un problema resuelto ya por Menéndez Pelayo[55]. Para Laín, el catolicismo es un componente esencial, pero como modelo de ortodoxia que hay que defender a toda costa más que como "sentido católico de la existencia" de carácter integrador no excluyente, que a la postre sería el esquema católico que utilizaría el nuevo Régimen y que naturalmente la propia Iglesia acogería con agrado.

Uno de los instrumentos educativos del Régimen fue NO-DO

Conforme a esa idea de que el franquismo mucho más que una nueva doctrina política era una nueva situación, las familias militar, falangista y católica aportaban al sistema su propia ideología. Todos ellos aceptaban, según grados e intereses, la legitimidad de Franco. En ese sentido, como dice Raymond Carr, si a Franco en el exterior se le achacaba un monolitismo dictatorial y represivo, mirando hacia el interior había que anotar en su favor –como en los sistemas autoritarios– "la articulación en formas evolutivas de los intereses conservadores que la monarquía había protegido y que la República de 1931-1936 había amenazado" [56]. El enciclopédico estudio sobre la España actual dirigido por Salvador Giner, cuando se centra en esta etapa, trata de constatar cómo esas familias franquistas bajo el denominador común del tradicionalismo fueron las que cimentaron el sostenimiento del nuevo Estado nacido de la Guerra Civil: "Al concluir la contienda de 1939 surgió en España un sistema político que fue la expresión general de una coalición de fuerzas reaccionarias de derechas. Tal alianza estaba basada en las clases medias, incluidos algunos grupos ocupacionales característicos, tales como las Fuerzas Armadas. La ayuda bélica extranjera por parte de las potencias fascistas (Alemania e Italia) y el indudable influjo de sus ideologías explica en buena medida la importancia que adquirió durante la guerra una de las fuentes de apoyo popular a las derechas: la Falange."

De las tres familias vamos a entretenernos más en la Iglesia por lo que tuvo de influencia en la educación, la cultura y las actitudes y hábitos sociales, supuesto el carácter educativo popular que tuvo el Noticiario NO-DO, objeto de esta obra.

> *El Documental NO-DO se hacía eco, por un lado, del modo de vivir y ser de los españoles en aquellos años y, por otro, incidía o influía en ese mismo modo de ser y sentir. "La religión era un elemento natural de la vida social: las Navidades con los belenes y cabalgata de los Reyes Magos, las conferencias cuaresmales y ejercicios espirituales abiertos o cerrados, las novenas, las procesiones de Semana Santa, las procesiones eucarísticas y para el viático a los enfermos, los rosarios de la aurora, las procesiones del Sagrado Corazón, las romerías a la Virgen, las fiestas de la Patrona, los actos religiosos de cofradías y hermandades... Todo el año estaba acompañado de alguna manifestación religiosa pública"* [57].

Los numerosos actos religiosos ocupaban un lugar de primer orden en el Noticiario Documental NO-DO. Todo ello también avala la hipótesis de que si no había en realidad propaganda abierta de la situación política. Sí la había del "nuevo régimen" o estado de cosas que se había instalado tras la victoria de Franco. No en vano la denominación que recibía la nueva situación política era frecuentemente la de Régimen entendido como "estado de cosas" o situación social. La educación en líneas generales se confía a la Iglesia por la fiabilidad de sus contenidos tradicionales. El propio Dionisio Ridruejo, que sabía muy bien de las intenciones educativas del Régimen desde su puesto en el Gobierno de Burgos como Delegado de Propaganda, escribía años después refiriéndose a los primeros años de la postguerra, etapa que nos ocupa:

> *"La investigación y la enseñanza se convierten en empresas oficiales de un Estado dogmático que, con frecuencia, las delega a una Iglesia de cruzada. Sin duda se emplea un considerable arsenal de aportaciones materiales para restaurarlas, pero su vida interior es enteca, confinada, censurada y dirigida a sus fines por algo muy distinto del impulso libre, sin el que toda vida intelectual tiende a hacerse rústica o de mero oficio. La especulación teórica –verse sobre temas metafísicos o sociológicos– se hace penosa por sus condicionamientos doctrinales y la presión de una censura de inspiración predominantemente eclesiástica"* [58].

El entramado social se había configurado de acuerdo a la doctrina y moral católicas. Se arbitraron planes de estudios, se legisló sobre el matrimonio, se abolió el divorcio, se multó la falta de decencia en playas, se aplicó la ley de vagos y maleantes a falta de otro instrumento legal correcto cuando existía la mínima sospecha, etc. Desde aquella ley antipornográfica del 23 de diciembre de 1936 contra los enemigos de la religión fueron sucediéndose las cosas y disposiciones hasta que el Régimen, ya más asentado, derogase la legislación republicana en la primavera de 1938. La *Historia del Franquismo*, de Sueiro-Díaz Nosti, aporta un buen recorrido por esta normativa a los datos aportados anteriormente, y como muestra muy significativa cabe añadir unas "normas concretas de modestia femenina" que daba el cardenal Primado, arzobispo de Toledo, Pla i Deniel:

> *"Los vestidos no deben ser tan cortos que no cubran la mayor parte de las piernas; no es tolerable que lleguen sólo a las rodillas. Es contra la modestia el escote, y los hay tan atrevidos, que pudieran ser gravemente pecaminosos por la deshonesta intención que revelan o por el escándalo que producen. Es contra la modestia el llevar la manga corta de manera que no cubra el brazo al menos hasta el codo. Es contra la modestia no llevar medias. Aun a las niñas debe llegar la falda hasta las rodillas, y las que han cumplido doce años deben llevar medias. Los niños no deben llevar los muslos desnudos"* [59].

Naturalmente, las buenas relaciones entre los jerarcas del Régimen y de la Iglesia tenían un efecto inmediato en la aplicación en forma de ley de las normas morales de la Iglesia. Es precisamente una de las notas más llamativas del primer franquismo. NO-DO es un buen exponente de ese acuerdo tácito, cuando no mezcla –posiblemente sin intencionalidad– de los ámbitos político y religioso. Las inauguraciones –abundantísimas en el Noticiario–, los actos solemnes, visitas, fiestas y agasajos cuentan en todo momento con la presencia de los jerarcas políticos y la correspondiente bendición de los eclesiásticos. Es en definitiva una demostración más de lo que se ha caracterizado ya como una situación de nacional-catolicismo. Aún reciente la victoria del bando nacional en la Guerra Civil, subía al solio pontificio el cardenal Pacelli, que, como Secretario del Estado del Vaticano, era testigo de excepción de las relaciones del Gobierno español con la Santa Sede. Dos años más tarde, Estado Español-Santa Sede llegarían a un acuerdo general, aunque sin la categoría de un Concordato, que se produciría más tarde, el año 1956.

El Estado veía en la Iglesia primero un respaldo religioso a sus postulados y después un importante aliado para irse abriendo camino ante un mundo exterior que le había cerrado sus puertas diplomáticamente. En el acuerdo del 1941, el Gobierno español adquiría el derecho de presentación de los obispos mediante una terna que era presentada al Jefe del Estado, aunque no se contemplaban otros nombramientos eclesiásticos de importancia, como ocurría con el Concordato anterior que derogó la República. Justamente a este capítulo se acogería la Iglesia del último franquismo para nombrar obispos auxiliares a personalidades que no gozaban de la simpatía del Régimen franquista.

En otro lugar hemos destacado cómo las manifestaciones culturales del momento adolecían de la misma desideologización imperante en el ámbito político. Andando muy cerca de ellos, el nuevo Régimen ni podía decirse estrictamente que era una réplica fascista ni mucho menos nazi: era... falangista. Tampoco podía decirse que fuese teocéntrica o eclesiástica, pero era... confesional hasta el extremo; tanto, que los sociólogos han dado en atribuir al régimen salido de la Guerra Civil una denominación en que todos coinciden: *nacional-catolicismo*. Si al régimen de Franco se le achaca la falta de una ideología determinada, la simbiosis de estos dos términos sí puede ofrecer lo que más se parece a una ideología. Eran ambos elementos –en tensión y amistad permanente– los que pretendían ir organizando el entramado social, cultural e intelectual de la nueva España.

Ambas realidades –cada una con su propia entidad y jerarquía– querían repartirse su cota de poder o influencia en la difícil tarea de organizar socialmente la España salida de la Guerra Civil. Los autores de la nueva mentalidad necesitaban de la unión de ambas tendencias. Por ello, uno de los ideólogos del sistema ya citado anteriormente, José Pemartín, reivindicaba la necesaria unidad de los poderes político y religioso:

"Unidad total de pensamiento. Se trata de una unidad absoluta entre el ideal del Estado y el ideal de la Iglesia. Se trata de una nacionalidad cuyo fondo ideológico no ha de permitir la existencia oficial –y solamente lo ha de tolerar muy excepcionalmente en privado– de ideologías no coincidentes en la ideología fundamental del Estado-Nación. Es evidente que en este caso, en el caso concreto del fascismo católico español, no solamente no es adecuada, sino que es inconveniente aquella fórmula (se refiere a la separación existente en otros países). Sería chocante que el Estado-Nación-Católico-Español-Fascista no se atreviera a declarar oficialmente su ideología fundamental" [60].

No hacía sino reforzar lo que uno de los prelados sancionadores del Régimen, el cardenal Isidro Gomá, escribía en una de las pastorales publicadas durante la Guerra Civil: "¡Gobernantes! Haced catolicismo a velas desplegadas si queréis hacer la patria grande... Ni una ley, ni una cátedra, ni una institución, ni un periódico fuera o contra Dios y su Iglesia en España" [61]. En la carta pastoral *El caso de España,* del 24 de noviembre de 1936, el cardenal Gomá había afirmado: "Esta cruelísima guerra es en el fondo una guerra de principios, de doctrinas, de un concepto de la vida y del hecho social contra otro, de una civilización contra otra. Es la guerra que sostiene el espíritu cristiano y español contra este otro espíritu" [62].

El englobar la realidad en familias –militar, falangista y católica, sin que ellas se excluyesen mutuamente– puede llevar a simplificaciones. Por ello, al igual que en la familia falangista o militar hay que hablar de tendencias, en el catolicismo también hay que hablar de corrientes. Y si es cierto que el componente católico está muy presente en los gobernantes de la nueva situación creada en España tras la Guerra Civil y suple la falta de coherencia ideológica de la misma, no es menos cierto que hubo significadas personalidades en el ámbito católico que rechazaron de plano la utilización que del vínculo católico quisieron hacer los nuevos administradores del Estado. Lo cual tampoco quiere decir que se sintiesen próximos a las posturas de sus contrarios. La crítica procedía no siempre de los jerarcas, sino de los propios laicos. La incompatibilidad surgió con frecuencia entre algunas de las organizaciones del Movimiento Falange y algunos movimientos de la Acción Católica. Y repetimos que el desacuerdo no se establecía como alternativa política, sino desacuerdo en lo que los católicos consideraban desviación de la doctrina de la Iglesia, social o moral, o dificultades puestas a su actividad.

Texto y contexto del NO-DO

Éste era en realidad el texto y el contexto del NO-DO. Mejor dicho: del entramado político y social de la España que quedaba tras la guerra tan sólo nos hemos entretenido en aquellos aspectos que van a incidir directamente en ese carácter educativo-popular que se quiso para el Noticiario.

Es decir, buena parte de estos hechos reseñados no sólo son el contexto en que entender el cómo y el porqué del NO-DO, sino que buena parte de los textos de estos hechos eran la letra de la canción que juntos componían ese Noticiario Documental de cada semana, pan cultural de otros tantos espectadores. Lo anterior era un marco de referencia sociológico en el que entender una de las más importantes manifestaciones culturales de aquel momento. En ese ámbito es donde hay que enmarcar la orientación de los textos y la simbología de las imágenes del Documental que durante tantos años configuró de forma exclusiva y privilegiada la educación popular de la ciudadanía.

Capítulo 2
¿Medios de comunicación o comunicados?

E n torno a la época en que nacía NO-DO, en los finales del año 1942, comenzaban a cobrar importancia los estudios de comunicación de masas, sobre todo en su relación estrecha con la propaganda política. La imbricación entre ambos conceptos haría correr muchísima tinta en otros tantos estudios que han ido muy de la mano de los trabajos sobre psicología social. El pistoletazo de salida lo podemos señalar con la obra de Waples en 1942: *Print, Radio and Film in a Democracy*.

El papel de los medios en la sociedad

Sociólogos americanos y europeos han estudiado en los últimos años el papel que juegan las comunicaciones en la sociedad moderna. Existen ya muy buenas introducciones a la sociología de los medios de masas destinados a los centros universitarios, entre los que cabe destacar las de Berson, Janowich, Katz y Schramm1, que recogen las aportaciones de los últimos años en el ámbito de la teoría, la experimentación y el método. El nacimiento de NO-DO, que, como dejamos dicho, casi coincide con las investigaciones sobre los efectos de los medios de comunicación de masas, iba a constituir en el Nuevo Régimen salido de la contienda civil el goteo semanal de mensajes sobre las conductas y comportamientos de los ciudadanos, cansados de sufrimientos tras aquel pasado enfrentamiento entre hermanos. ¿Serían conscientes los patrocinadores del NO-DO de la teoría y práctica circulante por la Europa de la Segunda Guerra Mundial sobre los contundentes efectos de los medios "bien orientados"? De hecho cabe decir que NO-DO vino a suplir a alguno de los pocos documentales que llegaban a España: el de la UFA alemana y el LUCE italiano. Tampoco andaban muy lejanos los documentales estadounidenses de la FOX que respaldaban las campañas electorales y el clima favorable a la participación americana en la Segunda Guerra Mundial. Los noticiarios de la FOX y de la UFA cubrían las necesidades documentales de las salas españolas antes de la llegada del NODO. El nacimiento de Mass Communication Research coincide con la expansión de los medios que sigue a la crisis económica de 1929, que en Estados Unidos –en donde tendrá su terreno más abonado– coincide con la intervención sobre la opinión pública, las campañas electorales de los años cuarenta y la preparación para la entrada en la Segunda Guerra Mundial. Los sociólogos de ese momento son a su vez los padres fundadores del movimiento: Lazarsfeld, Merton, Shils, Laswell, Wright, Bell, Klapper y Katz, por señalar los principales.

El documental cinematográfico NO-DO, aunque sus productores no lo intentasen directamente como señalaban en diversas entrevistas, iba creando estados de opinión dentro del cometido educativo popular que se le había asignado. Vamos a determinar si los mensajes enviados por NO-DO eran más bien fruto de una sutil propaganda política. Para entender cómo se conforma la opinión pública hay que conocer la personalidad de los individuos, la naturaleza de los grupos a que pertenecen, la estructura social, los sistemas educativos, la acción de los medios de comunicación de masas y la interrelación de los individuos para cristalizar en una opinión. La actuación del individuo en grupo es distinta de su actuación personal aislada. La educación tiene un papel determinante en la formación de opinión como base de una ideología, acostumbrando a los individuos a ver las cosas desde un particular enfoque del mundo que posteriormente dificulta la recepción de mensajes no implícitos en el sistema ideológico en el que se ha sido educado. Difícilmente un mensaje puede obtener éxito si se propone lo contrario de las estructuras existentes en la sociedad.

La información presiona sobre las opiniones, pero a su vez se convierte en reflejo de esas mismas opiniones. Es bien conocido el ejemplo del periódico francés *Moniteur* en momentos en que Napoleón Bonaparte salía hacia la isla de Elba en marzo de 1815. En distintas fechas el periódico francés iba evolucionando de la siguiente forma: Día 9 de marzo:

"El monstruo escapó del lugar de su destierro. 10 marzo: El ogro corso ha desembarcado en Cabo Juan. 11 marzo: El tigre se ha mostrado en Gap. Están avanzando tropas por todos lados para detener su marcha. Concluirá su miserable aventura como un delincuente en las montañas. 12 marzo: El monstruo ha avanzado hasta Grenoble. 13 marzo: El tirano está ahora en Lyon. Todos están aterrorizados por su aparición. 18 marzo: El usurpador ha osado aproximarse hasta 60 horas de marcha de la capital. 19 marzo: Bonaparte avanza a marchas forzadas, pero es imposible que llegue a París. 20 marzo: Napoleón llegará mañana a las murallas de París. 21 marzo: El Emperador Napoleón se halla en Fontainebleau. 22 marzo: Ayer por la tarde Su Majestad el Emperador hizo pública su entrada en las Tullerías. Nada puede exceder el regocijo universal." En este caso del periódico francés *Moniteur*, las opiniones del medio iban variando conforme a los intereses del momento, como salta a la vista. Los calificativos a Napoleón van desde "ogro" a "Su Majestad el Emperador", pasando por "usurpador", con sólo 13 días de diferencia, mientras la línea política pasa del rechazo a la sumisión. Es evidente que la información ejerce su influjo en la opinión y es a su vez reflejo de esas opiniones y de las situaciones de poder, tal y como nos dice la psicología de la información.

    La expresión de la opinión pública varía también mucho según la tonalidad democrática o autoritaria del país en que se produce, bien entendido que a veces en situaciones democráticas pueden producirse manipulaciones similares o mayores a las de regímenes autoritarios. La democracia moderna opta por la representatividad, y la elección es el procedimiento por excelencia para expresar la opinión pública con los grupos en ella implicados, como son los partidos políticos y los medios de comunicación social que crean una corriente favorable a una u otra tendencia. Están también los grupos de presión cuya actividad fundamental no es la política y la conquista del poder, sino la actuación discreta en un segundo plano, cosa ésta que ejercen bien mediante la amenaza o soborno dirigidos hacia quien ejerce el poder o bien hacia el público, para que éste presione al Gobierno como lo hacen los *lobbys*. De ahí que los grupos de presión atribuyan gran importancia a los medios de información.

Gabriel Arias-Salgado, que fue durante años orientador de la política de Prensa del Nuevo Régimen –y por tanto de NO-DO y a quien nos hemos referido más extensamente en otro lugar–, tiene al respecto una definición de opinión pública que no podemos sustraernos a reproducir:

"La opinión pública es la manifestación orgánica de los estados de opinión rectamente elaborados y formados por los hombres más caracterizados de los órganos naturales que integran la sociedad, es decir, los elementos más representativos y solventes de la comunidad de familias, de los municipios, de los sindicatos, de las profesiones, de la Iglesia y de otras instituciones fundamentales en la vida de la nación, entre las cuales se cuenta la institución social de la información" [2].

Todos los que hacen de los medios un sistema de propaganda para fines ideológicos concretos, aparte de los principios expuestos, suelen utilizar unos procedimientos que vamos a intentar resumir. Como puede observarse en el análisis del NO-DO, estos procedimientos –no siempre todos y al mismo tiempo– solían emplearse como "falsilla" sobre la que se iban redactando y filmando las noticias.

A diferencia de los políticos, que apenas tienen dudas sobre el impacto de la propaganda, los sociólogos son generalmente más escépticos en relación a la capacidad de influir que tienen los medios de comunicación. Asumiendo que las opiniones del público sobre asuntos políticos se fundamenten en ideas muy genéricas, dan mayor importancia a lo que dicen que a la forma de decirlo y al lugar en que lo dicen. Lo primero retrotrae a la naturaleza del proceso de persuasión, a cuyo estudio tantos esfuerzos dedicó Carl Hovland. Lo segundo conduce al problema de la contextualización de la comunicación como determinante de la influencia. Lazarsfeld y Merton a mediados de siglo estudiaron ampliamente la función social de los medios en la sociedad moderna, desarrollando una importante discusión sobre la capacidad de manipulación de los medios [5].

Los patrocinadores del NO-DO –no tanto los profesionales que lo realizaban– sabían perfectamente que una vez creado un estado de opinión en torno al "régimen político" y su legitimidad, todos los otros valores que se fuesen inculcando serían perfectamente asumidos. Maurice Duverger, apostillando a Durkheim, escribía en su famoso "Manual": "El poder no es un simple hecho material, una "cosa", como diría Durkheim; está unido profundamente al mundo de las ideas, de las creencias, de las representaciones colectivas. Lo que los hombres piensan del poder es uno de los elementos fundamentales del poder"[6]. Una vez más nos encontramos con el recurso al conocido teorema de Thomas según el cual cuando los hombres piensan una situación como real, es real en sus consecuencias. Pero hace falta que la piensen, y para ello se precisa una aceptación.

El análisis de los contenidos de NO-DO

A lo largo de los más de setecientos Noticiarios –722 exactamente– editados y publicados desde su comienzo el 4 de enero de 1943 hasta el comienzo de su declinación en agosto de 1956 con la llegada de la Televisión, la sistematización y análisis de sus contenidos llega a darnos un conocimiento riguroso de su mensaje latente. En una primera cala descubrimos unidades puntuales de significación sobre las que poder aplicar con éxito el método cuantitativo. En un segundo momento descubrimos los marcos de estructuración de esas unidades puntuales. En un tercer nivel de carácter más universal ordenamos aquellos valores y marcos de estructuración. Caso concreto es el oculto intento de persuasión y manipulación que, si bien es cierto que no se desvela claramente en el texto o imagen, no lo es menos que los condiciona abiertamente. Como se ha dicho por algunos autores, en el análisis de contenido procedemos como en el estudio de un idioma, en donde arrancamos de abajo a arriba, es decir, desde los elementos del "habla" al conocimiento más generalizado de la "lengua".

Los sociólogos se interesan por los agentes de socialización y los mecanismos gracias a los cuales se van aprendiendo –hasta llegar a formar parte de la personalidad– la conducta social y los patrones sociales. En este proceso no sólo interviene la familia o grupos que la sustituyen, como guarderías, escuelas, etc., sino los propios medios de comunicación. En sociedades complejas y heterogéneas –dato muy a tener en cuenta en una sociedad como la que analizamos dominada por una política autoritaria–, carentes de valores "oficiales", en las que "no existen dirección y control centralizados, la influencia de los medios de comunicación de masas es incierta y no responde a un plan, es potencialmente disfuncional en relación a los patrones prevalecientes en ciertos grupos, o en lo que respecta a la sociedad en su conjunto. Aun en una sociedad totalitaria puede haber, sin embargo, un abismo entre la intención y el resultado, con posibles consecuencias no previstas ni deseadas que provienen tanto del contenido como de la técnica de los instrumentos de difusión"[7].

De todas formas, tras de la información transmitida en los medios se esconde una orientación que si es deliberada podemos decir que se trata de "propaganda" y si no lo es la podemos denominar "ideología". "Pero, en todo caso, la comunicación encierra el enfoque unilateral: el del emisor que tiende a imponerse al auditorio. Si lo logra o no, ya es otro asunto, que no depende de la información en sí, sino del poder que hay detrás de ella, es decir, y en concreto, de la capacidad de una clase social (o de una alianza de clases) de imponer sus informaciones aunque encuentren resistencia. Porque la información se transforma materialmente en dirección sólo desde el momento en que es aceptada"[8]. La comunicación –sigue diciendo Taucif, que a su vez cita al teórico Berlo– siempre es intencionada consciente o inconscientemente y la mueve una intención oculta o manifiesta, sobre todo cuando se trata de una comunicación pública. Y esto es así "porque nuestro fin básico es alterar la relación original existente entre nuestro organismo y el medio que nos rodea. Más exactamente, nuestro principal propósito es reducir las probabilidades de ser un sujeto a merced de las fuerzas externas y aumentar las probabilidades de dominarlas. Nuestro objetivo básico en la comunicación es convertirnos en agentes efectivos, es decir, influir en los demás, en el mundo físico que nos rodea y en nosotros mismos, de tal modo que podamos convertirnos en agentes determinantes y decidir de alguna manera sobre el curso que seguirán los hechos. Es resumen, nos comunicamos para influir y para afectar intencionadamente"[9].

El NO-DO nace de la necesidad sentida por parte de los administradores del nuevo régimen de ir creando un sistema de valores en una sociedad que, por otra parte, no dispone de excesivos recursos culturales de reacción en su mayoría y, por lo mismo, utilizando recursos pedagógicos similares a los usados con los escolares.

Medios para la persuasión

Hablar del traído y llevado problema del impacto de los medios en su audiencia nos retrotrae necesariamente a la dimensión psicológica que tienen los mismos. De hecho, las investigaciones sobre los "mass media", sus efectos, sus relaciones con la propaganda comenzaron de la mano de la psicología social. Es entre los años 1930 y 1960 cuando se sientan las bases teóricas y metodológicas del estudio científico de los fenómenos persuasivos, y, como hemos señalado, fueron psicólogos sociales y sociólogos norteamericanos sus iniciadores, todos ellos del movimiento *Mass Comunication Research*. Lasswell, Berelson, Katz, Lazarsfeld y otros.

Sobre todo en el aspecto propaganda y métodos de persuasión añadimos algunos presupuestos sobre la investigación de sus efectos psicológicos y sociales. Los aspectos investigados durante esos años iniciales son dos: uno, el relacionado con los determinantes comunicativos y psicológicos del éxito de la persuasión en lo relacionado particularmente con la fuente informativa y el contenido, y otro relacionado con las formas de la resistencia psicológica a la persuasión, los factores que reducen la fuerza de la persuasión[10]. Todos los estudios vienen a coincidir en que una correcta transmisión física del mensaje reduce la resistencia psicológica a la persuasión. Esto es evidente en el caso de nuestro análisis sobre el Documental Noticiario Cinematográfico NO-DO. Para un público español acostumbrado a una producción fílmica sin excesivo sentido cinematográfico, el disponer de un documental con los medios que suele tener el Estado era ya una baza favorable de entrada. Esto en cuanto a los valores intrínsecos estrictamente técnicos o formales.

Además, los estudios insisten en que el objeto persuasivo es mayor si el contenido del mensaje no choca abiertamente con las convicciones íntimas de las audiencias o con los valores culturales preexistentes en el grupo humano. Y ahí también en nuestro caso –fuera de pequeños sectores disidentes e incluso beligerantes al nuevo régimen y todas sus manifestaciones en la medida que era posible– el NO-DO manipulaba con algún acierto el sentir popular, aunque también es verdad que a la inversa se constituía en creador de nuevos modos de vida y convivencia.

¿Medios de comunicación o comunicados?

Tradicionalmente se ha insistido también en la eficacia que tiene la persuasión cuando recae en unos receptores que hayan captado bien el mensaje. Lo cual depende en buena medida de la preparación, formación y capacidad del receptor del mensaje pretendidamente persuasivo y de la calidad de los códigos de comunicación que faciliten u obstruyan la mejor comprensión del mensaje. El NO-DO –de estructura fílmica más bien lineal y de contenidos sencillos– cumplía a cabalidad el requisito para el público de aquellos años de baja escolarización, formación deficiente y clima cultural nada extraordinario, comenzando porque muchos de los intelectuales habían escogido el camino del exilio o se veían recortados en su expresión más libre, si habían optado por el exilio interior.

Finalmente, los estudios coinciden en señalar que el grado de aceptación del mensaje también estaba supeditado al modo de presentar los argumentos del mensaje y de la forma utilizada para producir un "efecto semántico" como podría ser la utilización de elementos retóricos. Es justamente una de las características que más llamaba la atención del NO-DO cuando se contempla con el paso del tiempo. La construcción de frases, el tono comunicativo del locutor, los "latiguillos" dosificados y las frases hechas tomadas del ambiente general, y todo ello con frecuencia en ese tono desenfadado propio del talante del ciudadano y de un ciudadano que necesitaba salir del triste recuerdo de una guerra entre hermanos. Todo se avenía perfectamente a este requisito que los científicos piden para el mensaje comunicacional persuasivo.

Hay también un buen número de investigadores que, por encima del poder mágico, fatalista, de los medios y frente a una lógica de causa-efecto que matemáticamente produciría su objetivo, coinciden en que son sólo los mensajes que el público está dispuesto a escuchar aquellos que realmente le convencen. Los medios parece que más bien se limitan a reforzar las creencias y valores sociales ya existentes en el público. Esta conclusión es más radical aún cuando lo que realmente intentan cambiar los mensajes son las creencias, no tanto los valores. Hay una resistencia natural al cambio de actitudes por parte del grupo primario y secundario desde la familia a la clase social.

Es claro que los posibles efectos persuasivos del NO-DO no podían contar con la contrapartida del contraste con otros medios de comunicación similares y disponibles, aunque de tendencia dispar. Para radio, el Estado contaba con Radio Nacional de España, con quien las emisoras privadas debían conectar obligatoriamente a determinadas horas. Para la distribución de noticias contaba con la Agencia EFE, exclusiva en la distribución de informaciones a otros medios, y para cine estaba el Noticiario Documental NO-DO, de inclusión obligatoria semanalmente en las salas de proyección. Difícilmente aquel público salido de la Guerra Civil podía contrastar con otros medios que no existían. Los efectos persuasivos, en este sentido, quedaban garantizados. Cuando, por el contrario, en las circunstancias normales de una sociedad democrática, el receptor puede verificar la falsedad de los datos ofrecidos con ánimo persuasivo, la intención del productor del mensaje se vuelve contra él mismo y la maquinaria persuasiva se rompe.

En fin, todo lo anterior sobre los efectos que los medios producen en las audiencias y que tanto han preocupado a la psicología social, las famosas preguntas del profesor Laswell de "*¿Quién* dice *qué* a *quién* y con *qué efectos*?" van a convertirse para nosotros en estas preguntas: ¿Quiénes eran las personas –colectivos políticos, artísticos o profesionales– que transmitían mensajes concretos a partir de ese medio de masas que se llamaba NO-DO? ¿Qué tipo de mensajes eran los que se transmitían? ¿A quiénes llegaban los mismos o cuál era el terreno en el que caía aquella siembra semanal? ¿Qué efectos se perseguían en estos receptores de mensajes?

Capítulo 3
Cine, industria y propaganda

NO-DO en cuanto producto típico de los medios de comunicación se enmarca en el género cinematográfico documental como formato y en el periodístico como estilo literario. El propio nombre con que fue bautizado deja constancia de su paternidad: NO-DO resulta de las siglas de *Noticiario* y *Documental* informativo, ambas cosas pretendidas al mismo tiempo.

Bastarán simplemente unas líneas sobre ese género cinematográfico al que pertenece NO-DO. Dejamos de lado estériles discusiones para nuestro caso sobre si la paternidad fue del inglés William Friese Greene, que conseguía en 1885 cierto movimiento de imágenes al proyectar doce fotografías en sucesión rápida. O si fue cuatro años más tarde el estadounidense Thomas Alva Edison, quien patentaba un aparato que denominaría "kinetoscopio". O George Kodak, que conseguiría poco después la película perforada, facilitando la sucesión de fotogramas.

El cine como industria

Hoy todos convenimos en que fueron en 1895 los hermanos Luis y Augusto Lumière quienes conseguían en París, con la primera proyección cinematográfica, convertir el invento en una industria cuyos patronos serían Charles Pathé y Leon Gaumont. Con ellos surgían los primeros *trust* tanto en Europa como en Estados Unidos y se daba el pistoletazo de salida a una carrera o guerra de patentes. David Wark Griffith presentaba en 1915 *El nacimiento de una nación* como primera muestra de lo que podría ofrecer el cine como industria, y en el barrio hollywoodense de la ciudad de Los Ángeles nacía el mayor estudio de cine del mundo. Con *El cantante de jazz* en 1927 el cine incorporaba la voz humana y el sonido a sus aventuras filmadas. Se habían reunido ya todos los ingredientes que pudiesen convertir en toda una gran industria lo que comenzó siendo sólo una infantil fábrica de sueños.

El cine documental

Dichas esas cuatro palabras sobre el cine, vamos a hacerlo también con ese género muy privilegiado que es el *cine documental* para hablar inmediatamente del documental como Noticiario de Actualidad en su dimensión periodística. La palabra *Documental* aparece por vez primera en el artículo que publicó John Grierson en el *New York Sun* refiriéndose al filme *Moana,* el segundo realizado por el más famoso de los documentalistas, Robert Flaherty. El documental viene a definirse como género cinematográfico ajeno al cine de ficción, que reproduce la realidad de modo informativo, o interpretativo, pero siempre con la intención de documentarse sobre hechos, personas o lugares reales.

En realidad el cine documental nació con el cine de los hermanos Lumière cuando rodaban en 1895 *Salida de los obreros de la fábrica.* Lo que estaban haciendo era relatar en imágenes el primer documental de actualidad del que tenemos noticia histórica. Como ocurría con nuestro Segundo Chomón cuando rodaba el primer filme español con *La salida de fieles del Pilar de Zaragoza.* Con la llegada de Robert Joseph Flaherty se cambia la concepción del documental, que, según sus palabras, "debe representar la vida tal como es y debe rodarse en el mismo lugar y con las mismas personas que en él viven". Su primer documental, *Nanouk el esquimal,* en 1922, y el último, *Guernica,* en 1949, encierran toda una vida que le convierte en el máximo exponente de este género cinematográfico, mundialmente reconocido. Dos documentales y dos hitos que denotan incluso en su mismo título la intencionalidad social-política del género. *Nanouk* es el testimonio de las desventuras de los pescadores, mientras *Guernica* es un alegato contra los horrores de una guerra fratricida, la de España.

En torno a los años cincuenta, en Estados Unidos existían ocho semanarios filmados, propiedad de las productoras importantes y con versiones en otros idiomas; en Francia existían seis, dos de ellos norteamericanos; en Gran Bretaña, tres, y en España, el NO-DO, con tres ediciones semanales. España, junto con Italia, Japón, India, Israel, Argentina, Perú y la mayoría de los países del área socialista, tenían como obligatoria la proyección de estos noticiarios. En algunos países, como España, Portugal, India y Noruega, el servicio estaba nacio- nalizado y subvencionado, mientras que en Estados Unidos, Francia, Gran Bretaña, Italia, Bélgica, Holanda, Alemania Occidental y la mayoría de los países del área hispanoamericana eran productos de entidades privadas. Tanto en un caso como en otro el producto era objeto de intercambio.

El documental se encuentra a mitad de camino entre el reportaje periodístico y el relato cinematográfico. El gran teórico Henri Agel y su mujer Geneviève definen los rasgos de este género al decir: "Todo documental debe satisfacer dos exigencias: versar sobre un objetivo o contenido determinado (planetario, social o humano), y haber escogido un estilo de expresión"[1]. Destacan cuatro estructuras dominantes dentro del género documental: el filme tratado como *construcción sinfónica*, como puede ser el caso de *Tormenta sobre México*, del creador Eisenstein, a quien nos hemos referido hablando del montaje y la obra completa de Robert Flaherty; la *película de gremios*, en que el autor ha convivido con ellos y conserva el calor de sus relaciones casi como un ejercicio antropológico de "trabajo de campo"; en la intersección del *testimonio sociológico* y de una línea que tiende a la recreación artística, o, en cuarto lugar, la tendencia a lo *burdamente propagandístico* olvidándose de todo halo poético. Es el caso de los documentales surgidos en la Alemania nazi, en la nueva situación política soviética, en las campañas electorales norteamericanas y en nuestro caso en el Noticiario de la postguerra que es el Noticiario Documental NO-DO, bien entendida la diversidad de situaciones e intenciones que se esconden tras cada una de las situaciones señaladas.

El documentalismo actual, aplastado por la contundencia de la televisión, pese a haber delimitado sus campos, ha pervivido gracias a tendencias de vanguardia como el *Cine directo*, el *Free Cinema*, el *Living Camera* o el *Candid eye*, a las que se les echa precisamente en cara no tener más mérito que el de "registrar la vida", dado que su calidad artística es dudosa. Reproche a su tendencia periodística que para nuestro caso es casi un elogio. La coincidencia en el panorama europeo de la irrupción de corrientes políticas nazis y fascistas con el apogeo del género cinematográfico documental iba a facilitar la utilización del cine por parte de los nuevos dueños de Europa para verter en imágenes los valores ideológicos de su totalitarismo. En otras palabras, iban a utilizar como simple propaganda, cuando no agitación, lo que había sido ideado como instrumento de comunicación humana. Las corrientes de simple persuasión inherentes al nuevo medio iban a convertirse en burda consigna. La narración visual se ponía al servicio de la grandilocuencia dictatorial para transmitir unos valores tan poco humanos como el ordenancismo, el rigor y la intransigencia.

El documental informativo

En los primeros años del cine documental proliferaban diversos noticiarios o documentales informativos tales como en Alemania *Deutsche Tonwoche* (de la Tobis) y *Deutsche Wochesch* (de la UFA); en Estados Unidos, *FOX*, *Movietone* y *Hearst Metrotone*; en Francia, *Pathé*, *Pathé Frères* y *Gaumont Paramount*; en Gran Bretaña, *Gaumont British*; en Italia, *LUCE*. Y lo que es más curioso: las intenciones de italianos y alemanes, claramente propagandísticas, pasaban inadvertidas en un buscado clima de intrascendencia que llegaba al extremo de que los documentales se intercambiaban entre diversos países de tendencias muy contrarias. Es la misma intrascendencia que se observa al analizar nuestro NO-DO, como señalaremos más tarde.

Sería un error deducir de lo dicho que estamos intentando establecer una relación entre el NO-DO español y el documental propagandístico alemán de aquellos años. Sería no sólo exagerado, sino falto de rigor, aunque resulta difícil sustraerse a la tentación de sospechar en alguna concomitancia habida cuenta de la coincidencia en el tiempo de estos hechos: la existencia real del "fenómeno Goebbels", las excelentes relaciones del documental de la UFA alemana de aquellos años y el NO-DO español e incluso del pangermanismo que en aquel momento se respiraba en el Nuevo Régimen español. De ahí que dediquemos unos párrafos a ese fenómeno. En Alemania –el caso más característico y que dio lugar a numerosas investigaciones sociológicas del naciente movimiento norteamericano–, el nuevo Estado incautó la existente productora UFA para sus fines propagandísticos. La *Universal Film Aktiengesellschaft* (UFA) había nacido en noviembre de 1917 y casi desde sus comienzos arrastró el cometido de propagar la cultura y espíritu alemanes[2]. De ella salieron personalidades tan destacadas como Max Marck, Michael Curtiz (de origen húngaro, cuyo nombre original era Mihály Kertésez), Alexander Korda o Ernst Lubisch. En 1937 pasó a depender directamente del Gobierno.

El cine en la Alemania nacional-socialista

La lucha de los nazis por el poder en Alemania en los años treinta llevaba aparejada la lucha por el control del cine. El panorama cambió rotundamente con la aparición en la política de Goebbels, que junto a Hitler eran dos apasionados del cine como medio de influencia en las masas, según habían estudiado en las películas revolucionarias del cine soviético. El 13 de marzo de 1933, meses antes de que Hitler fuese nombrado Canciller de Alemania, el cinéfilo Joseph Goebbels –un cinéfilo convencido del poder del medio– era nombrado ministro de Cultura Popular y Propaganda. A través de un nuevo Departamento Nacional de Cine bajo el Ministerio de Propaganda supervisaba las etapas de producción, distribución y exhibición de las películas y controlaba mediante un sistema de control todos los guiones y argumentos. En las elecciones de 1932 el Partido Nacional Socialista de Trabajadores (nazis) utilizó filmes de propaganda y en la Prensa se inició una fuerte campaña tendente a popularizar el espíritu alemán, nacionalismo y virtudes del Ejército, al tiempo que se atacaba a la industria judía del cine que con frecuencia llegaba de Estados Unidos. El político ultraderechista Alfred Hugenberg, presidente de la famosa UFA, permitió que la misma quedase bajo control nazi, y en 1930 nacen las primeras películas exaltadoras del "nuevo espíritu" tales como *La última compañía* y *El predilecto de los dioses*.

La toma del poder por los nazis en 1933 supuso efectivamente el estímulo incontrolable del cine propagandístico, que produce tres películas muy significativas: *SA-Mann Brand*, *Hans Wetsmar* y *Hitlerjunge Quex*, exaltación apasionada del partido y de Hitler. Las tres resultaron un fracaso, posiblemente por su larga duración, y es a partir de entonces cuando Goebbels decide utilizar el género documental e informativo para sus fines propagandísticos o agitadores. Los argumentos históricos eran utilizados para exaltar las virtudes que se deseaban para el pueblo alemán[3]. Un trabajo realizado sobre la lista de estos filmes, *Staatsausfstragfilme* (Películas bajo el control del Gobierno), revela el predominio de temas como la disciplina, la obediencia, la camaradería y la autoinmolación. Karl Riter, un director que logra hacer fortuna con este tipo de filmes de agitación, declaraba: "Mis películas tienen como tema la insignificancia de lo individual... Se debe renunciar a todo lo personal en aras de nuestra causa." Toda esta ideología se vertía en los llamados filmes "de montaña", en los históricos y en los directamente bélicos, que tenían gran popularidad, cuando en el resto de Europa apenas gozaban del favor popular.

Las películas abiertamente antijudías y en menor medida antibritánicas surgirán posteriormente en plena Segunda Guerra Mundial y generalmente ocultándose bajo el género de cine intrascendente, que también lo hubo en plena etapa de cine propagandístico nazi. Recordamos a este efecto las palabras de quien inspiraba la producción de esas películas, Joseph Goebbels: "Incluso el entretenimiento puede utilizarse de cuando en cuando para dotar de armas a la nación en su lucha por la existencia"[4]. Como ocurriría en Italia y en la misma tónica con las películas de "teléfonos blancos", también en Alemania hubo un cine aparentemente intrascendente. Sólo aparentemente, pues bajo las aventuras del "cine de montaña" había una exaltación de la belleza natural, la pureza del ambiente y su correlato belleza y pureza de la raza aria. Favorecen la camaradería, el antisemitismo, la eutanasia, la disciplina... Como bien señalaba el propio Goebbels, la propaganda sigue funcionando en estas películas "de manera invisible, para mermar la vida de toda la sociedad sin que nadie se dé cuenta de esta iniciativa propagandística"[5].

La calidad artística no era en casi ningún caso la tónica dominante. Cosa por otro lado explicable cuando los intereses principales se ponían en el adoctrinamiento propagandístico y cuando el propio Goebbels –que buscaba la estética y lo artístico por todos los medios– consideraba que un filme era artístico cuando combinaba la belleza de las imágenes con un mensaje final. Está claro que la estética a la que Goebbels se refería era la belleza del arte nacionalsocialista cuyas manifestaciones hoy nos resultan bien conocidas: la belleza de las botas militares sobre el enlosado, la belleza de los gritos de rigor, la belleza de las marchas y... ¡la belleza de la guerra! Dentro de esa tónica dominante de mediocridad hay que hacer la excepción de los trabajos de la realizadora Leni Reifensthal y de Luis Trenker, que intentaban transmitir el concepto de belleza nacionalsocialista a que nos hemos referido. Leni Reifensthal, con su extraordinario documental *Olimpiada* (Olympia) realizado en 1936, pasaba a la historia del género documental con razones más que sobradas. Con ayuda de treinta y cinco cámaras y la colaboración de Walter Ruttmann recogía el desarrollo de los *IX Juegos Olímpicos* celebrados en 1936 en Berlín. Bello canto al esfuerzo humano, al sacrificio de la preparación que recogía cada detalle, cada momento: los tics del Führer durante las competiciones y el triunfo del atleta negro Jesse Owens ante la plana mayor de un régimen que hacía de la limpieza racial todo un símbolo y de la superioridad aria una meta[6].

Aunque la televisión arrasó en lo informativo, no es menos cierto que el paso del tiempo ha dejado clara la diferencia de competencias que le cabe a cada expresión artística. Diferencias y similitudes entre Cine Documental y Televisión que radican más en sus técnicas de producción que en la capacidad de los públicos para recibir sendos mensajes. La diferente expectativa del destinatario explica las dos formas de expresarse, como ocurriría con un escritor que según sus públicos adoptase un método u otro. Nuestro trabajo culmina con la aparición en España de la televisión con efectos más contundentes de lo que podían ser los del documental cinematográfico NO-DO. Vázquez Montalbán, al referirse a la televisión como competidora importante del cine documental de información, señala que aunque es a Estados Unidos a quien le corresponde el mérito de industrializarla, los primeros intentos son de la Alemania hitleriana. Alemania disponía de un tremendo proyecto de "televisión pública" complementario del aparato propagandístico de la radio y estuvo a punto de regularizar sus emisiones. Goebbels en 1940 prometió que se televisarían para Alemania los ataques de la aviación y marina alemanas contra los comboyes británicos del Canal de la Mancha y en 1943 intentaron crear en el París ocupado una emisora franco-alemana para las tropas, llegando a emitir algún programa hasta el 18 de agosto de 1944. También España debe algo a este inicio alemán. En sus acciones de colaboración con el régimen de Franco, la Alemania de Hitler entregó al Gobierno de Burgos en 1938 un equipo experimental que serviría precisamente para hacer las primeras pruebas experimentales de Televisión Española (TVE) posteriores a la Segunda Guerra Mundial[7].

La puesta del documental al servicio de una causa propagandística es tanto como la puesta en acción de una ideología. Barthes se pregunta: ¿qué es la ideología?, para concluir que es precisamente la idea en tanto en cuanto domina; la ideología sólo puede ser dominante[8]. En consecuencia, la labor fundamental de la ideología consiste en desresponsabilizar y someter al individuo con el pretexto de divertirle simplemente. Y vamos al caso nazi. *El triunfo de la voluntad*, de Leni Riefenstahl, en 1934, nos muestra unas masas capaces de ir al matadero si Hitler se lo pedía y responden con un "sí" cuando les propone la "guerra total". Descubrimos en el filme una definición perfecta del cine de propaganda: la subordinación absoluta a una idea única (una ideología), una confusión total de lo bello con lo verdadero. El filme de propaganda –escribe Zimmer en su famosa obra sobre las relaciones del cine con la política– es, "en última instancia, una negación del arte, en la medida en que, en vez de dar la palabra a las formas, dejándolas producir su sentido a partir de su encuentro con el momento histórico, plantea a priori un sentido trascendente, inmutable, que no hace sino descender a las formas para encarnarse en ellas de una manera visible, concreta. En una palabra, el arte ha sido sustituido por la religión, la expresión ha sido sustituida por la encarnación"[9].

El cine en la Italia fascista

Una vez Benito Mussolini alcanzó el poder con el apoyo del *Gran Consejo Fascista*, mostró muy pronto su interés por el cine como arma propagandística, tal y como lo había podido observar en el nazismo y muy de acuerdo con la vanidad nacionalista que inspiraba sus actos.

Como ocurriría en Alemania con la *UFA*, recomendó que la compañía privada *LUCE* fuese controlada por el Estado. Recibió la orden de que su producción, que se había dedicado a filmes educativos, comenzase a dedicarse a películas "de naturaleza esencialmente científica, histórica y patriótica... De corregir unos gustos del público corrompidos por películas cuyas cualidades morales y estéticas han dejado con frecuencia mucho que desear". Inmediatamente se convirtió en polea de transmisión de la propaganda fascista a través de su noticiario *LUCE Gazette* y un documental en tres partes titulado *Il Duce*, que era una apología del mismo. Como ocurriría con NO-DO, la inclusión del documental era obligatoria en todos los cines y recibía fuertes subvenciones por su proyección en el exterior. También como haría Franco en España años después, se prohibió la proyección de películas extranjeras sin haber sido dobladas al italiano y confió a uno de los pioneros del cine italiano, Stefano Pittaluga, la adaptación del sonoro al cine italiano.

Muerto Pittaluga, Emilio Cecchi acometería la empresa de la producción nacional a gran escala en los recién creados Estudios *CINES*. Intentando nuevos apoyos, Mussolini creó la *Oficina General para la Disciplina y Guía de la Producción Cinematográfica,* que suponía el control de todo el proceso de producción de películas. En 1935 –animado por los éxitos italianos en África– creó el *Centro Sperimentale di Cinematografía* para la formación de cuadros técnicos y los grandiosos estudios de *Cinecittá* (Ciudad del Cine). Con todo ello Italia recuperaba su prestigio inicial, aunque sus producciones seguían pareciendo más bien flojas, como testimonia un director exponente de esa época como lo es Alessandro Blasetti. Embarcado con las películas propagandísticas, con *La corona de hierro* (1940) lograría poner en marcha la etapa de cine histórico italiano de los años sesenta. Frente a él, el director de los comienzos Mario Camerini se refugiaba en la comedia para eludir la censura estatal y de paso realizar algún tipo de sátira crítica, dando origen a lo que daría en llamarse películas de "teléfonos blancos", intrascendentes y bobaliconas, que ocultaban de forma escapista la cruda realidad fascista del momento.

En Italia, por ejemplo, el Estado fascista, a través del Ministerio de Cultura Popular y la Dirección General de Cinematografía creada en 1934, dependiente del mismo, había puesto en marcha una tupida red de actividades relacionadas con la producción cinematográfica con intencionalidad propagandística: *Cinecittá,* como ciudad del cine; una sociedad para la distribución y explotación en salas, que era el *ENIC*; otra sociedad de producción, que era la *CINES*; el Instituto *LUCE*, que en forma de monopolio llevaba más directamente el asunto de la propaganda a través de noticiarios y documentales; el *Centro Sperimentale de Cinematografía,* como escuela de artistas y técnicos, y la *Cineteca Didáctica,* como introducción del cine en la escuela.

La situación fue cambiando a medida que iba percibiéndose en Italia la hecatombe final del fascismo y llegaba a su culmen con la liberación de Italia por los aliados. Un decreto legislativo del 5 de octubre de 1945, número 678, daba al traste con un sinfín de leyes y decretos aprobados entre 1923-1943, comenzando por declarar en el artículo 1.º, como todo un canto a una libertad soñada, que "el ejercicio de la actividad de producción de películas es libre... Las normas sobre la autorización ministerial para las empresas de producción quedan abolidas; también son abolidas las normas sobre el examen previo de argumentos y las normas sobre la concesión de *nulla osta* preventivo para la producción de películas".

El cine en Rusia, Gran Bretaña y Estados Unidos

No es el caso nazi y el fascista el único a destacar en el sentido de utilización propagandística de los medios de comunicación, aunque sí es el que cubre las cotas de intrusismo mayor en la intimidad personal. Hemos destacado el caso alemán e italiano por ser más próximos al caso español, por haber apoyado realmente en sus comienzos al documental español NO-DO –el personal de los primeros años provenía incluso de la *UFA*–, y también por lo que de mimetismo había en NO-DO a la hora de promocionar el cine como elemento educativo, si no queremos decir claramente propagandístico. Pero la verdad es que, si queremos evitar maniqueísmos, hay que reconocer que existían intenciones similares en otras cinematografías nacionales de las que al menos diremos cuatro palabras, aunque no fuese tan exagerada la tendencia.

El cine soviético es uno de los primeros en destacar. Antes de la Revolución de Octubre, el cine era un elemento de distracción popular de enorme aceptación tanto en el campo como en las ciudades. Pero alcanzaría un enorme relieve tras la revolución rusa. No en balde Lenin había dicho: "De todas las artes, el cine es para nosotros la más importante." Es decir, que desde los comienzos entendía que el cine debía proporcionar al nuevo sistema su arma más efectiva de agitación y educación, y en ese mismo sentido se utilizaron los cortos de agitación *(agitki)* en los trenes que recorrían todo el país durante la Guerra Civil entre 1918 y 1921. En 1917 el cine había sido ya estatalizado y en 1919 se creó la primera Escuela Estatal de Cine. El "padre del cine soviético" es Lev Kulechov, que influyó definitivamente en las generaciones posteriores, sobre todo descubriendo en el montaje uno de los factores principales en el sentido de que un plano colocado en distinto contexto, en diferente secuencia fílmica, alcanzaba a tener distinta significación. El XIII Congreso del Partido Comunista de la URSS haría pública una resolución en 1928 en la que se decía abiertamente:

"El Cine es la más importante de todas las artes y puede desempeñar un gran papel en la revolución cultural como medio de educación generalizada y de propaganda comunista, para la organización y adoctrinamiento de las masas en torno a las consignas y tareas del Partido, para su educación artística y para su sana diversión y entretenimiento" [10].

En 1927 directores tan importantes como Pudovkin y Eisenstein recibieron encargo de dejar constancia filmada de las gestas revolucionarias de 1917. Y es a partir de ese momento, con el ingrediente del recientemente descubierto "Cine-Ojo", cuando el cine soviético utiliza las virtualidades propagandísticas que tenía el cine.

En Estados Unidos, el cine, que de la mano de David Wark Griffith había logrado importantes cotas industriales, de producción y creativas para el naciente cine *(El nacimiento de una nación,* 1915), tras su reestructuración y la llegada del sonoro *(El cantante de jazz,* 1927), entraría en la misma etapa de propaganda en los años cuarenta con la llegada del género documental, desarrollado ampliamente por soviéticos y británicos.

Los acontecimientos bélicos ofrecen escenas de la primera línea, mensajes propagandísticos y eslóganes patrióticos para ofrecer en la retaguardia al espectador que se encuentra lejos del campo de operaciones. La ironía y el humor contribuían a recalcar la amistad a los propios y el desprecio a los enemigos.

Gran Bretaña es caso particular en cuanto a cine documental se refiere. En realidad fue un gran documentalista, John Grierson, quien acuñó la palabra "documental" en 1926 para describir la película *Moana*, del documentalista norteamericano Robert Flaherty, con quien trabajó algún tiempo. Visión romántica de la vida en las islas del Sur. *Drifters* es casi una película emblemática como comienzo del movimiento documentalista que puso en marcha Grierson. Las ideas izquierdistas del grupo que impulsó Grierson no era fácil expresarlas en aquel momento de la Depresión económica en que el apoyo gubernamental o empresarial difícilmente financiarían proyectos que fuesen contra sus intereses económicos. Por ello, los documentales se contentaban más bien con reflejar las viejas tradiciones y espíritu británicos.

Tras Grierson hay otros importantes documentalistas de su grupo tales como Richard Massingham, Norman McLaren, Len Lyre y sobre todo Alberto Cavalcanti, con quien Grierson hizo el documental más representativo de esa época: *Nigh Mail*. Más que obras de autor, los documentalistas británicos lograban hacer un trabajo de equipo que fue decayendo tras este filme para volver a resurgir y desaparecer finalmente durante la Segunda Guerra Mundial. La figura de Grierson es hoy casi mítica en el ámbito documental, llegando a conseguir que la propia *Academia de Artes y Ciencias Cinematográficas de Hollywood* reconociera en 1941 por vez primera la importancia del documental otorgando el primer premio en la Categoría de Documental. A partir de ese año, 13 documentales consiguieron el premio al Mejor Corto y al Mejor Documental hasta 1977, en que –ya muerto cinco años antes Grierson– consiguieron cinco nominaciones y dos Óscar.

La objetividad y austeridad descriptiva de la *Escuela Documental Británica* del escocés John Grierson se sitúa a mucha distancia del documental estadounidense. La *Escuela Documental* de Nueva York nace de la mano de la Administración Roosevelt. La casa *FOX* norteamericana, asociada con la United Press, lanzan en 1919 un Noticiario importante que pasados los años ayudaría al proyecto español del NO-DO. Las empresas norteamericanas imponían, más por la fuerza de la calidad que por otra razón, sus noticiarios famosos, como *Movietone*, de la casa FOX; de la Paramount, el *Paramount News*; de la Universal y la Metro, el *News of Day*.

Durante la Primera Guerra Mundial, los aliados, advertidos de la importancia que tenía la guerra de propaganda aunque fuese como apoyo moral a los contendientes en el frente, pusieron en marcha los primeros gabinetes de estudio de la propaganda y la elaboración de la contra-propaganda. De esta forma nació en 1917 en Estados Unidos el *Comité de Información Pública* y en 1918 en Gran Bretaña el *Departamento de Propaganda Enemiga*. Durante la Segunda Guerra Mundial, la guerra psicológica pasó de simple escarceo a gozar de una consideración científica. De la misma forma que lo hacía en Alemania Goebbels, en Japón las campañas de la *Rosa de Tokio* iban dirigidas contra los aliados de Estados Unidos en los países asiáticos. Todos ellos acometían una tarea propagandística doble: dar valor a los combatientes propios exagerando incluso sobre las conquistas logradas, al mismo tiempo que desmoralizar a los enemigos alentándoles hacia la rendición o la deserción. A partir de 1950, con la "guerra fría", la guerra propagandística psicológica se orientaría hacia el enfrentamiento entre Este y Oeste.

También el cine norteamericano durante la Segunda Guerra Mundial –y las escuelas de investigación sociológica que entonces nacían lo atestiguan– se pone al servicio de una propaganda bélica con directores como Frank Capra con la célebre serie *Why we fight?* (¿Por qué combatimos?, 1941-1945), *The battle of midway*, en 1942, y los tendenciosos trabajos de John Huston *The battle of San Pietro*, en 1944, y *Let there be light*, en 1945. Junto a ellos la serie que Louis de Rochemont desarrolló hasta 1943 titulada *The march of time*. No en vano es en Estados Unidos en donde surgen las primeras investigaciones en el período de entre guerras. Organizaciones, administraciones propagandísticas e institutos se dedicaban a estudiar la propaganda en esa época con Harold D. Lasswell a la cabeza. El presidente Woodrow Wilson creaba el *Comité para la Información Pública en los Estados Unidos*, poniendo al frente del mismo al periodista George Creel. En la postguerra, la "caza de brujas" auspiciada desde el Gobierno encontrará su mejor aliado en el filme documental. El *Comité de*

Actividades Antiamericanas pasaría por la más virulenta de las censuras a directores, actores, intelectuales, etc. Se boicotean determinadas producciones porque atentan contra la "salud social" del pueblo norteamericano.

Tras aquellos años de fiebre propagandística en Estados Unidos, la empresa documental fue una actividad independiente. En la mayoría de los países eran empresas estatales o paraestatales con mayoría de capital público. En Francia, por ejemplo, la *Société Nationale des Etablissements Gaumont*, con la antigua agencia de noticias *Havas*, base del documental *Gaumont Actualités*. Fórmula parecida a la radio, en la que el noticiario nació dependiente del periódico impreso. Así, por ejemplo, el *Politiken Film Journal* danés es la edición del diario *Politiken*. En Italia se asoció el noticiario al semanario gráfico. *Época* y *L'Europeo* prepararon noticiarios fílmicos. Arnoldo Mondadori creó *Edizione Attualitá Milano* para el semanario fílmico con el nombre *Época*. Rizzoli produjo el noticiario *L'Europeo Ciak* con la colaboración de Sandro Pallavicini.

Hay países en que se hacen en régimen de coproducción, como *Warner-Pathé*, en Estados Unidos, o *Gaumont-British News*, en Inglaterra. Francia tiene noticiarios ingleses y americanos, pero apoyó sus producciones *Pathé Journal* y *Gaumont Actualités*, creando las *Actualités Françaises* en régimen de empresa mixta finalmente absorbida por *Pathé* en 1947. Alemania dobló su *Movietone* y produjo *Neue Deutsche Wochenchau*. Italia reorganizó su Instituto *LUCE*, productor de noticiarios estatales. En cuanto a las revistas cinematográficas, el mejor ejemplo es *March or Time*, fundado en 1934 por Luis de Rochemont, que ofrecía un estupendo filme a base de cuatro breves temas. Lo proyectaban nueve mil salas de Estados Unidos, tres mil en Gran Bretaña y un millar en el resto del mundo. En España se hizo el *Imágenes* y hubo otros experimentos, como *This Modem Age*, que lanzó Arthur Rank en Inglaterra, y *Children's Entertainement Film*, mensual, de la *Gaumont British*, desde 1944 difundido en cine-clubs en Gran Bretaña.

También la revista cinematográfica ha tenido su dimensión propagandística de utilización por los Estados. Así, por ejemplo, el Ministerio británico de Hacienda realizó *Monthy Release Series* sobre temas económicos; *This is Britaine* lo patrocinaba el Ministerio de Comercio, y *Mining Review* se hizo bajo los auspicios de la Oficina Nacional del Carbón. Naciones

Unidas realizó también, a partir de 1949, *United Nations Screen Magazine*. Aparecida la televisión, la noticia filmada se convertiría en telediario y el noticiario de cine en magazine y apoyo al documental. Es lo mismo que ocurriría con NO-DO apenas puesta en marcha la Televisión en España en 1956.

El cine en España en ambos bandos

La actividad cinematográfica en la España de la Guerra Civil tenía lugar en "ambos bandos": en el Republicano se proyectaban películas procedentes de la URSS, y en el Nacional, las que llegaban de Alemania e Italia. Sin embargo, los gustos son los gustos, y las preferencias españolas iban por los filmes norteamericanos tanto antes como después de la contienda. Recordemos éxitos de pantalla tales como *Tres lanceros bengalíes*, interpretada por Gary Cooper, o *El capitán Blood*, con Errol Flynn.

En España, entre los años 1936-39, hay una importante actividad cinematográfica republicana de la que dejamos tan sólo constancia por cuanto nos interesa más la actividad surgida tras el denominado Alzamiento Nacional, ya que será el que tras su victoria, conducirá a la creación del NO-DO. En la España republicana, por ejemplo, la autosindicalista *Confederación Nacional del Trabajo (CNT)* tenía una producción cinematográfica muy rica, aunque sólo fuese por el ascendiente que tenía entre las gentes de los medios de comunicación y del espectáculo. Frente a ellos, la producción cinematográfica comunista hacía principal objetivo de sus tareas la unidad con el fin de conseguir ganar la guerra.

Uno de los hombres que hizo posible la producción cinematográfica en la España republicana fue Manuel Fernández Colino, un cubano radicado en España, miembro del Partido Comunista, que también trabajó anteriormente en Estados Unidos. En amplia entrevista nos comentaba las circunstancias en que se desarrollaba la misma:

"En diciembre de 1936, y a petición de Pedro Checa, hice junto a Manuel Fernández Martínez, técnico de distribuidora de películas hispano-portuguesas, un plan de empre-

sa grande. Compramos los filmes soviéticos Marino en casa, La última noche *y* Diputado del Báltico. *Nos fuimos a Francia a contratar un técnico, ya que los americanos se habían ido de la zona republicana al estallar la guerra. Yo era el encargado de abrir los cines que se habían cerrado con la guerra, y con esas películas comenzamos a andar. El primer cine que abrimos fue el Capitol, y después el Monumental con pocos meses de diferencia. De esta forma nació Film Popular Distribución conmigo como gerente y con Manuel Fernández como segundo. François Lordier era responsable de la técnica. Estábamos en Valencia, en la calle Comella número 27, al fondo de la Universidad. Después, también en Barcelona, en la calle Coretes número 41, al lado de una fábrica de textiles."*

Decíamos que también el cine de la zona republicana tenía como la principal de sus inquietudes la política y la propagandística. Sus mismos creadores no lo ocultan:

"La idea era la de movilizar a la gente para conseguir un orden republicano. Era presidente Largo Caballero. Comenzamos con dos documentales semanales y llegamos a hacer 104. Una película la enviamos a la Exposición Universal de 1937. Otra con Luis Buñuel se titulaba España en llamas, *que duraba treinta minutos y fue premiada en la Exposición. Anteriormente habíamos hecho* Galicia, Saudade *y* Camino de Santiago *y otra película con un texto de Hemingway titulada* Tierra española. *Nuestra idea era la de mostrar la resistencia, y lo hicimos con campesinos sorprendidos al llevar agua a sus sembrados."*

En la "zona nacional", la actividad cinematográfica era escasa, aunque no tanto la censora y de control. No existía una ideología política concreta, aparte de la oposición a la ideología republicana que hacía a Azaña decir: "¿Qué es eso de una guerra entre dos ideologías? Yo no sé cuál es la del adversario", o a Serrano Suñer, ministro de Interior del primer Gobierno franquista, aquello otro de que "el Ejército, fuera de su patriotismo y de su inclinación a un Estado de autoridad, no se había pronunciado por ningún dogma político"[11]. Desde el Cuartel General, Franco, con ocasión del segundo aniversario del Alzamiento el 18 de julio de 1938, decía: "El espíritu de crítica y de reserva es cosa liberal que no tiene arraigo en el campo de nuestro Movimiento", con lo que más que ideología concreta que transmitir en los filmes, el Nuevo Régimen lo que intentaría sería evitar la disidencia.

Después de la censura comenzó en la España de la postguerra una pequeña actividad cinematográfica. Equipos de cine de *CEA* y *CIFESA* coincidían precisamente el 18 de julio de 1936 en Córdoba y Cádiz para rodar dos películas: *El genio alegre*, de Fernando Delgado, y *Adilo Naval*, de Tomás Cola. Como ambas ciudades llegaron a ser feudo del general sublevado Queipo de Llano, se incautaron del material de técnicos y realizadores, iniciando así una serie de reportajes de guerra propagandísticos del Alzamiento militar. *CIFESA* destacó más en aquella exaltación patriótica, y así se produjeron diecisiete documentales tales como *Bilbao para España, Asturias para España, Sevilla rescatada, Santander para España, Brigadas Navarras, La gran victoria de Teruel*, etc. El equipo estaba formado por Fernando Delgado como director, Alfredo Fraile como cámara y Eduardo García Maroto como montador. Los estudios de montaje estaban en Lisboa. Tampoco *CEA* estuvo a la zaga en entusiasmo, siendo sus máximos responsables Rafael Salgado, E. Domínguez Rodiño y Ruiz Capilla.

El primer "Noticiario español"

Peripecias como *Producciones Hispánicas* en 1936, *Sevilla Film* en 1938, unido a hechos como la Unificación de Falange Tradicionalista y de las JONS y Comunión Tradicionalista y la creación del Partido Único en abril de 1937, desembocaron finalmente en la creación del *Departamento Nacional de Cinematografía* en 1938. Los servicios de Prensa y Propaganda pasaban a depender del Ministerio de Interior de Ramón Serrano Suñer, que nombraba como director de Propaganda a Dionisio Ridruejo. Éste, a su vez, nombraba máximo responsable del recién creado Departamento a Manuel Augusto García Viñolas, que pondría en marcha precisamente un *Noticiario Español*. Sus colaboradores serían Antonio de Obregón, Carlos Martínez Barbeito, José Manuel Goyanes, Joaquín Reig, José Luis Sáenz de Heredia, Enrique Gaertner y Alfredo Fraile, entre otros. La *Dirección General de Cinematografía (DNC)* llegó a producir 19 números del *Noticiario Español*.

Cine, industria y propaganda

Conscientes de lo importante que podía ser el cine, y sobre todo el cine documental en el aparato de propaganda del nuevo Régimen, llovieron las medidas proteccionistas de esta industria, y pronto se pondrían en marcha estudios de cine en Aranjuez. Enseguida llegaría la productora *CEA* y *Chamartín* en Madrid con gran éxito de temas "nacionales": *Morena Clara*, *Suspiros de España*, *Nobleza baturra* o *La última falla* son algunas de ellas. Y los artistas del momento, Estrellita Castro, Imperio Argentina, Concha Piquer o Miguel Ligero. Algunas de aquellas películas se habían rodado en Berlín durante la Guerra Civil, con participación de equipos españoles. La verdad es que nunca dejó de proyectarse cine en ninguna de las dos zonas, ni antes, ni durante, ni después de la Guerra Civil[12].

La trilogía que mejor sintetiza los afanes propagandísticos de la postguerra fueron: *Raza*, escrita con una idea del propio Franco, con el pseudónimo de Jaime de Andrade, y dirigida por José Luis Sáenz de Heredia; *Sin novedad en el Alcázar*, de Augusto Genina, que narra la resistencia del Alcázar de Toledo ante el "acoso rojo", la cual se estrenó en un cine de la Gran Vía, al tiempo que en otro próximo, el Actualidades, se proyectaba un largo documental de un reportero norteamericano sobre la voladura real del Alcázar. Y *Rojo y negro*, de Carlos Arévalo, protagonizada por Ismael Merlo, que mitificaba la figura de José Antonio Primo de Rivera y que, tras su exhibición en el cine Capitol de Madrid, acabó siendo quemada por las luchas intestinas internas al propio Régimen. Parecida suerte le cupo a *El crucero Baleares,* de Enrique del Campo, que ni se llegó a estrenar en el cine Avenida porque Franco ordenó retirarla. *Los últimos de Filipinas* coincidió con la exclusión de España de la ONU, logrando concitar los sentimientos nacionales. Buena parte de estos filmes de pretendido género histórico en realidad eran una exaltación del añorado "Imperio español", tan afecto al Nuevo Régimen[13].

Durante la Guerra Civil, el director de cine Rafael Gil rodó una serie de documentales para la República, en un equipo de cine de la 46 División y posteriormente desde el Estado Mayor del Ejército. Como dice el propio Gil, "no eran documentales de propaganda política. Por ejemplo, *Soldados campesinos* narraba cómo las mujeres cogían el arado para trabajar el campo cuando a los hombres les llamaban a filas.

Sanidad era sobre la labor humanitaria y abnegada que se hacía durante la guerra[14]. A través del texto entendemos cómo el director Rafael Gil quiere de alguna forma exculparse de la responsabilidad moral o colaboración con la República habiendo realizado tantos filmes para el franquismo, pero ello no significa que los documentales a que hace alusión no tuviesen una clara intencionalidad política, al menos en quienes hicieran el encargo al director de cine. De hecho, Rafael Gil entregó el material al Departamento Nacional de Cinematografía y continuó haciendo documentales y películas. En las declaraciones que estamos recogiendo, Rafael Gil confirmaba la tesis del lugar que televisión ocuparía con el tiempo el papel que cubría NO-DO: "Los cines estaban muy bien instalados, eran cómodos y tenían calefacción. No había televisión y muy pocos coches. El cine lo tenía todo a su favor. Era una verdadera fábrica de sueños."

Si importante fue la colaboración del eje a la "causa nacional" en España, no lo fue menos en el ámbito cinematográfico, en el que Alemania e Italia tenían una importante infraestructura, como hemos señalado. Buena parte de los laboratorios españoles habían quedado en zona republicana. En 1938 se crea la *Hispano-Film Produktion,* que por parte española tuvo como representante a Norberto Soliño, antiguo jefe de la sucursal cubana de *CIFESA*. Alemania veía una gran ocasión de introducirse en el mercado latinoamericano a través de España. Si el personal y argumento eran españoles, la financiación y control eran alemanes. Gracias a esta colaboración hispano-alemana los rebeldes tuvieron su propia epopeya filmada en uno de los filmes propagandísticos más importantes, *España heroica*, que arrancaba de un proyecto de Joaquín Reig y estuvo durante toda la guerra en los laboratorios de Berlín, participando en su elaboración el propio ministro de Propaganda del III Reich, Goebbels.

En el ámbito del cine documental hay que añadir que tras la Guerra Civil abundaban los cortometrajes como *Vía Crucis del Señor en las tierras de España, El desfile de la Victoria* y *Traslado de los restos de José Antonio,* todas ellas de José Luis Sáenz de Heredia, falangista y primo hermano de José Antonio Primo de Rivera, que había sido formado en la etapa republicana bajo la tutela de Luis Buñuel –en aquel momento en el exilio–. Sobre las espaldas de Sáenz de Heredia cayó la responsabilidad de "hacer las primeras imágenes" en favor del Nuevo Régimen. *Boda en Castilla* llegó a conseguir una mención en el Festival de Venecia. El guión era de Manuel Augusto García-Viñolas, autor también del guión de *Vía Crucis del Señor...* Era entonces jefe nacional de Cinematografía. Las películas que recreaban las gestas de la pasada guerra no se hicieron esperar: *Frente de Madrid*, de Edgar Neville; *El hombre de la Legión*, con Roberto Rey; *Cerca del cielo*, con el famoso padre Venancio Marcos, autor de tantas soflamas radiadas *El santuario no se rinde* de Arturo Ruiz Castillo, o *A mí la Legión*, con Alfredo Mayo y Luis Peña. Dentro del género cinematográfico documental hay que entender el objeto de nuestro estudio: el *Noticiario-Documental*, cuyas siglas precisamente constituían el NO-DO.

El nuevo cine de la España Nacional va a tener un control excesivo, tanto o más que una creatividad incluso propagandística. Preocupaba más lo que había que evitar que lo que había que realizar, aunque fuese equivocado. Es interesante cómo en un país en que una guerra civil había enfrentado a hermanos, las nuevas autoridades apenas mostrasen interés en cauterizar las heridas abiertas, pese a que el propio ministro Solís declarase en entrevista el interés de NO-DO por no retomar temas de la guerra en aras de ir cauterizando las heridas producidas. Por ejemplo, a Edgar Neville le obligaron a cortar el final de *Frente de Madrid*, de 1939, en donde un nacionalista y un republicano –ambos heridos– se abrazan. A Carlos Arévalo le retiraron tras los primeros días de exhibición la película *Rojo y negro* (1941) –asesorada por José María Alfaro, nada sospechoso– porque contaba las relaciones de una muchacha falangista y un chico miliciano en el Madrid en guerra.

A todo ello se unía las "comisiones oficiales", una de ellas encargada de la clasificación de películas, de la que dependían los permisos de mportación de películas extranjeras. Con la sola venta de estos permisos se podían cubrir los gastos de producción y conseguir también beneficios. A todo ello se unía la existencia del *Sindicato Nacional del Espectáculo (SNE)*, que concedía el crédito sindical cinematográfico, el cual podía ascender al 40% del presupuesto total. Los productores, en consecuencia, tenían como principal obsesión el agradar los criterios estatales. Y ahí les cabía el primer lugar a los directores capaces de amoldarse a la nueva situación y darla cauce en su obra, como es el caso de José Luis Sáenz de Heredia. Con *Raza*, por ejemplo, Sáenz de Heredia intentaba resumir todo el ideario de Franco, los valores que el *Caudillo* hubiese querido para "su cine"[15].

Capítulo 4
NO-DO: la vida de un noticiario español

El Noticiario Documental Cinematográfico NO-DO es particularmente importante como material documental para analizar el impacto que produjeron los medios de comunicación de masas en unos años en que el género documental estaba en auge. Es una de las fuentes documentales más importantes de una etapa menos conocida que otras, como lo es la de la España del primer franquismo; de ahí que tenga la consideración de "archivo histórico". Vamos a conocer resumidamente cómo nació aquel Noticiario que hasta la llegada de la Televisión fue probablemente el elemento más importante en manos del Nuevo Régimen en la tarea de configurar las actitudes y modos de vida españoles.

Es curioso comprobar que un teórico e investigador de los medios tan importante como Abraham Moles, profesor de la Universidad de Estrasburgo, a la hora de comentar el término "mass media" en su *Diccionario de los Medios,* comience el artículo poniendo el ejemplo de NO-DO cuando destaca cómo el término "mass media" ha ido ampliándose cada vez más y tornándose en la misma medida menos riguroso:

> "Cualquier texto impreso, ya se trate del Librito Rojo, de France Dimanche o del Anuario Telefónico, con tal de que sea ampliamente difundido; cualquier película, lo mismo el NO-DO que Love Story o una secuencia publicitaria de prendas de vestir, a condición de que sea proyectada ante numerosos espectadores; cualquier disco, bien sea de Mozart, de Joan Báez o de un cantante de moda, sin más requisito que el de ser escuchado por una audiencia multitudinaria, forma parte de los mass media"[1].

Los antecedentes de NO-DO

Los antecedentes inmediatos propiamente dichos se sitúan en el Gobierno de Franco en Burgos, como manifestaba en entrevista Augusto García Viñolas, primer responsable del Departamento de Cinematografía en aquel Gobierno. Antecedentes en el sentido de la necesidad sentida de un documental que recogiese la actualidad que quería ofrecerse a la ciudadanía. El Gobierno de Burgos sabía lo importante que era el mensaje que transmitían los documentales existentes:

"Existían ya Noticiarios en toda Europa y América. Creo incluso que hubo intentos anteriores. Surgió como un instrumento de información por la fuerza de los acontecimientos. Durante la Guerra Civil, Dionisio Ridruejo me encargó la Jefatura Nacional de Cinematografía, equivalente a la Dirección General actual. Todo dependía del Ministerio de Interior de Serrano Suñer, y había dos Direcciones: de Propaganda, que llevaba el propio Dionisio Ridruejo, y de Prensa, que llevaba José Antonio Giménez Arnau. La dirección de Ridruejo se ramificó en Burgos en dos servicios: Ediciones y Publicaciones, con Laín Entralgo a la cabeza; Radio, con Antonio Tovar; Teatro, con Luis Escobar; Artes Plásticas y Cine, que llevaba yo mismo. Sáenz de Heredia también tenía una responsabilidad."

García Viñolas sería después fundador y director de la primera revista cinematográfica, *Primer Plano,* y del *Círculo Cinematográfico Español (CIRCE),* que intentaba agrupar a los profesionales del sector. La propaganda nacional se realizaba desde Burgos, que era entonces la capital de España, siendo su director Dionisio Ridruejo, responsable de Prensa y Propaganda. En un primer momento, todo se reducía a puros mensajes, sobre todo radiados, adobados de los himnos nacional y falangista. Mensajes con la factura literaria de Marañón, Ortega y Gasset, Gilera, Obregón, Neville, Laín Entralgo, Tovar, Rosales, Vivanco, Caballero, Torrente Ballester, Cabanas, Escasi y otros. En el Departamento de Cinematografía, que dirigía Manuel Augusto García Viñolas, había una Secretaría General que llevaba Antonio Obregón; un Departamento de Relaciones con el Exterior, en manos de Carlos Martínez Barbeito, y otro de Producción, a cuyo frente estaba José Manuel Goyanes, a quien sustituyó José Luis Sáenz de Heredia.

Unos falangistas lanzaron el 16 de agosto de 1942 una bomba ante el coche del ministro del Ejército, general Varela (que aparece en esta foto en una procesión de Corpus en Valencia meses antes), que asistía a los actos de sufragio por los Requetés en el Santuario de Begoña en Bilbao. Para algunos, aquel suceso, que supuso el relevo tanto de Serrano Suñer como de Varela y del que no había imágenes, hizo sentir la necesidad de un Noticiario cinematográfico propio, el NO-DO que nacería pocas fechas después

A medida que iba avanzando la guerra y se veía el dominio del bando sublevado se sintió la necesidad de crear un Departamento de Cine como existía en la zona republicana. Buena prueba de la importancia que se le daba a la propaganda fílmica se deduce del gran interés que se puso en llevar adelante el proyecto pese a las enormes dificultades que había que arrostrar, sobre todo materiales, como se deduce de las palabras del mismo García Viñolas en entrevista concedida. Junto a ello se alcanza a adivinar la proximidad existente entre el naciente documental y los que se realizaban en Alemania, de donde se recibía un importante patrocinio, y las intenciones que había sobre el mismo:

> "Todo lo relacionado con el cine había caído en la zona republicana y teníamos incluso que ir a Alemania a por material. Se llamaban entonces simplemente "Noticiarios" con el número detrás, y llegaron hasta 20. Era lo único que había, y la gente se interesaba por ellos. En la zona nacional había un equipo trabajando en Granada, a cuyo frente estaba el alemán Guerner, que hizo la famosa película El genio alegre. Con ese equipo se creó una especie de productora para las noticias que llegaban del frente. Creo que se llamó "Noticiario de guerra". El primer jefe de Producción fue José Manuel Goyanes, y tras su cese, José Luis Sáenz de Heredia. Estando aún en Burgos les enviábamos noticias a Alemania e Italia y ellos nos devolvían positivada la película, que llegaba a un piso que teníamos en el paseo del Espolón de Burgos."

NO-DO tiene su antecedente en otros documentales que se exhibían con mejor o peor fortuna entre nosotros. Uno de los operadores del NO-DO, Macasoli, era bisnieto de un legionario irlandés que vino con Wellington a luchar contra los franceses en la Guerra de la Independencia. Comenzó rodando noticiarios para *International News* en 1923 y consiguió el premio al mejor reportaje del año por lograr rodar el rostro del rey Alfonso XIII presente en el primer acto oficial de Miguel Primo de Rivera al inaugurar el monumento a los héroes de Cavite y Cuba en Cartagena. Al noticiario *International News* le sucedió la *Fox Movietone* y algún otro europeo sin aparición periódica hasta la proclamación de la República en España. Los acontecimientos otorgaron especial interés a los reportajes, y, en consecuencia, la *Fox* determinaría enviar un equipo habitual de reporteros a España para elaborar un documental español y enviar otros montajes de los mismos a Portugal, Hungría, Polonia, Grecia e Iberoamérica.

Tras la sublevación del Cuartel de la Montaña, en plena Guerra Civil, las relaciones republicanas con la *FOX* bajaron de tono. La *FOX* rodó centenares de metros que los republicanos les pidieron infructuosamente, ya que el material, sin ser procesado, había sido enviado directamente a Inglaterra por valija diplomática. La República comenzó a poner trabas tanto para los permisos de rodaje como para el procesamiento de la película a los estudios *Madrid Films*. Como resultado de todo ello, la *FOX* decidía en diciembre de 1936 dejar España y marcharse a Inglaterra. García Viñolas contaba cómo "los primeros Noticiarios se presentaron en Burgos, uno de ellos titulado *Prisioneros de guerra*. Y añade a continuación: "Se los presentamos a Franco y le entusiasmó. Tanto, que incluso pasado algún tiempo me condecoró con la Encomienda de la Orden Imperial del Yugo y las Flechas."

Durante la contienda civil siempre hubo equipos de reporteros cinematográficos en ambos bandos. En el sector republicano el cometido le cabía al Estado Mayor Central y a los partidos tales como el socialista y comunista, que crearon el noticiario *España al día*. El Partido Nacionalista Vasco (PNV) se hacía cargo de los reportajes en el País Vasco, pero es en Cataluña en donde se trabajó más intensamente por parte de todos los partidos. En septiembre de 1936, el consejero Josep Tarradellas encarga a Jaume Miratvilles la dirección del Comisariat de Propaganda de la Generalitat, que nombró a Joan Castanyer responsable de la sección de cine y de los estudios *Laya Films,* comenzando a producir semanalmente *Espanya al día,* de diez minutos de duración. Hasta el año 1938, Laya realizó cerca de 200 documentales de los que 10 se conservan en la Filmoteca Nacional y una docena en el archivo del propio NO-DO. Otra firma, la *Film Popular,* vinculada al partido comunista, se encargó de hacer una versión castellana de *España al día,* para terminar haciendo el suyo propio.

El nacimiento de NO-DO

Pero todavía NO-DO no había nacido. En uno de los primeros trabajos que se han escrito sobre el tema se cuenta cómo el nacimiento de NO-DO obedeció a intereses claramente políticos[2]. En el mismo se dice que la iniciativa partió del chófer de Fernández Cuenca, José Manuel Goyanes, aunque la dirección al final fue para Augusto García Viñolas, que a los veinticinco años era corresponsal de *El Debate* en Roma y en cuyo brillante *curriculum* figuraba el premio extraordinario en la licenciatura de Derecho. El mismo artículo señala que por indicación de Serrano

NO-DO: la vida de un noticiario español

Éste fue el primer equipo de trabajo de NO-DO. Varios procedían de los Noticiarios: alemán, de la UFA, y FOX Movietone, de Estados Unidos. Éstos eran sus nombres: Ignacio Mateo, Luis Figuerola, José Hernández Franch, Sáinz de la Hoya, Christian Anwander, Francisco Centol, Rafael Simancas, Juan García, Ismael Palacio, Joaquín Hualde, Lili Woves, Alfredo Marquerie, Alberto Reig, las señoritas Jorquera y Molina, y Francisco Perelló y Juan Llopis (en Barcelona).

Suñer se alistó en la Legión, que le envió a Talavera. Su amigo Pedro Gamero del Castillo, que fue ministro sin cartera, le puso en contacto con las brigadas italianas y después pasó a dirigir el *Departamento Nacional de Cinematografía*. La relación con el equipo alemán que rodaba *El genio alegre* y la colaboración de Antonio Obregón, Neville, Pérez Yubero y Sáenz de Heredia supusieron el comienzo de los primeros y dificultosos escarceos cinematográficos, rodeados de mil dificultades.

No hay unanimidad sobre el hecho fundacional de NO-DO. En el trabajo a que nos hemos referido se sitúan los graves sucesos ocurridos el 15 de agosto de 1942 en el Santuario de Nuestra Señora de Begoña, en Bilbao, como los causantes de la sentida necesidad de disponer de un noticiario cinematográfico, que sería NO-DO. Sucesos que culminaban el distanciamiento que se venía produciendo entre falangistas y carlistas como sustentadores del Nuevo Régimen de Franco. Los falangistas estrechaban filas en torno al germanófilo Serrano Suñer, mientras que los carlistas encontraban su mejor valedor en el general Varela, de tendencias más anglófilas.

El 15 de agosto de aquel año 1942, los supervivientes del Tercio Nuestra Señora de Begoña celebraban en la basílica de Nuestra Señora de Begoña, en Bilbao, como todos los años desde que terminara la contienda civil, el recuerdo de los caídos en la misma. Como invitado especial en aquella ocasión figuraba el general Varela. Un falangista, posiblemente molesto por los repetidos ataques que los carlistas propinaban a los falangistas, había venido expresamente de Madrid para atentar contra el general. Terminada la ceremonia, y entre los gritos de unos y abucheos de otros, lanzó una granada, que un capitán acompañante del general logró desviar con la mano y se fue a estrellar contra un grupo de seis requetés, que se convirtieron en el lamentable blanco errado de la explosión. Para algunos el hecho supuso un cambio en la historia de la España de aquellos años y pudo constituir el origen remoto del nacimiento del NO-DO. Con su tradicional modo de hacer y solucionar las crisis provocadas por grupos en lid, Franco –pasados unos días– relevaba de sus puestos tanto a su cuñado Serrano Suñer como al general Varela y ordenaba el fusilamiento del falangista que lanzó la granada.

El vicesecretario de Educación Popular, Gabriel Arias Salgado, llamó por teléfono a los responsables de los Noticiarios que por entonces se producían y exhibían con regularidad, el norteamericano de la FOX y el alemán de la UFA, para saber si alguno de sus corresponsales había estado en el lugar de los hechos. Arias-Salgado pidió a la UFA le remitiese el material rodado, caso de haberlo realizado en el lugar de los hechos. Tras un montaje y un texto naturalmente adecuados, la Vicesecretaría de Educación Popular lo remitía a la FOX y a la UFA para su exhibición. Pero es a partir de ese momento cuando el organismo oficial encargado de la orientación educativa de la población española comienza a preguntarse por qué no tener un noticiario cinematográfico propio en lugar de tener que echar mano de los existentes, a quienes hay que pedirles favores de excepción como el señalado, dejando siempre en el aire la sospecha de una censura.

Alberto Reig, que durante diecinueve años desde el comienzo de NO-DO en 1942 fue primero subdirector con Joaquín Soriano y luego director del mismo, parece coincidir con esta versión. La espoleta de Begoña fue también la espoleta detonante de la necesidad sentida de disponer de un Noticiario propio:

"Se fue creando un ambiente. Yo era redactor jefe de la UFA, y en 1942, por razones casi anecdóticas, convinieron en la necesidad de manejar la información cinematográfica como se manejaba la prensa y la radio. Exactamente igual que existía esta información en Alemania e Italia por fines políticos. Existía una lucha por la exhibición por parte de la FOX y la UFA. La anécdota fue el atentado contra el general Varela en el santuario de Begoña en Bilbao. La UFA ofreció la noticia. Mi hermano Joaquín Reig era entonces director de Noticiario Español y se encontraba en Alemania. Me llamó Arias Salgado y me preguntó si lo habíamos rodado. Llamó a la FOX y a la UFA y le hicieron ver la dificultad que existía para importar la noticia de Francia. Acababa publicándose a los quince días."

Sin embargo, Manuel Augusto García Viñolas, que como señalamos era el director del Departamento de Cinematografía, no sólo lo niega, sino que se lamenta del chantaje del que fue objeto cuando le hicieron una entrevista para aquel trabajo y niega las circunstancias con las que se quiere rodear el nacimiento de NO-DO. El trágico suceso de Begoña no tuvo que ver, según García Viñolas, en la concreción del noticiario NO-DO. La explicación era más sencilla en la misma entrevista a la que nos hemos referido antes:

"La creación del NO-DO se hace con los restos de lo que teníamos. Como había otros noticiarios, se vio la necesidad de crear éste. Se creó desde el Ministerio de Industria, en donde Joaquín Soriano tenía un alto cargo. Nos fuimos a un piso de la calle Fernando el Santo, de Madrid, que ocupaba la Dirección General de Seguridad. Allí se hizo Boda en Castilla", y después me fui a Brasil. Al regresar me hice cargo de NO-DO, del que se hacían las series A y B, a las que yo añadí la C. Se fomentaban mucho los documentales, y así, por ejemplo, se creó Imágenes, con el que se ganaron varios premios."

El número 1 de NO-DO se exhibió en las salas de cine españolas, por un acuerdo tomado por la Vicesecretaría de Educación Popular el 29 de septiembre de 1942 y resolución de la misma Vicesecretaría del 17 de diciembre de 1942 (*BOE*, 22-XII-1942). Era entonces titular de la Vicesecretaría Gabriel Arias-Salgado. Este primer número de NO-DO, exhibido el 4 de enero de 1943, arrancaba con imágenes de Franco en el Palacio del Pardo y se completaba con imágenes muy en la tónica del momento: ambiente navideño de aquellos días en España; el aguinaldo para la División Azul; un partido de fútbol; los nuevos peinados de París; la cosecha de algodón en Ucrania; la sustitución de gasolina por metano en Italia; misión comercial española en Argentina; reclutamiento anual en Hungría; llegada a Madrid del general Muñoz Grandes procedente del frente ruso; Franco entregando los despachos a nuevos oficiales de Estado Mayor; Día de Acción de Gracias en Londres; desfile de las tropas japonesas ante el emperador Hiro-Hito; las tropas alemanas en el Cáucaso, y la lucha en el sector central del frente soviético.

El primer número de NO-DO pasaba a la luz de la pantalla luminosa el 4 de enero de 1943, pero sus imágenes de archivo eran anteriores, de comienzos del cinematógrafo, ya que las más antiguas las habían rodado los operadores de los hermanos Lumière en 1896, un año después de la invención del cinematógrafo, y fueron adquiridas en la *Cinematéque Française*. Imágenes que reproducen la madrileña Puerta del Sol con sus tranvías de antaño, una carga del Regimiento de Lanceros de la Reina y la llegada de Mazantini a la plaza de toros. Alberto Reig señalaba en entrevista:

"De 1943 a 1981 se proyectaron 3.998 números y 1.219 revistas Imágenes, 88 de ellas dedicadas a deporte, todo en blanco y negro, menos 480 que hubo en color. Algunos muy cuidados, como, por ejemplo, Las rutas del gótico. El primer número de Imágenes se proyectó el lunes 1 de enero 1945 en el Palacio de la Música coincidiendo con el segundo aniversario de NO-DO. Se hacían ediciones para Portugal, América y las líneas aéreas Iberia. Hay una enorme cantidad de material que nunca llegó a utilizarse. Como nadie que no fuese de NO-DO no estaba autorizado para rodar nada, había cierta tensión con los documentalistas, asunto que procuré arreglar al llegar a la dirección. A ello se debe la entrada de José López Clemente como asesor, quien se ocuparía durante cinco años de la sección de documentales. Es en ese momento cuando llegan realizadores como Isasi Isasmendi, que hizo, por ejemplo, las famosas "Ruta de Santiago" y "Aguirre".

Las disposiciones que ponían en marcha el NO-DO creaban como entidad jurídica *Noticiarios y Documentales Cinematográficos, NO-DO*, que tendría la exclusiva de captación de imágenes y edición en todo el territorio nacional. En los mismos Decretos se estipulaba la exhibición de estos noticiarios en todas las salas de cine comerciales, cosa que ocurrió hasta enero de 1976. Juan Beneyto, que llegó a ser director general de Prensa en 1957 bajo el ministro de Información y Turismo, Arias-Salgado, dice que el Decreto de 1938 –que con carácter de Ley reguló la Prensa hasta la Ley de Fraga en 1966– se concretaba en otras disposiciones puntuales. Con la creación de la agencia EFE ese mismo año, la supresión de todas las otras agencias y la creación del NO-DO unos años después "ya tenemos aquí los tres elementos que daban a la información una unidad"[3]; tenemos esa unidad tan buscada siempre por Franco aun antes de haber terminado la Guerra Civil.

Una necesidad sentida

Como hemos visto, tal y como estaba organizado el *Departamento de Cinematografía*, el Gobierno de Franco había comenzado a pensar en la necesidad de disponer de un documental propio. Hay ciertamente una gran proximidad entre la fecha en que ocurrían los sucesos de Begoña y las circunstancias que le rodearon. Gran cercanía entre no haber contado con equipos nacionales que rodasen los hechos y el Decreto por el que se ponía en marcha el NO-DO. El 15 de agosto ocurría el atentado y un mes después, el 29 de septiembre del 1942, se creaba la Vicesecretaría de Educación Popular y –dependiendo de ella– la entidad *Noticiarios y Documentales Cinematográficos, NO-DO*. Por resolución del 17 de diciembre de ese mismo año se ordenaba lo siguiente a partir de la fecha 22 del mismo mes:

"Ningún operador cinematográfico que no pertenezca a NO-DO o que trabaje debidamente autorizado por éste podrá obtener reportajes cinematográficos bajo pretexto alguno. Igualmente, ningún laboratorio podrá manipular película cinematográfica de este tipo que no haya sido rodada por los operadores autorizados anteriormente, debiendo dar cuenta inmediata a NO-DO de cualquier encargo que se le hiciera en otro sentido".

Ramón Sáinz de la Hoya, ingeniero de sonido por el ICAI, fue prácticamente el cámara "de cabecera" de Franco. Venía ya desde los tiempos de Franco en Burgos durante la guerra y continuó en NO-DO.

Gabriel Arias-Salgado concibió NO-DO como una empresa mercantil que debía ser capaz de allegar fondos para sus fines mediante el alquiler y venta de sus producciones. A sus trabajadores no se les hacía funcionarios para evitar su burocratización. Sin embargo, la realidad dura del momento era bien otra. Conseguir película virgen era dificilísimo, y los metros que se conseguían eran a base de exportar almendras y un producto derivado del vino que se llamaba crémor tártaro. Como la cotización oficial del dólar estaba a 10 pesetas y la real a 45, al exportador se le privaba la diferencia con tal de que le compensara el negocio y permitiera importar película virgen. Una vez en España, su inmediato destino no era impresionar acontecimientos, sino correr de dueño en dueño generando dinero por medio del famoso *estraperlo*. Se hacía más dinero con este sistema que explotando el documental en exhibición comercial. Con el material usado se llegó incluso a fabricar peines.

La dificultad de la materia prima hacía que se escatimase hasta lo indecible y que los escasos documentalistas se dedicasen a exaltar al Ejército y la Iglesia con el fin de hacerse acreedores de la clasificación 1- A, que traía consigo la consiguiente subvención oficial. En sus comienzos en la calle O'Donnell de Madrid el personal bajo la batuta de su director, Joaquín Soriano, elaboraba semanalmente entre uno y tres noticiarios y varios documentales, de los que se hacían unas 50 copias al principio, que llegarían después a 200, y cuyo recorrido por toda la geografía española era del orden de las 40 semanas por unos 8.000 cines de estreno de toda España, pagando el exhibidor 25 pesetas por documental programado.

Curiosamente en la primera dirección figuraban hombres procedentes de los documentales extranjeros anteriores al NO-DO en España: al director Joaquín Soriano le acompañaban como consejeros Luis Díez Amado, que procedía de *FOX España,* en donde era director, y Alberto Reig, que fue redactor jefe de *UFA* y que a la muerte de Díez Amado le sustituiría como director. Todo el personal procedente de las firmas extranjeras, una vez decretada la existencia del NO-DO y su exclusividad en todo el territorio nacional, fueron disolviéndose y a su personal no le cabía otra salida que acabar en la plantilla del nuevo documental oficial. Todo hace pensar en la intencionalidad más propagandística que informativa que podía tener el Noticiario, aunque en honor a la verdad debe decirse que sus protagonistas insisten una y otra vez en lo contrario. García Viñolas señalaba:

"No había planificación alguna. Surgió por generación espontánea. Ni siquiera hubo propósito político, pues no había enemigo, al menos aparente. No se quiso urgar en los temas de la guerra. Si acaso el famoso reportaje sobre el traslado de los restos de José Antonio. No había referencia a la guerra ni tampoco había referencia al rencor. El enemigo había desaparecido."

NO-DO comienza a proyectarse el 4 de enero de 1943. Francisco Umbral, en esa crónica que hace de la España contemporánea titulada *Del 98 a Don Juan Carlos*, resume ese año como el de "Franco-Don Juan" y dice humorísticamente:

NO-DO: la vida de un noticiario español

Secuencia fotográfica del primer número de NO-DO. Las imágenes que exaltan el nuevo Régimen arrancan del Palacio del Pardo (fotos secuenciadas), en donde el Jefe del Estado "se consagra a la tarea de regir y gobernar a nuestro pueblo... Dedica su inteligencia y su esfuerzo, su sabiduría y prudencia de gobernante a mantener nuestra patria dentro de los límites de una paz vigilante y honrosa". Ditirambo e imágenes se alternan en el recuerdo de la pasada "Cruzada", la simbología exaltadora de la "Victoria", el paso de falangistas en uno de los desfiles y el toque laboral sobre el abnegado "productor" español.

"Se crea el NO-DO, cuyo primer protagonista es Muñoz Grandes, como el gran hombre de la División Azul y general muy estimado por Hitler. El NO-DO es un periodismo cinematográfico a la manera del que se hace en tantos países, pero, naturalmente, con absoluto control oficial, hasta el punto de que muchos españoles adquirieron la costumbre de no llegar al cine hasta que hubiese pasado el NO-DO".

Después, al resumir el año 1956, escribe: "Empieza a funcionar la Televisión Española, estatal por supuesto. Es una especie de NO-DO a domicilio." Impresión no coincidente con la del ministro José Solís cuando declaraba en entrevista que NO-DO se llegó a hacer necesario, era una costumbre en los hábitos de los espectadores de cine, y había gente que incluso repetía para ver el Noticiario. La *Crónica de España*, que sintetiza de forma periodística nuestra historia, resume de esta forma la información sobre el nacimiento del NO-DO: "Nacía el NO-DO al estilo de los noticiarios UFA, para información y aleccionamiento, a falta entonces de televisión." Aunque sus jerarcas no lo reconociesen entonces –ni por supuesto tampoco hoy–, parecía clara la identidad e intencionalidad político-social de ambas creaciones audiovisuales y comunicativas. Se producía un noticiario por semana, y a partir del 17 de mayo del mismo año 1943 se aumentó a dos ediciones diferentes. A partir del 1 de enero de 1945 comenzaría su andadura el otro documental *Imágenes* como revista cinematográfica de asuntos diversos armonizados con una unidad temática.

Comienzos difíciles

Los comienzos bien pueden considerarse como heroicos a pesar del apoyo oficial y de haber recibido como botín el material requisado en la zona republicana. Entre ese material se encontraba ni más ni menos que *El acorazado Potenkim*. *Madrid Film* fue la entidad que comenzó a revelar los trabajos y la sonorización en los estudios *La Voz de España*, en la calle Claudio Coello de Madrid. Posteriormente lo harían en los *Laboratorios Riera* de Madrid y Barcelona. El material, hasta que NO-DO dispuso de sus propios locales en la confluencia de las calles Joaquín Costa y

Velázquez, se depositaba en *Madrid Film*. En un año se sucede el incendio de los *Estudios Riera* de Madrid y la consiguiente desaparición de un material histórico-documental de primer orden. Lo salvable lo fue por existir copias en algún otro local que hoy forma parte del archivo documental de NO-DO. Entre todo ello figuran piezas tan valiosas como las que siguen:

– Tres documentales de Giménez Caballero sobre los judíos y la enseñanza religiosa, realizados antes de la República.

– *Un perro andaluz,* de Luis Buñuel.

– *Escenas españolas,* de los hermanos Lumière en 1896.

– La guerra de África.

– Nueve rollos sobre la guerra en Teruel.

– Tres rollos sobre sucesos de Asturias de 1934.

– Veintinueve rollos sobre la guerra en el País Vasco.

– Discursos de Azaña y Negrín.

– Cuatro rollos sobre figuras españolas de los años veinte.

– Una expedición a Guinea Ecuatorial en 1920.

– Documentales sobre el cerco de Madrid (hechos por la CNT).

– Noticiarios de la *Laya Films*.

– Noticiarios *España al día* del Partido Comunista.

– Cinco rollos de la Peste Roja.

– Documental de Acción Nacional Suiza contra la III Internacional, de Jean Musy.

– Franco, en Salamanca.

– José Antonio Primo de Rivera.

NO-DO: la vida de un noticiario español

- Partido de fútbol España-Alemania en 1936.

- Partido España-Hungría.

- Archivo completo sobre Alfonso XIII (encontrado en el Palacio Real. Comprende el periodo de 1900 a 1920).

En sus comienzos, NO-DO nació con más voluntad política que recursos, en un momento en que España apenas contaba con una producción documental aunque fuese en otros ámbitos. Los equipos de filmación con camerógrafos españoles estuvieron asesorados por personal procedente de *Actualidades UFA*, de Alemania, y *Noticiarios FOX*, de los Estados Unidos. Enseguida NO-DO recibiría material de las corresponsalías en España y también de otros noticiarios como *Gaumont, Metro News, FOX News*, etc. La cantidad de noticias que llegaron a NO-DO hizo posible que pronto se ampliase de una a dos ediciones semanales (A y B), que se mantuvieron hasta el final. En la época mejor llegó incluso a existir una tercera edición (C), que duró del año 1960 al 1967.

Con el sonsonete que era toda una consigna de: "El mundo entero al alcance de todos los españoles" y la sintonía del maestro Manuel Parada, el NO-DO llegaba por vez primera a las pantallas de los cines españoles en vísperas del día de Reyes, el 4 de enero de 1943. El primer número era extraordinario en todo. Arranque de honor con imágenes de Franco, Jefe del Estado Español, "Caudillo victorioso de nuestra guerra, y de nuestra paz, reconstrucción y trabajo, se consagra a la tarea de regir y gobernar a nuestro pueblo", decía textualmente el comentario del locutor. Franco sería desde ese primer y extraordinario número 1 de NO-DO el modelo propuesto pasa ser imitado en el comportamiento de los españoles:

"Siguiendo el ejemplo de Franco, todos los españoles tenemos el deber de imitarle, y lo mismo que él dedica su inteligencia y su esfuerzo, su sabiduría y su prudencia de gobernante a mantener a nuestra Patria dentro de los límites de una paz vigilante y honrosa, cada uno en su esfuerzo de acción y trabajo ha de seguir esta línea."

Excepcional era también la duración de aquel número inicial, veinte minutos frente a los diez que habitualmente duraría la proyección obligada del

NO-DO. Y un sumario para aquella especial ocasión de catorce noticias encabezadas por la que hemos señalado de Franco. Cuando se ha dicho que a NO-DO llegaban por motorista las órdenes sobre qué noticia debía o no salir en el Noticiario se estaban exagerando los términos de lo convenido. Bastaba una simple llamada por teléfono para señalar aquel acto, la otra inauguración o una bendición solemne que debía ser registrada en el documental de la semana. El sesgo de propaganda y magnificación del Régimen que tenía el NO-DO hacía que las noticias relacionadas con el Jefe del Estado tuviesen una proporción notable frente a otras.

El primer edificio que ocupó NO-DO en la calle Joaquín Costa. Hoy, en el mismo, RTVE conserva en millones de metros de película lo que es parte de nuestro archivo histórico nacional.

La sutileza y profesionalidad de los reporteros les llevaba a estar con el ojo avizor para ver qué detalle o minucia había que tener en cuenta para acentuar de una u otra forma el matiz oportuno de la información cinematográfica. Ello unido a las orientaciones semioficiales que llegaban desde fuera, bien por conducto de Alfredo Marquerie, que compartía NO-DO con el periódico mejor informado del momento, *Pueblo*, que dirigía Emilio Romero, o por el conducto de Ramón Sáiz de la Hoya, operador exclusivo de Franco, que jamás dejó de rodar uno sólo de los actos importantes del Jefe del Estado. Este hombre, ingeniero por el *ICAI* y cuñado de Luis Rosales –"falangista, católico, apostólico y romano", como él mismo se confesaba–, había escapado de Bilbao a Burgos, salvando el "cinturón de hierro", y se había ofrecido como voluntario pese a sobrepasar la edad militar. Él fue quien, siguiendo instrucciones de Martín Artajo, se personó en el Alto de los Leones de la sierra de Guadarrama, en donde una pareja de la Guardia Civil le comunicaría que debía dirigirse a Ciudad Real, en donde en unas horas iba a celebrarse una entrevista secreta entre los dos Jefes de Estado de la Península Ibérica: Franco y Salazar. Noticia que naturalmente tendría lugar destacado en NO-DO.

Es importante también el testimonio de la entrevista a José Solís Ruiz, que fue ministro secretario general del Movimiento en tres Gabinetes de los Gobiernos de Franco: de 1957 a 1962, de 1962 a 1965 y de 1965 a 1969. Épocas, por tanto, fuera del marco de nuestro trabajo. Aunque NO-DO dependía en esos momentos del Ministerio de Información y Turismo, tenía importantes contactos con el Ministerio de Solís por cuanto del mismo dependía el Sindicato del Espectáculo. Su opinión era a tener en cuenta por lo que a intencionalidad política se refiere. Según él mismo declaraba, aunque no tenía responsabilidades especiales cuando comenzó NO-DO, "prestó siempre un servicio extraordinario en aquellos momentos y creo que fue muy objetivo. Control no pienso que lo tuviese, porque incluso publicaba cosas que no le agradaban a uno. No estaba sometido a presiones fuertes. Los profesionales de NO-DO sacaban lo que ellos mismos consideraban importante. Tenía falta de muchísimos medios. Franco veía los NO-DO porque le gustaba mucho el cine y lo veía los sábados". Coincidiendo en esta misma apreciación, de las palabras de Alberto Reig podemos deducir algo más sobre la orientación que quería dársele a NO-DO:

"El tinte neutral del Noticiario se debe a su director Joaquín Soriano. Como era presidente de la subcomisión reguladora de Cinematografía en el Ministerio de Comercio, controlaba la película virgen. No es cierto que se intentase boicotear a Cifesa. En cuanto a que era un noticiario falangista, diré rotundamente que no es cierto. Hay que pensar que nació en 1943, cuando las personas que no eran dogmáticas veían que Alemania perdía la Guerra Mundial. De la Secretaría General del Movimiento nunca recibíamos una sola consigna. NO-DO rodaba y ofrecía las noticias conforme el ambiente que se respiraba. Lástima no vivir Alfredo Marquerie, que lo habría confirmado. Consignas en cuanto tal no las hubo jamás. Naturalmente, si en un momento concreto nos decían:"Mañana va Franco a Andalucía y hay que ir", entonces sí, para allá nos íbamos con armas y bagajes, como dice el refrán."

En cuanto a dificultades que tenía la nueva criatura informativa y cinematográfica, el mismo Alberto Reig deja entrever los escasísimos medios con los que funcionaban en los primeros años:

"El Noticiario lo hacía el "cameraman", porque un "realizador" que lo sistematizara todo, ni lo había ni teníamos medios para ello. Era importantísima la labor del "montador", que hacía verdaderos milagros. Eran verdaderos montones de metros de cine rodados los que nos llegaban, a los que los montadores debían imprimir dinamismo, ritmo y viveza. Primero fue Simancas, después vino Prieto, de la FOX, y Vázquez. Dos películas iban en negativo y dos en positivo. De cámaras estaban Barner y Juan García que procedía del Departamento Nacional de Cine en la zona nacional durante la guerra, y Ramón Sáez de la Hoya, que era encargado de sonido. Después quedó sólo como operador exclusivamente para actos institucionales con Franco, a quien acompañó en todos los desplazamientos que se rodaban. Casi todo el personal procedía de la UFA."

Sobre el cambio de timón en el enfoque de la información del Noticiario, que acompañaba el paso de un anterior germanismo a un titubeante aliadismo, declaraba:

Dos hombres de los primeros equipos de NO-DO, Juan García (izquierda), y José Pader (derecha), captan imágenes en un festival taurino, una de las escenas más repetidas en el Noticiario.

"Se fue cambiando insensiblemente. No precisamente porque hubiese entrado en el Ministerio de Asuntos Exteriores Alberto Martín Artajo. El hecho del desembarco aliado en Europa fue el toque definitivo. Y fue muy conflictivo para nosotros. Alberto Martín Gamero, desde la Oficina de Información Diplomática del Ministerio de Asuntos Exteriores, envió una nota sobre lo que había que decir."

Con relación al dato de si la llegada de otros hombres y otros aires al Gobierno pudo suponer un cambio, Reig decía: "La apertura era mayor en la prensa que en NO-DO. Una cosa era leer y otra bien distinta "ver" la noticia en imágenes."

Con la Televisión comenzó el fin de NO-DO

El comienzo de la Televisión fue también el comienzo del fin de *Noticiarios y Documentales Cinematográficos de España, NO-DO*. Aquel privilegiado medio audiovisual de carácter oficial al que se le habían asignado cometidos de educación popular más cercanos a la propaganda que a la información, se veía sustituido por otro medio audiovisual potencialmente tan o más eficaz en el mismo cometido.

Hemos dicho alguna vez en tono festivo, habida cuenta de la autoría que le cabía a la Iglesia en aquella instrucción popular, que de aquella especie de púlpito de pequeña iglesia desde el que se "catequizaba" al ciudadano se había pasado al gran púlpito de catedral. El endoctrinamiento seguía siendo el mismo o mayor, si cabe.

La Televisión llegó tarde a España. En otros lugares su implantación supuso un auténtico debacle para los noticiarios informativos gráficos, que para sobrevivir tenían que trabajar para aquélla. En España la Televisión comenzó dificultosamente y en sus comienzos no supuso ningún peligro para NO-DO, que gozaba de todos los apoyos oficiales, por otro lado. Se le pedía, eso sí, una convivencia pacífica. No iba a ser cierta aquella frase que Franco al parecer dijo en una de aquellas sesiones en que le proyectaban un NO-DO, al afirmar que "el NO-DO mientras yo viva seguirá". Tras la famosa reunión de intelectuales en Munich –el "contubernio de Munich" que tanto molestó al general Franco– y la imperiosa

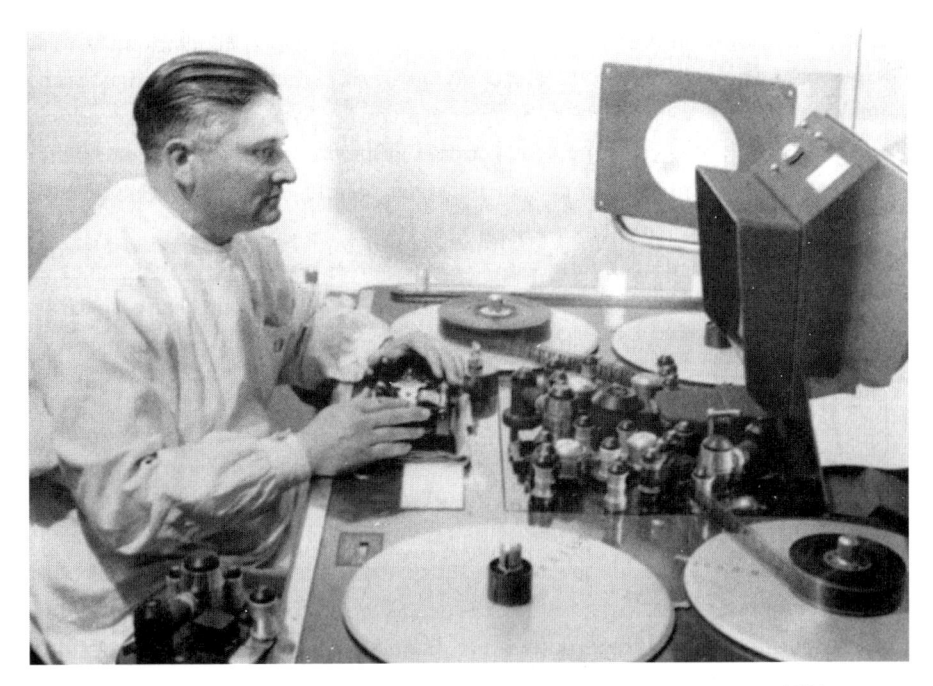

Daniel Quintero Prieto, cámara y también montador de NO-DO en los primeros años del Noticiario.

necesidad de otorgar otros aires democráticos al régimen como *conditio sine qua non* para la integración europea, Fraga, que sustituyó como ministro al perenne defensor de la imagen del Régimen, Arias-Salgado, tuvo que decidir quitar a NO-DO todo carácter oficial operando ciertos cambios. Pero NO-DO sobrevivió incluso al proyecto de anexionarle a Televisión, que el propio Fraga Iribarne llegó a llevar en su cartera a un Consejo de Ministros.

En ese comienzo impetuoso de la Televisión, por modesto que pareciese comparativamente con otras televisiones europeas, termina nuestro trabajo. Pero dado el carácter sustitutorio o de continuidad de funciones político-sociales que tenían en realidad ambos medios –Noticiario y Televisión–, vamos a añadir unas notas sobre la reciente criatura. Los primeros ensayos televisivos se habían realizado en otoño de 1934 en la sala Guerner de Barcelona. Joaquín Sánchez Cordobés, el primer licenciado en Telecomunicaciones de España y director de Radio Barcelona, construyó personalmente el aparato que se usó en las pruebas. Recuérdese que el tal Guerner era un operador alemán que vino con la *UFA* alemana y trabajó en las primeras películas que se hicieron en España en fechas próximas a la Guerra Civil. Integró el equipo de trabajo de Manuel Augusto García Viñolas, que, como dejamos dicho, fue el delegado nacional de Cinematografía en el Gobierno de Franco en Burgos.

La primera prueba oficial de Televisión tuvo lugar el 18 de mayo de 1948 dentro de la Feria Internacional de Muestras de Barcelona, hecho éste del que daba cuenta NO-DO, como dejamos anotado en su lugar. La realizó la empresa holandesa *Philips* con varios aparatos de 567 líneas emitiendo lo que sucedía a 2.000 metros de distancia en un *stand* especial montado al efecto y en el que actuaban Casas Augé, José Fusté y Goyita Rifé, entre otros. Posteriormente la misma Philips retransmitiría una novillada desde la plaza de toros de Vista Alegre, de Madrid, con la misma emisora que había utilizado en Barcelona. Torearon aquella tarde Gallito, El Andaluz y Manuel Escudero. Los cálculos dicen que unos ocho mil espectadores siguieron las pruebas en los salones del Círculo de Bellas Artes, espectáculo por el que habían pagado una entrada. El experimento en aquella ocasión fue un fracaso por falta de voltaje, lo que provocó que tuviese que interrumpirse varias veces. Al día siguiente ya se vendían los primeros receptores al precio escandaloso de 50.000 pesetas.

El ingeniero Sánchez Cordobés, que había regresado de Estados Unidos, recibió el encargo de proyectar una emisora para retransmisión regular. En 1949 se produjeron nuevos ensayos y en 1951 se nombró un primer equipo en el que figuraría el propio Sánchez Cordobés junto a José Luis Colina como director de programas, Laura Valenzuela locutora presentadora y David Cubedo con Jesús Álvarez, que se incorporarían después. El cámara era Cabanillas y el realizador José Lombardía. Nacía el organismo *Televisión Española (TVE),* aunque no hubiese aún emisiones ni programas estables y normales.

Los aparatos, que apenas eran 600, venían a costar entre las 24.000 y 32.000 pesetas. Esta situación tentativa y experimental acaba el 28 de octubre de 1956 con la inauguración oficial de los estudios de *Televisión Española (TVE)* en el Paseo de La Habana de Madrid, bajo la presidencia del ministro Arias-Salgado y el director general de Radiodifusión, Jesús Suevos. La primera retransmisión fue precisamente de la misa, a la que seguiría un programa musical con la cantante Mona Bell, "la voz rosa de la radio", como era conocida entonces. La actualidad internacional en aquellos días estaba copada con la invasión de Hungría, y aunque NO-DO se hacía eco del hecho, también lo hacía de la inauguración oficial de la Televisión en España. Es precisamente el último número de NO-DO objeto de nuestro análisis. Buena parte de los filmes que emitiría Televisión procedían de NO-DO. Aquel primer equipo contaba con cuatro realizadores: Alfredo Castellón, Pedro Amalio López, Fernando García de la Vega y Antonio Ozores. Posteriormente se incorporarían Gustavo Pérez Puig y Juan Guerrero Zamora.

El primer *Telediario*, la televisión informativa estrictamente hablando, nacía en otoño de 1957 –un año más tarde de la inauguración oficial– con José Casas y Ángel Marrero como directores y Jesús Álvarez como presentador. En 1960 se produjo la primera conexión con la red de Eurovisión y en 1965 se accedía a *Mundivisión* a través del satélite *Telstar*. Las noticias procedían de NO-DO, que las rodaba

"De la Secretaría General del Movimiento nunca recibíamos una sola consigna"

y también las revelaba, –ya que *Televisión Española (TVE)* no tenía laboratorios–, y algunas cesiones de la *CBS* y *United Press*. La *Eurovisión* llegaría más tarde con la conexión que España hacía de la boda de Balduino y Fabiola de Bélgica el 15 de diciembre de 1960. Con la retransmisión de la misa de Año Nuevo del Papa Juan XXIII se consumaba el anhelo acariciado por el propio ministro Arias de conectar con el Vaticano. La impronta de lo religioso, más bien de lo confesional, tendría también su lugar en la naciente Televisión. Lo religioso, "lo católico", era un elemento constitutivo de esa educación y cultura popular que el nuevo Estado buscaba con los distintos medios de masas existentes: el Cine en sus años de oro de los cuarenta y la Televisión apenas nacida en España.

El fin del NO-DO como exclusividad informativa visual había llegado y estaba a punto de llegar el final definitivo. Su vida, paralela a la de

Televisión, iba languideciendo en la misma medida que prosperaba la de Televisión. La vida de NO-DO corre pareja a la vida de Franco, y cuando sus presencias escasean, el documental oficial debe llenar los vacíos con noticias folclóricas o curiosas, y abundan los reportajes monográficos de los temas más variados. Vuelto García Viñolas de Brasil, incorporó a la nómina a nombres que después serían importantes figuras del cine español: Borau, Mercero, Isasi Isasmendi, Ungría, Grau, Martialay, Patino, Erice y otros. A Viñolas le sustituyó Rogelio Díez Alonso, que conseguiría la autonomía jurídica para NO-DO dentro de la Dirección General de Radiodifusión y Televisión en el Ministerio de Información y Turismo. Era el año 1968, un año decisivo para NO-DO, que cambió también el nombre de *Noticiario Cinematográfico* por el de *Revista Cinematográfica Española*. El nuevo director, Rogelio Díez Alonso, sería el encargado de asignar diversas funciones al NO-DO, que dejaría de ser exclusivamente un noticiario informativo. Proyectaba crear unos estudios de sonido y doblaje, pero le sobrevino la muerte y hubo de hacerse cargo del plan Matías Prats, que era locutor desde 1947 y que a su vez formaría equipo con Mario Antolín, Félix Ascaso y Juan José Alonso, cuñado de Pío Cabanillas.

Aquellos proyectos nunca llegaron a cuajar. Las siete empresas que tenían suscritos contratos con Televisión amenazaron con una guerra: impedir otro trabajo a sus actores-dobladores que trabajaban en NO-DO y no programar películas en los locales de aquellos exhibidores que proyectasen películas de esos actores. Sin embargo, sí se potenciaron reportajes sobre el Régimen y sus empresas, lo cual supondría el envío de 24 documentales a los países iberoamericanos. La prensa nacional del miércoles 3 de julio de 1968 daba cuenta de los cambios operados: "Nueva orientación de NO-DO. *Imágenes* aparecerá en color y los noticiarios se convertirán en una revista cinematográfica", titulaba el diario *Arriba* en la página 29 del miércoles 3 de julio.

Tras la dimisión de Matías Prats, que se había presentado sin éxito como senador por Córdoba, el 1 de enero de 1976 –a los treinta y tres años de la primera exhibición del NO-DO–, una Orden del Ministerio de Información y Turismo del 22 de agosto de 1975 determinaba el fin de la obligatoriedad de exhibición del Documental (*Boletín Oficial del Estado,* 19-IX-1975). Pocos meses después moriría Franco. El general y NO-DO habían tenido vidas paralelas. El Real Decreto 1075/1978, de 14 abril, del Ministerio de Cultura, capacitaba a otras empresas para realizar noticiarios (*BOE*, 24-V-1978). Una Orden de 20 de mayo de 1980 integraba el extinguido *Organismo Autónomo Noticiarios y Documentales Cinematográficos NO-DO* en la *Filmoteca Española (BOE,* 11-VII-1980).

El último número de NO-DO se exhibió en 1.400 salas de cine, de las 6.000 existentes en España el día 25 de mayo de 1981, siendo su último director Roberto Bieger. Según el nuevo *Estatuto de Radio y Televisión* aprobado en 1989, NO-DO se extinguió definitivamente para quedar integrado en el *Ente Público Radiotelevisión Española: RTVE*. Sus archivos pasaron a depender por Ley de la Filmoteca Española. Según el entonces delegado de *RTVE* en NO-DO, Rafael Julián, por un acuerdo firmado en 1982, la *Filmoteca Española* pasó a ser la propietaria de los fondos documentales. El personal de *RTVE* los integraría como personal propio en su antiguo edificio de NO-DO de la calle Joaquín Costa, 43. Unas 70.000 cajas guardan ese tesoro histórico. Por la misma Ley, tanto *Televisión Española (TVE)* como *Radio Nacional de España (RNE)* accederían libre y gratuitamente a estos fondos cuando lo necesitasen. A esa solución final se llegó no sin dificultades. El director de cine Luis García Berlanga, director en aquel momento de la Filmoteca, con el apoyo de muchos trabajadores del mundo del cine, pedía se crease un ente que en-

El Boletín Oficial del Estado (BOE) del 22 de diciembre de 1942 daba cuenta de la proyección obligatoria de NO-DO por una Orden de la Vicesecretaría de Educación Popular, que, como reza el encabezamiento de la misma, depende de Falange Española Tradicionalista y de las JONS.

globase toda la actividad relativa al mundo de la imagen. Sin embargo, los trabajadores y la dirección del NO-DO consideraban que el mejor destino de los 9.500 documentales que constituían su patrimonio era el de seguir sirviendo a la Televisión como habían venido haciendo.

NO-DO, un balance final

Vamos a concluir aportando a los datos anteriores algunos más que puedan contribuir a tener una idea aún más aproximada de lo que realmente supuso NO-DO en la vida española de la posguerra. A lo largo de su historia, NO-DO editó unos tres millones de metros. Decimos que editados, porque rodados son muchos más, y buena parte de ellos se conservan en archivos que podrían ser utilizados si se considerase oportuno. Los *Noticiarios* suman un total de 3.925 (4.016 según otra referencia). En los primeros años se distribuyeron estos noticiarios: en 1943 se repartieron 85; el año 1944, 90; el año 1945, 75 el año 1946, 59 el año 1947, 104; el año 1948, 104, y el año 1949 también 104.

Noticiarios y Documentales Cinematográficos NO-DO tenía otras actividades que caen fuera del objeto de nuestro trabajo, y por ello apenas añadimos unos breves datos. Una de esas actividades era la revista cinematográfica *Imágenes,* que produjo 1.219 números en blanco y negro, muchos de ellos de temas monográficos. Produjo asimismo más de 700 documentales. A todo ello habría que sumar 13 documentales en blanco y negro de ediciones especiales, 450 documentales en color, 887 revistas *Imágenes del Deporte* en color, 1.504 ediciones para América Latina, 1.500 para Portugal, 566 para Brasil, 179 patrocinados por *Iberia*. Y 42 noticiarios documentales.

Los primeros documentales en 1943 eran de ochenta rollos de trescientos metros. Se distribuían 160 de cada número y tenían intercambio con el extranjero. Su edición fue de 150-160 noticiarios anuales para España y unas 50 revistas *Imágenes,* así como algunos documentales (menos de diez por año) y algunas ediciones para Hispanoamérica y Portugal[4]. Entre 1977 y 1980 se produjeron 105 números de un documental especial para Cataluña con la voz de Agustín Farré en catalán. Los documentales anteriores al nacimiento de NO-DO en 1943 suman un total de 280[5].

En realidad, NO-DO empezó a producir *Documentales* –no sólo *Noticiarios*– en 1954, y el primer número de su revista *Imágenes* estuvo dedicado a recordar el cincuentenario de la aparición del cine. Hasta 1969 se editaron 1.225 números de unos diez minutos de duración, con periodicidad semanal desde el comienzo. El último de los números tuvo por objeto la Semana Naval de Santander y consiguió el Premio Virgen del Carmen del Ministerio de Marina. *Imágenes*, semanal en blanco y negro, se suprimió en 1968, sustituyéndose por los Documentales en color de periodicidad mensual desde sus comienzos, en enero de 1943. *Imágenes* se complementaba durante el tiempo que existió con *Imágenes del Deporte*. La llegada de Fraga Iribarne al Ministerio de Información y Turismo y el auge del mismo en la actividad económica española, con el consiguiente desarrollo, originó también el *Imágenes del Turismo* en el año 1971, que eran enviados a Iberoamérica. Coincide con la época de mayor expansión del NO-DO. Una de las publicaciones oficiales de esa época apostaba aún por la pacífica convivencia entre el documental NO-DO y la Televisión:

"Los noticiarios cinematográficos tuvieron que elegir entre transformarse o desaparecer. Y la única transformación posible consistía en eliminar la actualidad de sus programas y ser respecto al noticiario televisivo lo que la revista semanal o mensual es respecto al periódico diario, es decir, no ofrecer noticias, sino comentar acontecimientos que ya se dan por conocidos, recrearlos, darles un nuevo enfoque que potenciara al máximo la superioridad que tiene sobre la televisión: la mayor dimensión de la pantalla, la posibilidad de mayores primores en la filmación y el montaje y ofrecer el color, en tanto éste no llegue a la televisión. Y, por otra parte, descubrir sucesos o curiosidades que no son conocidos del público, pero que no se hallan ligados a la actualidad, ofreciéndolos de forma amena y sugestiva, con lo que puede realizarse una estimable campaña de educación popular."

De forma parecida se expresaba Luis Figuerola Ferretti con motivo del veinticinco aniversario del NO-DO. Figuerola había estado vinculado al documental desde los comienzos: de 1942 a 1953 como redactor jefe, desde ese año a 1966 como subdirector y desde 1966 como director en funciones. Cuando una periodista le entrevista y pregunta por los cometidos de NO-DO con la Televisión en pleno funcionamiento, ambas empresas estatales, Figuerola comenta: "Antes tenía, entre otras razones de ser, pero acaso la primera, la de noticia y candente actualidad. Ya no es así. Eso le corresponde por derecho, misión y necesidad a la Televisión. Por eso el NO-DO no tiene ya exigencia de noticia, sino de documental, de reportaje, de información exhaustiva y sosegada en el "por dentro" de las cosas. Es decir, que no se trata de sacar a las personalidades que inauguran una universidad laboral, sino la universidad laboral por dentro: vida, instalaciones y muchachos"[6].

El BOE de 19-IX-1975 ponía fin a la obligatoriedad de exhibir el NO-DO

El propio director del NO-DO señalaba los nuevos cometidos del mismo en la entrevista que Franco concedió al personal del Documental con motivo de su veinticinco aniversario: "NO-DO ha tratado siempre de interpretar con la mayor fidelidad posible las directrices emanadas de vuestra política, así como de reflejar el pulso cada vez más firme y alegre de la vida nacional [...]. Ahora corresponde a nuestra veterana entidad iniciar una nueva etapa [...]. Su reciente adscripción a la *Dirección General de Radiodifusión y Televisión* reportará, sin duda, mutuos beneficios dentro de la línea de una total coordinación de medios [...]. Es evidente que, por sus mismas características, NO-DO no puede competir en rapidez y eficacia informativas con la radio y la televisión. Por eso es necesario imprimir a nuestros noticiarios y documentales un sentido distinto. El espectador que va al cine conoce ya la noticia, por regla general, en forma esquemática. A NO-DO corresponde ampliarla, matizarla y descubrir en ella nuevas facetas. En una palabra: hacer del noticiario cinematográfico una auténtica revista filmada que, además de informar, instruya y entretenga al espectador"[7].

No resultaba fácil renunciar a esa intuición o deseo inicial que tuvo el NO-DO de "educación popular" desprendida del mismo hecho jurídico de haber nacido de una disposición de la Vicesecretría de Educación Popular.

Y ello desde el convencimiento generalizado de que el documental –el cine en definitiva– tenía unas virtualidades que no podía ofrecer la televisión. En cualquier caso, la aceptación de los hechos era clara, y el mismo cambio de nombre de *Noticiario* por el de *Revista* era un síntoma de todo lo dicho. La relación que se ofrecía de los documentales vendidos a las televisiones extranjeras a lo largo de 1970 en el folleto al que nos venimos refiriendo es una buena muestra del convencimiento del nuevo papel que le cabía al documental frente a la televisión. Italia, Suiza, Polonia, Canadá, URSS y USA eran –por ese mismo orden– los países compradores. En ese mismo y definitivo año 1968 comenzó a editar NO-DO su *Página en color*, reportaje que se colocaba al final de la Revista en blanco y negro, ocupando un tercio de la misma y dedicado a temas "que por sus características son más adecuados para ser tratados en color"[8]. En 1977 el color llegaría a todo el *Documental-Noticiario*.

El primer director de NO-DO, Joaquín Soriano (sentado), en plena faena de montaje, con Alberto Reig (de pie), que trabajó veinte años en el Noticiario, primero como redactor jefe y después como subdirector y director, desde su fundación en 1943 hasta 1962.

En ese mismo tono de aceptación resignada de la nueva situación creada por la Televisión aparecía, entre bromas y veras, un breve artículo recuadrado en la prensa que conmemoraba el veinticinco aniversario del NO-DO. El firmante P. R., en la columna "Su seguro redactor" del diario *Arriba* (7-III-1968), haciéndose eco de la nueva etapa y del nuevo director Rogelio Díez, se preguntaba sobre el futuro del NO-DO, diciendo entre otras cosas:

"1. Que NO-DO no se muere. Que goza de buena salud [...]. 2. Que ésta va ser la etapa de la simbiosis. Simbiosis NO-DO/TV. A partir un piñón desde ahora mismo. NO-DO, por lo pronto, pone de dote su fabuloso archivo: 43 años de la Historia de España [...]. 6. Y lo dicho y publicado. Que TV da tres "noticiarios" al día. Y, entonces, NO-DO tiene que hacerse distinto. O sea: TV un diario, NO-DO un semanario. Porque —ojo con la frase, que huele a lápida— "no hay nada más viejo en este mundo que un periódico atrasado."

En el texto oficial anteriormente citado se hacía un canto a esos jóvenes realizadores que gracias a la nueva fórmula encontrada para el NO-DO entraban en el mundo de la creación cinematográfica, al tiempo que NO-DO "se ha enriquecido con sus obras, que en ocasiones son pequeñas obras maestras llenas de gracia y talento". Ese lanzamiento profesional fue particularmente fructífero en los años sesenta y comienzos de los setenta bajo la dirección técnica de José López Clemente. Entre 1968 y 1979 se realizaron 84 documentales dirigidos por los profesionales que hemos reseñado. Mientras que "los galardones concedidos a NO-DO por su producción global, como titula otro de los apéndices, son todos nacionales, los premios internacionales se otorgan a ese o aquel documental concreto. Los premios nacionales fueron éstos:

– Delegación Nacional de Deportes (abril 1968).

– Federación Castellana de Natación (noviembre 1968).

– Círculo de Escritores Cinematográficos (diciembre 1968).

– Asociación de Escritores Deportivos (1969).

– Federación Española de Esquí (noviembre 1970).

– Ayuntamiento de Ceuta (diciembre 1970).

– Federación Española de Natación (1970).

En cuanto a los premios extranjeros, destacan los siguientes:

– Varios de los otorgados anualmente por el *Festival World Newsfilm Awards* de Londres.

– De la *Academia Internacional de Turismo* de Montecarlo (1968).

– De la *Reseña Europea del Film Didáctico-Cultural* de Roma (noviembre 1968).

– *Festival Internacional del Film Militar* (junio 1969).

– *Del Film sulla Danza* de Génova (julio 1969).

– *Festival Phom Pehm* de Camboya (noviembre 1969).

– *Festival de Tours* (febrero 1971).

La publicación oficial a la que nos estamos refiriendo, cuyo fin principal era el de exaltar el cometido que le seguía cabiendo al NO-DO en la nueva situación e incluso ante el envite de la naciente Televisión, no dudaba en afirmar:

"El público, que ha apreciado estos cambios, ha afirmado rotundamente su adhesión a la revista NO-DO y manifestado de manera inequívoca su deseo de que continúe exhibiéndose. En un estudio de opinión que para NO-DO realizó Icsa-Gallup a principios de 1970 se dan los siguientes porcentajes: el 74 por 100 de los entrevistados se muestra partidario de que la revista debe ser de exhibición obligatoria. El 80 por 100 opina que la revista es "muy buena" (23 por 100) o "buena" (57 por 100). El 89 por 100 de la población interrogada manifiesta su complacencia por la introducción de la página de color, y, como es lógico, piensa que debía abarcar mayor parte de la revista. El 78 por 100 estima que la revista ha evolucionado en los últimos tiempos y que el cambio operado supone una mejora"[9].

Unos años más tarde, con ocasión de los treinta años del NO-DO, se mantenía esa peculiaridad documental del mismo frente a la tendencia inmediatista e informativa de la Radio y la Televisión. El director, Rogelio Díez, seguía señalando en una entrevista cómo "el NO-DO se orienta ahora hacia el reportaje, y trata de tocar temas en profundidad. Tendemos más al periodismo de opinión y de revista"[10]. El NO-DO era casi una costumbre social. Había acompañado demasiado tiempo la vida nacional como para olvidar rápidamente su larga trayectoria en los nuevos tiempos que se avecinaban. El folleto al que nos venimos refiriendo destaca:

"El archivo de NO-DO es la colección de cine informativo más importante del país [...], donde puede hallarse gran parte de la historia de España y del mundo en lo que va de siglo [...]. Es evidente que este valioso archivo, esos diez millones de metros de celuloide (negativo y positivo), no ha sido explotado hasta ahora más que particularmente por multitud de razones, la mayoría de ellas de índole económica, pero hay ambiciosos proyectos de proceder a una utilización intensiva de sus fondos para fines educativos e informativos" [11].

Naturalmente, hablar del archivo de NO-DO es hablar de bastante más: de los millones de celuloide archivado que contiene piezas tan importantes como éstas:

– Imágenes de los hermanos Lumière adquiridas a la Cinemateca Francesa (1896). Temas: Puerta del Sol con tranvías de tracción animal y carga del Regimiento de Lanceros de la Reina.

– Premio Nobel concedido a José Echegaray (1904).

– Tercer centenario del Quijote (1905).

– Exposición Nacional de Valencia (1910).

– Primer Centenario de la Independencia de Argentina (1910).

– Primera Guerra Mundial (1914 a 1918).

– Revolución Rusa (1917)

– Primer viaje a Italia de los Reyes de España (1923).

– Celebración del Día de Guipúzcoa (1924).

– Autogiro de Juan de la Cierva (1925).

– Vuelo del "Plus Ultra" (1926).

– El único documento cinematográfico de José Antonio Primo de Rivera, en el entierro de su padre (1935).

Hay también película de la dictadura de Primo de Rivera, del Gabinete de Dámaso Berenguer y el almirante Aznar, la proclamación de la II

República (el reloj de la Puerta del Sol marca las siete menos veinte de la tarde), la proclamación de la Guerra Civil, la Segunda Guerra Mundial... Son también importantes los documentos sonoros de este Archivo de NO-DO en donde se conservan voces como las de Primo de Rivera (1930), Ramón Gómez de la Serna (1935), José Antonio Primo de Rivera (1935), Carmen Polo de Franco en compañía de sus padres dirigiéndose a los alemanes (1937) o Santiago Carrillo (1938), por señalar algunas.

NO-DO para la educación popular

Como venimos manteniendo a lo largo del libro, con NO-DO el Nuevo Régimen iba a disponer del mejor medio de comunicación y propaganda. El propio delegado de Radiotelevisión Española (RTVE) para NO-DO decía del mismo que "se creó con la intención de ser vehículo de transmisión de propaganda del Régimen, pero a menudo hubo ambigüedad en la forma de tratar las noticias. Por ejemplo, durante la Segunda Guerra Mundial se tomó una posición neutral y se proyectaron documentales enviados, unos por los alemanes y otros por las tropas aliadas"[12].

Los pocos trabajos que durante la existencia del Noticiario se refirieron a él insistían en la dependencia –intencionada o solapada– a que se veía sometido el mismo. "Existía un comité de selección que elegía los temas que se filmaban, y aunque no había unas órdenes de censura, sí existían consignas que se daban por teléfono, y el director del NO-DO de turno sabía qué es lo que podía filmar y qué es lo que no"[13]. Sin embargo, en entrevista al que fuera ministro secretario general del Movimiento, José Solís Ruiz, bajo cuya responsabilidad caía el Sindicato del Espectáculo, y por tanto de alguna forma el Noticiario, no dudaba en afirmar que "NO-DO publicaba incluso cosas que no le agradaban a uno. No estaba sometido a presiones fuertes". Las noticias taurinas y deportivas tuvieron gran importancia (Real Madrid sobre todo, si era fútbol, y Antonio Bienvenida y Antonio Chenel "Antoñete", si eran toros). Pero, por encima de todo, era Franco el eje central del noticiario. Jorge Palacios, conservador durante cincuenta años del Archivo Histórico NO-DO, contaba sin la menor animosidad política cómo se guardaban más de cien noticias de Franco inaugurando pantanos.

Los estudiosos extranjeros, con un distanciamiento y falta de apasionamiento propios de quienes, ajenos a los hechos, ven con mayor claridad cómo el documental "nació con una clara vocación propagandística de los valores sobre los cuales estaba asentado el régimen franquista. A través de esta entidad, sus creadores pretendían controlar tanto el formato como el contenido de lo que se decía cinematográficamente del Régimen, dentro y fuera de España"[14]. Una vez más –y esto queda claro al analizar los textos e imágenes–, no es tanto una intencionalidad política cuanto de preservar esos valores que el Régimen considera de su responsabilidad directa. Sin embargo, el producto no es aséptico en absoluto. El valor historiográfico y también sentimental que tiene el Documental no puede en modo alguno hacer olvidar la intencionalidad de sus inspiradores, que sabían muy bien lo que habían conseguido con ese tipo de difusión cultural sus colegas de otros países que avalaron el proyecto desde sus comienzos. Esto queda claro en el propio planteamiento del Decreto que pone en marcha el NO-DO, en el que se dice que nace con el propósito de "difundir la obra del Estado en el amplio orden de la reconstrucción".

En sus comienzos, el Régimen carecía de mitos y ritos; sin embargo, los necesita y comienza a utilizar los que tenía más próximos: los falangistas. Son los que aparecían en esa repetida vuelta del NO-DO año tras año al "Desfile de la Victoria" a lo largo del madrileño Paseo de la Castellana. Para quienes vivieron la guerra y para quienes no la conocieron era un recordatorio fastuoso del "Alzamiento Nacional" que se había realizado contra los "enemigos de la Patria". Éste era el oculto mensaje del poder de la fuerza. Otro mensaje y su correspondiente ejemplo lo constituye el reportaje de Franco inaugurando un salto sobre el río Esla en la provincia de Zamora (NO-DO número 19, del 8 mayo de 1943). En esta ocasión el mensaje es el de la reconstrucción y el progreso "en paz y orden" traído de la mano del Generalísimo. Franco, en una entrada triunfal en el pueblo similar a las entradas en las ciudades ocupadas durante la guerra, está reconociendo "su territorio". Tras la inauguración, Franco pasa ante un grupo de obreros, que le saludan con poco entusiasmo brazo en alto. Sus cabezas rapadas, aunque no lo diga el comentarista, detectan al posible preso político. Son las consecuencias de oponerse al Régimen, en contraposición al clamor anterior. En el formato cinematográfico adoptado para NO-DO, en contra de lo que ocurre en el género documental, apenas se le da la voz al ciudadano de a pie. Los ciudadanos parece más bien que son comparsas, parte del paisaje, figurantes o telón de fondo, todo ello puro recurso material e inanimado para el protagonismo de las declaraciones ilustres.

De todas formas, hoy –con distancia de algunos años más– es más fácil no caer en el apasionamiento crítico, por otro lado comprensible, que pudo acompañar la desaparición del NO-DO. Una vez más, la "distancia histórica" facilita una visión más objetiva o al menos no tan apasionada. Tampoco queremos con lo dicho dar la impresión de que aquel producto que se proyectaba semanalmente en las salas de cine obligatoriamente y veían sin excepción todos los espectadores fuese un documental en el que no había más autoría que la profesionalidad de sus realizadores y guionistas. Para empezar, hay que destacar que el simple hecho de que fuese la Vicesecretaría de Educación Popular (29-IX-1942), que por resolución del mismo año (*BOE*, 22-XII-1942) pusiese en marcha *el Noticiario Cinematográfico Español NO-DO* nos aproxima a las reales intenciones que latían en su creación. Iba a ser un instrumento más de esa "educación popular" que tanto preocupaba a los dirigentes del Nuevo Régimen. Mucho más que un sistema político determinado u homólogo con otros existentes, lo que se había instaurado era un régimen de vida, un sistema de convivencia social, un modo de interpretar la nueva historia por la que enrumbaba la patria. También la legislación que acompaña la creación y avatares del NO-DO, de la que nos hacemos cargo en otro momento de este libro, avala la misma impresión.

Tres años después de ganada la guerra, el Gobierno del general Franco decide monopolizar la información audiovisual, tal y como queda reflejado en el Decreto de creación del Documental NO-DO. El declive del omnipresente NO-DO ocurre con el advenimiento –tardío en España– de otro medio privilegiado de información audiovisual como lo es la Televisión. Por los años setenta comienza a cuestionarse la necesidad de un documental que cubriese en aquellas circunstancias los objetivos que tenía asignados. Con la perspectiva que dan los años transcurridos, no es fácil explicarse cómo el fenómeno de un documental de aquellas características pudiese traspasar los difíciles años de la confrontación, de la modernización y del desmonte del Régimen hasta casi llegar a la transición democrática. Es en pleno cambio político en España cuando una Orden del Ministerio de Información y Turismo en 1975 (*BOE*, 19-X-1975) suprimía la obligatoriedad de proyección, y su desaparición tan sólo ocurriría cinco años más tarde. Durante casi cuarenta años, NO-DO había absorbido la casi totalidad de la producción documental española, convirtiéndose prácticamente en la única escuela de técnicos, directores y guionistas. Consideraciones críticas a un lado, el Documental es la única referencia de información audiovisual para la España de esos años. Esa misma exclusividad justifica el interés que observamos tenía el NO-DO como materia potencial de investigación.

El entonces príncipe Juan Carlos visitaba las instalaciones de NO-DO en la calle de Joaquín Costa, en donde Alberto Reig le mostraba los archivos de material.

Si es cierto que no eran excesivos los medios económicos que se arbitraban en favor de aquel medio de información-educación-instrucción, no lo es menos que tampoco faltaban otros recursos. Sin olvidar que si no había celuloide para otras producciones, supuesta la escasez de materias primas, sí lo había para el NO-DO, que se consideraba tarea urgente. Las condiciones de exclusividad y obligatoriedad con que se gració al Noticiario contribuyeron decisivamente a reforzar el carácter informativo y educativo que se quiso asignar al NO-DO, al mismo tiempo que sugieren la decidida voluntad de control que existía desde el poder político. Había, pues, una privilegiada situación que difícilmente podría entenderse en otro contexto social y político. Juan Beneyto no deja de reconocer el dirigismo de que era objeto el Noticiario cuando dice que el NO-DO era "técnicamente independiente", es decir, sólo en su formalidad legal[15]. Más adelante lo ratifica cuando dice que "los Gobiernos convierten el Noticiario en un servicio de publicidad político o administrativo. E incluso tales comunicados se hacen insertar en los noticiarios de empresas comerciales cuando interviene el "interés político", como en el caso de la difusión del Plan Marshall, etc., o la labor de un ultra en la Alemania prebélica"[16]

Con lo expuesto hasta ahora, es difícil entender que NO-DO no tuviese una ideología propia e impuesta por el Régimen que lo había puesto en marcha. Y efectivamente no la tenía, como no la tenía el propio Régimen del que cuidaba la imagen y actividades. Y como no la había, tampoco puede decirse que quienes lo hacían recibiesen consignas, normas concretas o censura como tónica general. En las entrevistas mantenidas con los directivos, redactores, realizadores o locutores del NO-DO, hemos sacado en conclusión que es rara la ocasión en que se les impusiese el tratamiento escrito o visual que debían dar a las informaciones o reportajes. Sólo en contadas ocasiones algún jerarca del Régimen solicitaba los servicios del NO-DO para cubrir este o aquel acontecimiento, lo cual no quiere decir que el personal del Documental no supiese muy bien cuáles eran sus límites y cuál era el mejor modo de agradar a sus, directivos.

El NO-DO transmite a través de sus informaciones y reportajes el contenido social, humano, ético y religioso que los nuevos gobernantes querían para España. El primer número proyectado en las salas el 4 de enero de 1943 es un buen exponente de lo que se quería transmitir con el NO-DO, del modo formal en que se transmitía y también del contexto nacional e internacional en que se iría a desarrollar en el futuro. Sin olvidar naturalmente que, avanzados los años, los controles y las influencias irían remitiendo con la propia solución política. Es cierto que en los años que abarca nuestra investigación (1943-1956) apenas hay variación en la orientación inicial propuesta y querida para el NO-DO.

Pero, por encima de todo, insistimos en que la indefinición ideológica del NO-DO es la misma de la que podría resentirse el nuevo Régimen político emergente de la Guerra Civil. Había un *leit motiv*, sonsonete o estribillo permanente sobre el que siempre se escribía la misma "letra de las canciones": la unidad de la nación frente a todas las insidias exteriores; la exaltación de los "valores patrios" con la consiguiente descalificación de otras fuerzas contrarias que podrían atentar contra esa unidad nacional, tales como el comunismo, la masonería e incluso la "pluralidad partidista"; la profunda religiosidad inherente a la "vocación imperial" española; el pudor, las buenas costumbres, la honestidad y decencia; la "integridad familiar" como valores irrenunciables.

Capítulo 5
NO-DO y la educación popular

Aparte de los rasgos constitutivos de la historia del Noticiario NO-DO, la mejor forma de conocerlo como privilegiado orientador de los modos y hábitos españoles, como instrumento de educación popular de los años de la postguerra, es estudiarlo a partir de los propios documentos oficiales que acompañaron su existencia. Estos documentos están contenidos principalmente en *el Boletín Oficial de Estado (BOE)* que van señalando las diversas etapas que atravesaría el Noticiario en la explicación legal y jurídica del mismo. Antes nos ha parecido oportuno resumir algunas Órdenes, Decretos o Leyes en torno a la censura en general de cinematografía de aquellos años de postguerra.

El 23 de noviembre de 1942 –casi en torno a las fechas de constitución del NO-DO– la Vicesecretaría de Educación Popular, encomendada a la Falange, publicó una Orden que establecía en su artículo 1.º:

"La censura cinematográfica será ejercida por la Comisión Nacional de Censura Cinematográfica, y los recursos de revisión, por la Junta Nacional Superior de Censura Cinematográfica, que dependerá de la Vicesecretaría de EducaciónPopular, adscribiéndose a la Delegación Nacional de Cine y Teatro."

Al servicio del Régimen

La composición de ambos organismos dependía de la Vicesecretaría, que nombraba tanto al presidente como a los cinco vocales que la componían a propuesta de los Ministerios del Ejército, de Educación Nacional, de Industria y Comercio, de la Autoridad Eclesiástica y de la Delegación Nacional de Cinematografía y Teatro. La legislación contemplaba, entre otros extremos, la prohibición de versiones originales y obligatoriedad correspondiente del doblaje en las películas, la prohibición de "exhibir noticiarios extranjeros", la censura de los avances de películas y la censura

NO-DO y la educación popular

Gabriel Arias-Salgado firmó como visecretario de Educación Popular del Gobierno de Franco, la creación de NO-DO (septiembre 1942), y más tarde, como ministro de Información y Turismo, inauguró las emisiones de Televisión en España (octubre 1956). Una vida encaminada a la "sana orientación" de los medios. Falangista director del diario "Libertad" durante la guerra, fundado por Onésimo Redondo; gobernador civil de Salamanca, vicesecretario de Educación Popular, acompañante del ministro Arrese en su visita a Hitler en enero de 1942, alentador también de la Escuela Oficial de Periodismo y jefe del Sindicato del Papel, Prensa y Artes Gráficas.

de cada película antes y después del doblaje. El previsto desenlace de la Guerra Mundial y la consiguiente derrota del Eje, con el que simpatizaba España, impuso medidas correctivas en la dureza inicial de una legislación que arrancaba de finales de la Guerra Civil. Cedía la fuerza falangista en favor del nacional-catolicismo, con el que era más fácil presentarse ante la opinión internacional. En el período de 1945 a 1963 apenas hay novedades significativas fuera del papel más importante que se les otorgaba al Vocal Eclesiástico y al presidente de la Junta Superior de Orientación Cinematográfica, creado en la misma Orden que ampliaba las funciones señaladas (28 junio 1946). Entre ambas responsabilidades comenzaría a existir una cierta tensión, ya que la Iglesia veía reducidas sus privilegiadas funciones de orientadora moral de la opinión pública.

Este distanciamiento explica que los obispos crearan el 8 de marzo de 1950 la *Oficina Nacional Clasificadora de Espectáculos,* dependiente de la *Comisión Episcopal de Ortodoxia y Moralidad,* en la que se clasificaban las películas en cuatro categorías: 1, autorizada para todos, incluso niños; 2, autorizada para jóvenes; 3, autorizada para mayores; 4, autorizada para mayores con reparos, y 4R, gravemente peligrosa. En ese capítulo de 4R entrarían películas que armarían un buen revuelo nacional, como *Gilda,* en las que, entre otros actos moralizantes, se incluía la pintada con alquitrán de las carteleras del cine por parte de miembros seglares de organizaciones católicas. El 2 julio de 1945 la Vicesecretaría de Educación Popular dejó de depender de la Secretaría General del Movimiento para integrarse en el Ministerio de Educación, como ya hemos dicho. En todo caso, la primera de las leyes que tengan que ver con los medios de comunicación es del 17 diciembre de 1942, fecha a la que nos hemos referido al hacer la síntesis histórica. Bajo el epígrafe de Falange Española Tradicionalista y de las JONS, la Vicesecretaría de Educación Popular publicaba una Orden

"disponiendo la proyección obligatoria y exclusiva del Noticiario Cinematográfico Español y concediendo la exclusividad absoluta de reportajes cinematográficos a la entidad editora del mismo, Noticiarios y Documentales Cinematográficos NO-DO" (BOE n.° 356, 22-XII-1942).

NO-DO y la educación popular

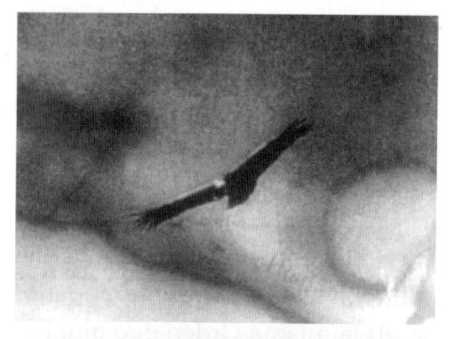

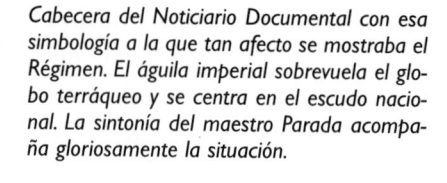

Cabecera del Noticiario Documental con esa simbología a la que tan afecto se mostraba el Régimen. El águila imperial sobrevuela el globo terráqueo y se centra en el escudo nacional. La sintonía del maestro Parada acompaña gloriosamente la situación.

La disposición iba firmada por el vicesecretario, Gabriel Arias-Salgado. La Vicesecretaría era consciente del papel educativo que le cabía al Noticiario. No en balde se acogía orgánicamente a la Vice-secretaría de Educación Popular. La Orden citada encomendaba esta tarea al NO-DO, que "editará y explotará con carácter exclusivo" cuantas imágenes de actualidad se filmen. No sólo eso, sino que el Organismo "será el único que en el futuro podrá llevar a cabo el intercambio de noticias cinematográficas en el extranjero", decía el preámbulo de la Orden. "Ningún operador cinematográfico –añadía el artículo 3.º– podrá obtener reportajes cinematográficos bajo pretexto alguno." Y no sólo eso, sino que en el artículo 4.º ordenaba: "Se proyectará con carácter obligatorio en todos los locales cinematográficos de España y sus posesiones durante las sesiones de los mismos."

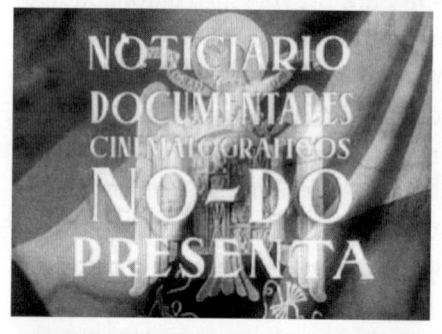

Proyección obligatoria en cines

Días después de la primera exhibición, el *Boletín Oficial del Estado* (4-II-1943) recogía una disposición con fecha del día anterior en la que, respondiendo a una petición del propio NO-DO, la Secretaría General Técnica del Ministerio de Industria y Comercio autorizaba, "con carácter provisional", cobrar por la exhibición del Noticiario los precios que "estime pertinente". Los mismos no debían exceder un "tres y medio por ciento de los ingresos brutos de cada local, descontando los impuestos del treinta por ciento del subsidio y cinco por ciento de mendicidad". La propia entidad NO-DO puede decidir sobre la gratuidad de la exhibición cuando lo "estime oportuno [...], en beneficio del propio Noticiario y del público en general". La autorización venía firmada por el secretario general técnico, Carlos Abollado.

Otra disposición del 29 de abril de 1943 (3-V-1943) volvía a insistir en el asunto de los precios por alquiler del Noticiario. Un año después, la misma Secretaría General Técnica del Ministerio de Industria y Comercio publicaba una Orden el 24 de marzo de 1944 –la más extensa en la vida del NO-DO (*BOE* n.° 90, 30-III-1944)–, firmada por el secretario general técnico, Carlos Abollado, "ratificando la autorización [...] para cobrar por la exhibición del Noticiario Español. En la misma se daba cuenta de la posibilidad que cabía de recurso para aquellas salas cinematográficas que considerasen que el precio fijado por NO-DO era superior al tres y medio por ciento de sus ingresos".

La fecha tope de recurso se fijaba en el 1 de julio de 1943. En esta nueva disposición, y resueltas todas las solicitudes, en muchos casos aduciendo desconocimiento de la norma, se volvía a autorizar a NO-DO para el cobro por exhibición de sus noticiarios –por otro lado de proyección obligada–, y añadiéndose el extremo de que "deberían enviar a la Secretaría General Técnica del Ministerio declaraciones juradas de los ingresos obtenidos en su local durante el año 1943, las cuales deberán ajustarse al modelo que a continuación se publica y que será facilitado por la referida entidad a cuantos lo soliciten, al objeto de que, realizando el cálculo pertinente, NO-DO rectifique el precio asignado si hubiera lugar a ello, debiendo en este caso empezar a regir el nuevo que se determine

Con estas hojas-sumario se anunciaba a la entrada de los cines la proyección obligatoria de NO-DO desde el 4 de enero de 1943. La del 5 de noviembre del 1956 daba cuenta de la inauguración de las emisiones de Televisión. Era el comienzo del fin de NO-DO.

desde el lunes siguiente a la fecha en que se efectuó la entrega de dicha declaración jurada".

El precio mínimo que se estipulaba en el artículo 8.º era de 25 pesetas por exhibición, cualquiera que fuesen las veces que se proyectase durante la semana. La larga disposición de 19 artículos no dejaba en el olvido la requerida justificación de no haber proyectado el noticiario (art. 14) por no haberlo recibido o por haber tenido otro espectáculo distinto a la proyección cinematográfica (art. 13). Dos años más tarde, un Decreto del 22 de febrero de 1946 (*BOE*, 4-III-1946), esta vez emanado del Ministerio de Educación Nacional y firmado por el ministro José Ibáñez Martín, volvía a "regular el régimen jurídico-económico" del NO-DO. La responsabilidad en la educación popular había pasado de los hombres de la Falange a los hombres del nacional-catolicismo. Pese al carácter normativo del Decreto, ya en el preámbulo se reconocía la labor realizada desde sus comienzos "bajo una acertada dirección".

Todo ello no impedía fuese necesario "dictar los preceptos jurídicos pertinentes por los que, con las garantías técnicas, económicas o de procedimiento que se consideren oportunas, no carezca Noticiarios y Documentales Cinematográficos NO-DO de la flexibilidad de movimientos precisa para que pueda llevar a cabo el cumplimiento de sus fines, de conformidad con las experiencias que aconsejan su actuación durante los tres años que lleva de existencia". No se escatimaban medios que facilitasen la tarea que en exclusiva realizaba NO-DO, que, como medio único, ofrecía la imagen y comentarios oficiales de España. Medios que, por otro lado –se dice expresamente–, "ya se refiera a inmuebles, mobiliario, elementos de producción, maquinaria, películas producidas, se entenderá siempre propiedad del Estado, adscrito al servicio del Ministerio de Educación Nacional".

Información en exclusividad

Los fines que se asignan a ese nuevo instrumento de educación popular son así de claras en en el artículo 2.º del mismo documento:"Edición y exhibición de Noticiarios Cinematográficos en español con carácter de exclusividad." El tutelaje y protección de que disponía NO-DO era tan grande, que se descuidaba la financiación del producto, fuese cual fuese el mismo. El 21 de julio de 1946, nuevamente el ministro de Educación Nacional, José Ibáñez Martín, firmaba una Orden (n.º 209, del 28-VII-1946) en la que se disponía que las empresas exhibidoras hagan efectivos los alquileres semanalmente (art. 1.º). En esta Orden no quedaba cabo sin atar en cuanto a forma y plazos de pago se refiere.

En una breve Orden posterior, del 12 de enero de 1951 (*BOE* n.º 19, del 19-I-1951), del Ministerio de Educación Nacional, firmada por Ibáñez Martín, se vuelve a proteger al Noticiario habida cuenta de que se ha "incrementado el coste en España de la película virgen importada del extranjero". A ello se añade una nueva motivación: el encarecimiento de la vida desde que se estipularon los primeros precios de alquiler. La verdad era otra, al menos la más fuerte: el bloqueo que se cernía sobre la España de la postguerra afectaba a la importación de materiales como la película virgen. Ya señalamos en otro lugar las piruetas que había que hacer para el mayor aprovechamiento de la película. En consecuencia, en el artículo 1.º de la mencionada Orden se autorizaba la subida del alquiler entre un veinticinco y treinta por ciento de los precios que regían hasta el momento. El alquiler –según el artículo 2.º– se fijaba en treinta pesetas semanalmente.

No se escatimaban medios que facilitasen la tarea de NO-DO

Nueva regulación de precios por una Orden del 10 de diciembre de 1954 (*BOE* n.º 15, del 15-I-1955), salida del Ministerio de Información y Turismo y firmada por Gabriel Arias-Salgado. NO-DO ha pasado del patronazgo de Educación Nacional al de Información y Turismo. En esta ocasión los alquileres no deben subir del treinta por ciento semanal y se fijaban nuevamente en treinta pesetas. El proteccionismo es apenas normal en un organismo que se considera perteneciente al Estado, como vimos. Una Orden del 6 de agosto de 1955 (*BOE* n.º 22, del 22-VIII-1955), firmada por Arias-Salgado, establecía las categorías laborales de los directivos y empleados y fijaba cantidades a percibir en concepto de "dietas y viáticos".

A partir de este momento el desarrollo jurídico de NO-DO escapa al marco cronológico establecido para nuestra tarea. Ello no obsta para que ampliemos la legislación correspondiente hasta el final del NO-DO en 1982, dada la brevedad de la ampliación y sobre todo la iluminación que la etapa posterior puede aportar a la anterior objeto de esta investigación. El 19 de junio de 1962, el *BOE* (n.º 146, del 19-VI-1962) incluía un Decreto 1348/1962 de la Presidencia del Gobierno, firmado por el propio Francisco Franco, "por el que se da cumplimiento a lo dispuesto en la Disposición Transitoria sexta de la Ley de Régimen Jurídico de Entidades Estatales Autónomas, de 26 de diciembre de 1958, y se aprueba la clasificación de dichas entidades". NO-DO deberá regirse

NO-DO y la educación popular

La profesionales de NO-DO, en plena actividad de rodaje, producción y distribución. Los trabajos, según decía el guión del número 1 de NO-DO, "se efectúan en laboratorios españoles dotados por la superioridad de los medios técnicos necesarios" (el entrecomillado es nuestro).

por dicha Ley en cuanto pasaba a ser considerado como entidad estatal autónoma.

El Ministerio de Información y Turismo de Manuel Fraga Iribarne publicaba un Decreto 2849/1963, de 24 de octubre de 1963 (*BOE*, 8-II-1963), que, firmado por Francisco Franco, consideraba a NO-DO como Organismo autónomo dependiente del Ministerio con capacidad de "concertar mediante concurso los contratos a que se refiere, entre otros, el número segundo del artículo cincuenta y cuatro de la Ley de Administración y Contabilidad de la Hacienda Pública de uno de julio de mil novecientos once, supuesto en el cual, y por imperativo del artículo cuarenta y cuatro de la Ley citada al principio (26-XII-1948), la autorización de que se trata ha de concederse mediante Decreto acordado en Consejo de Ministros". Necesitando NO-DO capacidad de concertar la distribución en exclusiva de su producción cinematográfica en todo el territorio nacional, se le concede la autorización para la contratación mediante concurso de dicha distribución.

La protección, como ya hemos señalado, alcanza a la obligatoriedad de exhibición del Noticiario por Orden de 19 de agosto de 1964 (Ministerio de Información y Turismo) que incluye el *BOE Gaceta de Madrid* de 1 de septiembre de 1964. En su artículo 31 se advierte de dicha obligatoriedad de exhibición con una salvedad: "Se exceptúan las sesiones especialmente indicadas para menores, en las que sólo se podrán proyectar Noticiarios de dichas características."

Comienza el declive

En el capítulo VI de un Decreto del 18 de enero de 1968 (*BOE*, 20-I-68), que abarca del artículo 69 al 78, el nuevo organismo estatal *Dirección General de Radiodifusión y Televisión* establece que NO-DO quede integrado en el mismo: "Dependerá de la misma el *Organismo Autónomo Noticiarios y Documentales "NO-DO."* Era apenas normal la absorción del NO-DO por la nueva Dirección, ya que sus fines de alguna forma se confundían. En el artículo 69 del Decreto citado se dice explícitamente que "corresponde a la Dirección General de Radiodifusión y Televisión estructurar, organizar y cuidar el funcionamiento del servicio público de radiodifusión de sonidos e imágenes en todos sus aspectos, por medio de la dirección y gestión de las instalaciones propias y de la regulación, fomento y fiscalización de las actividades restantes, así como de los medios técnicos transmisores y reemisores, y ejecutar las órdenes que el Ministerio dicte en materia de radiodifusión para el mejor desarrollo y perfeccionamiento de los servicios existentes o de cualquier otro que los progresos técnicos permitan".

Poco a poco va perfilándose la nueva fisonomía jurídica de NO-DO. En una Orden del 24 de octubre de 1974 (*BOE*, 20-XI-1974) hay un capítulo, el VI, dedicado íntegramente a Noticiarios y Documentales Cinematográ-

NO-DO y la educación popular

Los "voltios" en los sótanos del edificio de NO-DO, en donde se han conservado durante años miles y miles de metros de celuloide en latas de metal, que constituyen un archivo histórico nacional de primer orden.

ficos NO-DO, entre los artículos 43 y 51. Ya en el primero de esos artículos, el 43, se habla de la "Naturaleza y Régimen Jurídico" y se reconoce que el Organismo Autónomo NO-DO es del grupo B de los previstos en el párrafo primero de la Disposición Transitoria quinta de la Ley de Entidades Estatales Autónomas de 26 de diciembre de 1958, que está adscrito al Ministerio de Información y Turismo y a través de la Dirección General de Radiodifusión y Televisión. Se dice que se rige por el régimen jurídico de la citada Ley y se definen sus "Funciones" a partir del artículo 44. Curiosamente al recibir nueva adscripción vuelven a recordarse los cometidos originales: "Coadyuvar a través de la cinematografía en las tareas del Estado para la educación popular, y en el exterior, para difundir la realidad española", aunque inmediatamente se reconoce también la utilidad que puede tener NO-DO en cuanto escuela para "impulsar la iniciativa privada en orden a la producción y difusión del cine documental". Es decir, que, aunque actualizado según las nuevas tendencias políticas, NO-DO continúa teniendo el carácter educativo popular con que nació treinta años antes. Todo el articulado posterior se emplea en relacionar las funciones y cometidos de los "Órganos rectores".

Suprimida la obligatoriedad de NO-DO

El *BOE* del 19 de septiembre de 1975 incluye la Orden 19.594, del 22 de agosto del mismo año, firmada por el ministro León Herrera y Esteban, en la que al mismo tiempo "se regula la proyección de cortometrajes en las salas de exhibición cinematográfica y se suprime la obligatoriedad de proyección del Noticiario Cinematográfico Español NO-DO". Se basaba la ordenanza en la desaparición de las circunstancias que llevaron a la *Vicesecretaría de Educación Popular* a su obligatoriedad por Orden de 17 de diciembre de 1942 (*BOE* n.° 365, del 22-XII-1942). Había llegado el desmonte de los objetivos constitucionales del Noticiario y, en consecuencia, el final-final. Como resultado de todo lo anterior, en el artículo 2.° se facultaba a las salas cinematográficas para proyectar antes del filme un documental cualquiera o bien el NO-DO, y en el artículo 3.° se suprimía claramente la obligación, sin menoscabar en absoluto el privilegio recibido por Decreto 3169/1974, de 24 de octubre, de ostentar la exclusiva para "editar noticiarios y revistas cinematográficas de la actualidad para todo el territorio nacional".

El Real Decreto 1075/1978, de 14 de abril, que regula el ejercicio de la cinematografía y firma ya el rey Juan Carlos I con el ministro Pío Cabanillas Gallas, en plena transición política, suprime esa exclusividad de que disfrutaba el NO-DO. El propio Real Decreto comienza aludiendo al "derecho de los ciudadanos a la difusión de información, que ha de tener su manifestación en el medio cinematográfico igual que la tiene en otros medios informativos". En consecuencia, el mismo Real Decreto reconoce a renglón seguido: "Incompatible con este derecho es el carácter de exclusividad de que venía disfrutando el Organismo *Noticiarios y Documentales Cinematográficos (NO-DO)* para la edición de noticiarios y revistas cinematográficas de actualidad, actividad que de ahora en adelante podrán desarrollar todas las empresas productoras inscritas en el Registro de Empresas Cinematográficas."

Muere el Noticiario, pero nace el Archivo

En Disposición Transitoria de una Ley de 10 de enero de 1980 (*BOE* 12-I-1980), el personal de NO-DO quedaba adscrito al de *Radio Televisión Española (RTVE)*, en cualquiera de sus sociedades estatales, respetando categorías profesionales, antigüedad y derechos económicos adquiridos. No es, pues, una disposición que tenga como primera finalidad extinguir NO-DO, sino que, dándolo por extinguido, adscribe a su personal a las plantillas de RTVE, y así lo dice explícitamente en la Disposición Transitoria cuarta. Tras de hablar de otras sociedades del *Ente Público RTVE*, se dice expresamente: "El Organismo autónomo NO-DO quedará extinguido, integrándose a todos los efectos en el Ente Público RTVE." Lleva la firma del rey Juan Carlos y del presidente del Gobierno, Adolfo Suárez.

Unos meses más tarde, el 20 de mayo de 1980 (*BOE*, 2-VII-1980), una Orden decretaba la integración en la *Filmoteca Nacional* de los fondos cinematográficos del extinguido Organismo autónomo NO-DO. Así lo había decidido la Comisión de Cultura del Congreso de los Diputados en su sesión del 26 de marzo, "por ser este organismo oficial el encargado del archivo de aquellas películas que desde el punto de vista cultural o histórico sea conveniente conservar". En Disposición Transitoria se dice que el personal encargado de la custodia en el momento será quien siga haciendo esa misma función en tanto se nombre personal dependiente de la *Filmoteca Nacional*. La Disposición va firmada por el entonces ministro de Cultura, Juan de la Cierva y Hoces.

Un Real Decreto 1615/1980, de fecha 31 de julio de 1980, firmado por el Rey y el ministro de la Presidencia, Rafael Arias-Salgado y Montalvo (*BOE*, 5-VII-1980), decide la creación de sociedades dentro del *Ente Público RTVE*. En el artículo 4.° se dice expresamente que "los bienes del Estado que estaban adscritos a los suprimidos *Organismos Autónomos RTVE y NO-DO* se adscriben al *Ente Público RTVE*".

En la Ley del 24 de febrero de 1982 (*BOE*, 27-II-1982), el Título II está dedicado íntegramente a la creación del nuevo organismo autónomo *Filmoteca Española* (arts. 11-24), adscrito al Ministerio de Cultura a través de la Dirección General de Promoción del Libro y de la Cinematografía. Una de las funciones del nuevo organismo se centrará en la custodia de material cinematográfico de interés cultural e histórico (art. 12 f) y naturalmente del desaparecido NO-DO. A él se alude en el art. 19 b) cuando se dice que "se incorporarán a los fondos de la Filmoteca Española el material de archivo cinematográfico del extinguido Organismo NO-DO, así como el de organismos...". La Ley lleva la firma del Rey y del presidente del Gobierno, Leopoldo Calvo Sotelo y Bustelo.

La Orden 16.943, del 16 de junio de 1986, del Ministerio de Cultura, firmada por el ministro Javier Solana Madariaga (*BOE* n.° 152, del 26-VI-1986), aprueba las tarifas para los servicios prestados por la Filmoteca Española, organismo en el que ha quedado ya integrado ese "archivo histórico" con que se consideraba al NO-DO. En el Anexo de la misma Orden se aludía directamente al NO-DO en cuanto titular del material documental. Al establecer las condiciones se señala que "en ningún caso se podrá copiar o repicar bloques temáticos completos y el material de NO-DO no podrá exceder del 25 por 100 de la duración final del producto".

Continente y contenido de NO-DO

Para NO-DO se aplicaban criterios similares a los que se utilizaban para los programas, textos, esquemas y orientaciones que tuviesen como destino la escuela. En este sentido es curioso comprobar cómo una obra que describe de forma humorística la "memoria de la escuela nacionalcatólica" a la hora de reunir aquellos elementos que configuraban la orientación educativa de los niños españoles de los años cuarenta recuerda precisamente el NO-DO. En el capítulo dedicado al cine, un escolar recuerda: "Algunos jueves íbamos al cine [...]. En cuanto se apagaba la luz, salía Franco. Es que echaban unas peliculillas (NO-DO) con lo que hacía durante el día, que es que no paraba, el hombre. Primero de todo, se iba con su mujer a misa, que le estaban siempre esperando los curas a la puerta, y no empezaban hasta que no llegara él. Y le tenían preparado un techico (el palio), que no llovía, pero por si sí; y Franco enseguida se metía debajo y entraban a los acordes del Himno Nacional"[1]. Entrañable y cómico relato de aquel nacionalcatolicismo que NO-DO conocía bien.

De hecho, la educación y cultura populares se habían encomendado, si no expresa, sí tácitamente, al solícito cuidado de la Iglesia y la Falange. Basta con seguir la pista de quienes eran los personajes que ostentaban las responsabilidades en los Ministerios de Educación, Vicesecretaría General de Justicia del Movimiento, de cuyas diversas competencias dependía lo educativo y cultural, incluidos los medios de comunicación, para los que se asignaban tareas educativas y orientadoras no simplemente informativas. NO-DO llegó a las pantallas españolas en el momento de mayor esplendor del género documental en el contexto internacional. El mejor momento por el sistema de estudios en que se desarrollaba y por su oportunidad ante el conflicto bélico en que se encontraba metido medio mundo.

Sin embargo, tampoco NO-DO participaba de esa estructura definida que había adquirido el género documental. No contiene secciones o bloques definidos y se utilizan cabeceras de separación entre las distintas unidades que lo componen simplemente con un titular de la noticia de turno. El concepto de miscelánea que domina su estructura está muy lejano del carácter narrativo que podría suponérsele a un documental.

A la noticia más puntual le sucede otra pintoresca del país más lejano o la más anecdótica, sin otra justificación que el simple montaje o si acaso la intencionalidad política. Con ello podemos concluir que el carácter didáctico que todo documental puede tener en principio, cedía ante la urgencia propagandística. A fin de cuentas, el documental didáctico debe ajustarse a unas técnicas concretas, incluso en aquellos momentos iniciales del género documental.

La escasez de medios con que se contó al principio hizo que se economizase en lo posible la película virgen al extremo e incluso que se usase celuloide procedente de películas anteriores recicladas. Todo ello imponía una limitación a la calidad técnica del resultado, lógica si se tiene en cuenta la cantidad de metros que hoy se ruedan para hacer con ellos un montaje en el que al final sólo se usa una selección de las mejores tomas. La ausencia de sonido directo obligaba a impostar la voz posteriormente, con la consiguiente sensación de falta de sonido ambiente, que por tratarse de un género informativo le asignaría una objetividad particular. Aunque también es cierto que esa dificultad para sonorizar *in situ* hacía más fácil la posterior manipulación de la banda sonora incluyendo vítores, aplausos y vivas que nunca existieron o que no existieron con la intensidad con que las escuchaba el espectador en su butaca de cine. A la escasez de recursos correspondía también un reducido equipo humano. En un principio solamente cámara y ayudante, a los que posteriormente se unió el realizador. El color no llegó al NO-DO hasta 1968, y, por tanto, fuera de la época que analizamos en este trabajo.

A la sede social en Madrid llegaba el material de las corresponsalías, que se situaban en Barcelona, Valencia, Sevilla, La Coruña y San Sebastián. Otra buena parte del material rodado procedía de otros noticiarios extranjeros como *Gaumont*, *Metro News* y *Fox News*, participación con frecuencia tan abundante, que casi podía afirmarse que el 50% de la duración total del documental –entre ocho y doce minutos– procedía de éstos. Desde sus comienzos, NO-DO mantuvo muy buenas relaciones con los documentales existentes. Relaciones que se formalizaron establemente a partir de 1957 con la creación del organismo *International News-reel Association (INA)*. Todo ello permitió al Noticiario español llegar a las dos ediciones semanales.

NO-DO y la educación popular

Mesa montadora en que se realizaba la tarea de secuenciar las tomas que semanalmente filmaban los cámaras y redactores.

NO-DO aparecía en un momento singularmente privilegiado. El género documental se encontraba en pleno esplendor en todo el mundo. La industria cinematográfica se desarrollaba a pleno rendimiento, por un lado, y por el otro, el conflicto bélico en que se hallaba el mundo facilitaba la producción de documentales que informaban, propagaban o recreaban la situación. Sin embargo, en el NO-DO es fácil encontrar una estructura conforme a la cual se ajusten más o menos los números semanales. No hay un hilo argumental que enlace la narración; cada pequeño tema se "pega" al anterior sin ningún encadenamiento distinto al de un rótulo. Tan sólo el deporte tiene un lugar privilegiado, permanente y más extenso. Las breves noticias pueden pasar de la actualidad más rabiosa a la anécdota más vanal. Sólo en algunas ocasiones el montaje es intencionado; cuando, por ejemplo, junto a un desastre o calamidad ocurrida en alguna otra parte del mundo se muestra la labor de recuperación y mejora social que se va operando en España por obra y gracia del Régimen.

NO-DO y la educación popular

Toda esa apariencia podría llevarnos a la conclusión equivocada de que lo único que se pretendía era aliviar los rigores de una postguerra cruel, cosa que por otro lado también se buscaba. Había también una sinuosa forma de ir creando un clima favorable al régimen político a través de una temática persuasiva de formas literarias engoladas. Cuando se trata de alabar no se repara en calificaciones y todo resulta desmesurado, despropor-cionado, desmedido. De todo ello tampoco puede deducirse que la estructura interna del NO-DO propiciase una orientación hábilmente prefijada. Muy al contrario, al NO-DO le caracteriza su indefinición. Aunque lo tomamos en otro lugar, vamos a repetir aquí un texto de excepcional interés por cuanto procede de Alfredo Marquerie, principal redactor de NO-DO en los primeros años y que también era un notable crítico y autor teatral. El testimonio tiene la frescura o espontaneidad de quien escribe de su obra precisamente en los primeros momentos:

"La guerra y la paz, los paisajes y las figuras de actualidad, las cosas bonitas de España, su folklore, su reconstrucción, sus efemérides y actos, las catástrofes mundiales y las modas, los partidos de fútbol y los combates de boxeo, los estrenos de los teatros y de las películas, el hombre que se lanza en paracaídas y el que gana al billar o al ajedrez, las mejores exposiciones de arte, los acontecimientos auténticos, el mar y la nieve, el circo y los toros, los aeroplanos y las tortugas [...], la vida sorprendida está aquí, en estas aplastadas cajas metálicas de las películas de NO-DO" [2].

Es toda una descripción global de los contenidos. Aunque el mejor exponente puntual y concreto, como lo haremos en el siguiente capítulo, consiste en desmenuzar el número 1 de NO-DO del 4 de enero de 1943. En el NO-DO no hay un esquema o plantilla predeterminada, no hay un sumario-tipo ni nada parecido. Todo es aparentemente espontáneo y vital. Sólo aparentemente, porque lo que sí hay es un deliberado intento de no recalar en esos temas o informaciones que retrotraerían al espectador a las amarguras de la guerra pasada o a la más actual del hambre, la necesidad y la penuria. El Noticiario es una especie de acumulación de un promedio de diez noticias filmadas y ofrecidas en diez minutos sin ninguna gradación de interés como suele hacerse hoy –y también se hacía entonces– en medios de rigor informativo. Lo cual no quiere decir que la calidad formal de imagen y literaria no fuese óptima. Ciertamente es lo único bueno que podía verse en aquellos años y, por supuesto, la única y filtrada información que llegaba a un país cerrado sobre sí mismo, bloqueado por el castigo desde fuera y por la censura y el control desde dentro.

El esquema o "minutado" de un Noticiario de entonces sería ininteligible desde presupuestos de hoy en que se calibra con rigor el lugar destacado que debe ocupar una noticia, el tiempo que debe asignársela o el tratamiento y categoría que se le deba otorgar. Por ejemplo, las noticias de la Guerra Mundial, en momentos en que más expectativas estaba despertando en todo el mundo y teniendo su lugar casi obligado en todos los números, esas noticias tenían lugar como "cierre" del NO-DO en lugar de "abrirlo". Traemos a colación como ejemplo muy particular el número 1.000, que corresponde al año 1962 y está fuera, por tanto, de los límites cronológicos asignados a nuestro trabajo, pero que es de gran interés por resumir las actividades del Noticiario. La relación-resumen que hace ese número de los mil pasados es un verdadero cajón de sastre en que cabe todo y en el más perfecto desorden. En otras palabras –y resumimos–, si hay algún esquema-tipo en NO-DO, algún área de tratamiento constante, éstas son Deportes, Toros y Actos oficiales, pero incluso alterando el orden dentro de cada Noticiario. Es decir, que la actualidad oficial, aun siendo notable y en ocasiones importante, aparece a veces al final del Noticiario y lo abre una noticia de Deportes o Toros.

El mismo desconcierto domina en la construcción interna de la noticia, en la gramática interior de la misma. Visto hoy cualquier Noticiario, hay que decir –desde una sintaxis cinematográfica– que el montaje es lo más lejano a una técnica narrativa en que hay un planteamiento, progresión y desenlace, aunque puede argumentarse en contrario que esto no se pretendía en absoluto. Pero lo que en cualquier caso no resulta correcto es que el texto-comentario que acompaña en *off* a las imágenes sea el elemento que marca la pauta supliendo cometidos inherentes al propio montaje e incluso ensombreciendo la propia imagen, cuando no distorsionándola. Comentarios que resultan excesivos y sólo pueden comprenderse desde un obsesivo intento propagandístico, innecesario por otro lado, por cuanto ya entonces los teóricos de la imagen sabían muy bien que "una imagen vale por mil palabras".

Cuando no hay texto acompañando persistentemente las imágenes, el espacio y tiempo se cubre con una música de idéntica intención. La sonorización posterior de la película una vez montada, aunque es cierto que la escasez de medios impedía el "sonido directo", no lo es menos que el problema favorecía el intento inicial de controlar el producto final. Resultaba más práctico "impostar" la voz a un documento filmado que no el respetar la banda sonora adjunta a la película y tomada *in situ*. En definitiva es una técnica que aun hoy –con todos los medios disponibles e imaginables al alcance de la mano– en los medios de titularidad pública se desecha porque es más fiable montar posteriormente la noticia "cubriendo" la palabra con imágenes y quitando la viveza –¡quién sabe si indiscreción!– de lo que dijese este personaje o aquel entrevistado no afecto al sistema político dominante, en definitiva propietario del medio. Naturalmente, los propios directivos del NO-DO veían sus razones en "rodar en mudo": "El sonido directo del Caudillo, su voz, no solía rodarse, ni era conveniente por razones técnicas. Si rodábamos, por ejemplo, un Mensaje de Fin de Año, se tardaban muchas horas y después había complicaciones con la voz si se rodaba al mismo tiempo. Por otra parte, Franco tenía mala voz, con lo que preferíamos rodar mudo porque el sonido directo complicaba mucho a la hora del montaje", decía Alberto Reig en la entrevista a la que nos hemos referido.

Quienes tuvieron algo que ver con el NO-DO coincidían en señalar, como podemos comprobar por las entrevistas realizadas, que no había censura alguna sobre el mismo. El ministro Solís repetía:

"No sólo informaba de la vida política, sino también de la realidad más directa. Su preocupación era mantener informada a la gente. Quería dar ánimo a los españoles. Muchísima gente iba a ver NO-DO y repetía. Era muy solicitado. Informaba mejor que después la televisión. Era más humano y era sobre todo imagen. Prestó un servicio extraordinario en aquellos momentos, y creo que fue muy objetivo. Publicaba cosas que incluso a uno no le agradaban. No estaba sometido a presiones fuertes."

Solís continuaba refiriéndose al silencio del Noticiario sobre la pasada Guerra Civil, pero estas declaraciones pueden leerse en el capítulo siguiente de análisis del NO-DO. Alberto Reig insistía en el tono neutral del Noticiario, que "se debía a su director Joaquín Soriano [...]. No era un noticiario falangista, rotundamente no. Nació en 1943, cuando las personas que no eran dogmáticas veían que Alemania perdía la Guerra Mundial."

En las respuestas de algunas de las entrevistas realizadas a personajes relacionados con NO-DO, como por ejemplo la de Joaquín Esteban Perruca, redactor jefe del Noticiario tardíamente, se alcanza a adivinar alguna crítica que contradice la tónica general y aporta alguna nueva luz, aunque muy tenue:

"Hasta que comenzó la Televisión, NO-DO gozó de plena vigencia. La prensa en aquellos años cuarenta no era casi nada gráfica. Las imágenes sólo podían verse en el cine, y NO-DO era justamente cine, imagen. Pertenecía a la International News Association (INA) e intercambiábamos información de forma gratuita. Rodar manifestaciones o cosas parecidas era impensable entonces. Íbamos a rodar las imágenes para guardar después el material. Había una Junta de Censura Cinematográfica a la que iba también NO-DO, pero no recuerdo que fuese censurado ningún número. El tono del locutor era triunfalista. Era el tono de la época, y no sólo de España. Se veía todo lo positivo. Tal vez por animar a la gente. El cine norteamericano de los años cuarenta también era triunfalista. Era una corriente de los tiempos."

La llegada de la Televisión supuso un acicate para el mejoramiento técnico *del Noticiario Cine- matográfico,* sacándolo del mimetismo en que se encontraba estancado. En la orientación y contenidos poco cambió, como es de suponer dada la rigidez y anquilosamiento del propio franquismo, que acabó cuando acabó, pero con escasa evolución interna. Naturalmente, la llegada de la Televisión supuso el cambio del *Noticiario Cinematográfico* a la *Revista Cinematográfica*. La inmediatez informativa de la Televisión era imbatible por mucho que ambas entidades fuesen oficiales, y a lo sumo NO-DO podía variar sus objetivos tratando en profundidad y con las técnicas propias del cine lo que ya Televisión mostraba inmediatamente a cuando ocurrían los hechos. De todo ello hablamos al referirnos a la historia del NO-DO. Pero volviendo a la técnica empleada, debemos añadir que se fueron incorporando elementos como el sonido directo, la entrevista con presencia del propio reportero, los encuadres desequilibrados, el giro de eje, los movimientos subrayadores con la cámara de mano, la introducción del color (concretamente en 1968, en el número 1.344), la viveza del montaje y la asimilación de técnicas de otros medios y géneros.

Los primeros equipos eran muy simples, con un cámara y un ayudante, a los que fue incorporándose casi al final la figura del realizador. Los cámaras Ramón Sáinz de la Hoya, Ismael Palacios o Juan Manuel de la Chica tenían como compañeros a otros técnicos procedentes de los noticiarios extranjeros *UFA* y *FOX*. La ayuda alemana en los primeros años fue decisiva y creó escuela, como puede ser el caso del alemán Enrique Guerner, al que se refieren los directivos de NO-DO en varias de las entrevistas realizadas. Las dos grandes limitaciones iniciales eran la escasez de película virgen y la ausencia de sonido directo. La incorporación del sonido en el proceso final de producción ponía en evidencia el sonido de las voces impostadas tales como vítores, gritos, aplausos..., por ejemplo en las intervenciones de Franco, que ponían al descubierto la ausencia y viveza del sonido ambiente y las declaraciones directas.

La película virgen escaseaba, y de ahí que con frecuencia se reciclase el material. Tuvo que traerse de Alemania, en donde llegó a realizarse incluso el montaje en los comienzos, con la consiguiente calidad del documental por una parte, pero con una intencionalidad mucho más propagandística, como era típico del filme nazi. Tal vez sea el momento de añadir como nota curiosa que ante la escasez existente en aquellos años de película virgen, en más de una ocasión los cámaras se veían en el compromiso de rodar imágenes de un personaje que tenía más interés en ser captado por la cámara que necesidad informativa de hacerlo. En esas ocasiones los cámaras le señalaban al personaje en cuestión que posase porque le iban a rodar. Realmente lo que hacían era rodar "en película inglesa", con lo que en argot entendían los cámaras el ir dejando que rodase la bobina sin tener ni siquiera un metro de celuloide o película colocado.

La sede de Madrid coordinaba las diversas actividades, y el material llegado desde la delegación de Barcelona, creada en 1943 con Juan Serracant como redactor jefe, y las corresponsalías independientes de Valencia, Sevilla, San Sebastián, Palma de Mallorca y La Coruña. Los cometidos que coordinaba Madrid eran los normales en este tipo de producciones: selección de temas, distribución entre reporteros, redacción, selección de noticias del exterior, montaje y sonorización. De ahí llegaba el material y de los noticiarios como *Gaumont*, *Fox News* y *Metro News*, todo lo cual venía a suponer la mitad del material incluido en cada Noticiario, que duraba entre diez y doce minutos. La relación regular con los noticiarios quedó reglamentada en 1957 con la creación de la *International News-reel Association (INA)*.

A medida que iba agilizándose el trabajo fue aumentando el material, y con él la necesidad de ampliar el Noticiario a otras dos *series A y B* a partir del número 19. Entre los años 1960 y 1967 llegó a crearse otra nueva serie, la C, que da buena cuenta de la febril actividad del Noticiario. La "página de color" fue un tímido intento de alternar con el blanco y negro incluyendo una noticia en color al final del Noticiario, convivencia que se mantuvo hasta 1977 (número 1.797), en que iba completamente en color. Pero todo ello pertenece ya a una etapa, y no sólo etapa, sino orientación que deja muy lejos las hipótesis de nuestro trabajo y el marco creado para el mismo.

Con o sin intencionalidades propagandísticas o políticas, al NO-DO, con cincuenta largos años de perspectiva, no se le puede restar su importancia como memoria histórica de la época, y memoria privilegiada al no disponer de otra de carácter visual. No en vano concluyó convirtiéndose en *archivo histórico*. NO-DO es parte de los recuerdos y vivencias de millones de españoles y material indispensable para escribir parte de la historia que hacemos entre todos.

Capítulo 6
¿Qué contaba NO-DO?

Contar, lo que se dice contar, NO-DO "contaba muchísimo". Estaba presente en cuanto acontecimiento mereciese el calificativo de tal, o mejor dicho en los que el Régimen consideraba debía tener esa consideración. O sea, que lo que nos interesa ahora es saber en realidad qué cosas son las que contaba NO-DO, las que no contaba... y las que no podía contar.

La laboriosa lectura de todos los *Sumarios* de NO-DO que se colocaban en las puertas de los cines, de una buena parte de los guiones y la visualización de los documentales correspondientes a esos mismos guiones es una tarea que, aparte del centón de datos facilitados, compensan al comprobar que las primeras hipótesis de que se partía se ven confirmadas en conclusiones evidentes. La sospecha termina siendo una convicción rigurosamente conquistada sobre las intenciones manifiestas o latentes que tenían los promotores del Noticiario Documental.

Y esa hipótesis sostiene que NO-DO en términos generales se constituía para atender las necesidades informativas del Régimen bajo los mismos condicionamientos en que lo hacían otros medios. Condicionamientos de recorte de libertades que conducían a una información aséptica y despistante cuando no directamente propagandística.

Naturalmente, esta intención principal no descarta otras posibles como la explotación comercial, la difusión de la política franquista en otros países e incluso la de constitución de un archivo. Pero si existe alguna duda sobre la tendenciosidad de esta hipótesis, escuchemos este texto posterior de la Delegación de Propaganda de la que dependía NO-DO, en que se daba cuenta de los motivos que llevaron a la creación del mismo:

"Ha sido creado con el fin de producir y explotar el Noticiario español, hacer llegar las noticias españolas al mundo entero, realizar documentales de propaganda general de nuestra patria, sirviendo al propio tiempo a los fines de prácticas y especialización de cuantos elementos nacionales lo merecen y constituir un archivo general de cinematografía"[1].

Vamos, pues, a conocer el NO-DO por dentro, analizar sus contenidos. Pero antes nos parece necesario conocer dos aspectos formales que afectan en líneas generales a todos los otros aspectos y que son algo así como la envoltura en que se ofrecía el Noticiario al espectador. Uno de esos aspectos se refiere al propio texto literario de los guiones a los que después el locutor daría voz. El otro se refiere al tono general que solían tener todos los reportajes.

El tono de vencedores

Podríamos decir que ese permanente tono victorioso –casi aprendido como en un libro de estilo– es, como dijimos, de carácter formal en cuanto afecta a la apariencia o presentación externa de la noticia, no a su contenido, al que nos referiremos enseguida. Visto y oído con mentalidad de hoy, *Noticias y Documentales Cinematográficos NO-DO* se nos antoja retórico, grandilocuente y ampuloso.

El primer número es ya un buen exponente de arranque que vale la pena reproducir. Imágenes de Franco en su despacho del Palacio de El Pardo y, en *off*, una voz del locutor que dice o más bien declama:

El Primer No-Do. Número 1, día 4 de enero de 1943:

"En el Palacio de El Pardo, como en otro tiempo en su Cuartel General, el Jefe del Estado español, Caudillo victorioso de nuestra guerra y de nuestra paz, reconstrucción y trabajo, se consagra a la tarea de regir y gobernar a nuestro pueblo.
Siguiendo el ejemplo de Franco, todos los españoles tenemos el deber de imitarle, y lo mismo que él dedica su inteligencia y su esfuerzo, su sabiduría y prudencia de gobernante a mantener nuestra Patria, dentro de los límites de una paz vigilante y honrosa, cada uno, en su esfera de acción y trabajo, ha de seguir esta línea de conducta sirviendo lealmente la misión que le está encomendada y que, en definitiva, redundará en beneficio de nuestra nación y de nuestro pueblo.
En los días de supremo peligro para la Patria, él supo salvarla con su presencia heroica y con su talento de estratega en los campos de batalla, y abrir las puertas de España a una nueva era de honor nacional y de grandeza.

¿Qué contaba NO-DO?

Siguiendo el ejemplo de nuestro Caudillo, la unidad de los españoles y su disciplina es base de nuestro renacimiento presente y futuro. Cada uno en su puesto, tiene el deber de aportar su esfuerzo personal para cumplir la consigna suprema de Franco: Unidad y Trabajo.

La Patria cuenta con un plantel de héroes para defensa de su honor y garantía de la integridad nacional.

Sobre el mar, la recia fortaleza de sus naves es expresión de nuestra gloria naval y vigía atento de la seguridad de la nación.

Servicio y sacrificio, las juventudes de la Falange son portadores de la nueva era redentora y de su recto sentido religioso y militar.

España lleva su estandarte glorioso a tierras lejanas para la defensa de la civilización occidental, en el puesto más difícil de las empresas universales.

Y sobre el paisaje español, tantas veces consagrado por gestas heroicas, modelan su alma y su cuerpo los que constituyen la gran esperanza de la Patria.

En callada y tenaz labor, la mujer española se entrega a la misión sagrada de recuperar a los miles de hijos de España y salvarlos de la miseria, para entregarlos sanos y regenerados a la Patria que les vio nacer. En las fábricas y talleres se levanta, paso a paso y con firmeza, nuestra industria nacional.

Y en el campo se arranca al suelo, en dura y cotidiana labor, el pan de nuestro pueblo. Se extrae del mar, con esfuerzo constante y difícil, una de las mayores riquezas de la economía española. Y en mil diversos sectores de la vida nacional se cumple con ejemplar abnegación la tarea de cada día. Lejos de la Patria, en tierras africanas, nuestras fuerzas son también presencia gloriosa de la historia y del honor de España. Todos debemos aspirar a conocer profundamente la entraña española y hacer eficaz el esfuerzo común por una España mejor.

EL NOTICIARIO ESPAÑOL viene a ocupar su puesto de trabajo y divulgación, en esta empresa honrosa, junto a los camaradas de la prensa y de la radio."

Es sobre todo en los primeros números de NO-DO en donde los textos literarios de los guiones están más cargados de calificativos, tópicos y frases hechas. La exaltación y el entusiasmo con deseos de contagiar fueron remitiendo poco a poco. El primer número de NO-DO es posiblemente el mejor ejemplo de lo que intentamos demostrar. En él se resumen esas constantes que observamos después dispersas en los números del Noticiario.

¿Qué contaba NO-DO?

Incluso el texto destinado a presentar el propio Noticiario es todo un ejemplo de retórica inimaginable hoy en un estudio de mercado que intentase "vender la imagen" de un producto.

Noticiarios y Documentales Cinematográficos NO-DO cuenta:

- Con una información rápida y completa de todos los sectores de la vida nacional y del extranjero.
- Las operaciones de selección, montaje y sincronización se realizan rápida y eficazmente.
- Todos sus trabajos se efectúan en laboratorios españoles dotados por la superioridad de los necesarios medios técnicos.
- Una perfecta organización garantiza en todo momento la distribución rápida por todo el ámbito nacional.
- Realizaremos un esfuerzo constante para cumplir sin desmayo el lema de nuestro Noticiario: ¡EL MUNDO ENTERO, AL ALCANCE DE TODOS LOS ESPAÑOLES!

(Número 1, día 4 de enero de 1943).

Todo ello entre barroco, retórico, remilgado o cursi. Así es el lenguaje inicial de NO-DO, que va suavizándose en intensidad a medida que van avanzando los años. Sonaba también a *slogan*, soflama o consigna de esas a las que tan acostumbrado estaba el ciudadano en la infinidad de carteles que de uno y otro bando plagaron la geografía nacional y de los que se han editado magníficas obras y presentado exposiciones monográficas. Era el lenguaje en definitiva de la propaganda, el mensaje castrense de la orden y el mando. Este modo de enfocar los acontecimientos, ampuloso y retórico, no era sin embargo exclusivo del Noticiario Español. Era en parte el clima dominante de la época. Un estilo en el que en buena medida había contribuido el tono castrense que vivía el mundo en esos años, inmerso en una guerra de implicaciones mundiales.

En la entrevista realizada a Alberto Reig que ya hemos señalado, reconoce que "era el estilo de la época", aunque añade a continuación que

¿Qué contaba NO-DO?

el que fue guionista durante mucho tiempo, Alfredo Marqueríe, era "mucho más retórico, mucho más ampuloso, mucho más triunfalista de lo que él habría escrito por propia iniciativa y que firmándolo no habría hecho". Palabras de las que se deduce que aquel lenguaje era el oficial, dominante en aquellos primeros años de la postguerra, y por oficial impuesto, o sugerido cuando menos, desde altas instancias, aunque no necesitasen entrar en los detalles. En el mismo número 1 de NO-DO, y dentro de una de las quince noticias que integraban el Noticiario, la destinada a fundir en una misma noticia Navidad, Falange y División Azul, se escuchaba:

"Manos femeninas [las de la Sección Femenina] colocan primorosamente los diversos obsequios destinados a los legendarios héroes que, en las heladas tierras de Rusia, conquistan nuevas glorias para la Patria. Felicidades sin cuento y que celebremos pronto el regreso victorioso."

La retórica alcanza no sólo a los intereses nacionales, sino a aquellos extranjeros que puedan incidir en los nacionales. NO-DO acababa de nacer en Navidad y en plena Guerra Mundial. En el ejemplo que vamos a aducir hay más de lirismo que de la ampulosidad literaria de otras ocasiones. En esa ocasión domina el ánimo conciliador muy presente en la postguerra en una España que acaba de salir del enfrentamiento fratricida de una Guerra Civil. Y así, a propósito de las fiestas navideñas en pleno frente de guerra, el guión hacía decir al locutor al final del Noticiario bajo el epígrafe "Paz en la Guerra. Navidades en el frente y en Centroeuropa":

"Una tregua en la contienda que se ventila, lo mismo sobre las candentes arenas del desierto que sobre la helada estepa rusa, la marca la conmemoración de las solemnes y tradicionales fiestas navideñas.
Los soldados, en el desierto africano, se ingenian para construir con los utensilios que encuentran a mano los símbolos de estas festividades.
Y también bajo el agua, en el interior de los submarinos, se festeja la Navidad.
En la nieve, el surco de los esquiadores señala el rastro alegre de la Navidad, que llega hasta los refugios y chabolas.
En las horas libres, los soldados se entregan a la fabricación de ingeniosos juguetes, que llevarán a los hogares el recuerdo emocionado del padre que lucha en el frente. Otros

se dedican a la expansión de sus aficiones artísticas, también con destino familiar.
Sobre el paisaje de invierno, luce como una estrella el júbilo cristiano que conmemora el Nacimiento del Salvador.
Hoy más que nunca, la sonrisa de los niños lleva el alivio y consuelo a hospitales y lazaretos, donde una juventud heroica sufre con alegría la crudeza y el dolor de la guerra.La campana, que es voz de Dios, se expande por campos y ciudades, como heraldo a los hombres de buena fe y augurio de días mejores, cuando la paz que hoy anuncia el cielo brille al fin sobre las sombras y las imágenes de la guerra" (número 2, 11 de enero de 1943).

Es difícil subir el diapasón del tono cuando de entrada se ha decidido sea ampuloso. Sin embargo, si hay alguna excepción, ésta puede ocurrir cuando se celebra alguno de los recientes acontecimientos patrios. Por ejemplo, cuando se recuerda el pasado conflicto bélico o mejor el Alzamiento que lo provocó, la Victoria y sus consecuencias de Paz. Las alusiones directas a la Guerra ya dijimos que eran escasas y se procura eludir por todos los medios posibles, probablemente sin otra intención que la de ser consecuentes con esa consigna de Unidad y Trabajo en Paz que se repite hasta la saciedad; pero cuando hay alguna referencia se hace siempre en el mismo tono exaltado y glorioso. Así, por ejemplo, al dar noticia de la voladura en la Ciudad Universitaria de Madrid de las ruinas del Hospital Clínico, "escenario de nuestra epopeya", se escucha:

"La Ciudad Universitaria fue avanzado bastión de la fortaleza nacional en nuestra Cruzada y Guerra de Liberación. Hoy se reconstruye activamente con hermosas y luminosas aulas, donde las actuales generaciones se educarán en el trabajo y en el estudio, sin olvidar el abolengo glorioso de este escenario... Pero su imagen quedará para siempre grabada en nuestra memoria, como el símbolo de una de las más esforzadas y heroicas defensas de la Historia."

También suben de tono los calificativos cuando el protagonista de la noticia es Franco, el Gene-ralísimo, el Caudillo, el Libertador. Aunque no es menos cierto que a medida que van avanzando los años y España debe acometer el lavado de imagen impuesto por las nuevas circunstancias internacionales, las alusiones al Jefe del Estado son más discretas. En los primeros números de NO-DO, Francisco Franco es siempre e indefectiblemente *Caudillo de Espa- ña*; después se le llamará con más frecuencia *Generalísimo,* y por fin comenzará a ser más frecuente la referencia a él como *Jefe de Estado.* Si los calificativos suben de tono en la rememoración de hechos militares en la pasada guerra, tampoco se quedaban chicos cuando Franco era presentado en el marco de actividades sociales más normales, como ésta en la que inauguraba un grupo de Viviendas Protegidas en el barrio madrileño de Usera, que llevaban el nombre del general Moscardó (n.° 10, marzo 1943):

"El Caudillo de España, que en las horas de la guerra supo llevar nuestras tropas a la victoria, es también el alma de esta labor reconstructora, con la que España cicatriza sus heridas, salvando todas las dificultades que oponen las actuales circunstancias del mundo."

Celebraciones anuales como los *Desfiles de la Victoria* se convertían en la ocasión privilegiada en la que ese lenguaje encajaba a la perfección con el talante castrense que pedían las circunstancias. La ocasión se aprovechaba para ir creando una estado de opinión sobre una de las cosas sobre las que el Nuevo Régimen tenía una postura adoptada: de combativa y belicosa actitud hacia el comunismo. NO-DO daba por primera vez cuenta del desfile conmemorativo del Día de la Victoria de forma que en el propio guión se hacían las indicaciones pertinentes para los técnicos que iban a realizar el montaje en un intento claro de motivar su trabajo: "Lo que va de ayer a hoy. Reportaje retrospectivo. Pasan ante el Caudillo las fuerzas militares de España." Los titulares dicen: "1936-1939. ¡Españoles, acordaos! Miseria. Dolor. Injusticia. Desorden. Caos."

"Éstas son las débiles fronteras que separaban lo que se llamaba zona roja y lo que era zona nacional. Madrid, como enseguida España entera, queda libre de la criminal opresión marxista.

La Falange clandestina y el pueblo salen al encuentro de nuestros soldados. Los brazos, con la mano alzada al cielo, saludan a las banderas con los colores de nuestra gloriosa enseña, y a las tropas de Franco que anuncian con su triunfal aparición el fin de la espantosa pesadilla."

Nuevo título en la pantalla: "Hoy, 1 de abril de 1943"... Y prosigue el comentario en voz en *off* que acompaña las imágenes:

¿Qué contaba NO-DO?

"A los cuatro años del triunfo que liberó a España, triunfo que cubrió de laureles las inmortales banderas de la Patria al seguir las certeras órdenes de quien en su Cuartel General, y en los lugares de máximo riesgo, supo conducir a sus tropas sin una vacilación, sin una duda. Las Fuerzas militares de Tierra, Mar y Aire y la Falange, exponente de potencia y disciplina, desfilan ante el Caudillo y Jefe de nuestro Estado en la Avenida del Generalísimo.

El pueblo aclama con fervor a Franco y a sus soldados en el IV aniversario de la Victoria que liberó a España, y que después de vencer en una cruenta guerra, supieron dar a la Patria su Unidad, Libertad y Grandeza.

Todas las almas recuerdan aquel parte oficial, donde se anunció al mundo la sensacional noticia: "En el día de hoy, cautivo y desarmado el Ejército rojo, las tropas nacionales han ocupado sus últimos objetivos militares. LA GUERRA HA TERMINADO" (n.° 14, abril 1943).

Si "pertinaz era la sequía", como decía en sus discursos el propio Franco, agravando la situación ya de por sí grave, no fue menor el pertinaz ataque a todo lo que de lejos sonase a comunista. Por el contrario, se asignaba el encomio a ultranza y el ditirambo a todo lo que contribuyese a su derrumbe. Así, por ejemplo, el simple hecho de la celebración *del Día de los Caídos* en la Alemania en que el Führer colocaba una corona en el monumento de Unter der Linden, reproducía calificativos de este tipo en el NO-DO que lo narraba: "En tal ocasión Hitler recordó los méritos de los soldados que han muerto en Europa para defenderla del peligro bolchevique." Ni siquiera los hechos sociales más normales se ven privados de ese tratamiento literario unas veces recargado de calificativos y solemnidades y otras embarazado y formalista, como vamos a ver. Ello causa mayor extrañeza cuando el hecho en cuestión forma parte de la entraña más popular de un colectivo, como puede ser una fiesta popular en la que la espontaneidad encaja con mayor acierto que el ditirambo. Es más: la propia gramática cinematográfica exige por su propia estructura y lenguaje prescindir de innecesarios ropajes literarios cuando se dispone de la fuerza de las imágenes con su lenguaje icónico. Curiosamente, en el ejemplo que sigue las loas se aplican a una manifestación vasca que por su propia condición parecía gozar de las reservas previas del nuevo Régimen:

"Los aizcolaris, con el hacha afilada y el nervudo brazo, parten los troncos ante las atentas miradas del jurado encargado de discernir los premios que se otorgan a la fuerza y a la destreza. Ante el son de los chistus, los espatadanzaris trenzan sus bailes, de ágiles y complicadas figuras y de un antiguo y poético sabor ritual" (n.° 14, abril 1943).

Los oficios modestos merecen la especial atención del Noticiario, empeñado en hacer del país una familia unida en torno a directrices sabiamente escogidas por los dirigentes del nuevo Régimen. No es única la ocasión en que NO-DO se fija particularmente en las famosas "modistillas de Madrid":

"El primor de la tijera y de la aguja, del corte, del pliegue y de la caída ha quedado de manifiesto en este simpático y modesto espectáculo, digno del más sincero elogio." Se está refiriendo al premio "Rosa de Madrid 1949", con que Madrid celebra la fiesta patronal de las modistas de Santa Lucía (n.° 18, del 7 julio 1949).

Los comentarios del locutor, ordenados naturalmente en el guión, abundan en calificativos desmedidos cuando se trata de otro de los centros de interés del Régimen. Por ejemplo, en este caso: "Con la Semana Santa, España renueva sus más fragantes tradiciones populares y religiosas. Así en esta procesión de Zamora, donde se recuerda la sencillez con que el Hijo de Dios, hecho hombre, entró en Jerusalén jinete en la más humilde cabalgadura" (n.° 16, de 19 abril 1943). O bien cuando llega la Pascua: "El mundo católico conmemora el día alegre de la Resurrección del Señor. Ya han sido desnudados los altares de los paños morados con los que la Iglesia mantuvo el luto de la Semana de Pasión, y ahora, el vuelo de las palomas y la lengua de bronce de las campanas, desde las viejas y sagradas piedras de nuestras antiguas Catedrales, dicen al viento y a las almas su gozoso Aleluya" [2].

Cuando lo religioso adquiere ribetes excepcionales de solemnidad es cuando se combina con lo patriótico, en donde encuentra su clima adecuado. Este Noticiario que resume la Semana Santa arranca con una procesión a la que sintomáticamente se denomina "desfile", con claras resonancias castrenses:

"Desfila la Cofradía de Nuestro Padre Jesús Caído. La constituyen heroicos ex combatientes de nuestra Cruzada. Los que ofrendaron sus esfuerzos y su sangre a la Patria, rinden pleitesía de piedad y fervor a la Divina Figura del Redentor del Mundo."

Las noticias siguientes –casi en exclusiva– recogen las procesiones de Murcia con imágenes de Salzillo, los penitentes de Cartagena, el Via-Crucis del Albaicín, la Cofradía del Cristo de la Humildad en Granada y los "maravillosos pasos" de Sevilla (n.º 18, 18 mayo 1943).

Tampoco los sucesos acaecidos fuera de España escapan a esta tónica. Ya avanzado el NO-DO, se incluye, por ejemplo, una noticia en que "dos ex combatientes italianos que estuvieron prisioneros en la Unión Soviética caminan hacia Roma en cumplimiento de un voto. Salieron de Turín y después de 32 días de marcha llegan a la meta soñada: Roma. Después de asistir a la apertura de la Puerta Santa partirán para Padua, donde rendirán homenaje a su Santo protector." Ocasión aparentemente leve como noticia, para insistir a continuación en una nueva información sobre el Año Santo, que tanta resonancia tuvo en España en aquellos años. En la noticia que indicamos se da cuenta de la renovación de la vieja puerta de madera del Vaticano, ingreso al Año Santo, por otra nueva obra del maestro florentino Lorenzo Ghiberti en la fundición Marinelli.

Hechos triviales, e incluso aquellos que hemos incluido en el apartado de la vida social, no se li- bran de ese tratamiento lingüístico. Una simple bicicleta es un "corcel de acero" (n.º 9, 1 marzo 1943). Hasta lo deportivo adquiere tonos barrocos en el texto literario que ilustra las imágenes noticiosas filmadas. Con ocasión de una competición de baile rítmico en la Escuela de Berlín se escucha: "Las futuras estrellas coreográficas realizan las más diversas exhibiciones acrobáticas. Volteo, salto y pirueta se combinan con la más cuidadosa preparación física, para que los músculos adquieran la ligereza y flexibilidad necesarias, que luego se traducirán en el más perfecto ritmo y armonía de los bailes" (n.º 17, 26 abril 1943). Sin embargo, es en este ámbito en donde detectamos ciertas alegrías literarias. En determinados momentos nuestro análisis del NO-DO nos llevó a la impresión de que ciertos ribetes de humor intentaban aliviar el rigor y la grandilocuencia de los comentarios habituales que leía el locutor en *off* acompañando la objetividad de las imágenes. La impresión se producía en determinados comentarios de encuentros futbolísticos y sobre todo a partir de la entrada de Matías Prats en NO-DO. La explicación la ofrecía en entrevista Alberto Reig:

> "Las notas de humor se reducen a cuando Matías Prats empezó a elaborar los textos para los partidos de fútbol y rodábamos imágenes de personajes en actitudes especiales —que por cierto en algunas ocasiones pudieron habernos supuesto un disgusto— y Matías las acompañaba del comentario jocoso." Reconociendo a renglón seguido que "notas de humor no había más porque tampoco iba con los tiempos. Era un Noticiario que más bien se pasaba de serio."

Joaquín Esteban Perruca, que fue redactor jefe del NO-DO, sin embargo, participaba de similar impresión no sólo del tono, sino de la orientación, cuando decía:

> "El tono del locutor era triunfalista. Era el tono de la época y no sólo de España [...]. Se veía todo lo positivo. Tal vez para animar a la gente. El cine norteamericano de aquellos años cuarenta también era triunfalista. Yo creo que era una corriente de los tiempos."

El análisis de lenguaje más detallado constituiría por sí solo un nuevo estudio que no haría sino avalar desde una dimensión semiológica lo que avanzamos como hipótesis desde otras perspectivas. Como señalan Sánchez-Biosca y Tranche en el trabajo al que nos hemos referido, en los guiones escritos desde los primeros momentos por Alfredo Marquerie, su lenguaje, "habría de constituir el aspecto tutelar más notable de todo el noticiario y también su marca de fábrica más acabada". El propio Alfredo Marquerie, autor de tantos y tantos comentarios y textos para NO-DO, señalaba cómo había "dos estilos: uno sobrio y ceñido, muy concreto, típicamente alemán, y otro que pudiéramos llamar hispanoamericano, que es caudaloso y tapiza de palabras la imagen"[3]. El símil no podía ser más acertado, aunque inadecuado, porque efectivamente producía el mismo efecto que produce una habitación forrada de tapiz: aísla la palabra de todo lo demás. Lo cual, tratándose de cine, no deja de ser chocante en cuanto es arte visual, y la imagen es la que debe permeabilizar, tapizar absolutamente todo llenándolo con su pre-

> Había "dos estilos: uno sobrio y ceñido, muy concreto, típicamente alemán, y otro que pudiéramos llamar hispanoamericano que es el caudaloso y tapiza de palabras la imagen".
>
> Alfredo Manquerie

sencia y sin dejarse absorber por nada, ni siquiera por el sonido, que es su único contrapunto ortodoxo.

Y siguen diciendo los autores ya citados: "Lo curioso, por demás, del estilo de Marqueríe es la renuncia casi paranoica a los silencios y la preferencia por un florido y desatado verbo basado en estructuras estilísticas bimembres que en muchas ocasiones son claramente redundantes, pues los dos términos son ni más ni menos que sinónimos. Ningún espacio abierto a la sugerencia y ningún resquicio para verse confrontada la palabra con imágenes fuertes y complejas." El discurso con frecuencia poco tiene que ver con la rotundidez de las imágenes; tanto, que en ocasiones incluso en lugar de ilustrarlas las desdibuja. Si quitamos el sonido, comentarios y música, y dejamos rodar sólo las imágenes podemos apreciar lo dicho, con lo cual sin quererlo se restaba al noticiario la carga ideológica que por otro lado se quería dar. Resultaría muy interesante un estudio del lenguaje en NO-DO en que se producen redundancias continuas entre el sustantivo y el epíteto o de epítetos equivalentes, como señala el trabajo citado.

Lo intrascendente, noticia principal

Hay un segundo aspecto que caracteriza de modo global al NO-DO y en el que dijimos nos detendríamos antes de adentrarnos en el análisis de las secciones en que hemos agrupado temáticamente las que llamamos constantes del Noticiario. Ese segundo aspecto es el carácter intrascendente que se quería dar a todas las informaciones tanto si se trata de noticias que se repiten de vez en cuando como de las que hemos agrupado en constantes. Esa manera de dar "forma" (in-formar) sobre las noticias, correspondía a ese deseo de hacer olvidar los horrores pasados y las penurias consecuentes del momento. Por eso precisamente no siempre el hecho de relegar las noticias importantes al último lugar obedecía a un premeditado interés de quitar hierro a los acontecimientos, sino más bien de destacar como primeras noticias hechos alegres y festivos.

De ahí que, muy en contra de los clásicos criterios periodísticos de selección informativa en función de "interés decreciente", se apostase por un esquema o plantilla en que primase lo vanal. Era la misma obsesión presente en todo momento de "olvidar" a toda costa. Y esto era así incluso cuando se trata de las informaciones referentes a Franco, que eran recursivas en los Noticiarios. Así por ejemplo la entrevista concedida por el Jefe del Estado a la cadena norteamericana *CBS*, por mucho que lleve el título de *"España ante el mundo"*, pasa al último lugar del NO-DO de ésa semana (n.° 417 de enero de 1951). Estados Unidos acababa de enviar su embajador a Madrid.

Los "items" en NO-DO

Las tendencias o "constantes" de NO-DO no hay que buscarlas con frecuencia allí donde aparentemente es más manifiesta, como puede ser un retórico discurso de Franco, un multitudinario desfile o una "adhesión popular" clamorosa de las que hay –y lo analizaremos– abundantísimos casos. Con frecuencia hay que buscarlas allí donde no llega la nota de "la superioridad", la sugerencia jerárquica o directamente la orden del tipo que sea; hay que buscarla en donde la mecánica de trabajo habitual impone unos tics miméticamente repetidos. En este sentido constituyen un caso característico las "cabeceras" del Noticiario, que suponen toda una simbología de los valores que se deseaba transmitir. La cabecera del comienzo va cambiando a medida que pasan los años. Un cambio casi inconsciente que en su inconsciencia nos ayuda a descubrir los inveterados hábitos estilísticos o formales que se habían asimilado. La cabecera iba acompañada de la sintonía entre solemne y marcial del maestro Manuel Parada y de unas imágenes que se grabarían profundamente en el interior del niño que éramos entonces y que hoy, ya adultos, tienen gran poder de evocación de una etapa que comenzamos a sentir lejana.

En el trabajo de Sánchez-Biosca y Tranche al que nos venimos refiriendo y que hizo la Filmoteca Nacional sobre el NO-DO al cumplirse sus cincuenta años, había unas atinadas alusiones sobre la carga simbólica que tenía la propia cabecera, antes incluso de comenzar el desfile de imágenes y palabras en la pantalla. Coincidimos con este trabajo en que hay una curiosa evolución entre la primera cabecera del 4 de enero de 1943, la más larga y barroca, y las más sofisticadas de los últimos años. Desde ese elemento previo, anterior al propio mensaje hablado y fílmico, hay toda una intencionalidad que predispone el ánimo del espectador, creando un clima determinado. Las campanas que tañen alborotadamente en sobreimpresión en el primer número constituyen una celebración religiosa de la Victoria en una guerra fratricida que tiene ya el carácter de "cruzada" o de la Nueva España unida y laboriosa que se quiere construir. Inmediatamente, y en encadenado, un águila –la *aquila hispana* y águila imperial del escudo español– sobrevuela majestuosamente sobre un globo terráqueo.

El Régimen de Franco va a recordar repetidamente el pasado glorioso e imperial de ese país que quiere levantarse de sus cenizas. Una leyenda y una voz con el texto visible en pantalla, "El mundo entero al alcance de todos los españoles", va a desvelar definitivamente las intenciones del Noticiario: ofrecer puntualmente al espectador la actualidad del momento. Aunque la frase en cuestión, consigna y emblema del Noticiario, desvelará que la actualidad va a limitarse a aquella realidad suficiente e imprescindible, "al alcance de los todos los españoles". En un voluminoso libro en el que el ministro Ibáñez Martín resumía los diez años pasados desde el final de la Guerra, al referirse a las actividades de NO-DO se decía cómo "el lema popular puesto a la cabeza de sus producciones... se convirtió idealmente en este otro: La verdad de España al alcance de todo el mundo"[4]. Con ello se evidenciaba también la intención oficial de utilizar el Noticiario para la difusión en el exterior de "la verdad de España", cuando vivíamos el aislamiento internacional.

¿Qué contaba NO-DO?

Hay un nuevo encadenado y un nuevo símbolo, el de la bandera española que en sobreimpresión arropará otro de los símbolos del Régimen: el nuevo escudo con el águila imperial, las columnas de Hércules y el yugo y las flechas de Isabel y Fernando, al tiempo que en un nuevo texto leemos: "Noticiarios Documentales Cinematográficos NO-DO, presenta". Un *zoom* de cámara nos aproxima al escudo como queriéndonos introducir en la intimidad de esta España que se quiere aproximar a la cámara. Ésta inicia una aproximación al escudo a medida que se pierde el ondear de la bandera y acaba por reencuadrar los motivos del escudo a partir de un encuadre que coincide con los pilares que enmarcan el escudo mismo. Entonces vuelve a leerse el texto "Noticiario Español". Pasados los años, todo este barroquismo simbólico iría simplificándose. El nuevo cambio de cabecera en los años setenta escapa cronológicamente a nuestro intento, pero una vez más se inscribe en los nuevos aires del sistema.

La *obligatoriedad* de proyección de que disfrutó por decreto NO-DO refuerza aún más si cabe nuestra hipótesis sobre la gran influencia que el Noticiario ejercía en los españoles sobrevivientes a la dolorosa Guerra Civil que España había padecido entre 1936 y 1939. La *exclusividad* en la captación de imágenes de que disponía NO-DO contribuyó a que podamos trabajar con un material inapreciable que hoy forma parte de nuestro Archivo Histórico. La batida ha sido exhaustiva desde el comienzo de NO-DO con el número 1, del 4 de enero de 1943, hasta el número 722, del 5 de noviembre de 1956, en que precisamente se daba cuenta de la primera emisión de Televisión en España el 28 de octubre. NO-DO aún perduraría, tras diversos avatares, hasta 1982; sin embargo, la influencia en la información popular que advertían sus creadores y la educación popular que de hecho se había producido decaían notablemente ante un medio como la Televisión, cuya contundencia educativa y formativa se evidenciaría con el paso del tiempo.

En el mundo periodístico hay ya una forma adoptada unánime-memente de clasificar los contenidos en estas áreas informativas: Nacional, Internacional, Local, Sociedad, Economía, Laboral, Cultura, Deportes, con algunas subdivisiones en cada una de las áreas. Lo social, por ejemplo, incluye los más diversos aspectos sobre la convivencia humana comenzando por la familiar, la educación, los fenómenos sociales, fenómenos marginales, actividad de los tribunales, sucesos, sanidad, ecología, ciencia y comunicación. Pero la clasificación a la que vamos a atenernos en el análisis del Noticiario no se corresponde con la clásica por cuanto el propio análisis de las imágenes y textos del NO-DO nos descubre una estructura atípica en que primaba el "entretenimiento". Por ello hemos reagrupado esos mismos contenidos en otros tantos *items* en que la reiteración es mayor. Contenidos que agruparemos en apartados sobre lo que NO-DO contaba sobre la realidad nacional: la Historia, el Nuevo Régimen y sus Instituciones, Franco: Caudillo, Generalísimo y Jefe de Estado, las Relaciones Internacionales, las actividades diversas: Económicas, Religiosas, Folclóricas, Sociales, Deportivas y Taurinas. Y lo que NO-DO contaba de la realidad internacional: el Mundo durante la Segunda Guerra Mundial, el Mundo tras la Segunda Guerra Mundial y noticias Culturales y Pintorescas.

La vida social en España era más elemental por menos desarrollada y, en consecuencia, algunos apartados ni tenían siquiera cabida. La actividad económica se limitaba apenas a dar cuenta de inauguraciones de viviendas protegidas, monumentos y edificios reconstruidos y construcción de pantanos. Lo laboral apenas tenía cabida. Lo social se reducía casi a un muestrario de actos religiosos, celebraciones folclóricas y con mucha frecuencia pintorescas. Sin embargo, lo pintoresco y curioso es tan abundante en NO-DO, que tiene incluso su apartado especial y evidencia la impresión –después confirmada– de que el Noticiario buscaba sobre todo aliviar la sufrida situación del momento.

Esa sectorización corresponde a lo que –según NO-DO– ocurría en los ámbitos nacional e internacional. Pero con una sospecha entre periodística y sociológica nos preguntamos si realmente era aquello lo que ocurría en ambos ámbitos. Con el cotejo de las noticias de NO-DO y las que ocurrían en España y en el mundo, que por razones de censura no podían ser publicadas o emitidas, se ve claramente que la realidad informativa difería de la que ofrecía NO-DO. El resumen anterior, por tanto, quedaría completado de esta forma: lo que ocurría en España y el mundo (aunque NO-DO no lo contase) y lo que contaba sobre esa misma actualidad.

Hay un primer grupo de noticias compuesto por aquellas que invariablemente se repetían una y otra vez cada año. Eran de carácter religioso, tales como las fiestas de Navidad, Reyes Magos o San Antón; folclóricas, como los "sanfermines", Fallas o Moros y Cristianos, y deportivas, como la Vuelta Ciclista a España o Francia. El segundo grupo lo constituirían aquellas otras noticias que se repetían no cada año, sino repetidas veces a lo largo del año, tales como las inauguraciones oficiales, los desfiles de modas, los sucesos climatológicos tanto en España como fuera, posiblemente queriendo encontrar un correlato a los desastres nacionales.

Después vienen todas aquellas noticias que como "tendencias" se repiten aquí y allá y que al final han decidido la división del análisis en áreas a modo de "constantes" repetidas en el NO-DO con las que comenzamos. La clasificación, realizada en apartados, supone ya una interpretación y toma de postura, aunque es el propio análisis interno de las noticias –imágenes y textos– el que más nos aproxima a nuestra hipótesis: los españoles recibían más que unos elementos informativos objetivos y capaces de ir configurando un juicio personal, unas orientaciones educativas para la convivencia en el Nuevo Estado surgido de la Guerra Civil que con frecuencia rozaban lo propagandístico. En ese análisis observamos una serie de *constantes* que se repiten invariablemente. Sobre cada una de ellas hemos organizado el análisis, y del conjunto se deducen nuestras hipótesis.

6.1
Amnesia contra las heridas de la Guerra Civil

Este primer capitulillo amplía el aspecto previo que dijimos había que tener en cuenta al analizar NO-DO: el carácter entre intrascendente, jocoso y desenfadado que latía en casi todos los reportajes. Nuestro trabajo nos lleva a la conclusión de que con aquel nuevo producto informativo documental lo que se pretendía era aliviar, aligerar e incluso escamotear los rigores del momento social que vivía un país salido de una guerra.

Deliberada intrascendencia

Lo relacionado, por ejemplo, con la sanidad o los medios de comunicación era excepción en las imágenes del Noticiario, mientras que los acontecimientos deportivos y taurinos adquirían una gran relevancia. Llama la atención la escasa importancia que tienen las actividades culturales, que apenas aparecen entreveradas con algunas noticias nacionales. Eran escasísimas, y cuando las había lo era por su repercusión político-social. Por ese motivo, el apartado correspondiente a las noticias culturales queda desplazado, junto al de las Noticias Pintorescas, a la Información Internacional, por ser más abundantes. Terminada la Segunda Guerra Mundial, a los dos años de existencia del NO-DO, parecía como si no hubiese actualidad importante que destacar. Fuera de nuestras fronteras lo único digno de reseñarse eran los huracanes y tifones de los lugares más insólitos, el rutilante caminar de las estrellas del cine americano, los más insospechados artilugios de la industria, los pases de modelos o los concursos de animales.

Hay reiteradas omisiones o ignorancia de acontecimientos de significado relieve, no sólo de signo político, sino también cultural o social, que sólo pueden explicarse desde una deliberada ocultación. Lo que a su vez induce a pensar que el Noticiario, más que un documental cinematográfico sin otras finalidades que las puramente informativas, era un instrumen-

En los primeros años el acoso al Gobierno fue constante. Los maquis fueron un quebradero de cabeza para el Régimen. En la foto, una columna de resistentes franceses en su medio natural, el monte. Naturalmente no era noticia para NO-DO.

to privilegiado de orientación persuasiva, si no claramente propagandística. Naturalmente, en NO-DO no podía haber siquiera una alusión al mercado negro, al famoso "estraperlo", y mucho menos a los presos políticos ni a las ejecuciones de los primeros años. Ni más tarde tampoco habría alusión a las crisis universitarias de 1953-1956, ni mucho menos a las huelgas de Madrid, Barcelona, País Vasco y Asturias entre los años 1958 y 1962 o a la reunión de intelectuales y políticos españoles en la asamblea del Movimiento Europeo de Munich en 1962. Los problemas sólo existían fuera de las fronteras; en el interior todo era tesón, trabajo y paz.

El primero de los deliberados olvidos era el relacionado con la Guerra Civil, hecho mayor y bien reciente, del que aún estaban frescos los efectos. Resulta cuando menos extraño que un acontecimiento como el de la Guerra Civil, cuyo efecto de expansión aún perdura y que iba a decidir el futuro de España durante muchos años, se silenciase en el Documental de forma tan evidente. Ausencia pretendida pero no lograda, porque la Guerra Civil en realidad estaba presente en sus motivaciones, en sus orígenes y sobre todo en sus consecuencias. Lo que se silenciaba deliberadamente era la muestra directa de lo que todos querían en el fondo olvidar: los horrores del enfrentamiento entre hermanos. Los hombres del Nuevo Régimen consideraban que la pobreza rayana en la miseria de la

España de aquellos años inmediatos a la guerra, lo que realmente necesitaba eran inyecciones de optimismo.

Aquella tarea de reconstrucción nacional basada en la unificación que Franco había convertido en consigna (unidad sacrificando la pluralidad) parecía llevar aparejada una especie de amnesia que hiciese olvidar las terribles escenas que por otro lado ambos bandos habían captado en imágenes para sus filmes. Según una "relación de noticias más sobresalientes" realizada por el propio NO-DO a los diez años de su existencia, apenas en dos ocasiones se refirió el Noticiario oficial a la aún reciente Guerra Civil: una en 1943, a propósito del regreso de los jóvenes enviados a la URSS (a la que el Noticiario califica de "infierno soviético"), y otra en 1954, con ocasión de la inauguración de la reconstrucción del pueblo de Belchite, uno de los que más habían sufrido los rigores de la guerra. Ese deliberado olvido del conflicto bélico responde al deseo de "no confundir a los espectadores acerca de los orígenes de éste". Esta información sobre Belchite fue curiosamente –y lo manifestaba el ministro Solís en el párrafo que ofrecemos de la entrevista realizada– el único Noticiario que, en un alarde inconcebible de eficacia en aquella situación, se proyectó el mismo día en que se había rodado.

> "Es posible que NO-DO no hiciese referencia a la guerra para no ahondar en las heridas. Se trataba de superar las dificultades. Lo que no se olvida no se supera. No se urgaba en la herida que estaba, por otro lado, muy abierta todavía [...]. Se había producido una división profunda entre los españoles y había que superarla. La referencia constante a la guerra habría sido una barbaridad. La imagen penetra de una forma profunda. Sobre todo en muchos pueblos que habían sido destrozados mantenían la esperanza de que España se estaba levantando, estaba viva había empresas nuevas, una política de pantanos, una política de regadíos, fábricas de automóviles. El NO-DO en ese sentido elevaba la moral y la esperanza de que iban a superarse las cosas"[5].

Al referirse el ministro Solís a la guerra, hacía ver en la misma entrevista las diferencias en ambas zonas: "En la que se llamaba zona nacional se vivía bien. No escaseaban los artículos. Era barata la vida. En la zona roja o republicana escaseaba todo. Cuando se unen, España se viene abajo y llega la cartilla de racionamiento. En la zona nacional se sembraba, se recogía la aceituna... No entiendo cómo en provincias como la de Jaén escaseaba el aceite."

El primer documental realizado abiertamente por NO-DO sobre la Guerra Civil no aparece hasta 1959 y lleva el significativo título de *El camino de la paz*, rememorando aquellos famosos "25 años de Paz" del Régimen de Franco. La operación de olvido histórico de las causas que originaron realmente la guerra son tan hábiles y eficaces, que en una encuesta hecha en 1966 por *Horizonte español*, la misma comienza "cuando ésta (la Guerra Mundial) terminó y Stalin quiso invadir España[6]. "En el contexto de privaciones de la inmediata posguerra y en un momento en que el régimen de Franco aún no estaba firmemente asentado, la élite del poder franquista prefería evitar recordar públicamente que el origen y única fuente de legitimidad de aquel régimen era un levantamiento militar contra el régimen vigen-te, democráticamente elegido en febrero de 1936. Por consiguiente, las referencias directas a esos orígenes eran escasas en estos noticiarios oficiales"[7].

El primer NO-DO que trata abiertamente el tema de la Guerra Civil no aparece hasta 1959

Donde sí está presente la Guerra Civil es cada año el 1 de abril, declarado Día de la Victoria, fiesta nacional y aprovechada para la exaltación de la figura de Franco, el Ejército y la Falange con vistosos desfiles en Madrid y en todas las capitales de provincia. Oficialmente no se quería hablar de la guerra, de los horrores de la guerra y sus secuelas, pero lo que no faltaba era el elogio a los vencedores, con lo que las alusiones claras o veladas eran abundantes, permanentes, diríamos. Hay por ejemplo un número de NO-DO que sin hablar de la Guerra Civil constituye un monográfico completo de principio a fin. Se trata de la VII celebración de la *Victoria* (NO-DO n.° 170, de 8-IV-1946). El Noticiario tenía dos partes. En la primera, y bajo el título "Lo que no se olvida", comenzaba recordando la situación a que habían llevado a España "la llamada Revolución de Octubre de 1934, en que las fuerzas subversivas y terroristas intentaron adueñarse del poder en España".

Las imágenes mostraban la ciudad "mártir" de Oviedo. "La traición no pudo consumarse, porque lo impidió el heroísmo de nuestro Ejército; y porque, en el Ministerio, de quien después había de ser el salvador de la Patria". Inmediatamente se mostraban "los atentados, las tropelías y los desmanes contra los más acendrados sentimientos católicos de España. Las hordas profanaban los templos", la entrega de armas "a las masas sin ley y sin freno", el asalto a los cuarteles, los crímenes y robos. "La subversión se hallaba presidida por los símbolos del Comunismo Internacional. Con esa precisa elocuencia de las imágenes, los documentos cinematográficos incontestables hablan por sí solos sin necesidad de agregar ningún comentario."

Bajo el título genérico "A los siete años de la Victoria" iban sucediéndose en la segunda parte de aquel NO-DO especial las imágenes –tan grandilocuentes como los textos– del Desfile del Día de la Victoria en un Madrid "que le rinde [a Franco] el más fervoroso homenaje. Toda la ciudad vibra con patriótica exaltación. Su entusiasmo es un plebiscito de adhesión inquebrantable al Caudillo de la Cruzada frente al comunismo y al mantenedor de nuestra paz". Con detalle y entusiasmo el locutor va dando cuenta del desfile de las armas de Marina, Aviación y del Ejército, "instrumento inolvidable del triunfo en la guerra y sólida y firme garantía de nuestra paz en medio del atormentado panorama del mundo". NO-DO se hacía eco del entusiasmo popular cuando Franco descendía de la tribuna presidencial:

"Flamean los blancos pañuelos, y en los balcones de los edificios de todas las calles del tránsito, adornados con colgaduras y banderas, triunfan los colores de la bandera de España. Así recorre el Generalísimo la Avenida de José Antonio escoltado por los gritos y los vítores que repiten incesantemente su nombre. Pero el pueblo de Madrid quería manifestar en términos todavía más calurosos la adhesión y el cariño que sienten hacia el Jefe del Estado. Y espontáneamente se organiza, al grito de ¡Franco, sí! ¡Comunismo, no!, la manifestación más gigantesca y pacífica que ha podido presenciar la capital de España" (NO-DO n.° 169, abril 1946).

Estaba aún reciente la condena que la ONU había hecho del Gobierno español, y meses después se celebraría el Referéndum sobre la Ley de

Sucesión. Esta celebración del Día de la Victoria tenía no poco de censitario. Aquel NO-DO monográfico no se quedaba corto en exaltaciones patrióticas sobre lo que el Movimiento –muy en el tono falangista del fundador José Antonio– denominaba "revolución nacional-sindicalista":

"Entonando himnos patrióticos, enarbolando improvisadas banderas y sin cesar de mover en el aire de este día de primavera, como gallardetes de fervor y de paz, los ondeantes pañuelos, jóvenes y viejos de todas las clases sociales, familias enteras, obreros y estudiantes, productores y trabajadores de la más variada condición, se congregan para saludar al Generalísimo a las puertas del Palacio Nacional. Franco responde sonriente y emocionado a este impresionante homenaje. La amplísima Plaza de Oriente resuena con clamor unánime en el delirio del entusiasmo. Hasta ocho veces tuvo que saludar el Caudillo desde el balcón del Palacio sin que la muchedumbre se cansara de reclamar su presencia. A los siete años de la Victoria, este entusiasmo y esta unidad afirman su permanencia. Y el Caudillo proclama: España es una, España es grande y España es libre."

Por mucho que se quiera ocultar, la Guerra Civil está también presente en los aniversarios de la liberación de algunas ciudades. Así, el NO-DO que conmemora la liberación de Barcelona: "Barcelona expresa su fervoroso amor a España y su inquebrantable adhesión al Caudillo, al conmemorar con gran entusiasmo el cuarto aniversario de su Liberación por las gloriosas fuerzas nacionales" (n.° 6, 8-II-1943). La guerra está también presente en sus consecuencias con la reconstrucción de iglesias, fábricas y otros edificios destruidos. Las consecuencias que contribuyen a advertir a la ciudadanía, no las que muestran las deficiencias y aspectos más tristes. Así por ejemplo, en una ocasión NO-DO informa de la reconstrucción de una fábrica textil en Cabezal (n.° 29-VII-1943). En otro se hablará de la reconstrucción de la ermita de la Virgen del Puerto en Madrid (n.° 442, junio 1951) y la condecoración al párroco de Santa María de la Cabeza y romería a la misma ermita (n.° 644, mayo 1955), lugar emblemático de la pasada guerra. Está presente muy directamente en momentos como aquel en que Franco entrega el nuevo pueblo de Brunete, arrasado durante la guerra, coincidiendo con el X aniversario del Alzamiento Nacional y aprovechando la ocasión para señalar la "adhesión popular al Caudillo" (n.° 186, julio 1946). A menudo procurando que este tipo de celebraciones coincidan –como es en este caso– con las fechas conmemorativas del Alzamiento Nacional.

Es precisamente esa fecha emblemática del *Alzamiento Nacional* otra de las ocasiones en que hay referencia a la guerra, aunque sea indirectamente. O también con la celebración anual de la muerte del fundador de la Falange, José Antonio Primo de Rivera (n.° 152, de noviembre 1945; n.° 517, de noviembre 1952, y n.° 673, de noviembre de 1955), por señalar sólo algunos casos, ya que la celebración se repetía puntualmente todos los años. La guerra está presente en la celebración año tras año del Día de la Victoria y del *Día de los Caídos* y en esa celebración hecha piedra que es el Valle de los Caídos en Cuelgamuros, proximidades de El Escorial, del que NO-DO recoge puntualmente las obras de construcción, la visita a las mismas de personalidades, como por ejemplo la de los arquitectos asistentes a la VI Asamblea (n.° 516, de noviembre 1952).

La guerra está presente también en la llegada desde Rusia al puerto de Valencia de los 32 españoles que salieron al comenzar la guerra (n.° 716, septiembre 1956). Eran todas situaciones en que siempre cabían unas palabras sobre "el glorioso Alzamiento" o el "invicto Caudillo" que lo organizó. La misma y frecuentísima referencia a Franco lo es en cuanto Libertador "¡Españoles!, el Caudillo que ganó la guerra..." (n.° 59, febrero 1944). Y ésa es justamente otra de las "constantes" analizadas. Tampoco había más remedio que referirse, al menos indirectamente, a la guerra cuando NO-DO mencionaba la inauguración del monumento al fundador de las JONS, Onésimo Redondo, la muerte del general Dávila o el traslado de los restos de los generales Sanjurjo y Mola.

Cómo se cubrían los silencios

Las omisiones durante los diez minutos y diez noticias que por término medio duraba semanalmente el Noticiario debían cubrirse con otros hechos que fundamentalmente se agrupaban en torno a una temática. La primera, la *deportiva*, que representaba una notable extensión en NO-DO. Deportes que tanto podían ser la popular y estimulada pugna entre los equipos locales (Atlético de Madrid, Real Madrid, Barcelona, Valencia,

Bilbao, principalmente), como la competición convertida en victoria internacional cuando no había otras, como en el caso del celebradísimo gol de Zarra en el encuentro España-Reino Unido en el estadio brasileño de Maracaná, convertido en "causa nacional" y victoria sobre la "pérfida Albión", o los juegos universitarios, a los que el *SEU* (Sindicato Español Universitario) asignaba aquel carácter entre patriótico-castrense-sanitario que se quería para la juventud española. Es justamente en este terreno de lo deportivo cuando NO-DO varía su encorsetamiento o ampulosidad literaria para permitirse algunas alegrías retóricas, como veremos más adelante.

La segunda gran temática era la *taurina,* bien dando cuenta de ésta o aquella corrida de lujo en unas fiestas locales (Madrid, Barcelona, Sevilla, Bilbao), bien ocupando la agenda de festejos-homenaje a los pocos visitantes ilustres que llegaban a la España aislada de aquellos años (Oliveira Salazar, Eva Duarte de Perón), bien en una "fiesta campera" organizada en torno a un actor, escritor o pintor (Ava Gardner, Jorge Negrete, Ernest Hemingway), bien para recordar la *Fiesta* en sí misma como "esencia de lo hispano", según ocurrió con la llegada a España del diestro mexicano Carlos Arruza o la muerte del maestro cordobés Manuel Rodríguez "Manolete".

Otra temática ocupa un importante lugar en NO-DO: la *religiosa.* Y lo religioso confesional en un Estado que se confesaba católico y que ponía en lo católico una buena parte de su esencia como nuevo Régimen nacional-católico. Es cierto que los directivos de NO-DO cuando se les preguntaba por este aspecto no parecían estar de acuerdo, pero los hechos son mostrencos y la medición cuantitativa del análisis no deja lugar a dudas. Alberto Reig, directivo de NO-DO durante los casi primeros veinte años, señalaba: "Noticias religiosas no creo que hubiese tantas. Eso sí, llegaban cantidad de telegramas pidiendo cosas sobre Semana Santa, y sobre todo de Sevilla. El Congreso Eucarístico Internacional de Barcelona y hechos similares sí tuvieron un lugar destacado en el NO-DO, pero especial insistencia en lo religioso, yo creo que no la hubo."

También es cierto que en el apartado religioso incluimos tanto lo que suena a estrictamente catequético como lo celebrativo, ritual o litúrgico, que suele estar envuelto de ribetes más folclóricos, los más próximos a los intereses de los hombres del Régimen. Es raro el Noticiario que no cuente con un matiz, una imagen, una alusión, una referencia o directamente una noticia relacionada con lo religioso. Y en ocasiones claramente confesionales, con una entidad tal que para sí la quisieran acontecimientos de otro orden. Tal es el caso de la celebración *del XXXV Congreso Eucarístico Internacional de Barcelona* o la firma *del Concordato Estado Español-Santa Sede*. Ambos acontecimientos coparon el protagonismo correspondiente a sucesos de innegables consecuencias políticas para el Régimen al contribuir eficazmente al reconocimiento de la España aislada de aquellos años. En otras ocasiones es evidente la intencionalidad o rentabilidad política que esconde la exaltación de lo religioso.

Otro importante apartado, a juzgar por el espacio y tiempo que ocupaba en la minutación de NO-DO, era el que llamaríamos en lenguaje de la época las *notas de sociedad,* aunque en rigor no podrían considerarse como tales. Hoy en el área de sociedad los medios de comunicación incluyen como cometido informativo los hechos de la convivencia social tales como los colectivos marginados, familia, mujer e infancia, la religión, la ecología, los medios de comunicación como fenómeno de masas, los sucesos de los tribunales, las catástrofes, la solidaridad a los más desatendidos, etc. Para aquellos momentos en que NO-DO recoge la actualidad española en la inmediata y dura postguerra, lo "social" correspondía a los ámbitos de la misericordia caritativa más que de la justicia estricta. O contribuía a esa especie de estímulo esperanzador con que se quería olvidar la severidad de las secuelas dejadas tras de sí por la guerra, o se enmarcaba en lo que entonces se consideraban "notas sociales", es decir, los desfiles de modas, las bodas de tronío o las fiestas de postín.

Hay otra esfera de la que informaba NO-DO y que, en principio, podríamos incluir en el apartado anterior. Nos referimos a lo que podríamos denominar *Capítulo de variedades* o "Miscelánea", rótulo con el que a veces el propio NO-DO titula el apartado correspondiente. Nos referimos a esa noticia curiosa, pintoresca y hasta rocambolesca, generalmente situada fuera de nuestras fronteras, con la que con mucha frecuencia se quería mitigar lo poco graciosa que resultaba la situación real más cercana. Generalmente las inspiraba el ánimo de poner distancia a los graves problemas que planteaba la situación real. También es cierto que con alguna frecuencia este tipo de noticias subrayaba, por respaldo o por contraste, alguna de las noticias políticas del momento.

Todas estas constantes objeto de análisis si contribuían a otra nueva constante en el NO-DO, la más repetida de todas por su ausencia: el *desconocimiento* de hechos bien reales que ocurrían en el entorno más inmediato o en el más lejano de los países de Europa metidos en una cruel guerra. Sería interminable la lista de acontecimientos que para NO-DO no existieron. Tampoco existieron para la prensa escrita, sujeta a una férrea censura previa, pero en el cine muchísimo menos. Sus responsables no podían permitirse el más pequeño desliz. Para entonces eran bien conscientes del adagio posterior de que "una imagen vale por mil palabras". Después de cincuenta años, hoy bastaría la simple lectura de cualquier repertorio cronológico de aquellos años cuarenta en España o de la prensa extranjera de aquellos mismos años para comprobar indiscutiblemente lo que acabamos de señalar.

Uno de los guionistas de los primeros tiempos de NO-DO, Alfredo Marquerie, escribía un trabajo sobre los contenidos de los guiones del mismo, al filo del nacimiento del Noticiario. El testimonio es de excepcional interés en cuanto procede del autor material de los textos y opinaba sobre sus contenidos justamente cuando se estaban haciendo:

"La guerra y la paz, los paisajes y las figuras de actualidad, las cosas bonitas de España, su folklore, su reconstrucción, sus efemérides y actos, las catástrofes mundiales y las modas, los partidos de fútbol y los combates de boxeo, los estrenos de los teatros y de las películas, el hombre que se lanza en paracaídas y el que gana al billar o al ajedrez, las mejores exposiciones de arte, los acontecimientos auténticos, el mar y la nieve, el circo y los toros, los aeroplanos y las tortugas..., la vida sorprendida está aquí, en estas aplastadas cajas metálicas de las películas de NO-DO"[8].

Era la vida oficial, la vida impuesta a golpe de decreto, la única vida que existía... Lo demás no entraba en la categoría de vida. Solamente un *lapsus* puede hacer entender que, al enumerar los sucesos que contaba NO-DO, se refiriese a "las catástrofes mundiales". ¿Acaso no existían en el interior? Lo malo sólo era posible fuera de las fronteras patrias o en la mala voluntad de cronistas tendenciosos... La descripción no puede ser más real dentro de esa espontaneidad y frescura que se quería imprimir al Noticiario.

6.2
La postura durante la Segunda Guerra Mundial

NO-DO nacía cuando la Segunda Guerra Mundial comenzaba a inclinar el fiel de la balanza en favor de las Aliados. La titubeante postura del Gobierno de Franco en aquellos momentos tenía fiel reflejo en los Noticiarios de esas fechas. Alemania comenzaba su ofensiva en la Unión Soviética y poco después comenzaría su estrepitoso final con la victoria soviética en el frente de Leningrado. Momento ideal para que el Régimen de Franco, que achacaba al comunismo los males de su pasada Guerra Civil, enrumbase su artillería de imágenes y retórica contra el "bolchevismo marxista" al tiempo que ensalzaba la proeza de los alemanes que les hacían frente.

Precisamente el primer apartado con que se informa en NO-DO del desarrollo de la guerra mundial es el de *"Lucha contra el comunismo"*. El epígrafe iría variando hacia un más aséptico o al menos más objetivo *"Reportaje de la Guerra"*. La constante anticomunista es tan evidente, que se aprovecha la información bélica para hablar también (n.º 15, abril 1943) de la guerra china señalando "que las tropas niponas limpian de guerrilleros comunistas la provincia de Yünnan". El epígrafe "Lucha contra el comunismo" va remitiendo, y a partir del número 16 (abril 1943) no aparece en ninguna ocasión, justamente cuando ha comenzado el repliegue alemán y es evidente el dominio de los Aliados, incluida la Unión Soviética.

Las hazañas de la División Azul corren parejas al frente de Rusia para demostrar la pertinaz cruzada española contra la acción comunista, bolchevique o soviética, como se le denominaba según los casos. De las tropas siempre se hablaba como de "voluntarios" o "divisionarios", contadas veces de soldados o simplemente tropas. Hay un momento en que la guerra varía de perspectiva y el Noticiario-Documental varía también de tratamiento. Ya en el primer año de existencia (n.º 32, agosto 1943) se habla de las tropas británicas en Birmania en la guerra de Extremo Oriente. En el número 33 se habla de los buques norteamericanos en aguas del

Pacífico (n.° 36, septiembre 1943), y en el 37, en aguas del Atlántico. En el número 41 se informa de la fabricación de tanques en los Estados Unidos. Son las primeras presencias "aliadas" en el Noticiario. Ya más claramente en el número 43 se refiere NO-DO al desembarco de tropas inglesas y americanas, aunque al mismo tiempo se habla –por si acaso– de la aviación del Reich "en acción". Poco después (n.° 45, noviembre 1943) se referirá a la acción humanitaria de la Cruz Roja Española, bajo cuya vigilancia se canjeaban prisioneros alemanes e ingleses.

En otro momento (n.° 34, agosto 1943) –pensamos que curándose en salud– el NO-DO alababa la tarea documental del cine en la guerra. Justo en ese momento es cuando se habla de impresionantes escenas del des-embarco aliado en Sicilia insistiendo en una guerra "vista desde el frente aliado y desde las líneas del Eje", con un marcado sentido de neutralidad política y bélica. El desembarco comenzaba a evidenciar el declive del Eje y la victoria aliada. El tacto es tan grande, que en ocasiones (n.° 57, enero 1944) son muchos los palos que se quieren tocar internacionalmente en aras de esa pretendida neutralidad que se quería demostrar. Recuérdese que el Gobierno español en escaso tiempo pasó de la *no beligerancia* a la *neutralidad*. El número 110 casi monográficamente tan sólo ofrecerá noticias aliadas. No hay una sola referencia a Alemania.

En favor de la "neutralidad"

Con ser tan importante el final de la Guerra Mundial, en el número 124, y con el título "*La paz vuelve a Europa*", se incluye una noticia retrospectiva de la guerra, aunque sea la última, de cierre, del Documental. Sí hay un despliegue mayor cuando la guerra termina definitivamente con la rendición de Japón (n.° 142, septiembre 1945). En un Noticiario del año 1945 (n.° 148, octubre 1945) aparece el Gobierno celebrando una fiesta con todo el Cuerpo Diplomático acreditado en Madrid. España en sus noticiarios lamentaba indirectamente la falta de ayudas del Plan Marshall refiriéndose a la ayuda a otros países europeos como Grecia e Italia (n.° 287, junio 1948).

La postura durante la Segunda Guerra Mundial

La Segunda Guerra Mundial cambiaba de signo. La política española del Régimen se desplazaba del "germanismo" inicial a posturas "pro-aliadistas". Es Navidad en el n.° 2 de NO-DO y los soldados alemanes adornan en el frente un pequeño árbol al tiempo que unos niños alemanes celebran la fiesta al calor del hogar mientras un soldado hace guardia en pleno frente de guerra. En España los Reyes Magos desfilan en Barcelona. España pregona su independencia en el conflicto "cuando la paz que hoy anuncia el cielo brille al fin con las sombras y las imágenes de la guerra", como dice la voz en off.

La postura durante la Segunda Guerra Mundial

Cuando se proyectaba el número 118 de NO-DO se estaba celebrando la *Conferencia de Yalta* (marzo 1945); sin embargo, el asunto no existió para el Noticiario. En NO-DO sólo se hizo alusión a una entrevista entre Churchill y Roosevelt. Cosa explicable por cuanto Churchill gozaba de buena prensa en el Gobierno de Franco, pero Stalin, el tercero de los integrantes de la Conferencia de Yalta, no podía recibir los mismos honores de un Gobierno que utilizaba entre otros medios el Documental para arremeter contra el enemigo comunista. En el NO-DO hay en varias ocasiones alguna referencia al cardenal norteamericano Spellman y sus actividades visitando las tropas estadounidenses. El análisis da a entender que se muestra viva simpatía hacia el papel que aquel prelado podría desempeñar de cara al Vaticano para lograr el restablecimiento de relaciones diplomáticas de España con los países occidentales, como ocurre en el número 471 y otros (enero 1952). En un Noticiario (n.º 617, noviembre 1952) alcanza a adivinarse –pese a haber concluido la guerra y decantarse el favor de España hacia los Aliados–, se advierte una irreprimible simpatía o nostalgia hacia la Alemania de Hitler en el momento en que ante las imágenes del derrumbamiento del Reisgtach la voz en *off* comenta que aquél es un "edificio que no quiere abatirse". ¿Velada alusión al pesar que produce el derrumbamiento del III Reich?

Leyendo los *sumarios* del Noticiario Español que preceptivamente se fijaban en las entradas de los cines, y aún más leyendo los guiones o visionando las cintas, se llega a tener una idea clara de la evolución que se fue operando en la postura oficial, pasando de un entusiasta pangermanismo a una afiliación aliadista. El mayor de los conflictos que había padecido la Humanidad apareció en Europa justamente a los cinco meses de concluir la Guerra Civil en España. El 4 de septiembre de 1939 el Gobierno del general Franco declaraba la "más estricta neutralidad", que era acogida con respeto por el propio Gobierno de los Estados Unidos. NO-DO, aunque años después, daba cuenta de ello: "¡Españoles! El Caudillo que ganó la guerra mantiene nuestra estricta neutralidad" (n.º 59, febrero 1954). Aquella "estricta neutralidad" iba variando en la medida en que Franco observaba el triunfo rápido y sorprendente de Alemania en la Nueva Europa y la posibilidad de obtener alguna recompensa en el reparto del botín. Sus aspiraciones –latentes en cuantas conversaciones se mantenían con Hitler– se centraban en Gibraltar, Marruecos francés, el Oranesado, ampliación de la Guinea Ecuatorial y alguna cosa más. Todo ello respondía a ese instinto imperialista que anidaba en el corazón del Nuevo Régimen y se manifestaba veladamente en los gritos oficiales de rigor: "¡España: Una, Grande, Libre!"

Pese a todo, Franco se sentía desconcertado en esa alianza germano-soviética del primer momento de la Guerra Mundial, asunto sorprendente para él, que había hecho de la Guerra Civil una Cruzada contra el bolchevismo. El acuerdo Alemania-Unión Soviética había sido gestado en secreto mientras España padecía su propia guerra y apenas fue conocido hasta el 23 de agosto de 1939. Meses después, el 12 de junio del 1940, el Consejo de Ministros de Franco decidía pasar de la "estricta neutralidad" a la "no beligerancia", fórmula adoptada por Mussolini antes de su entrada en la guerra del lado alemán, y el general Vigón se entrevistaba con Hitler en Bélgica dos días después de la entrada de las tropas alemanas en París, buscando llegar a tiempo en el momento del reparto. A los pocos meses de iniciado el NO-DO, el Noticiario incluía un suelto o soflama, según se mire, muy especial, bajo el título y convocatoria "¡Españoles!":

"El Gobierno ratifica la posición de España de estricta neutralidad a la que viene atendiendo lealmente, hallándose dispuesto a exigir con el máximo rigor, tanto a nacionales como a extranjeros, el cumplimiento de los deberes a que ella nos obliga; pero también a no ceder por ningún concepto, si llegara el caso, ante ninguna presión contra nuestro derecho a mantener con toda firmeza tal posición, que todo país está obligado a respetar como un acto de soberanía indiscutible. El Gobierno ha estudiado, además, todas las medidas de presión necesarias para hacer respetar esa neutralidad.
El Caudillo, que en los días de la guerra supo llevar a sus Ejércitos a la victoria, gana también, con la unánime y fervorosa adhesión de todos los españoles, las diarias batallas de la paz y vela incansablemente por la libertad y la grandeza de nuestra Patria (n.º 13, 29 marzo 1943)".

El habitual discurso del 18 de julio del general Franco contenía algunas insinuaciones en torno a la nueva situación. Tan clara por otro lado, que por aquellas fechas Franco recibía de Hitler la *Gran Cruz de la Orden del Águila Alemana* en oro, máxima de las distinciones del III Reich a un dirigente extranjero. El ministro de Gobernación, Serrano Suñer, viajaba en septiembre de ese año a Alemania y era recibido por Hitler el día 16. Pasados los años, Serrano Suñer ha tenido sumo cuidado en descartar el "sambenito" de germanismo y la decisión, después rectificada, de subirse al tren ya en marcha del expansionismo alemán nazi:

> "Frente a tanta tontería, charlatanería, ligereza y pereza mental como después se ha acreditado, debo decir que yo era germanófilo en aquella hora porque no podíamos permitirnos una nueva guerra en España. Yo lo fui en todo momento para evitar la invasión de Alemania. Fuimos germanófilos, absolutamente germanófilos, porque en una hora de enemistad nos habrían invadido y ocupado sin remedio. Habría sido otra nueva y terrible desgracia para España, que no podía soportar una nueva guerra... Negociamos para evitar a la vez el daño de una segunda guerra. ¿Qué era más importante para evitarlo? ¿Ser antipáticos a Alemania o ser sus amigos? Es evidente que lo último y hacerles ver que de este lado de la frontera podían estar tranquilos porque no había ningún peligro para ellos, para Alemania... Como después el avance alemán en la guerra dejó de ser tan rápido, Inglaterra no cayó ni quería negociar con ellos, entonces sí pensaron en hablar con España sobre Gibraltar y sobre el cierre del Mediterráneo y comenzaron a presionarnos. En esos momentos había grupos germanófilos que han dicho infamias de nosotros, cuando en realidad eran gentes infiltradas aquí para informar a los alemanes" [9].

No resulta tan evidente esta interpretación cuando se sabe que quien realizó la gestiones diplomáticas en Alemania no fue precisamente aquel a quien correspondía como ministro de Exteriores en el Gobierno de Franco, el coronel Juan Beigbeder, que manifestaba una tendencia más favorable a los Aliados, sino a quien hacía las afirmaciones señaladas: el mismísimo cuñado de Franco y ministro de Gobernación, Ramón Serrano Suñer. El 24 de junio del 1940 el coronel Beigbeder había estimulado la firma de un convenio comercial entre España, Portugal y Reino Unido que supondría el pertrechamiento de trigo y gasolina. Pero no fue la única, fueron varias las gestiones del ministro de Exteriores para potenciar el diálogo con los Aliados.

Sin embargo, quien centraba el interés de los medios informativos del momento, y naturalmente del NO-DO, era Serrano Suñer y sus gestiones en Berlín. La tensión surgida entre ambas responsabilidades de gobierno concluiría con el cese de Beigbeder. Mientras tanto, y por obra y gracia de una información manejada por quien era ministro de Gobernación, Serrano Suñer era quien controlaba los delicados hilos de la diplomacia española, a quien la antipatía popular le dedicaba coplillas como ésta: "Miradle por dónde viene / el Señor del Gran Poder, / antes se llamaba Cristo / y ahora Serrano Suñer"[10].

El 23 de octubre del 1940, Hitler se entrevistaba con Franco en Hendaya. De esta forma resultaba cierta la impresión de Serrano Suñer en el sentido de que Hitler, convencido de su dominio europeo, daba por descontado que España entraría en la guerra de su lado. Lo comentaba en la misma conferencia a la que nos referíamos:

"El comienzo de la entrevista fue radiante y alegre como de quienes se dicen cosas como: "¡Cuántas ganas tenía de conocerle, general!" El final fue todo lo contrario. A las dos horas, ambos estaban enfurecidos. Hitler creyó que tras aquella charla, cuatro de sus catorce divisiones alistadas en Francia entrarían en España, pero Franco no lo permitió. El comienzo fue más o menos el de admitir la posibilidad de pedir nuevos esfuerzos a los españoles, pero a cambio de obtener beneficios territoriales para España, como Gibraltar, Marruecos, etc.".

De "germanistas" a "aliadistas"

Ese basculamiento entre *germanismo* y *aliadismo* tuvo su inmediato reflejo en NO-DO, que pasó de una exaltación del avance alemán en los distintos frentes y su secuela de la División Azul a una observación atenta del avance aliado tras sus primeras victorias rotundas. Unos sitúan en el desastre alemán de Leningrado y otros en el posterior de Las Ardenas el desenganche oficial español de la postura germanófila. Nada absolutamente parecía convencer al Gobierno de Franco del final de la Alemania nazi. La Prensa y también el NO-DO, cuyas principales fuentes de información visual eran germanas, tan sólo daba cuenta de los éxitos, disimulaba las derrotas y especulaba sobre sorprendentes nuevas armas que cambiarían el rumbo de la guerra.

El número 1 de NO-DO (4 enero 1943), a propósito de la guerra, ofrecía una última información en la que se veía a los soldados alemanes realizando un reconocimiento en el Cáucaso. El comentario a las imágenes dice textualmente:

"El arte de la guerra presenta a veces espectáculos tan bellamente impresionantes como éste. Un destacamento de esquiadores se desliza por las heladas cortaduras de Dombay-Ulgen [...]. Un grupo de choque soviético se aproxima cautelosamente al amparo de las montañas [...]. Los cazadores alpinos se lanzan vertiginosamente a ocupar sus posiciones: es el maravilloso deporte de la muerte."

El 13 de noviembre de 1943, el Gobierno español retiraba de Rusia la División Azul. Los nazis habían capitulado ante Stalingrado el 2 de febrero y la guerra se inclinaba claramente a favor de los Aliados. Volvían aquellos soldados que el 14 de julio partían entusiasmados de Madrid camino del frente ruso.

Se señala cómo el propio Führer entregaba las Hojas de Roble, insignia de la condecoración de Caballero de la Cruz de Hierro al teniente general Agustín Muñoz Grandes, responsable de la "Gloriosa División Azul, que en los campos de batalla de Rusia lucha contra los enemigos de la civilización occidental" (n.º 3, 18 enero 1943).

Hitler vuelve a aparecer pocos números después (n.º 16, abril 1943) celebrando en Berlín el Día de los Caídos, y NO-DO comenta que el Führer recuerda "los méritos de los soldados que han muerto en Europa para defenderla del peligro bolchevique". El primer número de NO-DO (4 enero 1943) ya había informado sobre la llegada a Madrid desde Rusia del teniente general Muñoz Grandes a la "estación del Norte de Madrid, que rebosaba de entusiasmo a la llegada [de] este gran soldado de España, arrollado materialmente por la multitud, que le estrecha en abrazos y vítores frenéticos". Y como las técnicas de persuasión no son nada nuevo en el mundo de los medios, ya entonces, y buscando tranquilizar a tantas familias que tenían sus hijos en el frente ruso, una noticia anterior a esta de la División Azul daba cuenta del reclutamiento anual de soldados en la ciudad húngara de Szeker, "remanso de bucólica tradición, [en donde] ha sonado el clarín anual de la leva [...]. Los mozos se despiden de los seres queridos, aun siendo para la sacrosanta misión de servir a los destinos de la Patria".

Las simpatías del Gobierno de Franco por los integrantes del Eje en aquellos años quedan patentes con frecuencia en NO-DO. En uno de sus primeros números daba cuenta de la entrevista entre el mariscal Pétain y el jefe de Gobierno francés Pierre Laval, cuando unos meses después tendría que hacerlo sobre la expulsión de España, donde se había refugiado al concluir la Guerra Mundial (n.º 3, 18 enero 1943). En el mismo número, y bajo el epígrafe de "Frentes de Guerra", informará del desembarco japonés en las islas Aleutianas, base de futuras operaciones en el Pacífico. "En el transcurso de un año –añadía el comentario subrayando las imágenes–, el Japón ha conquistado una superficie de cuatro millones ochocientos mil kilómetros." Informará también a continuación de la ocupación alemana de Túnez y la actuación de la aviación alemana, que "prosigue sin descanso sus continuos y certeros bombardeos en el frente soviético, atacando sin tregua las concentraciones de tropas y desorganizando los puntos neurálgicos del abastecimiento del ejército rojo". El ministro secretario general del Movimiento, José Luis Arrese, falangista, aparece en un NO-DO firmando en el Libro de Oro de Berlín y recibido por Hitler en su Cuartel General (n.º 7, 15 febrero 1943).

NO-DO otorgaba también importancia a la visita que el doctor Schell, jefe nacional de los Estudiantes Alemanes, realizaba a la Academia de Mandos "José Antonio", del Frente de Juventudes (n.º 10, 8 marzo 1943). En el mes de abril de 1943, NO-DO informaría de las "solemnes pompas fúnebres" celebradas en Madrid por el fallecido embajador alemán en España Hans von Moltke, "a quien por expresa disposición del Jefe del Estado se tributaron honores de Capitán General con mando en plaza", aunque al finalizar se insista en que son hono-res simplemente a un "ilustre diplomático representante de Alemania" (n.º 14, abril 1943). En el número 17 (23 abril 1943) aparecerá el Duce Mussolini celebrando el XX aniversario de la fundación de la Aeronáutica Fascista en un aeropuerto de guerra. "Después de inspeccionar los nuevos tipos de aviones sube a la tribuna para arengar a las formaciones de la heroica aviación italiana" (n.º 16, abril 1943). Momentos antes las imágenes nos habían mostrado a las mujeres "en sustitución de los trabajadores italianos que combaten en el frente [...] trabajando con disciplina y entusiasmo en diversos aspectos de la fabricación bélica".

Y siempre "antibolcheviques"

Lo que sí era incontestable en aquellos momentos, y así lo transmitía NO-DO, era una belicosidad antisoviética para la que se aprovechaba cualquier oportunidad. Con motivo de la llegada a Berlín de los niños españoles repatriados a Rusia tras la guerra española y su entrega en el Instituto Iberoamericano a la Comisión designada por Franco, se escucha que "escapados del infierno soviético, consiguieron llegar a las líneas alemanas" (n.º 3, 18 enero 1943). En los primeros números del Noticiario el apartado dedicado a la marcha de la guerra, aprovechando que el frente alemán se establecía en Rusia, casi siempre lleva el antetítulo de *"La lucha contra el comunismo"*.

La postura durante la Segunda Guerra Mundial

Raro es el Noticiario que no tenga noticias sobre la marcha de la guerra. NO-DO se estrenó casi al tiempo que los alemanes comenzaban sus operaciones en el frente ruso. En el número 2 ya aparecían los alemanes en operaciones de reconocimiento en el Cáucaso. Los esquiadores surcan el bello paisaje nevado del paso Dombay-Ulgen. El almirante Doenitz felicita a los soldados constructores de un refugio submarino en la costa del Canal (n.° 2, 11 enero 1943). Tropas alemanas avanzan hacia Taburba en la ocupación de Túnez y bombardean incesantemente puntos neurálgicos rusos (n.° 3, 18 enero 1943). Tropas alemanas aniquilan una división bolchevique en Toropez, en el sector central del frente ruso (n.° 4, 25 enero 1943). El almirante Raeder felicita a la tripulación del submarino *Atlantis*, "que navegó durante seiscientos cincuenta y cinco días sin tocar un solo puerto y realizó una proeza única hasta ahora en la historia de la navegación" (n.° 5, 1 febrero 1943).

Como militar y admirador de todo lo castrense, Franco logró imprimir a todas las manifestaciones del Régimen aquella disciplina, admiración y estilo castrense que sin duda se trasluce también en el NO-DO. Aparte de la simpatía germanófila, hay también una alabanza constante al aparato militar. Las tropas del III Reich son admiradas cuando aparecen luchando "contra un doble enemigo: los bolcheviques y el invierno" (n.° 6, 8 febrero 1943). NO-DO muestra, "en un arriesgado reportaje cinematográfico, el ataque de la aviación japonesa a un portaaviones norteamericano" (n.° 6, 8 febrero 1943). A la semana siguiente el Noticiario dedica atención en "Reportajes de guerra" al "Cuartel General del Ejército blindado germano-italiano de Túnez". El mítico mariscal Rommel se entrevista con el mariscal italiano Cavallero junto al mariscal Kesselring y el general Seidemann. "Los aviones de bombardeo británicos hacen su aparición sobre este frente y las piezas antiaéreas comienzan a funcionar, mientras en el horizonte se suceden los estallidos de las bombas. Los tanques británicos inician un ataque y la artillería alemana abre fuego sobre ellos" (n.° 7, 15 febrero 1943).

El número 9 nos muestra cómo "las fuerzas del Eje continúan luchando incansablemente en el frente de Túnez", que a renglón seguido muestra su inconsciente afección a todo lo que suene a Eje: "Los cañones camuflados con hojas de palmera vigilan el cielo para contrarrestar la acción de los aviones adversarios" (n.° 9, 1 marzo 1943). Nuevas imágenes de las operaciones en Túnez en los números 11, 12 y 13 (16, 22 y 30 marzo 1943). En el número 14 (7 abril 1943) "los submarinos alemanes buscan al adversario en el Atlántico del Norte [...]. La cámara cinematográfica recoge las distintas fases del ataque al convoy y del combate que con este motivo se entabla". "La aviación alemana bombardea los objetivos bolcheviques entre el Dnieper y el Donetz (n.º 15, 15 abril 1943). Tropas alemanas de reconocimiento en el Cáucaso. Soldados alemanes desfilan por las calles de Atenas, ocupada Grecia (n.º 16, 22 abril 1943). Formaciones blindadas y unidades motorizadas alemanas avanzan sobre Carchov en Rusia...

La División Azul, de la que se daba abundante cuenta en el documental Noticiario, tanto o más que el obligado respaldo a la asociación alemana, se interpretaba y consideraba como la lucha española contra la "fiera asiática". Ya en el primer número de NO-DO (4 enero 1943) hay dos noticias sobre la División Azul. La primera abriendo el Noticiario con la ocasión de la Navidad, en que aparecen las mujeres de la *Sección Femenina* preparando "los diversos obsequios destinados a los legendarios héroes que, en las heladas tierras de Rusia, conquistan nuevas glorias para la Patria". La última noticia del número 4, y nuevamente bajo el epígrafe *"La lucha contra el comunismo",* se regocija por el "aniquilamiento de una división bolchevique cercada en Toropez [...]. Catorce mil muertos bolcheviques y cuatro mil doscientos prisioneros dieron prueba de la intensidad de la lucha en la bolsa de Toropez, donde los soviets perdieron, además, centenares de carros blindados, cañones, vehículos de transportes y una enorme cantidad de armamento" (n.º 4, 20 enero 1943). Los japoneses –dice NO-DO bajo el epígrafe *"La guerra de China"–* "limpian de guerrilleros comunistas las provincias de Yunnan" (n.º 15, abril 1943).

El ataque a todo lo que suponía bolchevismo o comunismo iba acompañado de la correspondiente simpatía germana y la admiración hacia sus éxitos militares. Veamos: "En el Frente del Este y en la región de Leningrado las fuerzas alemanas luchan contra un doble enemigo: los bolcheviques y el invierno... Los soviets intentan romper el férreo cerco tendido en torno a la ciudad y abastecer con alimentos y munición a sus posiciones avanzadas, pero la artillería alemana, empleándose con matemática precisión, hace

La postura durante la Segunda Guerra Mundial

La apertura de las Cortes el 17 de marzo de 1943 era un acto muy significado en la normalización política buscada por el Régimen. En la foto, Franco llega al edificio de la carrera de San Jerónimo, en Madrid.

fracasar una vez más los intentos de las fuerzas bolcheviques" (n.° 6, 8 febrero 1943). "Desde el crucero auxiliar alemán *Atlantis,* que durante largo tiempo navegó por todos los mares del mundo, se obtuvieron con aparatos de film de paso estrecho estas impresionantes escenas de hundimientos de barcos petroleros enemigos" (n.° 6, 8 febrero 1943). Pocos números antes, NO-DO mostraba las imágenes de la aviación alemana, cuyas "bombas caen ininterrumpidamente y con matemática precisión sobre los objetivos militares" (n.° 3, 18 enero 1943).

La admiración *germanófila* alcanzaba también a Japón por cuanto era aliado del mismo bloque: "Su Majestad Imperial el Emperador de Japón presencia el desfile de las tropas que regresan victoriosas de Borneo. Formaciones compactas de guerreros nipones con sus atuendos bélicos y las potentes armas del Imperio del Sol Naciente desfilan marciales ante su Jefe Supremo" (n.° 1, 4 enero 1943). En otra ocasión las imágenes muestran una espectacular persecución aérea: "Un portaaviones norte americano sufre averías al ser atacado por la aviación japonesa" (n.° 6, 8 enero 1943). O celebraba con entusiasmo el desembarco japonés en las islas Aleutianas (n.° 3, 18 enero 1943).

En un número de NO-DO y en un bloque de tres noticias se da consecutivamente cuenta de diferentes contingentes europeos, húngaro, holandés y finlandés, que se despiden de su tierra con destino a "la cruzada contra el bolchevismo" y contra el "comunismo enemigo". Los tropas alemanas "rechazan y hacen fracasar un intento de desembarco soviético en Novorossis; el escenario del combate demuestra elocuentemente el fracaso de la intentona soviética" (n.° 12, 29 marzo 1943). En la misma vida nacional no se pierde oportunidad de centrar en el comunismo el origen de todos los males que aquejan al país. En el número 114 (5 marzo 1945), NO-DO informa de una "manifestación de españolismo y adhesión al Caudillo en el entierro de los falangistas asesinados". Más de 300.000 personas aparecían en el entierro de Martín Mora Bernáldez y David Lara Martín, "asesinados por el comunismo".

Sería interminable dar cuenta detallada de los Noticiarios de NO-DO que reflejaban esta situación. Los apéndices finales de este trabajo contienen un apartado dedicado expresamente a las noticias que se ofrecían sobre la marcha de la Guerra Mundial. Y contrastar a renglón seguido lo que sobre la misma guerra decía NO-DO y lo que ofrecían los medios internacionales.

Franco cambia los Gobiernos

El paso del germanismo al aliadismo tuvo su inmediato reflejo en los cambios que Franco iba operando en sus Gobiernos. El principal valedor de la causa germana, Serrano Suñer, ya había sido sustituido oportunamente unos años antes por un aliadófilo como lo era el general Jordana. En realidad el viraje en la política de relaciones no necesitó esperar al final de la guerra para ser variado Había ido cambiando a partir del desembarco aliado en las costas francesas. En una de las entrevistas realizadas a Alberto Reig, que, como dijimos, fue subdirector y director de NO-DO durante los primeros diecinueve años, señalaba cómo "se fue cambiando casi insensiblemente. Y no precisamente porque entrase en el Ministerio de Asuntos Exteriores Martín Artajo. El hecho del desembarco aliado en Europa fue decisivo. Todo aquel asunto fue muy conflictivo. Alberto Martín Gamero, desde la Oficina de Información Diplomática del Ministerio de Asuntos Exteriores, nos envió una nota sobre lo que había que decir".

Tras una breve etapa de Lequerica, sería el católico Martín Artajo quien, desde la responsabilidad de las relaciones diplomáticas como ministro de Exteriores, se encargara de mostrar al mundo el nuevo rostro de España orientado hacia la Europa que unos años antes había rechazado. NO-DO es un buen termómetro que detecta inmediatamente la temperatura que va adquiriendo este cambio de clima político. Los titulares *"Frente de Guerra"*, *"División Azul"* o *"Lucha contra el Comunismo"* dan paso al más escueto *"Reportaje de Guerra"* que da cuenta de los progresos aliados en la guerra. Aunque un análisis detenido muestra que el cambio no supone en absoluto que sea completo. El entusiasmo que acompañaba a las cotas logradas por las tropas alemanas no es el mismo que acompaña a los avances aliados.

La ocupación, por ejemplo, de la isla de Akyab, en la costa de Birmania, por las tropas británicas comienza a estar desprovista de ese cúmulo de calificativos encomiásticos que se observaban meses antes referidos a otros contingentes armados (NO-DO n.° 114, 5 marzo 1945). El tono va subiendo paulatinamente hasta que en septiembre del 1945 una amplísima noticia celebra alborozadamente la *"¡Victoria sobre el Japón!"*. El Noticiario echaba mano en esa ocasión del formato de las grandes ocasiones para ofrecer un apretado resumen de la guerra. Las imágenes se sucedían con fuerza: Japón estaba lanzado a la conquista de Manchuria en 1931.

Las noticias favorables a los Aliados van sucediéndose en cascada. El 7 de diciembre de 1941, NO-DO informa del "ataque sin previo aviso, la injustificada agresión contra Pearl Harbour". Contraataque norteamericano, inglés, australiano y holandés. Regreso aliado a Guadalcanal. Conquista de Filipinas. Golpe decisivo en la mítica Iwo Jima, a 720 kilómetros de Japón. Campaña de Okinawa. Los kamikaces. Los B-29 y los portaaviones de la tercera y quinta Flotas. Ataque de las unidades del almirante Halsey.

Bomba atómica sobre Hiroshima y puerto de Nagasaki. Emperador Hiro-Hito rinde Japón a los Estados Unidos. Cambio de escenario que se localiza en Inglaterra: multitud agasaja a SS.MM. Británicas. La apertura del Parlamento. Miembros de la Cámara tan destacados como Eden, Churchill, Attlee y Morrison asisten a los actos religiosos de acción de gracias en la iglesia de Santa Margarita. Las luces vuelven a encenderse sobre Londres. Nuevo escenario: Washington, Truman estudia los mensajes de rendición. Recuerdo de Franklin Roosevelt, que no pudo presenciar la victoria. Imágenes del gran jefe chino Chang-Kai-Shek, el almirante Chestar Nimitz. El presidente Truman dando la noticia de la rendición nipona. El 14 de agosto la noticia está en la calle: "¡La guerra se acabó!... Y la victoria aliada hace estallar el regocijo popular, que dura toda la noche. Millones de personas conmemoran el triunfo de la paz. ¡Dios quiera que nunca se vuelva a poner en peligro!" (NO-DO n.° 142, 24 noviembre 1945).

El 8 de mayo de 1945, Alemania firma su capitulación ante los Aliados y con ello finaliza la Guerra Mundial. NO-DO informa de ello en el número 124. El comentario del locutor con voz en *off* es más neutro, como no queriendo evidenciar el entusiasmo de pasadas ocasiones en que se celebraban las victorias alemanas. Las imágenes quieren ser un resumen del dolor humano, moral y físico que ha asolado los campos y ciudades de la vieja Europa. No falta la alusión a la "neutralidad" española, cuando la verdad es que el viaje de "no beligerancia" a "neutralidad" se había repetido en varias ocasiones: "España, país neutral bajo el gobierno del Generalísimo Franco [...], contribuye a labores humanitarias como la del canje de prisioneros" (n.° 124, mayo 1945). En el número siguiente, trágicas imágenes del campo de concentración de Buchenwald mostrando los crematorios de la muerte y los cadáveres amontonados durante la visita de una delegación aliada, más concretamente británica, al tiempo que se recalcan los aspectos más humanitarios frente a la crueldad alemana (n.° 125, mayo 1945). Y a partir de ahí el Régimen de Franco, y por supuesto NO-DO, se enfrentarán a la nueva situación que se puede plantear, afectándole naturalmente, tras la Segunda Guerra Mundial. La guerra había terminado.

6.3
Postura tras la Segunda Guerra Mundial

Hay que comenzar señalando la importancia que reviste este apartado dominado por tres hechos de densidad mayor: el aislamiento internacional de que fue objeto España al acabar la Guerra Civil, la inhibición del Gobierno de Franco para entrar de la mano de Alemania en la Segunda Guerra Mundial y los denodados esfuerzos ante Estados Unidos y ante la Iglesia Católica para lograr un puesto entre las naciones, que al final consiguió en 1953. Ello explica que hayamos resaltado entre todo el cúmulo de noticias las relacionadas con los Estados Unidos y el Vaticano. Se observará una insistencia en la presentación de cartas credenciales precisamente por esa obsesión que Franco percibía del aislamiento en que se encontraba el país.

Hay dos hechos que inclinan en 1951 a las potencias occidentales a levantar ese embargo político que pesaba sobre España desde 1946. Principalmente, ese permanente enfrentamiento del Régimen de Franco a todo lo que supusiese comunismo. Es más: el propio Régimen consideraba que su pasada dolorosa guerra no había sido otra cosa que una Cruzada contra el bolchevismo internacional que se había dado cita en España. En ese sentido la idea enlazaba con los últimos años republicanos y encontraba toda la simpatía de la Iglesia, que se había sentido peseguida. Por otra parte, pasada la obligada alianza de las potencias occidentales con la URSS para vencer al enemigo común del nazismo, había sobrevenido la etapa de "guerra fría" en la que los viejos aliados convertían sus relaciones en una tensión fría, pero tensión al cabo.

Franco, aunque había contemporizado con las potencias del Eje, jamás lo había hecho con la URSS, y eso era una garantía para los Estados Unidos. Santa Sede y Estados Unidos, por tanto, serían los avales que necesitaba España para volver a un puesto que los políticos de aquel momento se encargarían de decir que "nunca jamás deberíamos haber dejado". Estas palabras son un buen exponente de lo que entonces los medios comentaban, naturalmente de la mano de las "sugerencias oficiales". Proceden naturalmente de un predicador incondicional de Franco y su Régimen, Luis de Galinsoga:

> *"¿Qué ha pasado en España? Porque algo ha tenido que pasar, o la diplomacia internacional está loca de remate. El caso fue que, de súbito, vuelven a llenar el aire matinal madrileño las notas vibrantes de los clarines de la guardia mora mientras flotan al viento las capas policromadas de los fieles guardianes del Generalísimo que escoltan a los Embajadores cuando éstos van a presentar sus cartas credenciales ante el Caudillo Franco [...]. Pues en España no ha pasado nada. El mismo Jefe de Estado, atenido a los mismos principios del Movimiento Nacional, con el mismo Gobierno del año 1946, está en el Poder. España no ha tenido que rectificar en un ápice su limpia política interior ni exterior. Lo que ha pasado es sencillamente que así como en las jornadas inmediatas al 1 de abril de 1939 los cortejos diplomáticos acudían en pos de la razón de las armas victoriosas, ahora, en este año de 1951, primero del desagravio a España, esos cortejos acuden acaso de una manera más elegante, aunque tardía, en pos de las armas de la razón. De una razón victoriosa y de una verdad sostenida por Franco a todo evento, impávido aunque no impasible, porque el Caudillo tiene sensibilidad bastante para sentir, en lo más profundo de su entraña, la herida lancinante: la de la injusticia"* [11].

Podríamos resumir cronológicamente los pasos que llevaron a España a correr ese pasaje que va de estar absolutamente excluida del concierto de las naciones a su aceptación plena. Quinquenio de olvido total que va del año 1945 al año 1950. Pasos que van acompañados –no sin intención– de las relaciones norteamericano-españolas. Hay una serie de acontecimientos que fueron preparando ese clima favorable a la aceptación de España en la familia de las Naciones Unidas. Acontecimientos todos ellos que tienen como protagonistas a notables norteamericanos que visitan o llegan al país. A esas condiciones que hacían posible la "vuelta hacia España" se uniría el hecho de la guerra de Corea en 1950. España se convertía para Estados Unidos en un punto estratégico, y Franco se aprestó a ofrecer su apoyo en aquella nueva lucha contra el comunismo. Resumamos los pasos.

En la primera reunión de la ONU en San Francisco (26-VI-1945) se va preparando el clima de no aceptación de España en la ONU. En Postdam

(2-VIII-1945), Reino Unido, Unión Soviética y Estados Unidos niegan la aceptación de España en la ONU. Resolución definitiva que decide la no admisión (9-II-1946). Francia cierra su frontera con España (1-III-1946). Declaración conjunta de los Gobiernos aliados proponiendo una "pacífica retirada de Franco" y formación de un Gobierno interino (5-III-1946). A instancias de Polonia al Consejo de Seguridad, la Asamblea General de la ONU (diciembre 1946) recomienda ruptura de relaciones diplomáticas con España y retirada de embajadores. Manifestación franquista en la Plaza de Oriente (9-XII-1946).

La Asamblea de la ONU (17-XI-1947), al intentar ratificar la resolución de 1946, Reino Unido y Estados Unidos votan a favor de España. En plena guerra fría, el enfrentamiento soviético-americano y la clara actitud anticomunista española favorecían la simpatía americana. Llegada del embajador argentino a España (16-I-1948) y firma del primer convenio hispano-argentino (30-I-1848). Apertura de la frontera franco-española (10-II-1948). Discusión entre los meses de marzo y abril del 1948 sobre si España, que no ha recibido ayudas del Plan Marshall, pueda recibir préstamos de bancos americanos. El Protocolo Franco-Perón asegura el envío de alimentos a España desde Argentina (4-IV-1948). Se firman acuerdos comerciales con Francia y Reino Unido (mayo 1948).

Llega a Madrid el senador Gureney al frente de la primera misión militar norteamericana. El almirante Michael Connolly, comandante de la US Navy en el Mediterráneo y Atlántico Oriental (3-IX-1949), llega al Ferrol con unidades de la Flota norteamericana; visita a Franco e informa al Senado de la conveniencia de establecer bases en España. Más tarde, la visita del demócrata por Nueva York, J. J. Murphy, tendría el mismo objetivo. En 1949 también, el *Chase National Bank* concede a España un crédito de 25 millones de dólares para compra de productos americanos. Comité Político de la ONU ofrece en su Orden del Día (2 mayo 1949) una propuesta de Brasil, Colombia, Perú y Bolivia pidiendo a la Asamblea General deje en libertad a los Estados miembros para establecer relaciones con España. En las primeras fechas de 1950, el secretario de Estado norteamericano, Dean Acheson, habla de revisar la "situación anormal de España" y levantamiento del castigo que pesaba ante las Naciones

Unidas. Semanas después, el Senado norteamericano autorizaba a España para solicitar créditos del Export-Import Bank, que se concretarían en 62,5 millones de dólares.

En pleno conflicto coreano (4-XI-1950), se anula la retirada de embajadores y se permite a España el ingreso en las organizaciones especializadas en Naciones Unidas. (En 1952 España sería miembro de la Organización Mundial de la Salud (OMS), en 1953 en la UNESCO y en 1955 en la propia ONU.) El 1 de marzo de 1951 llegaba a Madrid el embajador de la Casa Blanca, Staton Griphit, y en julio el almirante Forrest P. Sherman, al mando de la VI Flota, llegaba al Ferrol y se entrevistaba con Franco en el Pazo de Meirás. Sherman murió en Italia poco después. En septiembre y octubre llegaban dos misiones norteamericanas, una militar y otra económica, al frente de las cuales estaban el general James W. Spry y Sidney C. Suffrin, y tras de ellos otros importantes personajes.

En julio de 1951 visitaba España el almirante Sherman, que acompañado del embajador Griffis se entrevista con Franco haciéndole ver la necesidad de contar con los aeropuertos y puertos occidentales, garantizando la seguridad europea. En 1952 llegaría el más importante personaje que había venido a España: el secretario asistente de Estado para Asuntos Europeos, George W. Perkins. La llegada posterior del nuevo embajador, McVeagh, desembocaría finalmente en la firma de compromisos bilaterales entre Estados Unidos y España. En enero de 1953 accedía el general Eisenhower a la presidencia de los Estados Unidos y el general Rigdway, jefe de las fuerzas en Corea, era nombrado comandante jefe de la OTAN; en España es nombrado embajador M. J. Duun, que con el jefe de Estado Mayor, general Vigón; el ministro de Comercio, Arburúa, y el general Kissner y míster Train van concretando los acuerdos con Estados Unidos, que se firman por fin el 26 de septiembre de 1953. Días antes (27-VIII-1953), España suscribía también un Concordato con la Santa Sede. La intervención de ambos Estados fue decisiva en el final retorno de España a la normalidad diplomática.

NO-DO, fiel cronista de la actualidad que más interesaba al Gobierno, iría dando puntual cuenta de todos estos acontecimientos, al tiempo que los hombres católicos del Régimen, nueva savia para tiempos nuevos, con su política exterior irían facilitando las cosas.

Truman había excluido a España del "Plan Marshall" de ayudas económicas. El pueblo estaba esperando de los americanos el remedio de sus males, como ironizaba Berlanga en la famosa película de 1952.

Bienvenido, Mr. Marshall...

La inolvidable película de Luis García Berlanga del mismo título ha testimoniado, años después de cuando acaecieron los hechos, esa especie de mesianismo con que España lo esperaba todo de los Estados Unidos de América. Toda ocasión era buena, o si no se convertía en buena en el Noticiario, para subrayar las buenas relaciones de España con otros países. Son especial y significativamente numerosas las apariciones de contingentes de la Flota norteamericana visitando los puertos españoles y de paso recorriendo la ciudad. Cuando el puerto en que recalan es el de Barcelona, la visita obligada es al Pueblo Español.

En las relaciones hispano-norteamericanas se constata un particular interés en ir preparando los ánimos o crear un clima favorable en la opinión pública, o simplemente de ir informando para un mejor conocimiento. Desde unos cuantos números anteriores se va dosificando la información sobre las relaciones hispano-americanas. Así, por ejemplo, en algo tan importante como la firma de los acuerdos estratégicos-económicos

(EE. UU. conseguía bases militares y España imprescindible ayuda económica), sobre lo que se informaba en NO-DO (n.° 561, octubre de 1953); se iba creando un estado de opinión sobre algo que suponía la confirmación de España en el concierto de las naciones, que años antes le habían impedido entrar en sus organismos internacionales. Primero se hablaba de la llegada de la VI Flota al puerto (n.° 630, enero 1955); después, la entrevista de una senadora con Franco (n.° 637, marzo de 1955); algún semanario después se habla del nuevo embajador (n.° 639, abril 1955), hasta llegar a las nuevas bases (n.° 640, abril de 1955). Cuando los Acuerdos van concretándose, el No-ticiario NO-DO hablaría eufemísticamente como de un simple "aeropuerto naval" cuando en realidad se trataba de una base militar norteamericana en toda regla en suelo español.

Pero aún habría de pasar algún tiempo hasta que España fuese reconocida en el concierto de naciones. Mientras España esperaba a ser recibida en la Organización de las Naciones Unidas, contemplaba cómo los países que habían padecido de una u otra forma los rigores de la Guerra Mundial recibían la ayuda generosa de los Estados Unidos. En el número 287 (junio de 1948) las imágenes y los comentarios, entre suplicantes y dolidas, muestran las 8.500 toneladas de trigo que, de acuerdo con el Plan Marshall, Estados Unidos envía al puerto griego de El Pireo y otras 9.000 en el puerto italiano de Génova. En ambos casos los dignatarios eclesiásticos bendicen el cargamento en presencia de los altos funcionarios. "Estas ayudas –apostilla NO-DO– se efectúan de acuerdo con el Plan Marshall para socorrer a los pueblos necesitados de Europa y salvaguardar la paz mundial amenazada por el comunismo." Evidentemente, España no figuraba entre estos países, aunque bien sabían sus dirigentes sus esfuerzos contra el mismo enemigo. Suponía otra apostilla. Estados Unidos, sin embargo, iba a resultar el mejor aval para el retorno de España a la normalidad diplomática, sobre todo tras los acuerdos a que había llegado con España. Pero a España aún no había llegado "Mr. Marshall"...

Concluida la Guerra Mundial con el triunfo aliado, la oscura, vacilante o errática postura política franquista –no sabríamos decir qué término encajaba mejor– se inclinaba hacia la denodada búsqueda de un lugar en el concierto internacional. Había que cambiar de alianzas, y NO-DO tenía que mostrar el regocijo oficial por el final definitivo de la guerra tras la capitulación de Japón. Casi el número entero de aquella semana se centraba en el hecho bajo el título "¡VICTORIA SOBRE EL JAPÓN!" (en mayúsculas en el guión original). Las imágenes resumían con eficacia el lugar que le cupo a Japón en la guerra: la conquista de Manchuria en 1918 y la escalada de dominio mundial; el ataque injustificado contra los Estados Unidos en la base de Pearl Harbour, contraataque aliado, Guadalcanal, Filipinas y por fin Iwo Jima; Okinawa con los potentes B-29; la bomba sobre Hiroshima y la rendición de Hiro Hito. Inmediatamente después, como en un segundo acto de la misma representación, el documental informativo se hace eco del júbilo en el Reino Unido y en Estados Unidos, para concluir el documental: "¡La guerra acabó!" Y la victoria aliada hace estallar el regocijo popular, que dura toda la noche. Millones de personas conmemoran el trienio de la paz: "¡Dios quiera que nunca se vuelva a poner en peligro!" (n.º 142, 24 septiembre 1945).

Pese al entusiasmo oficial del Gobierno de Franco por la victoria aliada y el fin de la guerra, todavía no quedaban demasiado lejanos los momentos en que el mismo Gobierno se alineaba con los integrantes del Eje cuando parecían repartirse Europa. Prueba evidente de todo ello era la condena que Naciones Unidas hacía del régimen español y la sugerencia de que fuesen retirados los embajadores. Es más: las tensiones entre facciones dentro del régimen en aquellos primeros años, y más concretamente entre falangistas y militares-monárquicos, posiblemente tenían su origen en la distinta actitud de unos y otros en el desarrollo de la guerra mundial. La ONU condenaba a España y el aparato oficial se apresuraba a ofrecer al mundo la imagen de un pueblo que respaldaba incondicionalmente a sus dirigentes políticos. La Plaza de Oriente se convertía en el lugar de manifestación de "adhesiones inquebrantables" y "condena de intrusismos exteriores". NO-DO dedicaba un número monográfico a destacar el mérito que le cabía a España por haber atajado la "invasión marxista" y de paso mostrar al mundo –el documental se distribuía a otros países– el respaldo incondicional que el pueblo manifestaba a Franco.

La hipótesis aliada no andaba muy lejos de la realidad que el Gobierno de Franco se empeñaba en "propagar" por todos los medios. Así como la

> *NO-DO dedicó un monográfico a destacar el mérito que le cabía a España por haber atajado la invasión marxista*

política española de alianzas y apoyos durante la guerra no fue en absoluto clara, la de hostil enfrentamiento a ese comunismo cuyas garras se adivinaban en la aún cercana Guerra Civil era clarísima. Y en ese enfrentamiento está la clave de interpretación de importantes gestos como la simpatía de Churchill al régimen de Franco en plena "guerra fría", la no atención a los republicanos en el exilio y comunistas que habrían querido la intervención aliada en España apartando a Franco, las bendiciones de la Iglesia, que firmaría un Concordato frente al anticlericalismo comunista del pasado, y al final el padrinazgo de Estados Unidos de la aceptación de España en la Asamblea de las Naciones.

Pero vayamos por partes. El sumario de aquella semana en las puertas de los cines –como siempre– anticipaba la fuerza visual de las imágenes:

"Lo que no se olvida. Las fuerzas terroristas intentan adueñarse del poder en España en 1934.–Oviedo, la ciudad mártir.–Asaltos y profanación de los templos.–1936: Se entregan las armas a las masas sin ley y sin freno.–La subversión presidida por los signos del Comunismo Internacional.–Elocuencia de unos documentos cinematográficos incontestables. –La ansiada hora de la Liberación.–Barcelona y Madrid, rescatadas por las tropas nacionales.–Concluye la etapa de terror, miseria y ruina. A los siete años de la Victoria. El Ejército desfila ante el Generalísimo en la Avenida de su nombre.–La ciudad vibra de patriótica exaltación.–Fuerzas que intervienen en la gran parada.–Espontánea manifestación popular.–La muchedumbre, en la Plaza de Oriente.–El Caudillo saluda al pueblo, que le aclama" (n.° 170, 3 abril 1946).

El 8 de febrero de 1946 la reciente organización de Naciones Unidas (ONU) manifestaba que España no podría formar parte de la misma. El día 28, Francia cerraba sus fronteras con España. Los Gobiernos francés, británico y norteamericano publicaban una nota oficial en la que señalaban que España no podría tener asociación con "las naciones que vencieron al fascismo italiano y al nazismo alemán", al tiempo que recomendaban su apoyo a un Gobierno interino que promulgue una ley de amnistía, conceda libertad de reunión y convoque elecciones libres. El 13 de diciembre la Asamblea General de la ONU acordaba retirar los embajadores de España sin ruptura de relaciones (34 votos a favor, 6 en contra y 13 abstenciones. Las votaciones en contra procedían de Argentina, Costa Rica, República Domi- nicana, Ecuador, El Salvador y Perú).

Aislamiento internacional

Antes de la condena definitiva, el Gobierno de Franco había iniciado una campaña popular de estrechamiento de filas y de adhesión inquebrantable a Franco por lo que se consideraba "una injusticia internacional" inferida a España, que había luchado abiertamente contra el comunismo, igual que ahora hacían en plena "guerra fría" los antiguos países aliados. La cita que sigue es lo suficientemente reveladora y clarificadora como para desmenuzarla en este análisis. El 8 de abril de 1946, NO-DO dedicaba monográficamente el número 170 a este empeño ideológico que comenzaba recordando los aún no lejanos tiempos de la Guerra Civil en que "las fuerzas terroristas quieren intentar adueñarse del poder en España en 1934"... "En el Ministerio de la Guerra se impuso el talento, la energía y el patriotismo de quien después había de ser el salvador de la Patria." Eran horas en que "se iniciaban ya los atentados, las tropelías y los desmanes contra los más acendrados sentimientos católicos de España".

"Las hordas profanaban los templos", y, mientras tanto, las imágenes ilustraban lo dicho con los sufrimientos de Oviedo, "la ciudad mártir". "La subversión –continuaba– se hallaba presidida por los símbolos del Comunismo Internacional. Con la exacta elocuencia de las imágenes, lo prueban estos documentos cinematográficos incontestables, que hablan por sí solos sin necesidad de agregar ningún comentario." Vieja norma del lenguaje cinematográfico que, sin embargo, no servía en esta ocasión porque la evidencia de las imágenes necesitaba una y otra vez la contundencia del comentario hablado para afirmarse. Aunque era el ayer. Hoy..., "a los siete años de la Victoria" –era la segunda parte del Noticiario–, las

La actividad de relaciones internacionales era escasa. En la foto, Franco y el jefe del Gobierno portugués, Oliveira Salazar —que visitó oficialmente España a finales de septiembre de 1950—, salen de la Catedral de Santiago en compañía de Nicolás Franco, embajador de España en Lisboa; del cardenal arzobispo (a su derecha) y del ministro de Exteriores, Fernando María Castiella (izquierda). España revisaba el tratado de amistad y no agresión hispano-portugués de 1939.

imágenes aprovechaban el Desfile de cada año para seguir en el discurso reivindicativo iniciado. Sólo algunas frases de muestra, ya que el NO-DO fue objeto de análisis en otro apartado y por otro motivo. "El pueblo madrileño, representando el sentir de España, le rinde [a Franco] su más fervoroso homenaje. Toda la ciudad vibra de patriótica exaltación. Su entusiasmo es un plebiscito de adhesión inquebrantable al Caudillo de la Cruzada frente al comunismo y al mantenedor de nuestra paz."

Postura tras la Segunda Guerra Mundial

El Ejército es objeto de los "más fervorosos vítores y los más encendidos aplausos, la Aviación muestra "su bizarría", las tropas "ratifican ante propios y extraños el alto nivel alcanzado por el Ejército español, instrumento inolvidable del triunfo en la guerra y sólida y firme garantía de nuestra paz en medio del atormentado panorama del mundo. A la esperanza de aquel abril de 1939 "responde la realidad de este otro, siete años después, en el que la verdad de la patria se abre paso dentro y fuera de nuestras fronteras". La autodefensa –como puede observarse– ante el, por principio, "enemigo exterior" es permanente. Después tocará el turno de ditirambos a la "gallardía del Regimiento de Lanceros y las del Regimiento de Santiago y Calatrava, de tan gloriosa tradición en los fastos de nuestra Historia" *(sic,* con mayúsculas, pues siempre se trata de una "historia gloriosa"). Las piezas mostradas en el desfile "acreditan y patentizan la dotación de nuestro Ejército; las poderosas máquinas de guerra, tanques ligeros y pesados en tan elevado número como excelente calidad" [...]. "La multitud acrece en la vibración de su patriótico entusiasmo."

Cuando Franco desciende de la tribuna en que ha presenciado y presidido el Desfile, la multitud "le rinde homenaje, una vibración emocionada. Flamean los blancos pañuelos, y en los balcones de los edificios de todas las calles del tránsito, adornados con colgaduras y banderas, triunfan los colores de la bandera de España". Franco recorre la avenida José Antonio (Gran Vía). "Escoltado por los gritos y vítores que repiten incesantemente su nombre" y "espontáneamente se organiza el grito de ¡Franco, sí! ¡Comunismo, no! Es la manifestación más gigantesca y pacífica que ha podido presenciar la capital de España." Este entusiasmo –en parte real y en buena medida abultado– sería el argumento que el Gobierno esgrimiría ante el exterior para hacer sentir el respaldo y adhesión con que contaba entre la ciudadanía y de paso recordar el grado de institucionalización plebiscitaria que había adquirido el Movimiento. Y para terminar, como eclosión final..., la Plaza de Oriente, una vez más centro de convocatoria y refrendo popular masivo, casi como en una liturgia sacra. El NO-DO monográfico concluye, o mejor culmina, de esta forma:

"Entonando himnos patrióticos, enarbolando improvisadas banderas y sin cesar de mover en el aire de este día de primavera, como gallardetes de fervor y de paz, los on-

Postura tras la Segunda Guerra Mundial

deantes pañuelos, jóvenes y viejos de todas las clases sociales, familias enteras, obreros y estudiantes, productores y trabajadores de la más varia condición, se congregan para saludar al Generalísimo a las puertas del Palacio Nacional. Franco responde sonriente y emocionado a este impresionante homenaje. La amplísima Plaza de Oriente resuena con clamor unánime en el delirio del entusiasmo. Hasta ocho veces tuvo que saludar el Caudillo desde el balcón de Palacio sin que la muchedumbre se cansara de reclamar su presencia. A los siete años de la Victoria, este entusiasmo y esta unidad afirman su permanencia [...]. Y el Caudillo proclama: España es una, España es grande y España es libre."

Algunos meses después, NO-DO difundía a los cuatro vientos nuevos mensajes de solidaridad con Franco: "¡Por la soberanía de España! Medio millón de personas se manifiestan en Madrid contra la injerencia extranjera y vitorean al Jefe del Estado en la Plaza de Oriente. Imponente expresión de unidad nacional" (n.° 206, diciembre de 1946). Una semana después insistía de forma monográfica: "¡España por Franco! Imponente manifestación patriótica en Palma de Mallorca, Valencia y Barcelona. La muchedumbre exterioriza su repulsa contra la intromisión extranjera y expresa su adhesión al Jefe del Estado" (n.° 207, diciembre de 1946). Poco después, el referéndum para la Ley de Sucesión es aprovechado en el mismo sentido: "La voluntad de España. La inmensa mayoría de los españoles ratifica con su voto la fe inquebrantable en el Caudillo. Un momento trascendental en la Historia y en la vida política española. La jornada electoral fue un ejemplo de entusiasmo y de moral política" (n.° 236, julio de 1947).

Aparte de la alusión directa a la reacción oficial contra el bloqueo de que era objeto España, NO-DO emprendía por esas mismas fechas una campaña de adhesión más sutil. En casi todos los números había alguna nota en la que Franco, ya de por sí muy presente en el Noticiario-Documental, aún lo está más activamente: aparece por tierras de Santander a bordo del crucero *Galicia* (n.° 190, agosto 1946); en el Consejo de Ministros en el Pazo de Meirás (n.° 192, septiembre 1944); en el funeral por el general Primo de Rivera (n.° 222, mayo 1947), o en la "Valencia que aclama a Franco en la procesión de la Virgen de los Desamparados" (n.° 228, mayo 1947); en el homenaje del profesorado de la Universidad de Valencia y de los obreros de Sagunto y Vall de Uxó (n.° 229, mayo 1947), y en el de la Universidad de Barcelona, Ayuntamiento y Diputación (n.° 231, junio 1947); en la recepción de Franco a los empresarios y productores ejemplares (n.° 238, julio 1947) y, por fin, en la aprobación de la Ley de Sucesión (n.° 239, julio 1947).

Al quedar aislada España del concierto internacional, cualquier acontecimiento que pusiese de relieve la relación de España con otras potencias adquiría un relieve muy particular. Así por ejemplo se le daba una explicable importancia al encuentro con el presidente de Portugal: "Emocionante recibimiento en Lisboa con el homenaje del pueblo portugués y un brillante desfile militar, todo ello en el marco de la fraternidad ibérica." Franco era nombrado Comandante General del Ejército portugués. Ya en los primeros números de NO-DO se destacaba la visita del ministro de Asuntos Exteriores de España, teniente general Conde Jordana, al presidente del Consejo y ministro de Asuntos Exteriores de Portugal, doctor Oliveira Salazar, y el propio presidente Carmona. "En este viaje diplomático –comentaba NO-DO (n.° 2, 11 enero 1943)– se ha puesto de manifiesto la amistad cada vez más estrecha de los dos pueblos, fundada en la común comprensión de la misión de paz que les une." Pocas fechas después informaba: "El ministro secretario del Partido, camarada José Luis Arrese, cruza la frontera franco-española de paso para Berlín", en donde se entrevistaron con autoridades del Reich (n.° 4, 20 enero 1943).

Lo importante era dejar constancia de las excelentes relaciones "con los otros", aunque fuesen los países integrantes del Eje; amistad por otro lado que tantos problemas diplomáticos acarrearía para España concluida la guerra. Bien puede ser el embajador español en Berlín –Ginés Vidal y Saura– colocando una corona en el monumento a los Caídos en la capital alemana "consagrado al recuerdo y a la memoria imperecedera de los héroes" (n.° 4, 20 enero 1943), bien celebrando los solemnes funerales del embajador italiano en Madrid, Francisco Lequio, en que "representaciones de los Fascios italianos en España asisten a estas emocionantes exequias" en la iglesia de San Francisco el Grande (n.° 5, 27 enero 1943) o la presentación de credenciales del nuevo embajador, Adolf Hans von Moltke, en el Palacio de Oriente ante Franco.

Con los países "hermanos"

Todo lo relacionado con América contaba con el favor, señalamiento y distinción del Gobierno y también, naturalmente, del Noticiario oficial. Era parte de esa trilogía fundamental en las relaciones diplomáticas de Franco: el mundo árabe comenzando por su Protectado de Marruecos, el mundo hispanoamericano y el mundo católico con el Vaticano. En los países de la América hispanoparlante, Franco sabía que podía tener –sobre todo con el apoyo de la ya incondicional Argentina– unos aliados más naturales que otros países que no olvidaban su aún reciente postura durante la Guerra Mundial. No se pasaba por alto ningún año la celebración del "Día de la Raza y la Hispanidad" –12 de octubre– para, aprovechando una presentación de credenciales, un acto cultural o una sesión académica, resaltar los "tradicionales lazos fraternales con los países hermanos".

En los primeros meses de 1943, NO-DO mostraba las imágenes de la zarpa del buque-escuela español *Juan Sebastián Elcano* rumbo a Hispanoamérica. "Desde antes de iniciarse el Glorioso Alzamiento Nacional no se hacía un viaje de tal clase a América", apostilla la noticia filmada (n.° 7, 15 febrero 1943). En otra ocasión, Franco recibe en El Pardo a los cadetes argentinos (n.° 257, noviembre 1947). Y por supuesto con la perenne vecina Portugal, con quien le unían lazos fraternos. La amistad hispano-lusa se evidencia sobre todo en el viaje y entrevista con el presidente de Portugal (n.° 357, octubre 1949). El propio aislamiento internacional de que era objeto el Gobierno de Franco obligaba al mismo a buscar por todos los medios alianzas imprescindibles. De ahí que en NO-DO –que llegó a tener una edición especial para Iberoamérica– hubiese una abundante referencia a los países hispanoamericanos, en quienes se quería encontrar el natural apoyo frente a ese otro exterior que se veía hostil.

Resulta curioso constatar cómo si en un momento concreto se ha referido el Documental a Argentina como "la Argentina", el siguiente número rectificará y dirá "República de Argentina", pese a que la denominación gustase menos por razones obvias, sobre todo en los primeros años. El aislamiento de esos años es tan importante, que resulta noticioso el que un grupo de turistas franceses visiten en Barcelona el Pueblo Español. Cualquier

Con el aislamiento, a España le quedaban pocos amigos, uno de ellos Argentina, buen proveedor de alimentos, por otra parte, en aquellos difíciles momentos. Evita Perón, la esposa del presidente argentino, era recibida en junio de 1947 en olor de multitudes. NO-DO hasta dedicó números especiales.

atisbo de presencia exterior entre nosotros era recibida oficialmente con alborozo. Así, por ejemplo, en cuanto aparecía algún contingente militar norteamericano en aguas españolas –cosa que en nuestro tiempo habría levantado airadas protestas al menos de los grupos antiyanquis– era saludado con gran alegría.

La amistad luso-española se mima en NO-DO. Cuando Franco y el presidente portugués se encuentran en España, falta tiempo para asegurar que hay una "perfecta concordia en apreciar la situación mundial", precedida, claro está, la noticia del titular "*Hermandad Hispano-Portuguesa*" (NO-DO n.° 405, octubre 1950). Se destaca con gran relieve el encuentro con el presidente de Portugal: "Emocionante recibimiento en Lisboa con el homenaje del pueblo portugués y un brillante desfile militar, todo ello en el marco de la *fraternidad ibérica.*" Franco era nombrado Comandante General del Ejército portugués. El Noticiario dedica sendos números monográficas tanto a la visita de Franco a

Portugal como la del mandatario portugués a España (n.° 542, mayo 1953).

Hay un momento en que son frecuentes las presentaciones de credenciales de nuevos embajadores que han retornado a España tras el levantamiento del aislamiento que pesaba tras la Guerra Civil. Sin embargo, en el tratamiento de la noticia hay categorías. No es lo mismo la presentación del embajador jordano, aunque el rey haya estado días antes, a la del embajador de un país teóricamente de segunda como Argen- tina, pero que no retiró su embajador durante el bloqueo y que además fue la despensa que sostuvo alimentariamente a una España con hambruna, o la del embajador inglés, que aparece como primera noticia del Noticiario y con rango de gran acto diplomático (n.° 429, marzo 1951). La fiesta diplomática por excelencia es la gran recepción que anualmente Franco ofrecía al Cuerpo Diplomático acreditado en España. El acto se hace coincidir con la que se ha establecido como Fiesta Nacional, el 18 de julio, día del Alzamiento Nacional del general Franco contra el Gobierno republicano.

Son frecuentes también las referencias al Protectorado de Marruecos, que sigue siendo formalmente "territorio nacional". Cuando el clima en las relaciones de España con Marruecos atraviesa por momentos delicados, o se exaltan las buenas relaciones del Alto Comisario del Protectorado con el Jalifa (n.° 610, septiembre 1954), o se recurre al tópico de "la belleza de las calles tetuaníes" (n.° 607, agosto 1954), o se conmemora la Pascua Grande musulmana (n.° 610, septiembre 1954). Como se observará, con escasísima diferencia de fechas se acumulan varias noticias sobre algo tan exótico para España en aquellos momentos como lo era Marruecos, pese a los intereses políticos. Ocupó también buen espacio el viaje de Franco a Ifni en que, entre otros actos, Franco "habla al pueblo indígena" (n.° 408, octubre 1950). Más adelante visitaría Ceuta y pasaría revista a las tropas con el Alto Comisario de España en Marruecos (n.° 583, marzo 1954). ¿Qué ocurre cuando las noticias "moras" se repiten? Sencillamente que hay un caldo de cultivo que va gestando el sacudimiento del "protectorado".

Otro Noticiario ofrecería la llegada del sultán de Marruecos, Sidi Mohamed Yussef, recibido por el Residente General francés antes de su marcha a París para negociar con el Gobierno de París el futuro del "pueblo marroquí, sobre cuyos destinos habrá que discutir detenidamente con los políticos franceses"; aunque a renglón seguido se señalaba que "el Gobierno español ya ha hecho oportunamente oír su voz en el sentido de que no se considerará obligado por decisiones adoptadas sin su consentimiento ni intervención" (n.° 686, 27 febrero 1956).

Hay aniversarios de obligado recuerdo, pero en los que se echa en falta el tono solemne habitual. Así, por ejemplo, en la celebración en Marruecos del XXX aniversario de la Legión bajo la presidencia del Alto Comisario, se dice escuetamente que es el recuerdo de la "creación legionaria" y con desfile "del Tercio". En ningún momento la Legión aparece en mayúsculas destacando un cuerpo hacia el que la jerarquía castrense sentía admiración, pero sin particulares simpatías (NO-DO n.° 404, septiembre 1950).

El acontecimiento Eva Perón

El capítulo de la visita oficial de la primera dama argentina, Eva Perón, a España debe entenderse también en ese ámbito de buenas relaciones con los países hermanos de la América española, aunque no solamente en él. Algunos países, como Argentina, no retiraron sus embajadores. Argentina se convirtió durante algunos años en la despensa de una España bloquedada incluso en sus provisiones alimentarias y –lo que es más importante– en un imprescindible padrino ante los países iberoamericanos. De ahí que la relación con Argentina aparezca siempre tan destacada en NO-DO. En el número 198 (21 octubre 1946), Franco aparecía recibiendo el Gran Collar de la Orden del Libertador de manos del embajador extraordinario general de División Estanislao López, que representaba al propio presidente José Domingo Perón, poniendo "de relieve los vínculos fraternos que unen a nuestra patria con la gran República del Plata". La celebración coincidiría con los actos anuales del Día de la Raza y la Hispanidad, el 12 de octubre. Una simple presentación de credenciales se convertía en nueva ocasión de manifestar la simpatía que el Gobierno español manifestaba por el "país hermano", la "nación amiga" que en la persona de su embajador recibe "a su paso por las calles del trayecto el homenaje fervoroso de las multitudes" (n.° 213, 3 marzo 1947).

Donde la urgente necesidad de mantener buena relación con Argentina destaca de forma manifiesta es con motivo de la visita oficial que realizó a España la esposa del presidente argentino, Eva Duarte de Perón. Bajo el epígrafe de "*Mensajera de la Paz*", NO-DO, que dedicaría varios números al singular viaje, comenzaba una serie de números dedicados al acontecimiento con este primero que daba cuenta de la llegada de esta "Embajadora Extraordinaria a nuestra Patria" a Villa Cisneros e Islas Canarias. "Villa Cisneros, avanzada española en tierras atlánticas, es la adelantada como escenario geográfico para un viaje que encierra el máximo interés en el fervor ilusionado de los españoles." La esposa de Perón es mostrada como "mensajera de paz y de fervoroso augurio y amiga de las causas de los pueblos que ven como el argentino en el afanoso esfuerzo de hacer el futuro más digno ennoblecido por el sacrificio del trabajo reivindicador". Aeropuerto de Gando en Las Palmas, visita a la Catedral, nuevamente Gando y llegada al aeropuerto de Barajas, en donde la esperaban el Jefe del Estado y su esposa.

En la Plaza de la Independencia esperaban las autoridades municipales y militares. "A las nueve y veinte de la noche el cortejo llega a la calle de Alcalá y la Gran Vía, engalanadas e iluminadas. El recibimiento constituyó un espectáculo inolvidable y la ratificación de la firme amistad entre Argentina y España" (n.° 232, 16 junio 1947). En el número siguiente (n.°232, 23 junio 1947), Eva Perón –María Eva Duarte de Perón diría siempre el Noticiario– aparecería visitando El Escorial "con sus piedras milenarias, que hablan de los más gloriosos siglos de historia y de tradición". También visitaría un campamento del Frente de Juventudes, a quien darían precisamente el nombre de Santa María del Buen Aire. Visita a Toledo y las gloriosas ruinas del Alcázar, donde con el teniente general Moscardó se hallan defensores de la inmortal fortaleza", y consiguiente manifestación de danzas de la Sección Femenina (n.° 233, 23 junio 1947). Al final del mismo número de NO-DO se daba cuenta de la despedida de Eva Perón de Madrid rumbo a Granada y después a otras ciudades españolas: "Una última mirada desde la ventanilla del avión: en los ojos de la embajadora asoman las lágrimas. En los oídos y en los corazones siguen resonando las palabras de la ilustre dama: "No he venido a formar ejes, sino a tender arcos iris de paz [...].

Trabajaremos por la conquista de un mundo mejor en el cual florezca la libertad y la soberanía de los pueblos." Eva Perón llega al aeródromo de Armilla en Granada (n.º 234, 3 julio 1947), Catedral, Capilla de los Reyes Católicos, Cripta, Fábrica Nacional de Explosivos... Visita a Sevilla: aeródromo de Tablada, visita a la ciudad acompañada por los ministros de Justicia y Agricultura, templo de San Gil con la Virgen de la Esperanza, en donde es nombrada Camarera Mayor de la Hermandad; encuentro en La Rinconada con los colonos de Sevilla, Granada, Extremadura, a quienes entrega por parcelas la finca "Torre Pava"; fuegos artificiales, cena y verbena flamenca en el palacio mudéjar de la Plaza de América (n.º 234, 3 julio 1947).

Zaragoza, la ciudad de los Sitios, también fue visitada por la ilustre dama. La jota ante el Pilar, entrada "bajo palio" al templo de la Virgen, subida por la escalerilla al trono de la "Patrona de la Hispanidad" y entrega de los pendientes que lleva puestos. Las banderas hispano americanas ante el camerín de la Virgen contemplan "la conmovedora grandeza del ambiente aureolado por el resplandor de la fe" (n.º 235, 8 julio 1947). En el mismo número 235, una "última hora" da cuenta de la visita de Eva Perón a la Feria Oficial e Internacional de Muestras de Barcelona, en la que, junto a las representaciones españolas, concurren las de Estados Unidos, Gran Bretaña, Suiza, Chile, Bélgica, Suecia, Holanda e Italia. En esta ocasión, acompañada de la esposa del Jefe del Estado español. Una ocasión más para dejar constancia de la proximidad a otros países.

España, indultada en la ONU

Cuando las aguas volvieran a su cauce, la ONU levantaría el castigo y España ingresaría en la misma. La idea que los gobernantes querían "propagar" era la de que volvíamos a donde siempre debimos estar y nunca tuvimos que salir. Sólo "los otros" eran los causantes del distanciamiento. El NO-DO (n.º 677, 26 diciembre 1955) dedicaba años más tarde la última de las noticias a "España en la ONU". Sobre las imágenes de pasadas manifestaciones en favor del Régimen, el comentario no podía ser más significativo:

Postura tras la Segunda Guerra Mundial

"El 9 de diciembre de 1946, el pueblo español manifestó de forma clamorosa su protesta frente a la injusticia internacional que nos quería mantener apartados del concierto de las naciones y mostró su adhesión inquebrantable a la persona del Jefe de nuestro Estado.

Al cabo de nueve años se ha reparado aquella injusticia. El tiempo nos dio la razón y la verdad se impuso contra todas las torpes campañas y deformaciones. España ingresa en la ONU y ocupa el puesto que legítimamente le corresponde por su importancia, por su historia y por su significación en Occidente."

Cambio de situación y cambio de Gobierno franquista. Unas semanas después, Franco renovaba su Gabinete y NO-DO comenzaba su semanario con esa información de forma escuetísima: "En El Pardo. Juran sus cargos los nuevos titulares de los Departamentos." Inmediatamente después, la jura de cargos ante el Generalísimo Franco de José Luis Arrese como ministro secretario general del Movimiento y Jesús Rubio García-Mina como ministro de Educación Nacional (n.° 686, 27 febrero 1956).

Hoy la mayor parte de los estudiosos de estos años coinciden en destacar cómo Franco, en difícil equilibrio entre su simpatía interesada por Alemania y su inevitable necesidad de los Aliados, utilizó el ingrediente del combate anticomunista para atraer la atención de estos últimos, sin olvidar que en un momento concreto la Unión Soviética era parte del grupo aliado. Esta ambigua postura alcanzaba a descubrirse a través de las imágenes de NO-DO. En los comienzos de 1943 aparecían en pantalla unas imágenes que mostraban a los soldados de la División Azul en el frente de Leningrado y a su nuevo jefe, el general Esteban Infantes, condecorando con la Cruz de Hierro a los héroes que desfilaban ante él "con gran bizarría y marcialidad". El comentario inmediato es más elocuente que ninguna aclaración: "Nuestra gloriosa División Azul lucha en primera línea y presta un servicio inestimable a Europa y a la civilización occidental, combatiendo al comunismo enemigo sin importarle las influencias de la temperatura ni la dureza del terreno" (n.° 7, 15 febrero 1943).

En el número 597 (junio 1954) se daba puntual y extensa cuenta de la visita del presidente dominicano, Rafael Leónidas Trujillo. Con Abdul-lah visitaba los pantanos de Entrepeñas y Buendía, en Guadalajara (n.° 489, mayo 1952). Hay ocasiones en que las muestras de hermanamiento

La ONU había vetado a España el 9 de febrero de 1946, aconsejando el 13 de diciembre el retiro de embajadores. De la mano de los Estados Unidos y la Santa Sede, España lograría ingresar en la ONU el 15 de diciembre de 1955. En la primera foto, Martín Artajo, monseñor Tardini y Castiella en la firma del Concordato entre el Gobierno español y la Santa Sede (27 agosto 1953). En la segunda foto, un mes después (26 septiembre 1953), el embajador James Clement Dunn y el ministro Arburúa en la firma de los Acuerdos de defensa mutua entre Estados Unidos y España.

internacional abundaban en la información; así en el número 537 (abril 1953) se muestra la presentación de credenciales en el Palacio de Oriente del ministro de Siria, de la entrega al Caudillo de una alta condecoración china y de la presentación del embajador estadounidense al Jefe del Estado. NO-DO, interesado en ofrecer esa cara de España desagraviada por las naciones que le habían dado la espalda, no podía pasar por alto la entrevista con la senadora norteamericana Margaret Chase Smith (n.° 634), y hasta la entrega a Franco de la histórica espada Mourad Rek.

La etapa de "guerra fría" posterior a la Guerra Mundial, ya lo hemos indicado, la vive el Gobierno de Franco con un aislamiento total de otras potencias, pero con un visceral anticomunismo arrastrado desde la Guerra Civil y que en definitiva sería el pasaporte que allanaría el camino para su retorno a la familia internacional. Estados Unidos es, junto con la Iglesia, uno de los principales padrinos para ese retorno. De ahí la atención que prestaría NO-DO a la política de ese país y que desembocará en el viaje de Eisenhower a Madrid. Las viejas glorias de la guerra son protagonistas de algunas noticias. Así, el mariscal Montgomery aparece como huésped del presidente norteamericano Truman, que, acompañado de los generales Eisenhower y Bradley, pasan revista a los cadetes de la Academia de West Point. En el número 686 de NO-DO aparece el presidente norteamericano Eisenhower ofreciendo una rueda de prensa tras su enfermedad en el pasado otoño (n.º 686, 27 febrero 1956).

La crónica de otros conflictos tras la Guerra Mundial

El tratamiento que NO-DO otorga a la información internacional concluida la Segunda Guerra Mundial (1945) es sustancialmente distinta a la que observaba en sus comienzos (1943) de tendencia más bien germanófila como pedía la situación política del momento. En 1946, Alemania e Italia apenas consiguen algún reportaje, mientras que los países democráticos occidentales van subiendo en interés, sobre todo a partir de la guerra de Corea e Indochina en 1949. La explosión alcanzaría años después, pero estamos ya en la era de la Televisión (1956), y, para el objeto de este libro, NO-DO comenzaba su largo final; por tanto, queda fuera de nuestro interés. Aunque el *leit-motiv* del anticomunismo seguiría siendo el mismo.

Concluida la Guerra Mundial hay conflictos menores, de los que NO-DO se hace eco semanalmente. En la ciudad alemana de Duisdorf, el general jefe de la Brigada de Liberación belga que luchó con las fuerzas aliadas en los combates de Normandía y Holanda recibe la espada de honor del burgomaestre Machtens (n.º 198, 21 octubre 1946). Bajo una lluvia torrencial, miles de japoneses asisten en el Palacio Imperial a la ceremonia de aprobación de la nueva Constitución. El primer ministro Yoshida y el empera-

Postura tras la Segunda Guerra Mundial

"Ellos tienen ONU, nosotros dos...", rezaban algunos carteles en las manifestaciones de la Plaza de Oriente. El Régimen lograba convertirlas en actos populares de adhesión incondicional. En la foto, la más importante de estas manifestaciones el 9 de diciembre de 1946.

Postura tras la Segunda Guerra Mundial

dor Hiro Hito presencian el estreno de la nueva Constitución, "donde se instauran los principios de la nueva democracia nipona en sustitución del régimen político que regía la nación. En el Japón imperan ya otras maneras y otras costumbres" (n.° 223, 23 junio 1947).

En el número 481 (24 abril 1952), NO-DO daba cuenta de la incorporación de la isla de Heligoland a Alemania. La isla había sido desde 1945 objetivo de las Reales Fuerzas Aéreas inglesas. El ministro presidente señalaba que la isla "volverá a ser puerto de pesca, base de estudios meteorológicos y símbolo de paz y solidaridad europea". En el n.° 677 (27 de julio de 1955) se da cuenta de los disturbios en Chipre contra la presencia inglesa, en que los estudiantes aparecen quemando el edificio de Correos de Lefcónico.

Pasados los años, llama la atención cómo aquella admiración ante el despliegue militar alemán y su potencia armamentística se tornaría pasando el tiempo en idéntica admiración hacia el potencial estadounidense. NO-DO muestra con entusiasmo la desaparición de baluartes alemanes de la pasada guerra, que unos meses antes habían merecido los elogios más entusiastas: en el número 229 (26 mayo 1947) se muestran las imágenes de la destrucción de la famosa base naval en la isla-fortaleza de Heligoland, en el mar del Norte, que protegió el acceso a Bremen y Hamburgo con sus riscos de piedra rojiza de más de 60 metros de altura. Las 3.500 toneladas de explosivos introducidos en los subterráneos aparecían volando los sistemas de defensa alemanes. Entre algunos de los ejemplos que podríamos aportar escogemos éste en que el Noticiario da cuenta de los nuevos aparatos Super Sabres o "pájaros atronadores" de las Fuerzas Aéreas norteamericanas. Aviones supersónicos que nos dejan constancia de que los "instrumentos bélicos pueden constituirse también, juntos o por separado, en un espectáculo sorprendente" (n.° 707, 23 junio 1956).

Los años avanzaban y los problemas internacionales habían cambiado de escenario. Uno de ellos Corea, en donde se desarrollaba una guerra. En el número 427 (12 marzo 1951), NO-DO informa que "continúa la lucha contra los chinos comunistas" y muestra las imágenes del río Han, "escenario de frecuentes combates y en esta ocasión atravesado por tropas del Sur en una de sus contra-ofensivas". Los aviones de aprovisionamiento llegan desde Japón lanzando en paracaídas avituallamientos y municiones necesarias. Más adelante aparecerá la 45 División norteamericana bajo las órdenes del jefe del Octavo Ejército, Maxwell Taylor, abandonando Corea, y la ocasión se presta a un comentario ya habitual: "Grupos blindados rinden en esta parada, antes del embarque para los Estados Unidos, el último homenaje a la libertad atropellada por el bolchevismo" (n.° 583, marzo 1954). Meses después se informaba cómo en Formosa surgían nuevos pueblos "construidos por los refugiados que huyen de los territorios chinos ocupados por los comunistas [...]. Como este poblado existen cuarenta más, todos ellos edificados con ayuda del Gobierno del generalísimo Chian-Kai-Shek y de los Estados Unidos" (n.° 686, 30 mayo 1955).

Ya quedan lejos aquellos años de enemistad franco-española, y aunque no es que abunden las noticias procedentes del país vecino, sin embargo las que hay lo hacen en un tono distante y desapasionado. El presidente de la República, M. Coty, aparece a mediados del año 1955 embarcando en el *Jean Bart* con destino a Dinamarca, adonde ha sido invitado por el rey Federico y la Reina Ingrid (n.° 647, 30 mayo 1955). Por otra parte, la vieja amistad con el país hermano de Argentina, que nunca abandonó su Embajada en Madrid, que alivió la hambruna de la postguerra con generosos recursos alimentarios, que acogió en Madrid en una explosión de cariño a la mejor embajadora argentina en la persona de la esposa de Perón, Eva Duarte; esa vieja amistad no pudo ocultar los vaivenes de la política en Argentina. NO-DO informaba de la crisis argentina resuelta con la dimisión del presidente Perón (n.° 664, 26 octubre 1955).

Otro país de larga vecindad y relación era Marruecos. España había abandonado Tánger, pero mantenía su Protectorado marroquí. Se vivían casi las vísperas de la independencia tanto de Francia como de España. El número 686 de NO-DO (27 febrero 1956) nos presentaba el retorno del Sultán de Marruecos recibido por el Residente General francés en Casablanca antes de partir a París, en donde mantendría conversaciones con el Gobierno de la metrópoli. El Noticiario añadía una significativa apostilla: "Pero el Gobierno español ya ha hecho oportunamente oír su voz en el sentido de que no se considerará obligado por decisiones adoptadas sin su consentimiento ni intervención."

Como consecuencia de esta misma normalización diplomática, o mejor de esta apertura imprescindible hacia los países que habían abandonado el país, España comenzaba a tender puentes morales que la guerra había destruido. Cualquier ocasión era aprovechada para dar cuenta de la nueva situación. El ministro norteamericano del Aire, Donald Quarles, aparecía "abriendo" el Noticiario en una rueda de prensa ofrecida a periodistas españoles en un hotel de Madrid, aunque comenta que del "fuego graneado de sus preguntas" tan sólo le han abordado sobre su Departamento y las impresiones de su viaje a España. Esto ocurría en el número 664 (26 octubre 1955), y en el mismo número –segunda noticia inmediatamente después de la anterior– da cuenta de la llegada a Barajas del ministro de Justicia de los Estados Unidos, Herbert Brownell, que se entrevistaría con su homólogo español, Iturmendi, el embajador de España en Washington, conde de Motrico, y del de Estados Unidos en Madrid, Mr. Lodge. Este número es toda una muestra de "apertura". La tercera noticia del mismo Noticiario daba cuenta del homenaje en Gijón al descubridor de la penicilina, doctor Alexander Fleming, que tanto alivió los males en España y que meses antes había sido recibido en olor de multitudes. Gijón le dedica ahora un monumento en presencia de su viuda, Lady Amalia Fleming, y es el objeto de esta noticia de NO-DO (n.° 664, 26 octubre 1955).

En Cuba había también cambios, y NO-DO (n.° 481, 24 marzo 1952) se refería a "acontecimientos políticos importantes con motivo del pronunciamiento del general Fulgencio Batista, que ocupa el poder con el apoyo del Ejército. Mientras el vencedor ocupa el Cuartel General de Campo Columbia, el presidente depuesto, Carlos Prío Socarrás, sale para el exilio". Y como final, un apunte muy en la línea anterior: "El nuevo Gobierno de Fulgencio Batista ha expresado su propósito de oponerse a los avances del comunismo en Cuba." Más adelante (n.° 482, 31 marzo 1952), NO-DO informa sobre el deterioro que padece la situación en Cuba tras el golpe de Batista, pero informa diciendo simplemente que la nueva situación "desde los primeros momentos se desarrolla en un ambiente de vigilancia y seguridad. Las multitudes se congregan en las inmediaciones del Palacio Presidencial mientras las fuerzas del Ejército se sitúan en los lugares estratégicos". Batista no aparece claramente como un dictador represivo, sino como jefe después del "victorioso pronunciamiento militar y secundado por las personalidades políticas que le acompañan y explica al pueblo cuáles son sus propósitos". Todo, en definitiva, queda justificado en aras de algo

Postura tras la Segunda Guerra Mundial

Las salidas de Franco al exterior eran todo un acontecimiento por su excepcionalidad. En la foto, Franco, acompañado de su esposa, en la visita realizada al Sahara, tomando el "té moruno" durante la recepción ofrecida por las autoridades locales de El Aaiún el 20 de octubre de 1950. Sidi Ifni y Villa Cisneros fueron las escalas en los días inmediatamente anterior y posterior.

tan lógico en aquellos momentos españoles como que "no ha querido que su país cayera en manos de una dictadura extremista, y en todo instante se opondrá a las injerencias del comunismo azuzado por la Unión Soviética".

Ya adentrados en la era atómica, NO-DO informaba de una explosión en los campos australianos de Woomera: "Las explosiones han sido captadas desde diversos ángulos, y todas las investigaciones realizadas se mantienen en el secreto más absoluto [...]. La energía procedente de la disgregación del átomo puede ser muy útil a la Humanidad, si no se emplea con fines destructivos [...]. Pero el uso que el mundo pueda dar a esta arma terrible es una interrogante que permanece todavía sin respuesta" (n.° 577, 25 enero 1954).

El escenario y la interpretación que hace NO-DO de los hechos ha cambiado, pero la irrenunciable belicosidad del Régimen a todo lo soviético permanece casi intacta sin apenas matizaciones, como hemos ido recogiendo al referirnos a la forma en que NO-DO iba informando de esa nueva etapa de "guerra fría". Es más: ese militante anticomunismo

Postura tras la Segunda Guerra Mundial

El Palacio de Oriente fue escenario de repetidas escenas como ésta. El día 1 de marzo de 1951 el embajador norteamericano Stanton Griffis entregaba sus cartas credenciales a Franco en presencia del ministro Martín Artajo (detrás). El historiador francés Max Gallo diría que Franco se aproximaba a su objetivo: el eje Vaticano-Madrid-Washington.

de alguna forma fue el mérito que el Régimen de Franco pudo aducir a la hora de retornar a la normalidad diplomática y conseguir la vuelta de los embajadores y su ingreso en la ONU. Esta idea obsesiva de la Unión Soviética tiene su culmen ya avanzados los años cincuenta, cuando, por ejemplo, NO-DO celebra el retorno de los españoles que habían salido a la URSS tras la Guerra Civil española:

> *"En el Crimea, un barco de seis mil toneladas botado en Alemania hace veintiocho años, regresan a la patria más de quinientos españoles, que han permanecido en Rusia durante veinte años.*
>
> *La mayoría de ellos fueron llevados a territorio soviético cuando eran niños, pero, a pesar del tiempo transcurrido, no han olvidado nuestro idioma.*
>
> *Durante las maniobras de atraque se escucharon vivas a España, a la patria en la que desde ahora van a vivir en un ambiente cristiano y entrañable, totalmente distinto de aquel otro en el que pasaron su infancia y juventud, en el crudo y largo invierno de las tierras nevadas [...].*
>
> *En total los pequeños que llegan en la expedición son 146 hijos de españoles que se han casado con compatriotas suyas o con rusas, de las cuales han llegado también 31 (n.° 718, 8 octubre 1956)".*

6.4
El Generalísimo, caudillo "Por la gracia de Dios"

En realidad, Franco era el protagonista del NO-DO, y los calificativos que destacamos como titulillo son aquellos que le dedicaba el uso oficial, la calle y naturalmente los que invariablemente el Noticiario le dedicaba. Lo de "Por la gracia de Dios" quedaba reservado para las monedas que se acuñaron por aquellos años, buscando siempre ese sentido canonizador de las actitudes, aunque las connotaciones religiosas están bien presentes en el Noticiario.

En todo caso, se pone sumo cuidado, imperceptible a simple vista, en los títulos empleados con relación al Jefe de Estado. Cuidado en el calificativo que debía usarse en cada ocasión. Se le denominaba *Jefe de Estado* o *Generalísimo* cuando la noticia daba cuenta de las relaciones con otros Estados. Era *Caudillo* cuando se le ponía en relación con sus méritos militares en una guerra que le llevó a la victoria sobre "el bolchevismo". Era *Libertador* o *Salvador* cuando se recordaban las glorias de la pasada guerra y en la conquista de ciudades en poder del "ejército rojo" (Madrid, Barcelona, Bilbao...).

De ahí precisamente que el homenaje a unos falangistas –Martín Moro Bernáldez y David Lara Martín– "asesinados por el comunismo" en un acto terrorista, homenaje presidido por el ministro secretario general del Movimiento en representación de Franco, se señalaba: "Ha constituido una impresionante manifestación de duelo y al mismo tiempo un espontáneo plebiscito para demostrar la adhesión y lealtad del país en torno a Franco y al Régimen de justicia, autoridad y libertad que representa" (n.° 115, 5 marzo 1942).

El rostro civil del Régimen

Los hechos y las noticias que los acompañaban y que tenían al "invicto Caudillo" como actor protagonista –como antes había ocurrido con la simbología–, en los primeros años omnipresente, van remitiendo a medida que avanzaban los años y el sistema se suavizaba. En cualquier caso, las noticias de NO-DO referentes a Franco o aquellas en las que él aparece ocupan un alto porcentaje total. Según datos entresacados de un folleto editado en aquellos años por el propio NO-DO como catálogo de los reportajes producidos, de las 574 noticias ofrecidas durante el año 1953, Franco aparecía 44 veces, mientras el resto de políticos extranjeros no pasaban de 29.

Entre 1943 y 1975, Franco apareció 154 veces inaugurando pantanos, viviendas oficiales, planes agrícolas o fábricas. En 375 ocasiones aparecía en visitas oficiales realizadas a diversos lugares, recepciones oficiales y entrega de condecoraciones o premios y en desfiles no militares. Las veces en que aparecía como Jefe del Gobierno o del Estado suman 215. Frente a ello, las noticias sobre catástrofes ocurridas en el extranjero eran 29, mientras que en España apenas ascendían a 3. Había también 28 noticias de aviación, 22 de reconstrucciones, 21 de fiestas o festividades, 18 de sucesos extranjeros, 5 de sucesos nacionales, 104 noticias deportivas y 18 taurinas.

Dentro de esta plantilla general hay actos en los que la presencia del Generalísimo es parte de un ritual establecido: Desfile Día de la Victoria, Funerales Reyes de España y del Fundador de la Falange, etc. También tienen algo de ritual, así sea más informalmente, la lista de inauguraciones unidas a los repetidos viajes de vacaciones a la Galicia natal y a la veraniega San Sebastián; inauguraciones que, de paso, exaltan la labor social del Régimen. Estos desplazamientos a una determinada zona son aprovechados para los encuentros de rigor con los jefes provinciales, desfiles militares, etc.

Entre las inauguraciones que junto a todo lo relacionado directamente con Franco son los dos bloques de mayor entidad en el NO-DO, llama la atención un tipo de las mismas; la de edificios religiosos, seminarios, iglesias o "entregas de la Catedral reconstruida". Llama la atención porque, aparentando no querer inmiscuirse en cometidos propios de la jerarquía eclesiástica, quedaba claro que el nuevo Régimen mostraba su respaldo a la institución en la medida en que ésta reconozca los favores recibidos con su respaldo moral; que es tanto como decir que el respaldo no era tan incondicionado como se ha querido ver en algún momento. Este aspecto contribuye a atribuir, por otro lado, al Jefe del Estado ese carácter civil que en ocasiones necesitaba, rebajando grados al aspecto castrense de uniformes, emblemas, rangos y consignas tan frecuente en la imagen pública que ofrecían.

Aspecto que se refuerza con la presencia en determinadas ocasiones de la esposa del Caudillo, Carmen Polo de Franco, acompañándole en algunas inauguraciones y actos civiles, particularmente a partir del año 1953, en que se apuntan rebrotes de apertura impuesta por las circunstancias internacionales. En otra ocasión, Carmen Polo de Franco inaugura una Exposición sobre la Navidad en la Biblioteca Nacional (n.º 322, marzo 1949). Las obras en alguna ocasión llevan incluso su nombre, como aquella en la que se informa de la inauguración de la Residencia "Carmen Polo de Franco" para huérfanos de pescadores en Galicia (n.º 612, septiembre 1954). En otra ocasión será la madrina de la entrega de una bandera a la Guardia Civil, que Franco hacía en Madrid (n.º 645, mayo 1955). Incluso su hija es protagonista de algún acto oficial. Durante el viaje de Franco al Levante español, "la señorita Carmen Franco coloca el primer remache en la quilla del buque *Cinco de Agosto*, primer transbordador que se construye en España destinado al servicio del Estado y cuyo nombre conmemora el inolvidable convoy de la Victoria..." (n.º 229, 26 mayo 1947).

Franco, acompañado de su esposa, visita las obras del Valle de los Caídos.

Al Palacio Real de Oriente se le denomina al principio Palacio Nacional. En él Franco recibe las cartas credenciales de los embajadores y las muestras de adhesión públicas cuando nos cierran las puertas de la ONU. Poco a poco el nombre de Palacio Nacional irá sustituyéndose por el auténtico de Palacio de Oriente. En ese intento de atribuir al Régimen legalidad de impregnar de carácter civil una situación en cuyos orígenes hay un levantamiento militar, es de suma importancia la "solemne apertura de las Cortes", que NO-DO recoge con especial acento y destacando el "trascendental discurso del Jefe del Estado":

> "Queremos libertad, pero con orden, y consideramos delictuoso cuanto vaya contra Dios o la moral cristiana, contra la Patria y contra lo social, ya que Dios, Patria y Justicia son los tres principios inconmovibles sobre los que se basa nuestro Movimiento.
> No necesitan llegar los Ejércitos propiamente soviéticos a las naciones para que, en una coyuntura favorable, pueda desencadenarse la revolución roja que nosotros sufrimos.
> Muchas son las sorpresas que una guerra puede presentar todavía: lo único conocido es lo que se gasta y lo que se destruye, las víctimas inocentes que se inmolan, los odios y rencores que se siembran y el final ineludible de pueblos aniquilados y de masas defraudadas ansiosas de pan y de justicia.
> Este ligero esbozo de la situación de la guerra os dará idea de las obligaciones y deberes de los españoles hacia la nación en este momento histórico, en el que España necesita de toda su autoridad y de su fortaleza para enfrentarse con todos los problemas que el futuro entraña y para llevar a Europa la serenidad de su juicio cuando llegue el momento de que la razón, imponiéndose sobre las pasiones, abra entre los contendientes un horizonte de esperanza.
> ¡Procuradores! Como confirmación de la fe en esta España que renace plena de virtudes, gritad conmigo: ¡¡ARRIBA ESPAÑA!! (sic, con dos admiraciones en el guión) (n.° 13, 29 marzo 1943)".

El interés en marcar la cara civil del sistema, y en consecuencia presentando a Franco como uno de tantos mandatarios de los países del área occidental, se lleva a cabo echando mano de pequeños detalles mínimos, como puede ser presentando a Franco en vestido civil, no de militar, como es el caso de los festejos taurinos por algún motivo especial: corrida de Beneficencia, agasajo a un ilustre visitante, etc. En uno de los primeros Noticiarios, Franco aparece recibiendo en el Palacio del Pardo la Medalla de Oro de Madrid, capital de la nación, "símbolo –dice el guión de NO-DO– de la nación misma. Cuando las tropas nacionales, bajo el mando del invicto Caudillo Franco, llegaron a las puertas de Madrid, pudieron clavar la bandera en el corazón de la capital, pero pasando por encima de sus ruinas. Por eso no se tomó Madrid: para no destrozarlo" (n.º 15, 12 abril 1943). El mismo empeño lleva a los cámaras a mostrarle recibiendo distinciones académicas honoríficas. Aprovechando su viaje a Levante, en Valencia recibe en el Palacio de Benicarló la "adhesión fervorosa del Claustro de la Universidad presidida por su Rector, doctor Rodríguez Fornos" (n.º 229, 26 mayo 1947). El propio onomástico del Jefe del Estado –4 de octubre, festividad de San Francisco de Asís– es otro motivo más de recordar la "ingente labor" del Caudillo, a la que corresponde la "inquebrantable gratitud y adhesión" popular, representada en la intimidad de la fiesta familiar y la asistencia del Gobierno, que acude al Palacio del Pardo para cumplimentarle".

En su visita a Portugal, Franco, aparte de Comandante General del Ejército portugués, sería nombrado también doctor "honoris causa" de la Universidad de Coimbra (n.º 356, octubre 1949). Con idéntica distinción sería investido por la Universidad de Sala- manca en el viaje a aquella ciudad (n.º 590, abril 1954). En el Palacio de Exposiciones del Retiro de Madrid, Franco y su esposa aparecen en las imágenes de NO-DO inaugurando la Exposición Nacional de Artes Decorativas, acto al que asisten los ministros de Educación, Justicia e Industria, el obispo de Madrid-Alcalá y el director general de Bellas Artes, marqués de Lozoya. Entre las piezas se exhibe el popularísimo paso de la Virgen Macarena de Sevilla. La última de las noticias del NO-DO (n.º 427, 22 marzo 1951) informa sobre el bautizo de la primera nieta de Franco, hija de los marqueses de Villaverde, que le administró el patriarca de las Indias Occidentales y obispo de Madrid-Alcalá, doctor don Leopoldo Eijo y Garay, siendo padrino el propio Jefe del Estado.

Respeto a la institución monárquica

Aquella visión de España como "unidad de destino en lo universal", de frecuentes recuerdos, la España de pasados imperiales a la que nos vamos a referir enseguida y su correspondiente y disimulada admiración por la institución monárquica, le llevaba al Jefe del Estado a estar presente en

El Generalísimo, caudillo "Por la gracia de Dios"

Don Juan de Borbón y Franco conversan, el 25 de agosto de 1948, a bordo del yate "Azor", fondeado en San Sebastián.

los acontecimientos que enlazaban la actualidad con el pasado histórico más solemne. Su presencia es obligada cada año, por ejemplo, en los funerales que su propio Gobierno decretó se celebrasen por el eterno descanso de los reyes de España en el Monasterio de El Escorial, ese panteón real que el Régimen usaría después repetidas veces para su ritual castrense. Así, por destacar un caso, nos fijamos en una ocasión en que NO-DO rueda y muestra los funerales "por el alma de don Alfonso XIII y restantes monarcas de las dinastías españolas. Asisten a estos funerales, con el Gobierno en pleno, el infante don Luis Alfonso de Baviera, la Diputación de la Grandeza, el Consejo del Reino y el Cuerpo Diplomático, así como otras muchas autoridades militares, civiles y eclesiásticas" (n.º 322, 3 marzo 1949). La noticia volvía a repetirse un año más "abriendo" el NO-DO (n.º 427, 12 marzo 1951) con motivo del X aniversario del fallecimiento del monarca Alfonso XIII.

En una ocasión, y sin la presencia del Jefe del Estado (n.º 577, 25 enero 1954), se ofrecen los solemnes funerales por el alma de don Carlos de

Habsburgo y de Borbón, duque de Madrid y archiduque de Austria, en el templo de San Jerónimo el Real. Ausencia significativa en quien cuidaba la simbología monárquica. En otra ocasión, y en el Palacio del Pardo, el "jefe del Gobierno de Thailandia, mariscal Pibulsonggram, impone a Franco el Gran Cordón de la Más Excelsa Orden del Elefante Blanco, que concedió al Generalísimo S. M. el Rey de Thailandia" (n.° 647, 30 mayo 1955). La misma presencia en actos como el del IV Centenario de Cervantes en Alcalá de Henares evidencia esa misma intención (n.° 249, octubre 1947).

Los gestos hacia el "Movimiento"

No puede olvidarse la condición de Franco de *Jefe Nacional del Movimiento*, es decir, de la Falange o del Partido, como se decía en algunas ocasiones, pese a las tensiones que desde los comienzos, y más acusadas a medida que avanzaban los años, se producían entre las "familias del Régimen". Con relativa frecuencia, Franco presidía actos de carácter falangista o aprovechaba la ocasión del Consejo Nacional de FET y de las JONS para pronunciar un "trascendental discurso" (n.° 41, octubre 1943). Demostración del Frente de Juventudes ante Franco en San Sebastián (n.° 240, agosto 1947). Clausura de los IV Juegos Nacionales del Frente de Juventudes (n.° 295, agosto 1948) o con las Hermandades Laborales y Ganaderas de Guipúzcoa (n.° 296, agosto 1948).

Sobre todo en ocasiones señaladas en que el Consejo Nacional de la FET y de las JONS celebraba algún acto bajo el signo de la institucionalidad que había marcado el nuevo Régimen. Así, por ejemplo, la noticia que abre el número 707 de NO-DO (23 julio 1956) es la solemne reunión en el Palacio del Senado para tomar juramento a los 144 nuevos Consejeros. En ocasiones tan solemnes se unen todos los símbolos con que el Régimen significa su ideario, que acabaría denominando tan singularmente como "democracia orgánica". Las imágenes muestran la solemnidad del acto, mientras los comentarios dicen:

"Ante el Evangelio y el Crucifijo, rodilla en tierra, pronuncian sus palabras, a las que contesta el Generalísimo con la frase: 'Si así lo hacéis, que Dios os lo premie, y si no, que os lo demande'.

Franco lee a continuación el discurso, en el que hace un resumen de las circunstancias que concurrieron en el 18 de julio de 1936 y de la labor realizada en los últimos veinte años.
'Todas las fuerzas políticas de la nación –dice el Generalísimo– dieron a la Cruzada sus mejores hombres'."

Anuncia que el Consejo Nacional intervendrá en la redacción de las Leyes Fundamentales, a las que deberán someterse todos: el Jefe del Estado, ministros, Gobierno y Corte. Al terminar el discurso de Franco, los Consejeros entonan el *Cara al Sol*, y el Generalísimo da los gritos de rigor, que son contestados con entusiasmo.

Las palabras de Franco sometiendo al imperio de la nueva Ley a todos, comenzando por él, no pueden ocultar el deseo de institucionalizar en lo posible la artificial situación política del Nuevo Régimen. El acto quería recordar aquellos otros –muchos años atrás– en que rey, diputados y representantes de las Cortes juraban acatamiento a la Constitución. Claro que en esta ocasión la soberanía no residía en el pueblo representado en la Cámara, sino en quien pedía a la Cámara la adhesión sin mácula a los planteamientos sólo conocidos por un discurso anterior y previo, y el plebiscito se limitaba a un ordenado y ritual "caluroso y unánime aplauso" con los "gritos de rigor".

En otra ocasión, Ejército y Falange rendían homenaje al Caudillo desfilando ante él, que volvía a pronunciar un importante discurso en la Plaza Mayor de Valladolid (n.º 126, mayo 1945). Y en otra, era el homenaje de Hermandades Laborales y Ganaderas en su visita a Guipúzcoa. NO-DO decía: "Tolosa rinde homenaje a Franco", en deliberado intento de destacar, así fuese forzadamente, el cariño de las gentes en lo que es el corazón del País Vasco (n.º 296, agosto 1948).

Pese a todo lo anterior, debemos decir que hay referencias y noticias en torno a la Falange, pero casi siempre por obligada necesidad, supuesta la presencia de Franco en determinados actos falangistas. Porque en sí, como acto específico, son escasas las ocasiones en que Falange acapara la atención. Según Elwood, esta ausencia obedece a tres razones: la primera, que falangistas, corporativistas de la CEDA y monárquicos liberales alfonsinos o monárquicos absolutistas tradicionalistas estaban amalgamados en torno a Franco, pero él era militar ante todo, utilizándonos como batallón mixto, pero no unido, en una política de "divide y vencerás". Al ser responsables los falangistas, a través de la Vicesecretaría de Educación Popular, de la difusión del Régimen, rara vez eran protagonistas de un reportaje. En segundo lugar, porque al coincidir la aparición de NO-DO con un cambio de suerte a peor del eje Roma-Berlín, había que aparentar olvido de viejas alianzas con ellos, que habían sido orquestadas por Falange. Y en tercer lugar, por ese carácter híbrido del Régimen, al que ya nos referimos, y que difícilmente justificaba inclinarse por uno de sus componentes, aunque fuese importante, como lo era la Falange. La falta de unanimidad entre los integrantes del Régimen llevaba aparejado no privilegiar a ninguno de ellos.

Sobre todo, inauguraciones

El lector se preguntará por qué el apartado de inauguraciones no queda desglosado como otra de esas "constantes" que nuestro análisis detecta como claves en el quehacer educativo popular del Noticiario NO-DO. Digamos que entre Franco como "constante" y las inauguraciones hay una especie de simbiosis indivisible. Tanto, que si al apartado de Franco le restamos las inauguraciones, el apartado casi quedaría vacío de contenido. Y uno de los marcos temporales de esas inauguraciones son las habituales vacaciones de Franco en el gallego Pazo de Meirás y en el guipuzcoano Palacio de Ayete. Vacaciones que eran aprovechadas por Franco para entrevistarse con las autoridades locales y realizar algunas inauguraciones, al tiempo que NO-DO destacaba la "adhesión, gratitud y entusiasmo populares", "la ingente labor social del Régimen", "la vigencia de las instituciones" y "la riqueza folclórica de las gentes y las regiones de España".

El hecho en sí, la propia noticiosidad de la inauguración, pasa a segundo plano ante el panegírico: "S. E. el Jefe del Estado –muestra en imágenes y comenta NO-DO –durante su reciente viaje a Galicia, donde, como en todos los lugares de la Patria, se ha puesto de manifiesto una vez más la adhesión inquebrantable de la nación a su salvador y Caudillo,

Chistes y chascarrillos de la época ironizaban con los embalses y presas que con frecuencia inauguraba Franco. En la foto, acompañado del ministro de Obras Públicas y los generales Moscardó y Saliquet, escucha las explicaciones de los técnicos, sobre el terreno en que se construiría la presa del embalse de Rosarito, en Oropesa.

inaugura una gran mejora regional: el Puente del Pedrido. Es una obra decisiva para las comunicaciones regionales" (n.° 18, 3 mayo 1943). En la visita a Málaga y Almería se pone de relieve "el impresionante homenaje de adhesión, entusiasmo y gratitud" (n.° 21, mayo 1943).

Las repetidas inauguraciones son otras tantas ocasiones para destacar "la labor social del Régimen": bendición y entrega de dos de las cuarenta locomotoras construidas para RENFE y electrificación de las líneas Madrid a Ávila y Segovia (n.° 12, 22 marzo 1943). Inauguración del ferrocarril Santiago-La Coruña (n.° 17, 26 abril 1943), "vítores y aplausos encendidos de justo homenaje al invicto Salvador de España escoltan y jalonan el paso de Franco". Línea electrificada Madrid-El Escorial (n.° 71, mayo 1944). Línea Cuenca-Utiel (n.° 257, noviembre 1947). Viaducto sobre el Esla (n.° 19, mayo 1943). Escuela Naval de Marín (n.° 35, agosto 1943). Cruz de los Caídos en Guipúzcoa (n.° 37, noviembre 1943). Ciudad Universitaria (n.° 42, octubre 1943). Dos albergues infantiles en el aniversario del Auxilio Social (n.° 46, noviembre 1943). Un albergue de la Sección Femenina en Zarauz (n.° 296, agosto 1948). Una nueva emisora de Radio Nacional en Arganda del Rey (n.° 82, julio 1944). Nuevo edificio del Consejo de Estado (n.° 132, julio 1945). Escuela Mayor de la Sección Femenina en Aranjuez (n.° 438, mayo 1951). Colegio Mayor "Luis Vives" de Valencia (n.° 615, octubre 1954).

Los viajes de Franco a distintas regiones son la ocasión para que el Noticiario dé constancia de la "inquebrantable adhesión popular a su Caudillo". En la gira por Levante, Franco –a quien acompaña su esposa e hija– recibe la "adhesión fervorosa del Claustro de la Universidad" en Valencia; el "entusiasta recibimiento" de los obreros de los Astilleros de la Unión Naval, de los Altos Hornos de Sagunto y de la fabricación de calzado en Segarra de Vall de Uxó; las aclamaciones y vítores de pescadores y campesinos de la Montañeta dels Sants; las ofrendas de los arroceros; la acogida que dispensa "el alma sencilla, popular y fervorosa de Valencia" en la localidad de Alcira; la ofrenda floral y frutícola de Algemesí... Todo es parte de esa "encendida expresión de gratitud de todas las clases sociales de nuestra Patria" (n.º 229, 26 mayo 1947).

Son frecuentes las noticias relacionadas con la inauguración de Viviendas Protegidas, muestra del carácter paternal y benéfico que anima al Régimen. Por ejemplo, en Eibar (n.º 346, agosto 1949). Estas ocasiones son aprovechadas para recordar e instruir a la población sobre las intenciones que inspiraron la pasada contienda, el papel liberador del Caudillo, su eficacia legislativa, la recompensa a la población por los pasados sacrificios e incluso el mérito de estos actos oficiales frente al acoso mundial de que es objeto el nuevo Estado. Esta pieza informativa es sintomática como pocas:

"Cumpliendo la consigna del Jefe del Estado español, Generalísimo Franco, y las normas de su ley creadora del Instituto de la Vivienda para dotar de albergue sano y limpio a todos los españoles, se ha inaugurado en el Barrio de Usera, de Madrid, la Colonia de Casas Baratas que lleva el nombre del glorioso general Moscardó... El Caudillo de España, que en las horas de la guerra supo llevar nuestras tropas a la victoria, es también el alma de esta labor reconstructora, con la que España cicatriza sus heridas, salvando todas las dificultades que oponen las actuales circunstancias del mundo (n.º 10, 8 marzo 1943)".

Inauguración de obras, despliegue del aparato del Régimen y manifestaciones de adhesión del pueblo se unen en muchas ocasiones como único argumento, convirtiendo NO-DO en un reportaje casi monográfico, un festival de imágenes y comentarios laudatorios. Así, en el número 416, y bajo el título *"Franco y la Industria"*, se da cuenta de diversas visitas e inauguraciones de instalaciones fabriles en Madrid tales como la Empresa

Nacional de Rodamientos, la Fábrica Nacional de Autocamiones y el Centro de Investigaciones de la Empresa Nacional "Calvo Sotelo" (n.° 416, diciembre 1959). Especial relieve tendría la inauguración de la Factoría SEAT, el primer intento automotriz español tras la Guerra Civil (n.° 667, octubre 1955). Inauguración del nuevo Gobierno Civil de Lérida (n.° 66, octubre 1955) y también de San Sebastián (n.° 7143, septiembre 1956). Inauguración de dos centros pedagógicos en La Coruña (n.° 663, septiembre 1955) y de una Ciudad Escolar en San Sebastián (n.° 713, septiembre de 1956).

La España de la postguerra necesitaba energía para mover su producción incipiente, y las obras hidráulicas y los saltos de agua ocuparían un buen espacio en las inquietudes del Régimen. Posiblemente la imagen de los pantanos inaugurados sea la que más ha perpetuado ese carácter "constructivo" del Régimen, independientemente de la conveniencia de los mismos. En un sonado viaje al Levante español, Franco inaugura el embalse provisional del Pantano del Generalísimo, que, como él mismo diría, "pronto se convertirá en oro y asegurará el estiaje de las tierras levantinas impidiendo que puedan perderse las cosechas" (n.° 229, 26 mayo 1947). En el número 352 (septiembre 1949), ampliamente de-dicado a uno de los viajes de Franco a Galicia, al tiempo que se informaba sobre la inauguración de un sanatorio antituberculoso en Orense y un ambulatorio en El Ferrol, se hablaba de un nueva central termoeléctrica en Puentes de García Rodríguez y dos saltos de agua en Peares y Las Conchas. En otra ocasión, Franco viaja por tierras de Almonte y Bañares, en donde el Patrimonio Forestal ha llevado a cabo importantes obras de repoblación, y la visita a una fábrica de cemento de la Confederación Hidrográfica del Guadalquivir (n.° 538, abril 1953).

En los Pirineos, Franco inaugura las centrales de Espot y Artiés y el salto de San Mauricio (n.° 665, octubre 1955). En la cuenca del Sil, Franco inaugura el salto hidroeléctrico de San Esteban y visita los embalses (n.° 717, 2 octubre 1956). Una semana más tarde, NO-DO arrancaba el Noticiario informando con Franco inaugurando el salto de Saucelle en la frontera con Portugal, con "83 metros... Tiene una altura útil de 62 y constituye una de las obras hidráulicas más importantes de España" (n.° 718, 8 octubre 1956). Tras esta inauguración, Franco inauguraría también el Palacio de Justicia de Salamanca, la Casa de la Falange en la Plaza del Caudillo. Al final –como tantas otras veces–, "el Generalísimo sale al balcón principal para recibir nuevas muestras de afecto de la muchedumbre congregada en aquel lugar".

En otra ocasión, y nuevamente de forma monográfica, NO-DO insiste en la encomiable labor del Régimen: "La obra de Franco. S. E. el Jefe del Estado, en Andújar. Creación de los huertos familiares. En el Silo de Córdoba. Una instalación ejemplar. El pantano del Pintado y la central eléctrica. La zona regable de Montijo. El canal de Lobón y los riegos del Guadiana" (n.° 441, junio 1951). Algunas de las visitas de Franco a su Galicia natal son aprovechadas por el Noticiario para dedicarlo casi íntegramente a la misma y las inauguraciones que la acompañaban. En torno al cumpleaños de Franco, un número, casi monográfico, vuelve a recoger la visita a la Residencia Sanitaria de La Coruña (n.° 403, octubre 1950). Otro importante viaje con amplia cobertura informativa y variado programa de actividades es el realizado a Canarias, en donde el Generalísimo alumbró años antes el Alzamiento Nacional (n.° 409, octubre 1950).

Más obras y más inauguraciones: desde la solemne restauración del antiguo palacio Carlos V en Granada (n.° 4, enero de 1943) hasta la más prosaica estación depuradora en Alcalá de Henares (n.° 600, julio 1954). "Obras del Régimen" en Pasajes de San Pedro (así las denomina expresamente el número 503, de agosto del 1952). "S. E. el Jefe del Estado inaugura un poblado de 212 viviendas de pescadores." Y en el número siguiente dirá: "Labor sanitaria. S. E. el Jefe del Estado inaugura un centro sanitario en Tolosa (n.° 504, agosto 1952). Una gran obra del Régimen." En viaje a Santander, Franco inaugura el poblado de Pedro Velarde (n.° 556, agosto 1953). Meses después inauguraría los edificios de la Junta de Obras del Puerto de La Coruña (n.° 661, septiembre 1954). Bajo el epígrafe "El Generalísimo en Vigo", el NO-DO ofrecía las imágenes de Franco, acompañado de su esposa, recorriendo la factoría de Industrias y Subproductos de la Pesca en Vigo, "considerada como la más moderna de España" (n.° 664, 26 octubre 1955). Horas después visitarían la Residencia Sanitaria del Almirante Vierna. Hay inauguraciones de todo tipo, como la del Gran Matadero Industrial de Galicia, en Lugo (n.° 716, septiembre 1956), y la botadura de la fragata *Oquendo,* aprovechando una de las estancias de Franco en su pueblo natal de El Ferrol, al que se le pospuso el nombre "del Caudillo" (n.° 715, septiembre 1956). Otra botadura: la del petrolero *Puentes de García-Rodríguez,* también en El Ferrol (n.° 694, abril 1956).

Otra de las preocupaciones del Régimen se centraba en el campo. En ese sentido, el llamado *Plan Badajoz* ocupaba una atención especial. NO-DO dedicaba atención especial al tema en esta ocasión: "Visita del Generalísimo. En Alberche del Caudillo. El Generalísimo visita el pantano de Valuengo y las zonas bajas de Jerez de los Caballeros. Otra gran obra hidráulica: el pantano de Piedra Aguda. El nuevo pueblo de Oli- venza. Por las vegas del Alto Guadiana. Franco, en el aeropuerto de Talavera la Real. Exhibiciones de aviación. Homenaje de la población de Badajoz a S. E. el Jefe del Estado" (n.° 719, octubre 1956). En visita a Andalucía, Franco aparecía inspeccionando los riegos del bajo Guadalquivir (n.° 695, abril 1956) y en gira por la olvidada Almería visitaba los pueblos de Dalias, Níjar y Rodalquivir (n.° 697, mayo 1956).

Casi queriendo ser exhaustivos y resumiendo este apartado del protagonista Franco una y otra vez presente en las imágenes de NO-DO, terminaríamos dando cuenta –así sea anecdóticamente– de las comparecencias más variadas: la presidencia de una prueba hípica (n.° 47, noviembre 1943), de unas regatas en San Sebastián (n.° 142, septiembre 1945) o de balandros y traineras en La Coruña (n.° 294, agosto 1948). Sus habilidades cinegéticas suelen aparecer en el NO-DO, como en la ocasión en que Franco aparece cazando perdices en tierras de Albacete (n.° 518, diciembre 1952). Franco también preside alguna de las innumerables corridas de toros de las que NO-DO da buena cuenta. Así, por ejemplo, con motivo de un viaje a Sevilla, presencia la corrida en La Maestranza que lidian los diestros Joselito Huerta, Rafael Ortega y Antonio Ordóñez (n.° 695, abril 1956). El famoso yate *Azor,* que vivió tantos actos oficiales, algunos tan importantes como el encuentro de Franco con don Juan de Borbón, aparece en esta ocasión (n.° 713, septiembre 1956) con motivo de las vacaciones del Jefe de Estado en San Sebastián. Visita a la III Bienal Hispanoamericana (n.° 667, octubre 1955). Presidencia del Día de la Hispanidad (n.° 668, octubre 1955) en el Palacio de Ciento de Barcelona. Y hasta una función benéfica en el Teatro de la

Guardia, en el propio Palacio de El Pardo (n.° 667, diciembre 1955). Era en plena Navidad y se recalcaba de paso ese carácter cristiano-benéfico propio de las fechas.

Entre las obras del Régimen hay una especial atención, aunque no sea muy frecuente, a las obras que han tenido que ver con la Iglesia. La Dirección de Regiones Devastadas, finalizada la guerra, arrostró el cometido de reconstrucción de lugares que habían sufrido durante la contienda, entre ellos numerosos templos. En otras ocasiones eran inaugurados seminarios, parroquias o residencias. En 1943, por ejemplo, se inauguraban las tareas de reconstrucción y ampliación del palacio de Javier:

Franco, acompañado por Barroso (a su derecha) y otras personalidades, inaugura una central térmica en el complejo zamorano de los altos del Esla, en el verano de 1950. La producción de energía eléctrica fue el motor principal de la industrialización que iba a comenzar en la España de postguerra.

"El lugar donde nació San Francisco Javier —enseñaba NO-DO— será el centro vivo del espíritu misionero de Navarra. Se han iniciado las obras de total reforma de este poblado, en el que una gran plaza podrá acoger concentraciones de doce mil peregrinos y donde, entre otras construcciones, se levantará un gran edificio misional. En él se exhibirán los trabajos de los religiosos españoles, que laboran en misiones de infieles (n.° 13, 29 marzo 1943)".

Hablando de esta particular forma de compensar a la Iglesia por el reconocimiento que la misma hacía de su labor, cuenta un historiador extranjero que el yerno de Mussolini, conde Ciano, ministro de Asuntos Exteriores italiano, había dicho: "Se afanan más en reconstruir los santuarios que en reparar los ferrocarriles"[12]. Y de la mano de este apéndice

El Generalísimo, caudillo "Por la gracia de Dios"

La vida social del Noticiario era con frecuencia la vida social de Franco. En la foto, ejercitando su deporte favorito de la pesca en el yate "Azor". Ocasión de reflexión para un cambio de Gobierno que realizaría días después, a finales de julio de 1951.

sobre obras e inauguraciones referido a la Iglesia pasamos a otro apartado que toca directamente al Jefe del Estado, que en todo momento se mostraba como...

"Hijo fiel de la Iglesia"

Revisten una importancia especial las noticias del Jefe del Estado relacionadas con la Iglesia en NO-DO, y la razón venía desde los mismos comienzos del Régimen. El propio carácter que tuvo desde el comienzo la contienda civil hizo que Franco no sólo contase con la Iglesia entre sus planes, sino que se considerase hijo fiel de la misma. Tanto, que los historiadores coinciden en señalar el profundo disgusto que el general sintió al final de sus días cuando laIglesia postconciliar adoptaba una postura de ruptura del viejo matrimonio Iglesia-Estado que había durado tantos años. Había durado desde aquel comienzo en que la propia guerra comenzó por ser considerada por la jerarquía eclesiástica de "Cruzada", como ya señalamos en su momento. Pero no sólo fue la Iglesia, sino el propio Franco quien reclamó para "su guerra" el calificativo de Cruzada.

El componente católico casaba a la perfección con la orientación que Franco quería para la nueva España salida de la Guerra Civil. Por otro lado, sabía muy bien que como institución la Iglesia podía abrirle las puertas, entonces cerradas, de la diplomacia internacional. De ahí que no pudiesen pasarse por alto acontecimientos tan destacados como la imposición en el Palacio de Oriente al Jefe del Estado del Gran Collar de la Orden Suprema de Cristo otorgada por el Papa Pío XII. "El Jefe del Estado renueva su solemne profesión de fe católica ante el cardenal arzobispo de Toledo y primado de las Españas. El cardenal Pla y Deniel realiza después la investidura de la altísima distinción. La Orden de Cristo fue instituida en 1319 "con un carácter restrictivo que ha conservado hasta nuestros días. Y Pío X, en el Breve que dictó acerca de ella, dispuso que ninguna otra fuese superior a su dignidad". En este acto, concluía el comentario, al tiempo que las imágenes mostraban la capilla del Palacio, "se ha hecho patente la especial demostración de afecto del Pontífice hacia Franco y España" (n.º 583, 7 marzo 1954).

Con motivo del VII Centenario de la Universidad de Salamanca, Franco es nombrado doctor "honoris causa" el 10 de mayo de 1954. Con toga y birrete, Franco camina acompañado del ministro de Educación, Ruiz Giménez, y el rector, Antonio Tovar. Detrás, el general Franco Salgado (izquierda) y el marqués de Fuertes de Villavicencio.

En una ocasión, Franco aparece visitando las obras de la nueva catedral de Vitoria (n.º 554, agosto 1953); en otra, entregando la catedral reconstruida de Santander (n.º 553, agosto 1953). Meses después, Franco inauguraría el Seminario de San Sebastián (n.º 608, agosto 1954). Son sólo algunas muestras. Sin inauguraciones programadas, cuando las circunstancias lo hacen posible, Franco profesa abiertamente su simpatía y profesión de fe católica. En su viaje y entrevista con el presidente portugués, Franco aparecerá "adorando a la Virgen de Fátima en Cova de Iría" (n.º 356, octubre 1953). De la mano de este recuerdo no podemos olvidar el periplo que la venerada y pequeña imagen hizo por toda España, como recogemos en el apartado religioso. La "portuguesa" Virgen de Fátima llegó y recorrió España de punta a cabo, cuando aún no había comenzado a llegar ningún ilustre visitante.

Franco visita Aragón, y naturalmente la Basílica de quien es "patrona de la Hispanidad", postrándose ante la "Pilarica", como recoge fielmente NO-DO (n.º 548, julio 1963). Significativa visita al templo bombardeado por parte de "aviones rojos" en plena guerra y en el que aún hoy se conservan las bombas colgadas en la pared y los agujeros que provocaron en el techo, aunque "milagrosamente no estallaron". Hoy resulta todo un símbolo la vieja y repetida imagen del Caudillo entrando en el templo bajo el "palio" que tradicionalmente se empleaba para cobijar al "Santísimo Sacramento" o a los prelados, y una de cuyas ocasiones podemos ver en el NO-DO número 635 (7 marzo 1955).

6.5
"¡España, una, grande, libre!"... y católica

La unidad era posiblemente una de las consignas más insistentemente repetidas por los forjadores del Nuevo Régimen, el mensaje propagandístico más reiterado y la lección que el militar que sobre todo era Franco había sacado de una guerra fratricida. Unidad que naturalmente eliminaba el disentimiento de lo que los hombres del Nuevo Estado pensaban de forma paternal y ofrecían como lo mejor. España, en el grito oficial de actos públicos ("¡Una, Grande y Libre. Viva Franco. Arriba España!"), era Grande como referencia a pasados tiempos gloriosos a los que se volvía repetidas veces en los textos escolares, en la literatura de los discursos políticos y, naturalmente, en NO-DO. Se anhelaban los viejos tiempos en que España fue Grande, extensa en sus dominios, y las ilusiones expansionistas tampoco estuvieron ausentes de las negociaciones fallidas de Franco con Hitler.

"Por rutas imperiales"

Aquel himno en que el muchacho del Frente de Juventudes cantaba "voy por rutas imperiales, Caminando hacia Dios" en las frecuentes "marchas", iba introyectando en el ánimo de los chicos la romántica añoranza que los hombres del nuevo Régimen tenían por la España del pasado más glorioso. La celebración de estos recuerdos no pasa inadvertida para la oficialidad ni para el Noticiario que la filma. Así, por ejemplo, la celebración del 450 aniversario de la Reconquista de Granada por los Reyes Católicos: "El estandarte real tremola simbólicamente en el aire de Granada cargado con los ecos de gloriosos triunfos históricos" (n.° 2, 11 enero 1943). Pese al carácter militar del Régimen, Franco recuerda con frecuencia su original condición de Jefe de un Estado que se quería monárquico, y de ahí las celebraciones de este tipo, como el aniversario de los reyes de España celebrado anualmente, y por Decreto, en el

"¡España, una, grande, libre!"... y católica

El XXXV Congreso Eucarístico Internacional de Barcelona, celebrado los últimos días del mes de mayo de 1952, trajo a España a más de 300 obispos de todo el mundo. El país había permanecido aislado durante el "quinquenio de la torpe conjura internacional contra nuestra patria", como diría Franco. Tímidamente se iniciaban medidas liberalizadoras. En la foto, Franco renueva ante el cardenal Tedeschini, enviado del Papa, la condición católica del país.

Monasterio de El Escorial, como ya hemos señalado en otro lugar y recordamos ahora nuevamente (n.° 11, 15 marzo 1943).

La fiesta de la "Hispanidad y de la Raza" como memoria anual de las glorias de España en tierras americanas también tiene su recuerdo anual, sobre todo el año en que en cifras redondas se conmemora el 450 aniversario del Descubrimiento de América. La celebración tiene lugar en Argentina, país que en momentos difíciles no retirará su legación diplomática de Madrid, pese a las sugerencias de Naciones Unidas. Los argentinos –dice la noticia– afirman "el reconocimiento a la nación que nos legó las virtudes de la raza" (n.º 11, 5 marzo 1943). Representantes del Gobierno y de las naciones hispanoamericanas presiden en Barcelona los actos del noveno cincuentenario de la llegada de Colón a Barcelona. "Son estos actos –dice NO-DO– de tradición viva de la Hispanidad y evolución de nuestro Imperio en el sentido espiritual que nos liga a las naciones hermanas nuestras por la raza, la religión y el idioma" (n.º 17, abril 1943).

En ese contexto se entienden las pretensiones anexionistas de España cuando negociaba con Hitler su entrada en la Guerra Mundial y de la que formaba parte el Marruecos francés. Sobre el Marruecos español se procuraba crear ese mismo clima de grandeza o amplitud de miras y tierras. Son frecuentes las referencias al Protectorado, y mucho más cuando se trata de Ceuta y Melilla. En el número 583, el alto comisario de España en Marruecos, teniente general García Valiño, hace su entrada en Ceuta, acogido "con entusiasmo por la población, que le rinde cariñoso homenaje". "El trabajo de los ceutíes –dice el alto comisario desde el balcón del Consistorio y lo reproduce NO-DO–, junto a la tarea de la Administración y de España, hará necesariamente de la ciudad lo que ya es por naturaleza: cabecera de comunicaciones entre Europa y África" (n.º 583, marzo 1954).

Eso en cuanto a la "España Grande". Por lo que se refiere a la "España Libre", naturalmente la libertad era del único de los yugos que se pensaba sojuzgador en aquellos momentos: el comunismo. Cualquier otra posibilidad, o derecho, de pensar, e incluso disentir, no se consideraba en aquellos momentos como un ejercicio de libertad, sino de libertinaje. Esa misma insistencia en lo que de Cruzada antisoviética y antibolchevique tuvo la Guerra Civil se contextualizaba con frecuencia en un clima de confesionalidad católica. Y a la inversa: el bolchevismo aparecía como destructor natural de la religión. Así, en uno de los primeros números de NO-DO aparecían las autoridades alemanas fomentando la reparación de templos rusos, ya que "el bolchevismo había convertido muchas veces las iglesias en museos antirreligiosos, y en cualquier caso las empleaba para menesteres profanos [...]. A pesar de las persecuciones soviéticas, la fe de los campesinos se ha mantenido vivamente, y en los templos restaurados se celebran ya los oficios divinos" (n.º 8, 22 febrero 1943).

Un Estado confesional

El catolicismo aportaba las señas de identidad y timbre de gloria hispanos, como ya pudimos saber por los escritos de algunos de los intelectuales del momento en las primeras páginas de este libro. Por eso hemos añadido el título de "Católica" al mote de "Una, Grande y Libre" que acompañaba el escudo de armas español y remataban como soflama los discursos políticos del momento, casi como en un remedo del revolucionario mote francés de "Libertad, Igualdad y Fraternidad". El Estado se confesaba católico buscando en la Iglesia un respaldo que no tenía por otro lado, y la Iglesia, sin ser absolutamente condescendiente, encontraba su seguridad en un Régimen con quien compartía idénticos enemigos.

Toda la simbología del viejo Imperio se desempolva y adquiere una dimensión casi ritual, tan querida por el Régimen. Son bendiciones, procesiones, celebraciones de las actividades del mismo, que el Noticiario NO-DO va a recoger puntualmente. El fervor del "Pilar" que la Virgen entrega en Zaragoza al Apóstol Santiago, "vencedor de moros en Clavijo", el "santo patrono de España", sería también el santo y seña para miles de jóvenes católicos que en el mes de agosto de 1948 acudieron a Compostela con el fin de ganar el jubileo del Año Santo agradeciendo los éxitos de la Cruzada española. Los jóvenes de Acción Católica con sus emblemas, sus banderas, sus marchas, recordaban de alguna forma el ritual de las juventudes fascistas. Otros jóvenes, clérigos en este caso, repetían una situación similar cuando en 1950 centenares de seminaristas de toda España caminaban al santuario de la Gran Promesa de Valladolid para rendir homenaje a los sacerdotes y seminaristas "mártires de la Cruzada". El santuario recordaba la promesa hecha por el Sagrado Corazón de Jesús al jesuita padre Hoyos. Franco recordaba lo que habría sucedido en España en el ámbito religioso sin la Cruzada, según cita de Chao Rego en su libro *La Iglesia que Franco quiso*:

"*Si esto no hubiera acontecido, imaginaos lo que hubiese sido de la Iglesia española. No tenemos más que mirar a Europa, observar aquellos otros países que ven perseguida su fe por los sicarios del comunismo. Esas Iglesias del silencio que nos estre-*

mecen, de Polonia, Hungría, Rumania, parte de Alemania y tantos otros pueblos cautivos. La misma suerte que esperaba a la Iglesia sin nuestra Cruzada y sin nuestra victoria".

Mayo de 1952 traería otra efemérides importante del mundo católico a la España franquista: el Congreso Eucarístico Internacional de Barcelona. Un Congreso que celebrándose regularmente en el ámbito de la Iglesia universal cada cinco años aún hoy día, en aquella ocasión, constituiría una oportunidad más para reforzar el sentido nacional-católico imperante. Un año después –27 de agosto de 1953–, España firmaría un Concordato con la Santa Sede y justo un mes más tarde los acuerdos militares-económicos con los Estados Unidos. Ocasión para que el cardenal primado Pla y Deniel alcanzase a ver la mano providente de Dios: "La Divina Providencia ha hecho que, un mes después de haber firmado España un Concordato con la Santa Sede en el que se establece la unidad católica, puede firmar acuerdos de orden económico y militar con Estados Unidos."

Todos estos acontecimientos y otros más de carácter y con tratamiento más confesional que religioso, serían recogidos puntualmente por NO-DO. El primer número es ya un buen exponente de ello. La primera de las noticias que abría el documental era navideña –cosa normal por la fecha en que se estrenaba–, aunque ribeteada por comentarios más confesionales: "Uno de los adornos más interesantes y suculentos de los escaparates navideños lo constituyen los clásicos volátiles colgados en espera de la olla. Pero el verdadero espíritu de estos días queda reflejado en el paisaje interior de las almas durante las Fiestas del Niño Dios. Todos nos sentimos un poco niños ante el misterio, y la fantasía vuela ingrávida ante las figuritas de barro pintado" (n.º 1, 4 enero 1943). "Las calles de Bruselas –dice otro NO-DO– resplandecen en la noche navideña con las clásicas iluminaciones nocturnas que le han dado celebridad" (n.º 67, 26 diciembre 1955). Naturalmente, la fiesta de Reyes –en que religión y costumbrismo se unen en una fiesta tan peculiar en España– siempre goza de espacio y tiempo privilegiados en el Noticiario. Como muestra aducimos un Noticiario que se cierra hablando de la "Cabalgata de la ilusión. Los Reyes Magos llegan a Madrid, y el Ayuntamiento de la Villa y el Frente de Juventudes, con otras organizaciones del Movimiento, colaboran eficazmente en la formación de la Cabalgata y del cortejo tradicional" (n.º 523, 12 enero 1953).

En ocasiones tan señaladas como la inauguración de las Cortes Españolas, Franco, en lo que constituye toda una declaración de principios, dice taxativamente: "Queremos libertad, pero con orden, y consideramos delictuoso cuanto vaya contra Dios o la moral cristiana, contra la Patria y contra lo social, ya que Dios, Patria y Justicia son los tres principios inconmovibles sobre los que se basa nuestro Movimiento" (n.º 13, 29 marzo 1943). En ocasiones tan señaladas como la Semana Santa, NO-DO caldeaba católicamente el ambiente desde su púlpito privilegiado. Así, en el número 16, el Noticiario termina con todo un bloque dedicado al "fervor y tradición religiosa de España", en que desfilan la procesión de la Virgen de la Soledad desde San Francisco el Grande hasta la Catedral de Madrid junto a las procesiones de Zamora y Huesca. Y hasta cabe un suplemento especial que, bajo el título "Resurrexit", añade a lo dicho y visto anteriormente: "El mundo católico conmemora el día alegre de la Resurrección del Señor. Ya han sido desnudados los altares de los paños morados con los que la Iglesia mantuvo el luto de la Semana de Pasión, y ahora, el vuelo de las palomas y la lengua de bronce de las campanas, desde las viejas y sagradas piedras de nuestras antiguas Catedrales, dicen al viento y a las almas su gozoso Aleluya" (n.º 16, abril 1943).

A esa semana de tanta raigambre en España como lo es la Semana Santa está dedicada la mitad de un Noticiario que comienza mostrando imágenes de las famosas procesiones de Zamora: "Desfila la Cofradía de Nuestro Padre Jesús Caído. La constituyen heroicos ex combatientes de nuestra Cruzada. Los que ofrendaron su esfuerzo y su sangre a la Patria rinden pleitesía de piedad y fervor a la Divina Figura del Redentor del Mundo." Inmediatamente vendrían la imaginería sacra de Salzillo en Murcia, el Tercio de Granaderos escoltando el paso de la Santa Cena en Cartagena, el Vía Crucis de Albaicín, la Cofradía del Cristo de la Humildad de Granada y los maravillosos pasos de Sevilla (n.º 18, 3 mayo de 1953).

Lo religioso "abría" el Noticiario en más de una ocasión y lo hacía por varias razones, que incluso pueden superponerse: por haber hecho de ella una parte sustancial del sistema, por reflejar algo que estaba inserto en el espíritu del pueblo, por ser una institución que había calificado de Cruzada su pasada guerra, por unirles a ambos un mismo enemigo común, como lo era el comunismo, y también por tener el Régimen de su lado a una Santa Sede en quien veía un potencial padrinazgo para su retorno a la asamblea de las naciones. Al aire de todo ello, este NO-DO comenzaba informando del Congreso Eucarístico Nacional celebrado en Pamplona con la asistencia del cardenal Arce.

Los 16.000 niños que en la Plaza del Marqués de Viana de la capital navarra aparecían recibiendo la Primera Comunión dejaban clara constancia de la marcada tonalidad confesional del nuevo Régimen español. Tras el acto, el cardenal Arce celebraría la coronación canónica de Santa María la Real en un altar levantado en la Avenida de Carlos III (n.º 196, 7 octubre 1946). En consecuencia de lo dicho, no hay una sola inauguración oficial –de esas tan abundantes de las que hemos hablado anteriormente– que no vaya acompañada protocolariamente de su consiguiente bendición religiosa. Por ejemplo, en la inauguración que hizo Franco de la línea de ferrocarril que enlazaba Santiago y La Coruña (n.º 17, 16 abril 1943). "El Iltmo. Obispo de la Diócesis –muestra otro Noticiario– procede a la bendición del nuevo aeródromo de Suqets [...]. Las avionetas vuelan sobre la Basílica del Pilar y, coincidiendo con el cincuenta aniversario de la coronación canónica de la Virgen, los pilotos arrojaron flores sobre el templo en un sentido homenaje de fidelidad y de veneración" (n.º 647, 30 mayo 1955).

Incluso en pleno ambiente bélico de la Guerra Mundial, cuando NO-DO informaba de la marcha de la guerra ofrecía imágenes del frente alemán al tiempo que comentaba: "Sobre las candentes arenas del desierto como sobre la helada estepa rusa" había una tregua para las fiestas navideñas. "Sobre el paisaje de invierno, luce como una estrella el júbilo cristiano que conmemora el Nacimiento del Salvador [...]. La campana, que es voz de Dios, se expande por campos y ciudades, como heraldo a los hombres de buena voluntad y augurio de días mejores, cuando la paz que hoy anuncia el cielo brille al fin sobre las sombras y las imágenes de la guerra" (n.º 2, 11 enero 1943).

Los mismos actos políticos, en determinadas ocasiones, aparecen en el Noticiario impregnados de ese toque religioso que reclama la esencia de un Estado que es confesional. Si el ministro secretario general del Partido, José Luis Arrese, visita Andalucía, al propio tiempo que se pone de manifiesto "el fervor y la disciplina falangista y su adhesión inquebrantable al Jefe del Estado", colocaba una corona de flores ante la Cruz de los Caídos o presenciaba un desfile evocador de la Liberación de Málaga y en la misma ciudad presenciaba la Coronación de la Virgen de la Victoria, patrona de la población, precisamente con esa advocación tan significativa (n.° 8, 22 febrero 1943). El propio ministro alemán doctor Goebbels aparece en un Noticiario visitando la Catedral de Santa Eduvigis, destruida por los bombardeos aliados contra Berlín (n.° 17, abril 1943).

La "decencia cristiana", que incluso decretos municipales solicitaban como modelo de vida en el nuevo Régimen, encontraba en el NO-DO, en algunas ocasiones, su expresión más concreta. El Noticiario se abría en esta ocasión con la noticia de una niña de Artes, Josefina Vilaseca, que había sido asesinada a los doce años por un perturbado. Desde aquella perspectiva la noticia recibía otra valoración: "Sufrió graves heridas al defender su pureza y falleció el Día de la Natividad del Señor." Las imágenes muestran a la familia, el pueblo y obispo auxiliar de Vich acompañando "el cadáver de la niña mártir. Escolta a Josefina Vilaseca el recuerdo piadoso de todos los católicos para que Dios y su Iglesia dispongan el premio debido a sus merecimientos por su proceder de Virgen y Mártir, por la fe y por el honor" (n.° 523, 12 enero 1953). La fuerza de las imágenes logró que la noticia recorriese la geografía escolar del país con un mensaje de pureza virginal.

6.6
La vida como una "pasarela"

Esa intención principal de olvidar los rigores de la guerra y sus consecuencias igualmente rigurosas explican esta nueva constante que engloba todo un centón de noticias de carácter intrascendente. Los desfiles de modelos –de ahí el título para otra nueva "constante" del análisis– son abundantísimos en ese carácter híbrido que quiere tener el Noticiario NO-DO. Lo que no encajaba en las coordenadas educativo-culturales que se administraban en dosis propagandísticas pasaba automáticamente a otro gran apartado intrascendente y vanal de "variedades" en que todo cabía como en cajón de sastre, o modista, dadas las circunstancias.

Como un espectáculo de "varietés"

Todo aquello que se presentaba con carácter de mosaico curiosamente adoptaba distintas variantes de la palabra "variedades". Los espectáculos propios del club nocturno se denominaban "varietés" y esa sección de Noticiario que como en cajón de sastre daba cabida a aspectos mil se llamaba "Variedades". La nota curiosa o aquella otra pintoresca se utilizaba en el Noticiario como evasión en la mayor parte de las ocasiones y en otras era el reflejo de la cara simpática de la sociedad, aunque fuese a miles de kilómetros. Ese concepto de "variedades" sería hoy inconcebible por cuanto acoge lo que se entienden como área de "sociedad" que tiene un lugar y extensión privilegiado en los medios, perfectamente caracterizado y distinguido de otras áreas como la internacional, nacional, económica o cultural.

Lo que ocurría en el extranjero se usaba con frecuencia como lugar al que remitir o al que proyectar los asuntos que preocupaban en España. Es el caso del gasógeno, que llegó a convertirse en una verdadera pesadilla para aquella economía autárquica de la España de las postguerra. Todo estaba racionado y no podía conseguirse nada sin las "cartillas de

La vida como una "pasarela"

En aquellos momentos de estrechez económica también escaseaba la gasolina, lo que obligó a echar mano del "gasógeno" para alimentar los coches. El lujoso coche de Franco –tal vez por dar ejemplo de la austeridad impuesta– arrastra su correspondiente gasógeno ante la tribuna dispuesta para un desfile.

racionamiento", que asignaban un cupo determinado por ciudadano. Racionamiento que llegaba también al tabaco. Pero en todos los casos siempre había alguna imagen rodada para el Noticiario NO-DO que nos apercibía de similar escasez en otros lugares de Europa. Así en el número 27 se habla del racionamiento de tabaco en Francia, en esa especie de intento de recordar que "en todas partes cuecen habas", sólo que nunca llegaba la segunda parte del refrán, que se completaba diciendo: "...aunque en algunos, a calderadas" (n.° 23, julio 1943). También la climatología y las catástrofes parecen cebarse de forma particular fuera de nuestras fronteras, en donde acabamos de salir de una de las catástrofes mayores que puedan imaginarse: la de una Guerra Civil.

En realidad lo que podríamos identificar también como otra de las "constantes" analizadas en el Noticiario sería ese enorme contraste que se apreciaba entre la España de la postguerra con numerosos problemas sociales, escasez, penuria y hambre –que no aparecían en NO-DO–, y la vistosidad e incluso fastuosidad de aquellos desfiles de modas que aparecían con frecuencia y motivan el titulillo de este apartado. Era el mensaje que se quería hacer llegar al espectador en un intento supremo de decir "aquí no pasa nada, y si algo pasa está en vías de solución". Las "notas sociales" ocupaban buenos minutos del Noticiario ofreciendo figurines femeninos, desfiles de modelos, competiciones del alta costura, etc. Ya en el primer número hay un epígrafe de "Modas" en que se da cuenta de un concurso de peinados en París: "Aquí están estas cabezas, tan lindas y tan complicadamente ataviadas, para desesperación de doncellas, lucro de los industriales del gremio, realce de la belleza y recreo de la vista [...]. Son el penúltimo alarido de la moda: ¡el último no llega nunca!" (n.° 1, 4 enero 1943).

Con frecuencia el propio tratamiento literario de la noticia chocaba con la pobreza circundante. A propósito de un desfile en Inglaterra se hacía un jocoso comentario sobre las diferencias de entender la moda damas y caballeros, ya que éstos sufrían todo un *shock* cuando se presentaba la hora de pagar la factura correspondiente al modelo en cuestión (n.° 10, 8 marzo 1943). Feria de Seda en Japón (n.° 235, 8 julio 1947). Desfile de modelos con modas de verano en Barcelona (n.° 339, 4 julio 1949). Fastuosidad y lujo –desde luego no al alcance del espectador medio que veía el NO-DO– que alcanzaba algunas veces a los últimos modelos de coches. En ese mismo número de NO-DO las imágenes y comentarios informan de un concurso de automóviles junto al lago Ebghein, en los alrededores de París, en que los fabricantes franceses muestran sus creaciones, y al final –como en otras ocasiones–, "el festejo tiene también su parte cómica [...]. Una versión de la impasibilidad y humor del existencialismo que simboliza el raro vehículo y los extraños ocupantes". "Los modistos franceses –dice el Noticiario (n.° 635, 7 marzo 1955)–, obedientes siempre a las veleidades de la moda, saltan ahora de la línea H a la línea A."

Noticias "Miscelánea"

Las noticias que reflejasen el tono social de la época eran escasas, y por eso parece como si las curiosidades ocurriesen solamente fuera de

La vida como una "pasarela"

nuestras fronteras. NO-DO las mostraba como *Reflejos del Mundo, Variedades* o subtítulos parecidos, similares a la Miscelánea de las publicaciones del momento. Lo que realmente era la vida de los españoles en aquellos difíciles años no aparecía por ninguna parte, porque no podía o no convenía que apareciese. Impresión que confirman aquellas palabras que reprodujimos anteriormente de la entrevista a José Luis Arrese sobre los olvidos de la Guerra Civil y en la que confirmaba que los ánimos estaban aún enconados y habría resultado insensato remover el rescoldo de las cenizas aún humeantes. La fantasía, alimentada desde otros ámbitos por la radio, se estimulaba con las imágenes de otros sueños y de otros lugares.

Veamos algunos ejemplos. "En la cúpula estrellada de Wintergarten de Berlín, los audaces trapecistas conocidos con el nombre de las "Tres Alicias" realizan emocionantes acrobacias aéreas, que son seguidas con asombro y admiración por los espectadores" (n.º 2, 11 enero 1943). Veinte cetáceos "cabeza de olla" o calderones, *Globicephalus Melas* es su nombre científico, poco frecuentes en aguas de Mallorca, vararon en la playa del Arenal de Palma. Fueron remolcados hasta la playa por los pescadores y trasladados a una fábrica, donde la grasa se aprovechará para fines industriales" (n.º 287, junio 1948).

Como *"Reflejos del mundo",* NO-DO muestra otra de sus frecuentes noticias curiosas: en la exhibición de 36 brigadas de bomberos en Eindhoven (Holanda) se empalma la noticia con "un partido de balón mojado entre el equipo representativo de la ciudad y el de Brabante del Norte. Sin llegar a la categoría de fútbol acuático, el encuentro no es muy apropiado para las personas reumáticas. Impulsado por los chorros de las mangueras, el balón va de un lado a otro. El operador del Noticiario se ha vestido con un somero equipo para poder rodar el desarrollo de la contienda" (n.º 339, 4 julio 1944). En Southport el miniaturista Mr. Emett ha construido una locomotora minúscula que es un alarde del miniaturismo y de la juguetería (n.º 417, 12 marzo 1951). Junto a ella, en el mismo número, otra: los escolares entablan sus batallas de nieve en las calles de Tokio, que ha soportado una de lasmayores tempestades de nieve en muchos años.

Bajo el epígrafe *"Panorama de Curiosidades",* en el número 523 (12 enero 1953) había tres noticias: José Cristóbal, un personaje que sin tener idea de pintura "compone con hebras de lana de prendas desechadas curiosos retratos llenos de animación y de vida"; una fiesta de sombreros de fantasía para obtener fondos con destino a un hospital de Oakland, en Estados Unidos, y una granja de experimentación en que "los animalitos de la vista baja tienen demasiadas crías, se emplea un mecanismo que sustituye con ventaja a la lactancia natural", consistente en leche de vaca diluida en agua a temperatura de 102 grados y sometida a rayos infrarrojos.

Una prueba más del carácter de miscelánea que de hecho tenía el Noticiario puede ser la inclusión, una tras de otra, de noticias tan dispares como la de una desgracia como lo era el incendio de cuatro días de duración en unos bosques de San Bernardino, en California, y el festival de cerveza en la capital de Baviera, Munich, de quince días de duración, con 104 grupos regionales, cinco mil trajes diferentes, cinco millones de participantes, siete fábricas de cerveza trabajando sin interrupción y ciento cuarenta y ocho trenes para trasladar a los visitantes (n.º 718, 8 mayo 1956). "Para facilitar la comprensión entre los pueblos, un italiano ha inventado un lenguaje en cifras, aunque no sabemos qué tiene que ver eso con el calzón corto." Y tras enseñarnos algunos de los procedimientos claves, termina diciendo: "Y como se trata de una innovación italiana, su creador dice que hay que volver al espíritu de la Roma antigua y usar los números romanos [...]. Nada nuevo bajo el sol" (n.º 718, 8 mayo 1956).

En la Fábrica de la Moneda de Washington se comete un robo y los billetes aparecen en una granja de Virginia; el autor era un empleado de la Oficina de la Moneda (NO-DO, n.º 577, 25 enero 1954). Junto a ella otra noticia chusca: un campeonato de saltos sobre barriles en Catskills, Nueva York. No es raro el caso de incluir una de estas noticias junto a otra de extrema importancia. Es el caso del número 583 de NO-DO, en que, tras hablar del final de la guerra en Corea con la salida de la 45 División norteamericana y el pase de revista del jefe del VIII Ejército, Maxwell Taylor, se informa de una original carrera de camellos bajo el mismo apartado (n.º 583, marzo 1954). *Reflejos del Mundo*. La noticia de Corea concluía –tal vez buscando el paso a la siguiente noticia– diciendo y mostrando los perros y cómo "la guerra ha terminado asimismo para los canes del servicio auxiliar".

La competición de camellos en Palm Springs (California) "rompe un poco la monotonía de los rodeos". Y añade: "¡Cuidado, que estos bólidos del desierto también tienen sus peligros! [...]. Después de haber visto carreras de tortugas, no cabe duda de que una competición entre camellos es un espectáculo de velocidad." En los locales del club canino de Westminster, de Nueva York, "se pueblan con la flor y nata de la clase perruna de los Estados Unidos" (n.º 635, 7 marzo 1955). Y a continuación, otras noticias de carácter similar: partido de baloncesto entre inválidos de guerra en sillas de ruedas, los equipos Flying Whells de California y Gizy Kids de Illinois; pruebas en Puerto Chico, de Santander, de un submarino de bolsillo ideado por el buzo Agustín Bermúdez y construido en Bilbao por Genaro Legarra, que "puede ser fondeado entre dos aguas o a la altura que quiera el piloto y ser dedicado especialmente a la exploración del fondo del mar"; exposición de canarios y pájaros exóticos en los locales de la Mutualidad Laboral del Comercio de Madrid organizada por el Sindicato de la Ganadería.

"Desafiando el vértigo –nos cuenta y enseña otra noticia–, los trabajadores colocan los andamios en los que escultores y canteros llevarán adelante labores de reconstrucción de la Catedral de Nôtre Dame de París que, como tantas otras, está construida sobre un tipo de piedra que resiste mal las inclemencias del tiempo (n.º 481, 24 marzo 1952). Bajo el epígrafe de *"Instantáneas mundiales"*, en el número 482 (31 marzo 1952) se informa de unas pruebas humorísticas de los estudiantes de Bruselas: limpiar los leones de piedra de la entrada de la Bolsa, medir una calle con cerillas, beber cerveza, sacar brillo a los clavos de la plaza Brouckére, etc.; del guardacostas *Courirer* convertido en emisora de radio "para hacer llegar la voz de la verdad a los países oprimidos por el yugo comunista detrás del telón de acero [...]. En su travesía por los mares, enviará mensajes de paz y buena voluntad para todos aquellos que no pueden oír sino la propaganda roja y romperá también el bloqueo soviético de las ondas que interceptaba todas las emisiones del mundo libre"; la desaparición bajo las aguas de la aldea francesa de Tignes para construir un embalse que suministre energía eléctrica. Los últimos temporales arrojaron a la isla de Schiermonnikoog el barco turco *Bakir* que se ve varado en la playa (n.º 523, 12 enero 1953).

La vida como una "pasarela"

Intensa actividad en aquellos años cincuenta: Franco inaugura la primera Exposición Nacional de Cajas de Ahorro Confederadas, en el Círculo de Bellas Artes de Madrid, el 28 de abril de 1951. Al lado del general el ministro de Trabajo, José Antonio Girón de Velasco.

En la plaza principal de Amberes se celebra la ceremonia anual del pesado de bueyes gordos criados en Bélgica; pelea entre unos halcones y unos zorros en Austria (n.º 636, 27 enero 1956). Variedades que en ocasiones adquieren un cierto calor humano, como en el caso en que una madre hace un llamamiento por la radio de la Policía de Massau Country a los secuestradores de su hijo de apenas 33 meses, raptado en su casa de Vestbury, en Long Island, cerca de Nueva York (n.º 707, 23 marzo 1956).

Los comentarios jocosos acompañaban los acontecimientos más curiosos que en muchas ocasiones abrían como primera noticia el Documental. Así el número 4 (20 enero 1943) da cuenta de una exposición en Copenhague de perros y gatos. También en el número 5 (27 enero 1943), casi abriendo el Noticiario, se incluye una noticia según la cual la "inventiva alemana ha creado el plexiglás, materia cristalina muy apropiada para la fabricación de instrumentos musicales [...]. Estos instrumentos parecen de caramelo. Dan la sensación de que, después de usarlo, los músicos se los van a comer de postre. Pero nada de eso... ¡Soplan por ellos con verdadero entusiasmo!". Inmediatamente después, y por si fuera poco, otra nueva curiosidad: el Instituto de Tatuaje en Copenhague: "Tatuaje, tienes nombre náutico! Ellos vinieron en un barco de nombre extranjero."

Nuevamente una noticia pintoresca abre el Noticiario: En las cercanías de Brabante existe desde hace tres siglos un molino de viento, que sigue funcionando de modo admirable sin que hayan sido introducidas en él ninguna clase de mejoras técnicas. "¡Para que luego nos digan que las ciencias adelantan!" (n.º 6, 8 febrero 1943). En uno de los primeros números la "distracción" serán los pájaros: la feria de Emilia Regia, en Italia (n.º 7, 15 febrero 1943). Una vez más, noticias procedentes de las amigas Italia o Alemania, con quienes había un importante intercambio documental de imágenes para los respectivos Noticiarios (n.º 7, 15 febrero 1943). Otro día las imágenes mostraban el casticismo tradicional de un viejo mercado bosnio en Croacia (n.º 114, 5 marzo 1945) y el lanzamiento de un paracaidista norteamericano desde nueve mil metros de altura, en que llegaba sano y salvo al suelo.

Poco espacio para la cultura

¿Y la cultura? Al lector puede llamarle la atención la falta de un apartado sobre la cultura tratándose de un Noticiario al que se le habían encomendado principalmente fines educativos populares. La verdad es que son contadísimas las ocasiones en que NO-DO se hace eco de las manifestaciones culturales. Mejor dicho: en el análisis realizado sobre NO-DO la cultura como actividad intelectual-artística apenas existe. Aparece, eso sí, la cultura "con mayúsculas" en dos aspectos: la de ese mundo de normas, valores, creencias y simbología que buscaban inculcar las autoridades de la nueva situación española a través del Noticiario y la que realmente venía viviendo este pueblo y que en el NO-DO aparecía más subterráneamente.

Es fácil aventurar una hipótesis con fundamento. Cuando lo educativo es concebido como propaganda o endoctrinamiento no es de extrañar que apenas hubiese lugar para las manifestaciones realmente culturales.

Este fenómeno constituye, precisamente por ausencia, otra "constante". Tuñón de Lara achaca parte de las deficiencias culturales de la situación, que provocan la exclusión de determinados autores y líneas, al rancio tradicionalismo de los sectores católicos dominantes y a quienes el Régimen había encomendado buena parte de la orientación cultural del momento:

> "Marginar a Unamuno y a Machado, a Galdós y a Giner de la gran herencia cultural española no podía ser intentado sino por las familias de la Asociación Católica Nacional de Propagandistas (de sus dirigentes, precisamos, de un F. Martín Sánchez Juliá o de un Alberto Martín Artajo; el Opus Dei apenas despuntaba, aunque ya en 1943 lo define el Vaticano como Instituto Comunitario), y sobre todo, por los estrechos círculos falangistas con más abundancia en garrulería que en la cultura de fondo, pero con sus ritos gestuales, su léxico, sus reuniones, sus gustos y mentalidades (que son específicos dentro del conjunto de las élites del franquismo) que todavía están por estudiar"[14].

Hay unas declaraciones del historiador Juan Pablo Fusi en el curso que bajo el título de *"Franco y su época"* tuvo en los Cur-sos de Verano de la Universidad Complutense de Madrid en El Escorial, que evidencian ese escaso interés por manifestaciones culturales concretas como las académicas. Basándose en un exhaustivo estudio, señalaba que entre 1940 y 1960 no se construyó en España ninguna universidad pública y sólo se edificaron seis institutos de Bachillerato estatales[15]. Ya avanzado lo que ha dado en llamarse "primer franquismo", aquella presencia y orientación del sector católico en la política educativa y cultural del Régimen fue diluyéndose hasta llegar casi al enfrentamiento al final del franquismo; etapa que va de 1965 a 1975, pero que ya no entra en el período que estudiamos.

Entre medias, hay un momento en que son precisamente los católicos de los Gobiernos de Franco quienes van abriendo nuevas posibilidades a la política exterior y también a la política educativa y cultural. Precisamente en esos años cincuenta en que comenzaban a encontrar salidas al hermetismo franquista, los sectores católicos intentaron conseguir una reforma de la Ley de Prensa que liberalizase la postura mantenida desde la guerra y se había prometido cambiar tras la Guerra Mundial; reforma a la que se oponía el grupo falangista que controlaba importantes puestos en el Ministerio de Información y Turismo. En los años cincuenta, Joaquín Ruiz Giménez desde el Ministerio de Educación alentó una cierta renovación que "resultó explosiva por el enfrentamiento de un cierto liberalismo cultural con el reaccionarismo de los sectores más clericales". Su postura abierta lo que hizo fue enconar las tensiones entre los distintos sectores dentro del franquismo. Una serie de incidentes callejeros entre estudiantes y falangistas con graves resultados hizo que Franco buscase la solución dimitiendo como ministros a quienes representaban ambas partes: Joaquín Ruiz Giménez, a quien sustituiría Jesús Rubio, y Nemesio Fernández Cuesta, a quien sustituiría José Luis Arrese[16].

Aunque duela, hay que reconocer que el espacio que se daba a la cultura en el Noticiario era escaso, y cuando lo había iba compañado de intereses ajenos a lo estrictamente cultural. Las pocas noticias de carácter cultural suelen estar en función de otro tipo de intereses. Así por ejemplo, entre las noticias procedentes del exterior, una vez más de Alemania, NO-DO informa de un curso de alemán en el Instituto Goethe de Munich para estudiantes extranjeros, al que asisten alumnos de dieciséis países (n.° 9, 1 marzo 1943). O bien de la apertura del tercer curso en la Escuela Superior del Ejército, con asistencia de "los agregados militares, navales y del aire de diversos países" (n.° 9, 1 marzo 1943). Exposición de pintura contemporánea húngara en la Galería Nacional de Berlín (n.° 11, 15 marzo 1943). Concierto del pianista José Cubiles en los locales de la Asociación Hispano-Germana de Madrid (n.° 12, 22 marzo 1943). En Barcelona se inauguraba una exposición sobre Anatomía e Higiene con clara intención didáctica popular. La noticia destacaba el tiempo que se había invertido en construir la imagen de un gran hombre de cristal en que poder estudiar las formas anatómicas y la circulación sanguínea. La exposición había sido patrocinada por la Jefatura del Servicio Provincial de Falange (n.° 114, marzo 1945).

Incluso lo cultural cuando acon- tece es presentado de tal forma, que más que un hecho cultural parecería digno de ser incluido en el apartado de Curiosidades. Así, por ejemplo, el número 235 de NO-DO (n.° 8 julio 1947) se abre con un acontecimiento científico, pero con visos de curiosidad: setenta científicos de todo el mundo se reúnen en la localidad brasileña de Bocayuva para realizar investigaciones sobre los eclipses solares de la época moderna. Tras la noticia vendría el comentario chistoso:

"El tití y el loro sirven de distracción a los experimentadores, y, como puede apreciarse, no se hallan muy bien avenidos."

Hay una clara ausencia de lo cultural en NO-DO, pero la verdad es que también son escasas las muestras de cultura que acontecen en la España de aquellos años, y las pocas que había quedaban relegadas a la última de las noticias del documental, como en el caso del IV Centenario del padre Suárez, en que el Noticiario abría con una noticia frivolona. En el número 5 se ofrecen imágenes de los actos conmemorativos del centenario de la fundación de la Universidad de Santiago de Chile. Cuando ocurrían noticias culturales no había "percha" donde colgarlas, como decimos los periodistas, no había espacio creado para el caso, no había esa sección con que hoy cuenta cualquier medio informativo. Como señalamos poco antes, las escasas noticias de ese tipo que se producían se remitían en el NO-DO al genérico espacio de "Variedades". Así, por ejemplo, cuando se informa de la actuación de una famosa orquesta mundial, la orquesta inglesa de Charlie Kurz, aunque posiblemente sea ésta una de las ocasiones en que la inclusión en "Variedades" es más justificada (n.° 11, 15 marzo 1943). La actividad periodística, por ejemplo, sólo es objeto de atención especial cuando un periodista –precisamente Alfredo Marquerie, que sería guionista de NO-DO– entraba en la jaula de un león del Circo Price de Madrid. La función era a beneficio de la Asociación de la Prensa. "Ya dentro de la jaula, y provisto de un micrófono, el cronista nos explica que se encuentra bastante bien allí y con las fieras, dados los pocos lugares tranquilos que van quedando en el mundo" (n.° 5, 27 enero 1943).

Las escasas ocasiones en que lo cultural era tratado con la dignidad y normalidad que requeriría habitualmente eran aquellas en que el silenciarlas sería imperdonable. Así, por ejemplo, el homenaje al autor teatral Miguel Mihura, "precursor del moderno humor español y de la renovación del género cómico en nuestro Teatro". La improvisación sobre el fondo de una de sus obras es la ocasión para que desfile casi el repertorio completo de las primeras figuras de la escena española de aquella época: Luis Escobar, Antonio del Amo, José Franco, Edgar Neville, María Luisa Romero, Luis Prendes, Fernando Fernán-Gómez, Maruja Asquerino, Agustín González, Mayratta Owissiedo y José Luis y Antonio Ozores (n.° 523, 12 enero 1953). Inauguración de un monumento al escultor granadino, amigo de Velázquez, Alonso Cano.

Es también el caso de la muerte de Manuel Machado, que abría el Noticiario número 213 (3 febrero 1947): "Un auténtico duelo nacional es el que causa en España la muerte del ilustre poeta, autor dramático y académico." El comentarista en voz en *off,* concluye recitando unos versos del poeta. Un Noticiario informaba de los trabajos del Instituto Arqueológico del Ayuntamiento de Madrid, que había localizado importantísimos hallazgos prehistóricos —más de un centenar de instrumentos y utensilios— en las excavaciones en las orillas del río Manzanares, en el término de Villaverde Bajo. También habían aparecido allí mismo restos de un rinoceronte y un elefante prehistóricos. La Fiesta de la Poesía en Madrid abre el NO-DO en esta ocasión (n.° 482, 31 marzo 1952). Bajo el patrocinio de San Juan de la Cruz se celebra una misa en la Basílica de Santa Teresa, una ofrenda floral ante el monumento a Cervantes. En el mismo número se muestra la obra de Javier Murga, medalla especial de pintura de Vizcaya en 1950.

Los acontecimientos verdaderamente culturales en la España de aquellos años eran escasos, pero es que los que había no eran filmados para el Noticiario. Es el caso de dos hechos culturales de primer orden en el desierto cultural dominante: la creación de las revistas *Arbor* y *El Escorial.* Claro está que el silencio era síntoma de algo, síntoma de un temor oficial: el de que se conociesen dos tendencias, dos líneas dentro del propio Régimen, que era lo que representaban ambas publicaciones. La tradicionalista, católica y ortodoxa que representaba *Arbor* (del Consejo Superior de Investigaciones Científicas de Albareda) y la falangista de la línea liberal, por otra, que representaba *El Escorial,* que dirigía e inspiraba Dionisio Ridruejo.

Levantada la prohibición para España de participar en los organismos de Naciones Unidas e integrada ya en la UNESCO, el Noticiario se apresuró a ofrecer varias noticias de carácter cultural en el mismo número 583: las Direcciones Generales de Relaciones Culturales y de Bellas Artes organizaban en Madrid una exposición de reproducciones en color cedidas por la Sección de Artes y Letras de la UNESCO. Aunque fuesen reproducciones, era posiblemente la primera oportunidad de muchas personas para contemplar obras de Degas, Mannet, Renoir, Cézanne, Toulouse-Lautrec, Van Gogh, Gauguín y Braque. En el mismo número se ofrecían imágenes de una exposición en el Ateneo de Madrid con imágenes de la Virgen a través de la escultura medieval de Aragón y Castilla. Curiosamente también en este número hay más aspectos culturales.

Con motivo del Año Santo Compostelano, "que atraerá al sepulcro del Apóstol peregrinos de todos los países y personalidades ilustres", se ofrece en el Colegio Mayor Universitario de la Esatila una sesión académica presidida por el cardenal arzobispo ofreciendo aspectos variados del tema de Santiago en la historia, la literatura y el arte acompañada de una excelente exposición de grabados compostelanos (n.º 583, marzo 1954). Se abría una nueva etapa para España y había que lavar la cara de un Régimen que había sido denostado.

Folclorismo más que folclore

Dentro de la constante de lo "variopinto" tan presente en NO-DO, lo folclórico es un apartado importante por su insistencia y repetición. Aparte de los actos folclóricos normales, como las Fallas de Valencia, Cabalgatas de Reyes Magos o bendición de animales por San Antón, hay una insistencia en otros que sin cita anual se repiten una y otra vez en el mismo año, tales como competiciones de *aiztcolaris*, la *espatadantza* o el *arrastre de piedra* vascos, en que se adivina una cierta intención de aparente respeto –¿u oportunismo?– a la idiosincrasia plural de las regiones del país.

El folclore como un elemento más del concepto cultura en letras mayúsculas poco tiene que ver con esa otra acepción del folclorismo como pintoresquismo alejado del alma y carácter de los pueblos. Es posiblemente esta segunda acepción en la que deba entenderse el folclorismo también muy presente en NO-DO. En este apartado analizamos actos que participan por igual de la consideración religiosa y folclórica, tales como Cabalgatas de Reyes Magos, Romerías, Fiestas de San Fermín, Festejos de San Antón y Fiesta de Moros y Cristianos, por hablar de algunas que se repiten anualmente. Hay otros actos más folclóricos, como los entiende el Noticiario, que llegaron a tener carácter institucional, como los protagonizados por los grupos de *Coros y Danzas* con los que la Sección Femenina de la Falange mantuvo y alentó la tradición folclórica de cada región. Tan sólo como muestra hemos recogido algunos aspectos, tales como competiciones de aitzcolaris, corridas de toros o similares, porque en realidad tienen su apartado especial y aparecen en éste solamente por la motivación especial que se les supone.

Las fiestas populares como afirmación de los valores regionales tenían un puesto de honor en el Noticiario. Algunas de tanta tradición como los *Sanfermines* de Pamplona, *las Fallas* de Valencia, el *Corpus* sobre todo en Toledo y, por supuesto, la Semana Santa. "El arte de la imaginería, la sana alegría del pueblo, la tradición pirotécnica y el olor y el juego de la pólvora se combinan en esta fiesta que cada año tiene más acusados perfiles de tradición y de fuerte e impresionante belleza" (n.° 13, 29 marzo 1943). Hay una especial atención hacia las fiestas localizadas en el País Vasco y en Cataluña, que desvelan el cuidado con que el Gobierno de Franco seguía la marcha de regiones que había que atraer o vigilar cuidadosamente. Y así, son varias las ocasiones en que NO-DO incluía imágenes de la vieja tradición *euztquera* de los *aitzcolaris* o cortadores de troncos, el *tchistu* y la *espatadantza* (n.° 14, 5 abril 1943). Tradicional cabalgata del Pregón de las fiestas de la Magdalena de Castellón de la Plana y Romería a las ruinas de Castalia (n.° 427, 12 marzo 1951). También en el número 481 (24 marzo 1951) se ofrece espacio e imágenes para el VII Centenario de la Fundación de Castellón con el tradicional desfile del *Pregó* y la romería de *Les Canyes*.

Pero el folclore es espectáculo y así lo entiende NO-DO, que no olvida tampoco la política educativa del nuevo Régimen al intentar conservar el recuerdo de esas tradiciones y esencias populares que no debían olvidarse. Ahí tenían un lugar especialísimo las idas y venidas del grupo *Coros y Danzas* de la Sección Femenina de Falange, que aparecía en cuanto había ocasión y sobre todo cuando actuaban en sesiones de clausura de actos oficiales como en el VII Consejo Nacional celebrado en Santiago de Compostela (n.° 5, 27 enero 1943, y n.° 6, 8 febrero 1943). En Salamanca, y coincidiendo con la feria de San Mateo, el Noticiario daba cuenta de un tradicional concurso de carros de labranza en la hermosa Plaza Mayor salmantina.

La agrupación de *Coros y Danzas de Educación y Descanso* local ponía el toque colorista. En Barcelona se celebra una tradicional fiesta, la de San Antón, con una cabalgata de *Els Tres Tombs*, bendición de animales en la iglesia de los Padres Escolapios, fiesta en el Real Club de Polo, al tiempo que en los hogares se consume el *tortell,* y hasta la actriz Merle Oberon –al parecer de paso por España– repartía panecillos del Santo (n.° 577, 25 enero 1954). Las imágenes nos mostraban en otro momento la exhibición de ejemplares equinos de raza española, árabe e hispanoárabe en la VIII Vendimia Jerezana, la becerrada humorística en honor a la mujer, y después los Juegos Florales de esta VIII Vendimia Jerezana en el Teatro Villamarta (n.° 664, 26 septiembre 1955).

De concepto folclorista de la cultura habría que interpretar por fin esos repetidos escarceos en el ámbito de lo castizo, no del folclore al que nos hemos referido antes, como por ejemplo en uno de los Noticiarios de mayo de 1945 que daba cuenta de la presentación en el Teatro Fuencarral de Madrid de la pareja formada por Lola Flores y Manolo Caracol con el espectáculo "Zambra".

Había un hueco para el cine

El cine –y éste es el lugar en donde tratarlo por referirnos al hecho cultural– tenía en NO-DO una buena acogida, aunque a juzgar por los hechos destacados se nos ocurre pensar que como hecho cultural era considerado de tono menor. El cine era la única de las actividades culturales asequible a la empobrecida economía popular, y justamente desde ella se lanzaban esos mensajes de educación popular que justificaba la existencia del propio Noticiario-Documental NO-DO, de proyección obligada antes de los largometrajes.

Para un informativo de carácter cinematográfico como lo era NO-DO, acontecimientos como la muerte de uno de los hermanos inventores del cine, Louis Lumière, no podía pasar desapercibido. O el cincuentenario del cine (n.° 653, junio 1955). Así lo hizo en un reportaje retrospectivo en

La vida como una "pasarela"

que desfilaban las clásicas imágenes de la *Salida de obreros de la fábrica* y *La llegada del tren a la estación de Lyon*, los dos primeros filmes cortos de la historia del cine (n.º 287, junio 1948).

Los estrenos cinematográficos tenían una buena acogida en el Noticiario, como en general todo lo relacionado con el cine. Era frecuente en NO-DO dar cuenta de los rodajes cinematográficos que se estaban realizando, y eso ocurría desde los primeros números, como, por ejemplo, en el número 10, del 8 de marzo de 1943. No se olvidan los Premios de Cinematografía otorgados anualmente por el Sindicato del Espectáculo, como ocurre en el número 641 (abril 1955). Y mucho menos premios tan sonados como los "Óscar" de la Academia de Artes Cinematográficas de Hollywood, en los Estados Unidos.

No faltaban las referencias a las noticias cinematográficas ocurridas más allá de nuestras fronteras y más centradas en las "rutilantes estrellas" que en los filmes antológicos. Una crónica con muy poco que ver con nuestra realidad, alimentando ilusiones y vanidades de las gentes a propósito de acontecimientos como las galas acaecidas en los Estados Unidos o ideas y venidas de las estrellas famosas. El número 196 (7 octubre 1946) cuenta el viaje de María Montez a Francia, el de Phillips Calvert llegando a Nueva York a bordo del *Queen Mary* y el de Lou Costello comenzando una gira para recaudar fondos para el Centro Juvenil que fundara en Los Ángeles.

Bajo el título *"En la Riviera"*, NO-DO informaba del Festival Cinematográfico de Cannes (n.º 198, 21 octubre 1946). En el número 383 (mayo 1950), la actriz Ava Gardner, "enamorada de España", visita una vez más este país, en el que permanecía con alguna frecuencia. La actriz norteamericana Eleanor Parker, junto a otros artistas, llega a Bruselas. Grace Kelly aparece charlando con Walter Pidgeon en los premios que por vez primera el público otorga a los famosos del cine en Beverly Hills. Bill Holden y el director Bob O'Donnell entregan a Jennifer Jones el premio a la mejor actriz del año (n.º 677, 26 diciembre 1955). El teatro como manifestación cultural tenía menor interés si cabe en el Documental Noticiario. Apenas ninguno. Excepcionalmente recordamos el caso en que destaca el estreno del primer teatro oficial, el Español.

La visita del actor mexicano Jorge Negrete a España supuso todo un acontecimiento nacional y abría como primera noticia nacional un Documental. Y, por supuesto, la ocasión era aprovechada para destacar cómo la llegada de un artista extranjero en años de "bloqueo internacional" ponía en evidencia que no todas las puertas estaban cerradas para el Régimen. Y sobre todo que había otro México distinto de aquel en que se refugiaba el Gobierno en el exilio español.

Por supuesto, no podían pasar desapercibidas para NO-DO las primeras pruebas que se hacían sobre la Televisión, pese a que bien pronto iba a constituirse en el mayor competidor del Noticiario, aunque estuviese bajo el mismo patronazgo oficial. En el número 287 (junio 1948), al informar de la XVI Feria Internacional de Muestras de Barcelona, junto con los motores Pegaso, la avioneta biplaza tipo RG, las variedades de vinos y marcas de tomavistas y microscopios electrónicos, se muestra la instalación de Philips en que se hacen demostraciones de televisión a través de una estación emisora instalada en otro lugar del recinto con una actuación de María de los Ángeles Morales.

Sobre el propio NO-DO

El propio NO-DO era objeto de información al cumplirse alguna efemérides importante como la celebración de los diez años de existencia, el número 100 o la muerte de su veterano director Joaquín Soriano, que abría el número 510 (octubre 1952) coincidiendo con el décimo aniversario de NO-DO en un 4 de enero de 1943. Imágenes y comentario que sirven una vez más para confirmar, de existir alguna duda, la orientación, objetivo y fines que el Gobierno había asignado al Noticiario. "NO-DO ha perdido a su director —comenzaba diciendo—, el hombre que interpretó fielmente los altos ideales del Movimiento Nacional, supo organizar y dirigió desde el primer instante nuestro Noticiario." Presidía el acto "su director espiritual, don Gervasio Muñoz; el ministro de Información y Turismo, señor Arias Salgado; el presidente del Consejo de Estado, señor Ibáñez Martín; los subsecretarios de Industria, Agricultura, Información; el jefe de la Oficina de Información Diplomática; el director general de

Cinematografía y Teatro". Y concluía: "Su ejemplo, su tesón frente a las dificultades, será la mejor invitación para redoblar nuestro esfuerzo en la empresa que Soriano inició y desarrolló, siempre al servicio de Franco y España."

Una economía autárquica

Cuesta creer que un capítulo tan importante como el económico tuviese su lugar entre las noticias que llamábamos de "variedades", pero era así. La actividad económica, posiblemente por vivir un duro momento de repliegue obligado, apenas tenía cabida en el Noticiario, y mucho menos con un tratamiento rigurosamente económico. Sin embargo, la precaria situación que vivía España encontraba su "explicación" también en NO-DO, aunque subrayando siempre los esfuerzos que se hacían en el ámbito de la producción para aliviarla. Son escasas las noticias de tipo económico, pero las que hay tienen una evidente intencionalidad política. Es escasa la información que realmente puede aportar el Régimen sobre esta actividad, de no ser la tradicional y manual actividad pesquera (n.º 4, 18 enero 1943).

El Régimen intentaba justificar su política económica con lo que ocurría en otros lugares. En el primer número de NO-DO hay un apartado de noticias, bajo el título *"Autarquía europea"* en el que se muestran "las fértiles tierras del Este aprovechadas cada vez en mayores proporciones para el abastecimiento del continente europeo, a fin de alcanzar la más completa autarquía". La escasez de energía, que provocó la aparición de aquellos vetustos vehículos movidos por aparatosos "gasógenos" (n.º 1, 4 enero 1943).

El más pequeño atisbo de resurgimiento económico era celebrado con la consiguiente satisfacción siempre laudatoria para la "ingente labor" del Régimen. Uno de los primeros números se abre con la noticia de la restauración del servicio de autobuses en la capital de España: "Las altas siluetas de estos vehículos, tan necesarios para resolver el problema del tráfico en una gran ciudad, vuelven a proyectarse ante el fondo del panorama urbano y las clásicas vías de la ciudad madrileña" (n.º 7, 15 febrero 1943). Muchos números después puede escucharse –y verse–: "En la provincia de Gerona, entre los Pirineos y el mar, la comarca del Ampurdán sirve de base a una ganadería que descuella por la calidad de sus ejemplares. El ganado vacuno y el ganado caballar son los que se explotan en mayor abundancia." Es la oportunidad de hablar de unas masías que "constituyen unidades económicas independientes, de floreciente agricultura, donde se obtienen productos para el alimento de estos corceles" (n.° 196, 7 octubre 1946).

Las corporaciones provinciales, asesoradas por el Servicio Provincial de Ganadería, celebraban en Castellón un concurso anual de ganados. Es la oportunidad de las autoridades técnicas para conocer la cría caballar, que "es el aspecto pecuario de mayor rendimiento". "Al puerto de Musel llega el mayor tren de laminación de chapa de los que existen en España y que va a ser instalado en la sociedad metalúrgica Duro Felguera [...]. El peso de las piezas importadas de Alemania es de quinientas veinticuatro toneladas, y para trasladar esta unidad desde el Musel a la Felguera se emplea un vehículo especial con 27 metros de longitud que avanza sobre 50 ruedas neumáticas." Noticia que enlazaría con otra de carácter económico de la Alemania de la postguerra según la cual se construyen seis kilómetros de vía provisional entre Engflis y Nassenerfurt, facilitando el transporte de maquinaria excesivamente pesada.

Bajo el título *"Triunfo del tren español",* otra noticia habla de las pruebas a que ha sido sometido con éxito el tren Talgo español en Nueva Jersey (Estados Unidos) (n.° 647, 30 febrero 1955). El comentarista dice con alborozo: "Es –dicen en Estados Unidos– más rápido que los trenes norteamericanos y de menor oscilación [...]. El Talgo ha triunfado plenamente en Norteamérica." Vuelve a hablarse del Talgo señalando que la versión norteamericana del Talgo español será llamado *Aerotrén,* "con el que las compañías estadounidenses se proponen revolucionar los transportes ferroviarios en todo el país" (n.° 686, 27 febrero 1956).

También la actividad económica de la Europa en guerra es parte de ese pintoresquismo que abunda en el Noticiario. Aprovechando la visita a una fábrica alemana de medias de seda, el Noticiario hace comentarios jocosos señalando que "esta fábrica devanó quince millones de kilómetros de hebra de seda con la que se podría dar la vuelta al globo terráqueo ¡trescientas setenta y cinco veces! ¡Treinta medias por hora! [...]. El sueño de las mujeres y la pesadilla de los maridos" (n.º 4, 20 enero 1943). Esta noticia nos da pie para señalar cómo la aparente superficialidad de ésta y otras noticias esconden la intención de contemplar desde un ángulo más agradable aspectos difíciles de la sociedad española de la postguerra. Concretamente el de zurzidora de medias de seda es un oficio –hoy inexplicable en una sociedad de "usar y tirar"– que apareció en España por las dificultades económicas que tenían las mujeres de cambiar de medias de seda cuando éstas se estropeaban.

De la misma forma que cuando escaseaba la gasolina en España –uno de los graves problemas económicos que afrontar en la España del *racionamiento* de la postguerra– y el paisaje ciudadano se llenaba de coches cargados con el aparatoso gasógeno en su parte posterior, había que recurrir a contar lo que sucedía en otros lugares para tranquilizar a la ciudadanía señalando cómo también esto ocurría en otras latitudes: "El útil, aunque antiestético, empleo de los gasógenos se ha generalizado no sólo en Europa, sino también en América. Buena prueba de que las dificultades por las que atraviesa el mundo a todos afectan" (n.º 6, 8 febrero 1943).

NO-DO se estrenaba precisamente con una noticia en la que bajo el epígrafe "*Autarquía europea*" se mostraban en imágenes las dificultades energéticas por las que atravesaba Europa. Italia –se decía– "se dedica a la búsqueda de sustitutivos de la gasolina [...]. La bombona colocada a la zaga impulsa al tranvía, al camión pesado y a la furgoneta [...]. Ya se ha establecido una extensa red de estaciones de servicio donde los elegantes coches de turismo pueden abandonar la carga antiestética del gasógeno, disimulando los cartuchos de gas en la maleta posterior" (n.º 1, 4 enero 1943). Números más tarde se insistía en el problema: "Para evitar las dificultades de transporte de carburante, una gran fábrica italiana de automóviles realiza interesantes trabajos de experimentación en el empleo del metano líquido" (n.º 322, 7 marzo 1949).

La actividad productiva era mínima. Da buena imagen de ello esta noticia en que lo más ranciamente folclórico parece resumir nuestra actividad económica: "Aspectos de la fabricación de guitarras, laúdes y bandurrias en Granada y exhibiciones de baile andaluz." "Dieron y dan vida no sólo a la ciudad, sino también a muchos pueblos de su vega." No es de extrañar que en la precaria situación económica que atravesaba el país, el menor atisbo de recuperación fuese recibido con alborozo, aunque fuese tan superficial como aquel que notificaba cómo unos buscadores de oro intentaban extraer oro de los ríos Darro y Genil en Granada "porque la extraordinaria pureza del que se obtiene en estos parajes pasa de los 22 quilates [...]. Este obrero ha logrado una buena pesca. Comprueba su hallazgo y llama a sus compañeros. ¡No se ha dado mal!" (n.° 6, 8 febrero 1943). En la I Exposición Nacional de la Industria Española de la Bicicleta y Motocicleta en La Chopera del Retiro madrileño, buen exponente de esta importante rama de la economía nacional que se impone cada día más en el mercado" (n.° 647, 30 mayo 1955).

"En Madrid, y en la Segunda Base de Automovilismo Militar, se han efectuado las pruebas de un nuevo procedimiento de protección de neumáticos del que son autores dos químicos españoles", dice otra noticia (n.° 214, 5 marzo 1945). En otra se informa sobre la central térmica de Burceña (Vizcaya), "con calderas de vapor de construcción nacional, tres generadores acuo-tubulares para una vaporización normal de 35.000 kilos/hora por unidad y 38.500 por caldera" (n.° 322, 7 marzo 1949). Y seguidamente otra noticia, esta vez referente a Europa, como queriendo subrayar que no sólo aquí, sino también más allá de nuestras fronteras también hay que ir recuperando lo que con la guerra se había perdido. "No todo han de ser desgracias sobre Europa –comienza la noticia–. En algunos países del centro del continente la cosecha de remolacha ha sido muy buena y en todas las zonas de producción se ha intensificado el trabajo para aprovecharla" (n.° 322, 7 marzo 1949). Con la apertura de la veda de trucha en las aguas del Bidasoa se abre el número 481 de NO-DO, que, tras indicar cómo se ha demorado la apertura de la veda para facilitar la reproducción de especies, se señala cómo el Servicio Nacional de Pesca está empeñado en fomentar la cría de "especies nobles de la fauna del agua" (n.° 481, 24 marzo 1952).

Un último e importante apunte. El obrero en la España del Nuevo Régimen es un "productor" en el que se estimulan todas sus capacidades y deberes y se disimulan los derechos –como puede ser el de huelga, que no existe ni como noticia en NO-DO–, por lo que tiene de lenguaje bolchevique y comunista. Y por supuesto jamás se emplea la denominación "obrero", y mucho menos en su relación dialéctica con la de "empresa-

La vida como una "pasarela"

NO-DO celebraba alborozado el despegue económico de la España atrasada de la postguerra. En la foto, Franco inaugura acompañado de su mujer la factoría de coches SEAT, en la Zona Franca de Barcelona el 9 de mayo de 1950. El 27 se celebraría la primera Feria del Campo. Fechas antes, el 3 de marzo, se inauguraba el tren Talgo.

rio". Otras veces –y otra cara de la misma moneda– se muestra la recuperación económica en otros países que han pasado también por la cruenta Guerra Mundial. Unos obreros de Lyon reconstruyen una fábrica de automóviles. "La fábrica quedó destruida; y los técnicos, secundados eficazmente por las brigadas de obreros, realizaron todos los trabajos necesarios para conseguir la rápida reconstrucción de este establecimiento, de absoluta necesidad para la organización y mejora de los transportes" (n.° 114, 5 marzo 1945). Un Festival en el parque de Battersea, de Londres, quiere ofrecer una síntesis de cien años de progreso y aportes al mismo en Gran Bretaña; partida anual en la localidad francesa de Saint Malopara de los pescadores que parten a Terranova. El obispo de Saint Brieuc bendice las embarcaciones (n.° 427, 12 marzo 1951).

La vida como una "pasarela"

La "pertinaz sequía"

La "pertinaz sequía" a la que Franco se refería en sus discursos era parte naturalmente de la actividad económica y buzón al que se remitían todas las culpas, aunque en honor a la verdad habrá que decir que climáticamente aquéllos resultaron ser unos años desfavorables. Aquella especie de "cajón de sastre" que eran las noticias de "variedades" a que hemos aludido, acogía al final de los diez minutos de duración aproximada que tenía el Noticiario, curiosidades que de curiosas tenían bien poco. Por ejemplo, los "fuertes temporales de nieve" tienen un lugar destacado en un número de NO-DO (n.° 577, 25 enero de 1954). Grandes nevadas en el Norte habían causado la interrupción de las comunicaciones en Vitoria y Pamplona; por aquellas fechas, "nuestras cámaras sorprenden el paso de un tren sobre la nieve, que tiene algo de apariencia real y fantástica [...]. La amenaza de las inundaciones se cierne ahora sobre ciertas zonas". En honor a la verdad hay que decir que aquella referencia, por otra parte frecuente en discursos, artículos y notas sobre todo oficiales, remitiendo parte de la culpa de los problemas económicos a la "pertinaz sequía", apenas gozó de espacio y tiempo en NO-DO, al menos expresamente.

Las noticias a que nos estamos refiriendo dan paso a otro apartado de escasa atención social y menor atención aún en el Documental: el sanitario. La noticia que nos llama la atención es una que concluye diciendo cómo el oro granadino, en tiempos aprovechado para fabricar magníficas preseas de oro, se emplea en la actualidad "para la obtención de productos químicos y medicinales. Disuelto en agua regia se le somete a una serie de operaciones para convertirlo en soluciones inyectables de gran utilidad en el tratamiento de numerosas enfermedades". La escasa atención sanitaria de aquellos años, la inadecuada dieta y la proliferación de casos de tuberculosis y tifus explican las imágenes de esta otra noticia y la consabida admiración germana, en este caso más que justificada: "Los hombres de ciencia alemanes han creado en Lembeg el mayor y mejor Instituto del mundo para combatir el tifus exantemático" (n.° 6, 8 enero 1943). Aunque hay que decir también que la visita del doctor Fleming a nuestro país tuvo un tratamiento de excepción, dando fe de ello las calles que llevan su nombre en el ámbito nacional.

6.7
"Panem et circenses"

Si lo anecdótico, curioso, entretenido e intrascendente tiene un destacado lugar en el Noticiario, es incluso el clima en que se concibe y construye, ni qué decir tiene la importancia que el Noticiario daría a dos hechos de máxima importancia como espectáculo: Fútbol y Toros. Nuestro "pan y toros" o "pan y fútbol" viene a ser en esta época un remedo de aquel *Panem et circenses* con que los administradores romanos intentaban mantener satisfecho al pueblo con una suficiente ración de pan y un variado programa de fiestas en los circos.

En la España recién salida de la guerra y soportando un grave bloqueo internacional, los recursos eran escasos. Las fiestas –deportes y toros– en un pueblo meridional y festivo como el nuestro, al final resultaban ser un buen recurso de los dirigentes para aliviar los rigores de la necesidad y posiblemente remitir al olvido la protesta consiguiente. Contabilizando el tiempo que NO-DO dedicaba en cada número a los deportes y toros, observamos que es casi una tercera parte del documental. Junto a Franco e inauguraciones, los deportes son otro de las motivos más repetidos en el Noticiario NO-DO.

Hay un formato en el minutado y reparto de noticias de NO-DO que si no era intencionado sí era habitual, según el cual las primeras noticias eran casi siempre deportivas, cuando pertenecían al apartado que hemos denominado de "variedades". Las noticias políticas relevantes, con frecuencia oficiales, eran remitidas hacia la mitad del Noticiario, hecho éste con el que algunos han intentado confirmar su opinión de que el NO-DO colocaba muy lejos de sus intenciones fundacionales el orientar la ideología de los espectadores. En nuestra hipótesis se reafirma la impresión de que a la ciudadanía lo que interesaba transmitirle principalmente era un apoliticismo o asepsia total, el convencimiento de que quienes habían llevado al país tras la guerra a buen término debían ser objeto de la confianza total junto a unas formas y modos de afrontar la vida; en otras palabras, una educación de carácter popular.

"Panem et circenses"

El gol de Zarra y otros

NO-DO comienza su andadura bajo el signo de una de esas victorias futbolísticas que "hacían patria". España había vencido a Portugal por 4-2 el 7 de mayo. El famoso gol de Zarra sería otro de los adobos de ese "hacer patria" frente "al intrusismo extranjero" *(sic)* que se proclamaba en la Plaza de Oriente abarrotada. O aquel otro gol frente a Rusia que era todo un *revival* de los pasados enfrentamientos con el "oso asiático" *(sic)*. El primer número de NO-DO es buen ejemplo de lo que estábamos diciendo, tal y como ocurre con otros aspectos de los analizados en este trabajo. Con la particularidad de que –como suele ocurrir otras veces– las manifestaciones deportivas vienen de la admirada Alemania, que, aunque inmersa en plena guerra, encuentra en las competiciones deportivas el motivo de disciplina, desarrollo físico y perfección estética: "La Organización Alemana "Fuerza por la Alegría" celebra, en la Deutschlandhalle de Berlín, una gran demostración deportiva. La multitud congregada siguió con animado entusiasmo las exhibiciones gimnásticas, ejecutadas con admirable precisión y exactitud" (n.° 1, 4 enero 1943). Números después, nueva y amplia reseña deportiva: natación femenina en Holanda, hípica en Dinamarca, vuelo en Alemania (n.° 4, 20 enero 1943).

El deporte "abriendo" en muchas ocasiones en importancia el Noticiario, casi siempre ocupando buena parte de los diez minutos de la proyección y siempre con una intención oxigenante del ambiente y clima sombrío o triste que dominaba el panorama nacional. Solamente hemos destacado aquellos números del NO-DO en los que pensamos que el deporte en cuestión adquiría especial relieve por motivos, claro está, extradeportivos. Con alguna frecuencia los eventos deportivos adquirían relieve especial por coincidir con las vacaciones de Franco en San Sebastián o con alguno de sus desplazamientos para inaugurar alguna obra o presidir algún acto especial.

En este apartado se incluyen tanto las competiciones nacionales como las celebradas fuera de España. Hay algunas competiciones en las que la repetición es explicable, como es el caso de los famosos baloncestistas norteamericanos los *Harlem Globe Trotters*. Pero llama la atención cómo son repetidas otras de aparente menor relieve, como, por ejemplo, las de los acróbatas hermanos Trabbers. En otras ocasiones lo "internacional" se diluye también aprovechando la furia futbolística, como es el caso del gol de Zarra o la embajada futbolística española a Buenos Aires.

Los deportes, aparte de espectáculo y distracción de otras realidades, cubrían otro papel como NO-DO igual que las corridas de toros, pero se ofrecían también con muchísima frecuencia como el estimulante para esa juventud nueva, fuerte y sana que preocupaba al Régimen, una juventud que desarrollase, con el viejo aforismo latino, una *mens sana in corpore sano*. Así, por ejemplo, el comienzo de uno de los primeros Noticiarios contiene cuatro noticias deportivas, dos de las cuales se dedican a actividades deportivas del Frente de Juventudes en Madrid y Granada. "Sobre el hermoso paisaje de Sierra Nevada –concluye la noticia– reciben sana instrucción física y premilitar las nuevas generaciones de la Patria" (n.° 3, 18 enero 1943). La mujer y la mujer falangista se educan en el mismo clima deportivo y sano: la Sección Femenina de Falange es protagonista de una noticia que recoge el III Ciclo de Esquí en las pistas de La Molina. La coletilla final reafirma nuestra hipótesis: "Las camaradas realizan con entusiasmo su entrenamiento. Dueñas de sí y de sus músculos, el deporte les hace lograr ese difícil y maravilloso equilibrio entre el alma y el cuerpo" (n.° 8, 22 enero 1943).

El hecho deportivo sí es tratado con categoría cultural sobre todo cuando favorece el desarrollo de las facultades de los nuevos jóvenes de la patria: los alumnos de Infantería de Marina de la Escuela Naval Militar de San Fernando aparecían realizando ejercicios prácticos de cultura física militar. "Los futuros oficiales de nuestra Marina hacen gala de admirable destreza, agilidad y disciplina" (n.° 11, 15 marzo 1943). Los cadetes de la Escuela de San Fernando –ilustra otro Noticiario– "demuestran su admirable preparación gimnástica en diversas pruebas y ejercicios" (n.° 15, abril 1943). En la Piscina Municipal de Madrid, en la Casa de Campo, se clausura el III Cursillo de Educación Física y Natación para alumnos de grupos escolares (n.° 664, 26 septiembre 1955).

También en este caso la inflación deportiva se extendía más allá de nuestras fronteras. Carreras de motos en el circuito de Chimay (Bélgica) con figuras como los británicos Beischer y Foster o el belga Fergus Anderson; acrobacias en patín sobre ruedas en Argentina (n.° 235, 8 julio 1947). Miguel Báez "Litri" asiste a las finales del XVI Campeonato de España de Galgos en Campo y Primer Trofeo de la Federación Española de Fútbol en los terrenos de la Sociedad de Cacerías Militares de Campamento (Madrid) (n.° 577, 25 enero 1954). Campeonatos de sabuesos en Woodlan (California). Carreras de caballos Garden State en Camdem (Estados Unidos) (n.° 677, 26 diciembre 1955). VII Premio Motociclista de Invierno en el circuito del Parque y Paseo de Cintura del Puerto de Málaga, en que se declara vencedor absoluto el inglés John Grace. Vence reñido con los españoles Checa, Millastre y Miguel Pérez. Y también en ese número se informa de la victoria española en el III Torneo Internacional de Hockey sobre Hielo en Nuria, entre el Club Alpino y el Club austríaco Steryde Nuria (n.° 686, 27 febrero 1956).

Franco también preside manifestaciones deportivas destacadas, sobre todo coincidentes con sus lugares de veraneo y descanso. Así, por ejemplo, en la bahía de La Concha, en San Sebastián, presencia las regatas de traineras (n.° 142, 24 septiembre 1945). En otra ocasión –tan sólo por aducir algún ejemplo más de los muchos que hemos encontrado–, Franco con su esposa e hija preside el Concurso Hípico Internacional en la Casa de Campo de Madrid (n.° 234, 30 junio 1947).

El ámbito deportivo cubre en NO-DO todos los campos y especialidades: el argentino Pedro Carrera, campeón mundial de billar: "Broche de oro de este ejercicio es una carambola por elevación: la carambola alada. Gran carrera la de Carrera", termina ocurrentemente la noticia (n.° 4, 20 enero 1943). Todo tiene su segunda lectura en NO-DO. Esta noticia, por ejemplo, siendo deportiva, tenía su apartado especial bajo el título de "Argentina" –a quien España debía el agradecimiento de la ayuda en momentos difíciles–, cuando a renglón seguido había un apartado estrictamente deportivo: natación femenina en Holanda, carreras de caballos sobre nieve en Dinamarca y vuelo a vela en Alemania (n.° 4, 20 enero 1943). Nueva muestra de atención al país hermano de Argentina con ocasión de la Gran Copa Nacional Argentina en el hipódromo de Buenos Aires (n.° 12, 22 marzo 1943). Regatas internacionales en el río Luján de Argentina con asistencia del jefe del Estado y ministro de la Guerra (n.° 239, 12 agosto 1947). Gran Premio del Jockey Club –también en Argentina–, en el hipódromo de Palermo.

"Panem et circenses"

Patinaje artístico sobre hielo en el Earl's Court de Londres (n.° 12, 22 enero 1943). Prueba hípica en la pista de Brooklyn, en Nueva York (n.° 239, 12 agosto 1947). Competiciones deportivas femeninas en La Haya (Holanda); carreras de caballos en el hipódromo de Klampenborgen, en Dinamarca, y marca mundial de vuelo a vela en la escuela de Spitzreberg, junto a Viena (n.° 4, 25 enero 1943). Carreras de obstáculos en Lyón; campeonato de gimnasia rítmica entre atletas alemanes y húngaros; danzas y patinaje sobre hielo en el Palacio del Deporte de Berlín (n.° 5, 1 febrero 1943). En el Estadio Náutico de Montjuich se celebra la primera jornada del encuentro internacional de natación entre España y Francia; esquiadores en el Club norteamericano de Rockforsd e inauguración de una piscina en la isla francesa de Adán (n.° 339, 4 julio 1949). Gran Premio Viminale de carreras de caballos al trote en Roma; campeonato de salto de patín en la pista helada de Grossinger, de Nueva York (n.° 427, 12 marzo 1951). "Sin miedo a la impetuosa corriente ni a la nieve que cae", en las turbulentas aguas del Couze-Pavin, en Francia, se celebran las regatas de "Kayaks" (n.° 635, 7 marzo 1955).

NO-DO número 647 (30 mayo 1955): bodas de plata del Real Aéreo Club de Zaragoza con participación de avionetas de distintos aeroclubs de España. En el mismo número se informaba sobre unas regatas de dos mil metros en el Potomac, con triunfo del equipo de Pensilvania, y la aviadora acrobática Betty Kelton en el Jardín de los Cipreses, en el estadio de Florida (Estados Unidos). Campeonatos olímpicos de madereros en Fort Bragg (California) (n.° 664, 26 septiembre 1955). Regatas preolímpicas en el lago norteamericano de Onandagas, con participación de Jack Kelly, hermano de la princesa de Mónaco; Gran Premio Nacional de Esquí Acuático de los Estados Unidos desde Long Beach hasta isla Catalina, en California; saltos sobre trampolín en Huston (Texas) (n.° 707, 23 julio 1956).

Torneo internacional de Esgrima en Budapest y Campeonato de Boxeo en Berlín (n.° 6, 8 febrero 1943). Torneo Internacional de Ajedrez en Praga, regatas de balandros en Málaga, Campeonato de Galgos en Cazadero de Campamento (Madrid), Campeonato Español de Peso Medio o pruebas de natación y humor en el Club Viking de Dinamarca (n.° 7, 15 febrero 1943). Reunión ciclista internacional en el Palacio de los Deportes de Bruselas y entrenamiento de esquiadores franceses en los Alpes de

"Panem et circenses"

Saboya, e incluso la Copa Internacional del Danubio de ping-pong en Eslovaquia (n.° 11, 15 marzo 1943). Regatas de remos en Tigre (Argentina), en que el equipo Teutonia vence al hispano-argentino; carreras de caballos en Niza para el Gran Premio Costa Azul 1943; hockey sobre hielo en Zurich entre Suiza y Hungría; entrenamientos de salto de longitud y altura de los más famosos atletas ingleses (n.° 14, abril 1943). Y hasta un concurso de leñadores australianos y neozelandeses en Inglaterra, "lo mismo que nuestros clásicos aitzcolaris" (n.° 17, abril 1943).

Tirada de pichón en la Real Sociedad de Alicante (n.° 114, 5 marzo 1945). XXV Vuelta Ciclista a Cataluña con participación extranjera y culminación en el estadio de Montjuich con victoria de Bernardo Ruiz (n.° 142, 14 septiembre 1945). En el famoso Madison Square de los Estados Unidos las bailarinas evolucionan ante un jurado que "pasa grandes apuros antes de tomar una decisión: porque estas bailarinas, sobre todo las de color oscuro, son a cuál mejores" (n.° 196, 7 octubre 1946). XIX Travesía a Nado en el puerto de Barcelona (n.° 196, 7 octubre 1946). Campeonato Internacional de Polo en Westbury entre los equipos Los Gracidas, de México, y Swank Meadowbroock Club, de Estados Unidos (n.° 198, 21 octubre 1946). La cámara en el mismo número sigue las evoluciones del Campeonato de Regatas de Traineras en Santander, con victoria de *Orio* (n.° 198, 21 octubre 1946). Indianápolis se prepara para la gran carrera de automóviles de las 500 millas en el llamado "Día del Recuerdo" (n.° 233, junio 1947). Celebración en Inglaterra de la 98 Regata Universitaria con participación de instituciones de tanta solera como Oxford y Cambridge y Copa de Oro de Hípica en el Hipódromo de la Zarzuela, con la que el Club de Fútbol Real Madrid celebra sus Bodas de Oro (n.° 481, 24 marzo 1952). Gran Premio de Italia, prueba automovilística en Monza con asistencia del presidente de la República y el arzobispo de Milán, Montini; vencedor, Fangio (n.° 664, 26 sepotiembre 1955).

Es frecuente el caso de un largo bloque de noticias deportivas. Así, por ejemplo, casi abriendo el Noticiario, se ofrecían varias noticias deportivas: en el hipódromo bonaerense de Palermo se corre el Gran Premio del Jockey Club, que gana un coronel; los mutilados de guerra se entrenan en el juego del golf en un club de Toronto bajo las instrucciones del profesional Ralph Wobb; en Shawrodge (Canadá) se reúnen instructores canadienses para el deporte de esquí; en el Estadio Nacional de Lisboa la selección portuguesa juega contra la española en el XVII Encuentro Internacional entre ambos países y los lusitanos ganan por 4-1 (n.° 213, 3 marzo 1947). Otra ocasión en que el deporte "arranca" el Noticiario: Gran Prueba Ciclista París-Bruselas con 188 corredores y victoria del famoso belga Storkx; III Gran Premio de Motorismo de Madrid en la Casa de Campo, organizado por el Real Moto Club y patrocinado por el Ayuntamiento de la capital (n.° 229, 26 mayo 1947).

El número 322 ofrece un cross ciclopedestre en San Sebastián, con victoria del famoso Joaquín Michelena; unas regatas motonáuticas en el Real Club Naútico de Barcelona; el Campeonato de Copa de fútbol británico entre los equipos Derby y Arsenal, y hockey sobre hielo en el Earls Court de Londres (n.° 322, 7 marzo 1949). En algunas ocasiones el hecho deportivo es contado con las técnicas de un reportaje y con toques humanos que le hacen más agradable. Así, por ejemplo, cuando se concluye el Noticiario con dos informaciones sobre pesca. Concurso nacional de pesca del lucio en el pantano de Gasset, organizado por la entidad manchega Sociedad de Fomento de la Pesca Fluvial; seguidamente, torneo de pesca en el parque parisiense de Buttes-Chaumont (n.° 718, 8 octubre 1956).

La "fiesta nacional"

Es en torno a esos años cuando las corridas de toros pasan a ser consideradas como "fiesta nacional", resumen, esencia y paradigma de no pocos valores patrios, y es uno de los capítulos de particular atención en el NO-DO dentro de esa constante que hemos dado en llamar del "pan y fiestas". Raro es aquel documental que no tiene alguna reseña taurina. La cuantificación de los casos en que aparece la reseña informativa es alta, y por ello hemos optado por la selección de algunos festivales taurinos significados. Bien entendido que deportes y toros copan una buena parte del Noticiario. Los casos seleccionados son aquellos en que aparecen los nombres de los famosos del momento o la especial intención que se le asigna al festival en algunas ocasiones, acompañándolo de una agenda de visitas de personalidades ilustres, campañas benéficas, etcétera.

"Panem et circenses"

Los toros –en contra de lo que pueda parecer– no ocupan un lugar excesivo en el NO-DO. Desde luego, un tiempo en proporción muy inferior al que ocupaban los deportes. Las corridas de toros aparecen en NO-DO en circunstancias muy especiales en que de alguna forma había que avalar "lo nuestro, lo patriótico" con un festival que se consideraba como la Fiesta por antonomasia. Curiosamente, la primera noticia taurina en NO-DO se sitúa en el país vecino de Francia, con una corrida de toros en Arlés (n.°. 33, agosto 1944). Muchos números después el Noticiario volvía a hacerse eco de una corrida de toros en la plaza de toros de la ciudad francesa de Nîmes, lugar de cierta tradición taurina (n.° 406, octubre 1950).

La peruana Conchita Cintrón, a quien los medios dedicarían toda su atención y simpatía, aparecía rejoneando en el número 134 (septiembre 1945). Corrida de Álvaro Domecq y los hermanos Bienvenida en el cartel de Toledo (n.° 182, junio 1946). Con frecuencia los festivales taurinos tenían una intencionalidad benéfica: corrida de toros a beneficio del Montepío de Policía, con Rovira, Parrita y Gitanillo de Triana (n.° 198, octubre de 1946, y n.° 651, junio 1955). O un festival benéfico como el organizado por Radio Madrid (n.° 601, julio 1954). Otras veces la corrida de toros contaba con la presidencia del Jefe del Estado: por ejemplo, en el número 286 (junio 1948), en la corrida de la Beneficencia, con los diestros Bienvenida, Parrita, Rovira y Manolo González.

En otras ocasiones la corrida de toros era el recurso obligado de la agenda de protocolo de un personaje ilustre, como aquella corrida en la Plaza de Toros de Madrid en homenaje a la ilustre visitante Eva Duarte de Perón, esposa del presidente argentino, a quien acompañaba el Jefe del Estado, Francisco Franco, con su esposa e hija. Corrida en la que intervenían los diestros Gitanillo de Triana, Pepe Luis Vázquez y el argentino Raúl Ochoa "Rovira", y, como rejoneador, Pepe Anastasio (n.° 233, 23 junio 1948). Otra ocasión en la Feria de Sevilla, a la que asiste la actriz Ava Gardner, en la que actúan Pepe Luis, Manolo González y Manolo Carmona. Festivales taurinos en localidades próximas a Madrid, como son las plazas de Aranjuez (n.° 298, septiembre 1948), con los toreros Dominguín, Paquito Muñoz y Manolo González, o la de Alcalá de Henares (n.° 609, septiembre 1954), con los toreros Bienvenida, Ortega y Peralta como rejoneador. Naturalmente, no podían faltar cada año los encierros de toros en la fiesta patronal de San

Fermín. En Pamplona cada 7 de julio tienen su correspondiente crónica en NO-DO. Éste es sólo un exponente (n.° 445, julio 1951).

Corrida en la segunda de las catedrales del toreo, la Maestranza de Sevilla: Pepe Luis Vázquez, Martín Vázquez y Parrita (n.° 225, abril 1947). NO-DO estaba presente en aquel duelo entre los grandes diestros Manolete y Arruza cuando este último llegó de México. El gran despliegue llegó con la cogida de Manolete en la plaza de Linares (Córdoba) y posteriormente la muerte, con la consiguiente conmoción nacional. En otra ocasión, NO-DO aprovecha para hacer un reportaje retrospectivo del gran torero (n.° 244, agosto 1947). También otro número es un reportaje especial sobre la "fiesta brava" en que desfilan la Venta de Antequera, los toros en los corrales, las corridas de la Feria de Sevilla, la actuación de los diestros Pepe Luis Vázquez, El Choni, Antonio Bienvenida, Pepe y Luis Miguel Dominguín y Parrita (n.° 278, abril 1948). En el número 285, la actuación de Juan Aparicio en la Monumental de Barcelona (n.° 285, junio 1948). Toros en la Monumental de Barcelona para los toreros Manolo Vázquez, Manolo González y Litri cierran otro NO-DO (n.° 481, 24 marzo 1952).

Capítulo 7
Palabras finales

En realidad, lo que había que decir ya queda dicho a lo largo del libro. Es más, en el momento de analizar en detalle y por bloques los contenidos del Noticiario NO-DO, se iba señalando la coincidencia de las hipótesis que manteníamos sustentándolo en las noticias concretas. Pero llegado el final tal vez no estén de más unas últimas palabras que resuman de forma general esas conclusiones a las que hemos ido llegando paso a paso.

Los medios "median" mucho

La primera de estas conclusiones es, por necesidad, una obviedad repetida en infinidad de ocasiones y una vez más, también, constatada y avalada por el análisis realizado sobre los contenidos del Noticiario Documental NO-DO. Se refiere a los efectos que los medios producen en sus comunicaciones a las audiencias masivas, o más exactamente a la convicción, más que razonable, que tienen los dirigentes políticos en cuanto a la eficacia que poseen sus mensajes cuando se ofrecen a través de los medios y aún más si éstos son medios audiovisuales. Eficacia que por otro lado no puede tener una estricta relación causa-efecto, como en algún momento quisieron entender algunas corrientes teóricas. NO-DO es una constatación más de lo dicho anteriormente.

Amnesia colectiva

Ha habido una especie de amnesia colectiva que nos ha llevado durante años a desconocer aquellos capítulos de nuestra historia más reciente que más nos desagradaban. Y NO-DO puede que fuese una de ellas. Esa especie de incontrolado olvido ha ido desapareciendo con los años, en la misma medida en que las situaciones políticas habían ido cambiando. Es precisamente entonces cuando comenzamos a conocer esa etapa de nuestra inmediata historia más olvidada, la que va desde el final de la Guerra Civil hasta el despegue social y económico de los años cincuenta, que coincide justamente con la etapa que abordamos en este trabajo (1942-1956).

Noticiario como educador popular

NO-DO fue parte, y parte privilegiada, del intento de socialización que latía en el ánimo de los inspiradores del Nuevo Régimen que surgía en España tras la Guerra Civil. Con ello no hacían sino repetir miméticamente lo que se venía haciendo en otros países del entorno e incluso de más allá del Atlántico. El cine estaba en su apogeo, había surgido el género documental, y las potencias occidentales, metidas de lleno en una confrontación que copó la primera mitad del siglo con un breve intermedio de paz, aprovechaban el género para transmitir sus idearios políticos. La URSS, Alemania, Italia, Francia, Gran Bretaña y Estados Unidos pueden aportar magníficas pruebas de la utilización propagandística que hicieron del género documental. A España llegaban –antes de la existencia del NO-DO– los Noticiarios de la UFA, la LUCE y la FOX, que contribuyeron decididamente al nacimiento del Noticiario español.

Es cierto que de todos los personajes entrevistados –relacionados con NO-DO, algunos de ellos directivos desde el primer momento–, ninguno de ellos estuvo de acuerdo en admitir que en NO-DO hubiese directrices, normativas y mucho menos censura. Sin embargo, el producto que salía a las salas de cine y veían los espectadores de forma obligatoria al asistir a una proyección de cine comercial contenía mucho más de orientación que de información. O no eran conscientes de las circunstancias especiales en que realizaban su tarea profesional, o preferían olvidarlas, o simplemente –y ésta es nuestra postura– no hacía falta recibir instrucciones concretas para llevar adelante un trabajo que coincidía con los intereses manifiestos de los últimos responsables políticos de NO-DO. No en balde, el Decreto que ponía en marcha el Noticiario en septiembre de

1942 iba firmado por la Subsecretaría de Educación Popular, puesto que recaía en manos de la Falange, vigilante en aquellos momentos de la ideología del Nuevo Régimen.

Una orientación confesional

NO-DO se convertía en uno de los instrumentos privilegiados del aparato del Régimen para transmitir una ideología determinada o más bien unas formas concretas de comportamiento social. Difícilmente podía intentarse lo primero cuando apenas puede hablarse de un cuerpo de doctrina política concreto en los hombres del Nuevo Régimen, sino más bien de un mosaico de tendencias tradicionalistas, castrenses y católicas. Aparte de un manifiesto militarismo que en el ámbito civil se traduciría en un autoritarismo fuera de toda duda como forma de gobierno, el Régimen se iba haciendo con retazos de ideologías extraídas de los ámbitos más diversos, siempre coincidentes con sus intereses. Así, por ejemplo, el retorno al tradicionalismo anterior al republicanismo suponía el retorno a formas tradicionales de convivencia familiar y social que la República había liquidado.

El catolicismo en su perspectiva más integrista o conservadora venía impuesto de alguna forma por el rechazo de las manifestaciones antirreligiosas a las que vino a poner fin de alguna forma la sublevación militar del general Franco. Era también una cierta forma de garantía de control moral y social. El falangismo –en el que las coincidencias no eran tan grandes entre los propios dirigentes políticos– aportaba esa única forma de expresión política que permitía hablar de una "democracia orgánica" sin caer en un pluralismo de expresiones políticas que se encontraba en

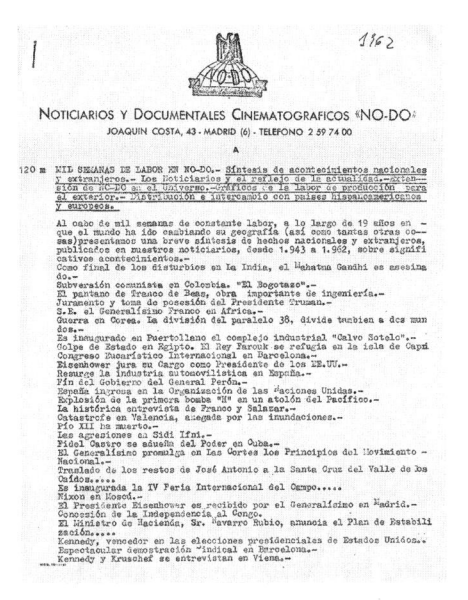

Uno de tantos guiones que los redactores del equipo de NO-DO escribían para los Noticiarios. El de la foto corresponde al que celebraba los mil números de NO-DO.

Palabras finales

las antípodas de la España que Franco quería. Y es así como había que entender e interpretar en aquellos momentos la realidad social y política: todo ocurría según los deseos de quien había ganado la guerra, había traído la paz y veía como único camino el de la unidad que de hecho se traducía en uniformidad.

Lo religioso, y más concretamente lo católico, se había convertido en el factor privilegiado del cometido educativo del Régimen, que por lo mismo sería confesional y que lógicamente se traslucirá en NO-DO. Y ello, pese a que sus propios realizadores formales dejasen constancia de la escasez de noticias religiosas que ofrecía el Documental. Lo "católico", como calificativo, pasaba a ocupar la sustantividad de lo "religioso". Lo católico, diluido de mil y una formas en las noticias de NO-DO, aunque no hubiese informaciones directamente católicas –que también las había–, era como el hilo conductor de una buena parte de aquellas actividades sociales de las que daba cuenta NO-DO. Los actos de mayor significado institucional eran bendecidos con la presencia o presidencia de la Iglesia. La orientación de las costumbres y hábitos sociales, la forma de entender la vida y esa especie de cosmovisión generalizadora, eran católicas, y como tal se manifiestan en NO-DO.

Pintoresquismo para tapar los silencios

El Noticiario quería distanciarse de los horrores de la guerra, y así nos lo reconocían en entrevistas personalidades que tuvieron responsabilidades directas sobre el Noticiario. Es más, les parecía que en aquellos momentos la actitud más aconsejada consistía en no revolver las aguas que aún bajaban turbulentas. Lo grave del asunto es que no sólo no transmitía imágenes de una memoria aún reciente, sino que ni siquiera se mostraba la pobreza, la hambruna, la miseria, las carencias más absolutas que la guerra había traído consigo, ni mucho menos la represión, el descontento, las huelgas, las revueltas estudiantiles, los enfrentamientos entre las propias familias del Régimen, las condenas y otros aspectos más sombríos.

En contrapartida se ofrecían las noticias más pintorescas de todo el mundo, que poco o nada tenían que ver con la realidad circundante más inmediata, cuando no se ofrecían espectáculos de suntuosidad y lujo casi insultantes para esa misma realidad que se vivía en la calle. De ahí, el lugar privilegiado que se daba a las noticias curiosas, los deportes, los espectáculos taurinos, los frecuentísimos "pases de modelos" y "galas festivas", que relegan a un segundo término incluso las noticias políticas.

Entre el Eje y los Aliados

La Segunda Guerra Mundial fue la protagonista de los dos primeros años de NO-DO, que nacía en 1942, cuando la guerra entraba en su clímax, para terminar en 1945. Hasta ese momento es clara la tendencia germanófila del Noticiario admirando las proezas de los avances alemanes y las conquistas logradas por los soldados del Eje. A partir de 1945, este aspecto varía claramente y pasa a una complaciente postura ante las potencias "aliadas" vencedoras. Las potencias occidentales, por su parte, declinarían su cooperación con España por la simpatía –más que por el apoyo– que ésta había ofrecido a los países del Eje. A partir de ese momento, por un lado, había que ir aliviando los rigores y formalidades típicas de un Régimen con resabios fascistas, y, por otro, había que elevar la voz denunciando el aislamiento internacional del que era objeto España, excluida de la ONU y retirados casi todos los embajadores.

El cardenal Pla y Deniel, que siendo aún obispo de Salamanca cedió su palacio episcopal a Franco como Cuartel General en la Guerra, fue quien bautizó a la misma como "Cruzada". En la foto, el General le comunica el 2 de noviembre de 1941 su nombramiento como arzobispo de Toledo y Primado de España.

Por otro lado, no había otra alternativa que poner la mirada de futuro en esas potencias que habían cerrado las puertas. Los Estados Unidos y la Santa Sede serían los aliados perfectos para conseguir esos objetivos y entrar nuevamente en el club de los países occidentales. De su mano, España retornaría a la normalidad diplomática en 1953. En sólo un punto España no había variado durante todo el tiempo anterior, y ése precisamente favorecía el apoyo final por parte de Estados Unidos y la Santa Sede: su visceral anticomunismo, que garantizaba –pese a todo– la importancia estratégica de España en momentos de "guerra fría" como aquéllos.

Una información superficial

En contra de lo que podría pensarse en un primer momento, e incluso de algunas de las partes del libro, NO-DO no era primordialmente un Noticiario creado para informar, así fuese sesgadamente, y formar, fundamentalmente, a los dóciles ciudadanos salidos de la Guerra Civil. Era sobre todo –casi diríamos institucionalmente– un medio para narrar a los españoles lo que sus patrocinadores querían y creían que ocurría en el mundo, no tanto lo que realmente ocurría. De ahí precisamente el mote que invariablemente acompañaba la "careta" y sintonía de entrada: *"El mundo entero al alcance de todos los españoles"*. Un mundo que por instancias superiores, las de la ONU, daba la espalda al Régimen de Franco, mientras que éste intentaba achacar buena parte de los males a las turbias maniobras del exterior, masonería y judaísmo entre otras, y sobre todo al comunismo internacional que movía los hilos, al tiempo que intentaba también concitar los ánimos populares y adhesiones inquebrantables en concentraciones masivas y otros actos patrióticos. De la España interior –de la que se informaba de la forma más superficial– se ofrecían sólo aquellos aspectos que contribuían a crear el clima social que querían los hombres del Nuevo Régimen.

Esa primordial intención informativa que cubría el bloque de mayor densidad del NO-DO en cuanto a contenido se refiere suponía una incondicional simpatía hacia los países del Eje, de los que Franco esperaba en un primer momento podría conseguir los más pingües beneficios, incluidas las conquistas territoriales que devolviesen a España la ansiada "grandeza imperial" de siglos pasados. A medida que estas esperanzas se fueron desvaneciendo con la misma rapidez que los Aliados iban consiguiendo las primeras victorias sobre una Alemania que empezaba a declinar, España, y naturalmente NO-DO, cambian sus simpatías, que se vuelven hacia los Aliados. En el único aspecto en el que no hubo cambio fue en la invariable visceralidad e inquina hacia todo lo que sonase a soviético, para quien siempre había alguna diatriba en los comentarios del Noticiario.

Los padrinos para la ONU

Esa postura conseguiría, por un lado, que los Estados Unidos, ya embarcados en una latente "guerra fría" contra la URSS, su reciente socio de la guerra, no diesen oídos a quienes pedían un ataque directo al Gobierno de Franco. De alguna forma veían en él y en España un aliado natural en esta guerra fría. Esa postura antisoviética, unida a la manifiesta confesionalidad católica del Régimen, atraería la atención de la Santa Sede, que finalmente vería en Franco un aliado más digno de consideración que los últimos años republicanos, que supusieron un choque frontal y violento a sus personas e intereses. Estados Unidos y Vaticano serían los padrinos con los que España entraba de largo en la familia internacional de las Naciones Unidas, que le había cerrado sus puertas durante unos interminables años de aislamiento no sólo diplomático, sino real.

Voz e imagen del Régimen

En la misma Introducción nos referíamos, no sin intención, al Noticiario como a una especie de "catequesis semanal" o púlpito de aldea desde el que se adoctrinaba a la audiencia. La llegada de otra catequesis más eficaz y de púlpito catedralicio más solemne –la Televisión– acabó con la vida de NO-DO porque sustituía sus cometidos, que no en balde inauguraba sus emisiones con la retransmisión de la misa. Esto es tan cierto, que, aunque el NO-DO en cuanto tal prosigue su vida hasta entrados los años ochenta, en realidad había comenzado su declive aquel día de octubre de 1956 en que nacía la Televisión. A partir de ese momento no le cabrían otros cometidos que los de servicio, respaldo y atención a la "hermana mayor".

Desde su nacimiento en 1942 hasta 1956, en que vino la Televisión, el Noticiario NO-DO fue la imagen oficial del Régimen. La imagen y altavoz de lo que quería mostrar a los españoles y, al mismo tiempo, la imagen en la que el Régimen quería se mirasen los españoles. Era la constatación de la eficacia que tenía como comunicador de intencionados mensajes sociales ese género cinematográfico concreto que era el documental informativo. NO-DO nacía de la mano de los famosos Noticiarios de la Europa de entre guerras y Guerra Mundial que llenaban las pantallas, y repetía sus mismas funciones.

Capítulo 8
Los Sumarios del NO-DO

En este capítulo se recoge un resumen de los "sumarios" que NO-DO fijaba a la entrada de los cines para conocimiento de los espectadores. Resumen organizado temáticamente en torno a algunas de las que hemos denominado "constantes" o temas recursivos del Noticiario con año y número de edición y proyección. que resumen de forma general esas conclusiones a las que hemos ido llegando paso a paso.

LA HISTORIA DE ESPAÑA, EL NUEVO RÉGIMEN Y SUS INSTITUCIONES

Año 1943

Número	Noticias
2	Granada: 451 aniversario de la reconquista de la ciudad andaluza.
8	El Frente de Juventudes celebra el Día de los Caídos. El ministro secretario general del Movimiento viaja a Sevilla y Málaga. Coronación de la Virgen de las Victorias.
9	Apertura del Curso en la Escuela del Ejército.
11	Inauguración de la Asociación Hispano-Germana. El Caudillo asiste en El Escorial al funeral por los reyes de España. Reportaje retrospectivo del Día de la Hispanidad y de la Raza.
13	Frente de Juventudes celebra el Día de los Caídos. El Caudillo inaugura las Cortes.
15	Entrega de la Medalla de Madrid al Caudillo.
17	Fiestas colombinas en Barcelona.
18	Concentración del Frente de Juventudes en Montjuich. Sesión en Barcelona del Consejo de Hispanidad.
22	Gran concentración Nacional-Sindicalista en Zaragoza.
24	Promoción XIV de Infantería. En el Alcázar de Toledo, homenaje al Caudillo en "las gloriosas ruinas".

29	Reconstrucción de una fábrica textil de Sabadell.
30	El ministro del Ejército y secretario general del Partido presiden el fin de curso en la Academia de Mandos e Instructores "José Antonio", del Frente de Juventudes.
32	Horas de alegría en el Campamento Vallensana, del Frente Juventudes.
33	Aniversario glorioso de la salida de Colón del Puerto de Palos (Huelva).
36	Campamentos de Sancho el Fuerte (Navarra), del Frente de Juventudes.
37	Cursos de Instructoras de la Sección Femenina de Falange. Escuela de Mandos de Medina del Campo (Valladolid).
39	"Hogar de la Madre y el Niño", nueva institución de Auxilio Social en Palencia.
40	El ministro secretario general del Partido, en Santander. Inauguración de viviendas. Desfile del Ejército y la Falange.
43	Día de la Raza. Ofrenda de flores a Colón en Barcelona. Discurso de Franco.
46	El ministro secretario general del Partido, en Huesca.
47	Tánger. Residencia de S. A. I. el Jalifa.
48	VII Aniversario de la muerte de José Antonio Primo de Rivera. El Caudillo preside los funerales en El Escorial.
49	Actividad en el zoco de Xauen (Marruecos español).
52	El Caudillo clausura el Consejo de Jefes Provinciales.

Año 1944

54	"Justicia generosa de Franco". Resolución del problema penitenciario español. El ministro de Justicia visita a los reclusos de Porlier.
58	Homenaje del Ejército en Barcelona en el V aniversario de la Liberación de la ciudad.
57	VIII Consejo Nacional de la Sección Femenina en Trujillo. Actos en Guadalupe (también en el número 58).
70	Los ministros secretario general del Movimiento, Educación y Marina visitan Cartagena. Desfile militar.
72	Imposición de la Gran Cruz Laureada al general Queipo de Llano.
86	El ministro de Obras Públicas inaugura el puente sobre Tordera y Besós.

96	Elecciones Sindicales. Productores y empresarios eligen con gran entusiasmo sus representantes en toda España.
97	XI Aniversario de la Falange.
98	VIII Aniversario del Auxilio Social. Franco inaugura en Madrid el Hogar "Joaquín García Morato".
100	VIII Aniversario de la muerte de José Antonio. El Caudillo preside los funerales en El Escorial.

Año 1945

109	IV Consejo de la Organización Frente de Juventudes con Franco.
111	Reproducción de la carabela de Colón *Santa María*.
114	Duelo nacional. Manifestaciones de adhesión al Caudillo en el entierro de los falangistas asesinados.
148	XIV Promoción homenaje a S. E. el Jefe del Estado en las ruinas del heroico Alcázar de Toledo.

Año 1946

158	Pascua Militar. Franco recibe el homenaje del Ejército.
170	(Número totalmente monográfico.) "¡Lo que no se olvida! Las fuerzas terroristas intentan adueñarse del poder en España en 1934. Oviedo, la ciudad mártir. Asaltos y profanaciones de los templos, 1936. Se entregan las armas a las masas sin ley y sin freno. La subversión, presidida por los signos del Comunismo Internacional. Elocuencia de unos documentos cinematográficos incontestables. La ansiada hora de la Liberación. Barcelona y Madrid, rescatadas por las tropas nacionales. Concluye la etapa de terror, miseria y ruina."– "A los siete años de la Victoria. El Ejército desfila ante el Generalísimo en la Avenida de su nombre. La ciudad vibra de patriótica exaltación. Fuerzas que intervienen en la gran parada. Espontánea manifestación popular. La muchedumbre en la Plaza de Oriente. El Caudillo saluda al pueblo que le aclama."
180	Llega el *Plus Ultra* con españoles repatriados de Filipinas, supervivientes de una tragedia. Cuestación de la Cruz Roja.
206	Congreso Nacional de Trabajadores en Madrid.
208	Lotería de Navidad en Madrid y Barcelona.

Año 1947

214	El subsecretario de la Presidencia del Gobierno, Carrero Blanco, visita Canarias.
241	El ministro de Exteriores entrega los restos de los padres del prócer americano general Sanmartín al comandante del buque-escuela *La Argentina*.
250	Elecciones Sindicales.
258	El "Tren de la Amistad" llega de Estados Unidos para aliviar las necesidades de Europa.

Año 1948

265	XII Consejo Nacional de la Sección Femenina en Sevilla.
268	Abierta la frontera Irún-Hendaya (España-Francia).
270	El Consejo del Reino presta juramento ante Franco.
274	Concentración del Frente de Juventudes ante Franco en El Pardo.
280	Postulación de la Cruz Roja por las calles y mesas petitorias.
295	La Marina de Castilla. Conmemoraciones en Bilbao.
297	Avilés festeja el VII Centenario de la Marina de Castilla. Consejo de Ministros en el Palacio de Ayete (San Sebastián).
298	Burgos. VII Centenario de la Marina de Castilla.

Año 1949

316	XIII Consejo de la Sección Femenina en Santillana del Mar.
329	Niños austríacos en el horfelinato de Ribas (Barcelona).
339	Entierro de Alejandro Lerroux.
347	Consejo de Ministros en el Palacio de Ayete. Franco, en las tradicionales corridas de toros de la Semana Grande donostiarra.

Año 1950

372	Periodistas norteamericanos, en España. Visita a El Escorial. Fiesta campera.
378	Clausura del IX Consejo Nacional del Frente de Juventudes.
398	Jura de la bandera en las Milicias Universitarias en "Los Castillejos". Brillante desfile.
407	Día de la Hispanidad.

407	Elecciones Sindicales de "los representantes de los empresarios y los trabajadores".
415	X Aniversario del Frente de Juventudes.

Año 1951

427	Funerales de los Reyes de España en El Escorial.
435	V Centenario de los Reyes Católicos en Zaragoza. Actos conmemorativos en el pueblo del Rey Fernando, Sos del Rey Católico.
442	Reconstruida la ermita de la Virgen del Puerto en Madrid. Condecorado el párroco de Santa María de la Cabeza.
454	Consejo de Ministros en el Pazo de Meirás, de la familia Franco.
465	Elecciones Municipales. Españoles ejercen su derecho al voto. Aspectos diversos en Madrid y Barcelona. Funerales en El Escorial por José Antonio Primo de Ribera.

Año 1952

481	VII Centenario de Castellón de la Plana.
484	Elecciones Sindicales. Votación para la elección de procuradores.
490	Reportaje en *El Pueblo Español,* de Barcelona.
493	Franco preside el traslado de los restos de los Reyes de Aragón al Monasterio de Poblet.
511	Granada celebra el Centenario de los Reyes Católicos.
516	Los asistentes a la VI Asamblea Nacional de Arquitectos visitan en Cuelgamuros el Valle de los Caídos.
517	XVI Aniversario de la muerte de José Antonio en El Escorial.

Año 1953

526	V Centenario de la Reina Isabel. Exposición de sellos de países americanos.
529	Actuación de "Coros y Danzas" de la Sección Femenina de la Falange.
538	Ministro de Justicia inaugura el nuevo edificio del Colegio de Abogados de Barcelona.
546	I Asamblea del Instituto Nacional de Previsión.
551	Concentración Sindical en el Palacio de El Pardo. Premio a los productores modelos.

551	La Sección Femenina, en el Castillo de Navas del Marqués (Ávila).
553	"Labor social". Estudiantes del SEU trabajan en el salto de Moncarril. Estudiantes comparten la vida con los obreros.
560	Muere el duque de Alba. Traslado de los restos mortales al Monasterio de Loeches.
566	Concentración falangista, en el XX Aniversario de su fundación, en el estadio de Chamartín.

Año 1954

578	Clausura del XVII Consejo Nacional de la Sección Femenina.
584	XX Aniversario de la fundación de la Falange.
588	Elecciones Sindicales. Para constituir las Juntas Sociales y Económicas.
599	Asamblea del Instituto Nacional de Previsión en el Palacio Nacional. Asamblea Textil.
604	Frente de Juventudes en ruta en su peregrinación a Santiago de Compostela.
616	Día de la Hispanidad: fervor católico en Zaragoza. Franco consagra España al Inmaculado Corazón de María. Procesión de la Virgen del Pilar. Solemne sesión en el Instituto de Cultura Hispánica.
617	Día de la Hispanidad. "Fervor católico en Zaragoza".
619	Represión al contrabando en el Valle Intelvi. Persecución al estilo peliculero.
625	I Centenario de la fundación del Cuerpo de Ingenieros Agrónomos.

Año 1955

631	Director General de Prensa en la estación invernal de La Molina.
631	Inauguración en Barcelona de la Escuela de Periodismo.
632	Franco impone la Medalla de Oro del Trabajo a José Luis Arrese.
640	Votación de procuradores sindicales. Proclamación de candidatos.
644	Romería en el Santuario de la Virgen de la Cabeza.
655	Desfile de la cabalgata sindical del 18 de julio. Franco inaugura el Parque Deportivo de Educación y Descanso.
656	Franco inaugura una estatua del Cid en Burgos.
660	Prueba del primer reactor español.

665	Día de América en Oviedo. Desfile de carrozas.
668	Día de la Hispanidad en el Salón de Ciento de Barcelona.
673	Franco preside en El Escorial los funerales en el XIX Aniversario de la muerte de José Antonio. I Exposición Aeronáutica en Madrid. Aparatos e instrumentos (al mismo tiempo se informaba de una base californiana y del nuevo bombardero B 52).
676	La Sección Femenina prepara la Navidad. Juguetes en Nuremberg. Espectáculo americano sobre hielo.

Año 1956

682	XVIII Consejo General de la Sección Femenina.
686	Juran sus cargos en El Pardo los nuevos ministros, el de Educación y el secretario General del Movimiento.
688	Solemne celebración en Valladolid del XXII Aniversario de la fusión de la Falange y las JONS.
696	V Centenario Internacional de Formación Profesional Obrera.
698	Aparato de fabricación nacional. El helicóptero AC 13.
700	Desfile anunciador III Certamen Internacional del Campo.
707	En el Palacio del Senado se celebra el Consejo Nacional de la FET y las JONS.
708	Homenaje a las tres Marinas en Vigo. Procesión sobre el agua.
711	Campamento del Frente de Juventudes en Riaño.
712	Homenaje al conquistador de La Florida (Estados Unidos) en Avilés. Entrega de una bandera al embajador de los Estados Unidos.
716	Después de veinte años, 32 españoles llegan desde Rusia al puerto de Valencia.
722	El ministro de Información y Turismo, Arias-Salgado, inaugura los estudios de la emisora madrileña de Televisión Española (TVE).

FRANCO, CAUDILLO, GENERALÍSIMO, JEFE DE ESTADO

Año 1943

Número	Noticias
17	El Caudillo inaugura el ferrocarril Santiago-La Coruña.
18	S. E. el Jefe del Estado, en Galicia. Inauguración en Salinas del Puente de Pedrido, punto importante para las comunicaciones regionales.
19	Franco, en Zamora. El Caudillo inaugura el viaducto sobre el Esla, "magnífica obra de la ingeniería española".
21	Franco, en Málaga, Almería y Madrid. "Impresionante homenaje de adhesión, entusiasmo y gratitud."
22	S. E. el Jefe del Estado, en la Feria de Ganado de Sevilla.
35	Jefe del Estado en Galicia (inauguración de la Escuela Naval Militar de Marín).
36	Franco, en El Ferrol.
38	Franco, en Guipúzcoa. En el Cuartel de Loyola.
39	Franco, en Guipúzcoa. Desfile ante Franco. Inauguración de la Cruz de los Caídos.
41	Día del Caudillo. Consejo Nacional de Educación Física. Demostración deportiva del Frente de Juventudes.
41	Franco preside el Consejo Nacional de FET y JONS. Trascendental discurso.
42	S. E. el Jefe del Estado inaugura la Ciudad Universitaria.
46	En el aniversario de Auxilio Social, Franco inaugura dos albergues capaces para 500 niños.

Año 1944

59	"¡Españoles! El Caudillo que ganó la guerra mantiene nuestra estricta neutralidad."
71	Franco inaugura la línea electrificada Madrid-El Escorial.
74	Franco, en una prueba hípica.
82	Inaugura una nueva emisora en Arganda del Rey.
86	Preside una concentración marinera en Santa Eugenia de Ribeira.

90	Con el Frente de Juventudes, en La Coruña.
93	Franco preside el desfile militar en Plaza de La Armería del Palacio de Oriente de Madrid.

Año 1945

110	El Caudillo inaugura el III Consejo Sindical Industrial.
117	El Caudillo recibe las Medallas de Oro de la Virgen de Uríbarri y del Instituto Nacional de Previsión.
126	Homenaje a Franco en Valladolid. Ejército y Falange desfilan ante él. Discurso en la Plaza Mayor.
127	Inaugura la Exposición Nacional de Bellas Artes.
128	Preside la Corrida de la Beneficencia. Homenaje del público al Jefe de Estado: Armillita, Ortega, Manolete y Parrita.
132	Importante discurso en la inauguración del nuevo edificio del Consejo de Estado.
134	Preside el Consejo Nacional FET-JONS.
142	Presencia en las regatas de La Concha, en San Sebastián.
146	Inaugura tres edificios en la Fiesta de la Hispanidad.
152	En El Escorial, en el IX Aniversario de la muerte de José Antonio.

Año 1946

164	Impone los fajines a los nuevos Jefes de la 42 Promoción.
186	Franco preside la entrega del nuevo pueblo de Brunete. Conmemoración del X Aniversario del Alzamiento Nacional.
190	En tierras de Santander, en el crucero *Galicia*. También en Covadonga y Gijón.
192	Consejo de Ministros en el Pazo de Meirás.
206	"Por la Soberanía de España". Medio millón de personas se manifiestan en Madrid "contra la injerencia extranjera y vitorean al Jefe del Estado en la Plaza de Oriente. Imponente expresión de unidad nacional".
207	"España por Franco. Imponente manifestación patriótica en Palma de Mallorca, Valencia y Barcelona. La muchedumbre exterioriza su repulsa contra la intromisión extranjera y expresa su adhesión al Jefe del Estado."

Año 1947

222	Honores a los restos del general Primo de Rivera. Franco asiste al funeral.
228	"Valencia aclama a Franco". Procesión de la Virgen de los Desamparados.
229	Homenaje del Claustro de Profesores de la Universidad de Valencia. En los Altos Hornos de Sagunto y Vall de Uxó.
231	Franco, en Barcelona. Consejo de Ministros. Homenaje de la Universidad, Ayuntamiento y Diputaciones.
232	Inaugura la Exposición Nacional de Artes Decorativas.
236	"La Voluntad de España. La inmensa mayoría de los españoles ratifica con su voto la fe inquebrantable en el Caudillo. Un momento trascendental en la Historia y en la vida política española. La jornada electoral fue un ejemplo de entusiasmo y de moral política."
237	Supuestos tácticos en Carabanchel presididos por Franco.
238	El Jefe del Estado recibe a los productores y empresarios ejemplares.
239	Ley de Sucesión en El Pardo. Franco comunica los resultados del Referéndum.
240	Gran demostración del Frente de Juventudes en San Sebastián ante Franco.
248	Franco, en La Coruña.
249	Franco celebra el IV Centenario de Cervantes en la Universidad de Alcalá de Henares.
256	Franco preside los funerales de Primo de Rivera.
257	Franco inaugura la línea Cuenca-Utiel. Hermandad Hispano-Argentina. Cadetes argentinos de Aviación en el Pardo con Franco y en El Escorial.

Año 1948

294	Franco preside las regatas de balandros y traineras en La Coruña.
295	Franco, con la juventud. Clausura de los IV Juegos Nacionales del Frente de Juventudes.
296	Tolosa rinde homenaje a Franco. Desfile de las Hermandades Laborales y Ganaderas de Guipúzcoa. Inaugura un albergue de la Sección Femenina en Zarauz.

314	Carmen Polo de Franco inaugura una Exposición de Navidad en la Biblioteca Nacional.

Año 1949

322	Franco asiste en El Escorial a las honras fúnebres por los Reyes de España.
338	Franco, en Montserrat.
346	Franco, en Eibar. Inauguración de viviendas protegidas.
348	El Jefe del Estado, en Gijón.
352	"Franco, en Galicia. El sanatorio antituberculoso del Pinor, en Orense. Un Ambulatorio del Instituto Nacional de Previsión en El Ferrol del Caudillo. El Generalísimo inaugura la central termoeléctrica de Puentes de García Rodríguez. El salto de los Peares y el de Las Conchas."
354	Cumpleaños del Jefe del Estado.
356	"Portugal y España. S. E. el Jefe del Estado, en Vigo. Con la escuadra española y a bordo del *Miguel de Cervantes*. En ruta hacia Portugal. Encuentro con los buques portugueses en aguas de Las Berlingas. Emocionante recibimiento en Lisboa. Homenaje del pueblo portugués. Con el presidente de la República, general Carmona. Brillante desfile militar. Fraternidad ibérica."
357	"Fraternidad peninsular. S. E. el Jefe del Estado español se avista con los periodistas en el Salón de los Espejos, de Queluz. Franco, en Mafra. Comandante General del Ejército portugués. Doctor "Honoris Causa" de la Universidad de Coimbra. Una ritual y severa ceremonia. Emoción religiosa. En la Cova de Iría. Adorando a la Virgen de Fátima."
364	Franco, en la III Asamblea Nacional de Hermandades Sindicales de Labradores.

Año 1950

384	La esposa de Franco llega a Gaeta con los marqueses de Villaverde. Entrega de premios en el Concurso Hípico Internacional de Roma.
391	Amplio reportaje: "El Generalísimo, en Vizcaya. En la Plaza de Toros de Bilbao. Visita al Preventorio Infantil de Gallarta. En el aeródromo

	Carlos Haya. La Exposición de Vizcaya donde se refleja la labor constructiva del Régimen. En la nueva estación de la RENFE. Inauguración de la Cruz de los Caídos en el Parque del Ensanche. Baracaldo honra al Generalísimo."
403	Amplio reportaje: "Franco, en Galicia. S. E. el Jefe del Estado visita la Residencia Sanitaria del Seguro de Enfermedad en La Coruña. Desde el palco presidencial asiste a la corrida de toros. Contempla las pruebas de los regalos desde el edificio del Club Náutico."
406	Cumpleaños de S. E. el Jefe del Estado español.
408	Amplio reportaje: "En vuelo hacia Ifni. S. E. el Jefe del Estado sale del aeropuerto de Barajas. La llegada a Sidi Ifni. Entusiasta recibimiento. Desfile ante Franco. Visita a establecimientos oficiales. El Generalísimo habla al pueblo indígena."
409	Amplio reportaje: "Franco, en Canarias. Ante el edificio de Capitanía General. Parada militar y popular desfile. El discurso del Generalísimo. En la Residencia de Oficiales. Recorriendo el jardín infantil de la Sagrada Familia. En el Valle de la Orotava y en el Puerto de la Cruz. Exhibición de danzas típicas."
416	Amplio reportaje: "Franco y la Industria. S. E. el Jefe del Estado visita en Madrid diversos establecimientos fabriles. La Empresa Nacional de Rodamientos, la Fábrica Nacional de Autocamiones y el Centro de Investigaciones de la Empresa Nacional "Calvo Sotelo".

Año 1951

427	Franco, en los funerales por los Reyes de España en El Escorial.
438	Franco inaugura en Aranjuez la Escuela Mayor de la Sección Femenina.
441	Amplio reportaje: "La obra de Franco. S. E. el Jefe del Estado, en Andújar. Creación de los Huertos Familiares. En el Silo de Córdoba. Una instalación ejemplar. El pantano del Pintado y la Central eléctrica. La zona regable de Montijo. El Canal de Lobón y los riegos del Guadiana."
451	Franco, en los toros en San Sebastián. Franco, en Galicia.

Año 1952

489	Franco, con Abdullah, visita los pantanos de Entrepeñas y Buendía.
490	S. E. el Jefe del Estado, en Puertollano.

491	Franco clausura en Madrid un Congreso de Cirujanos al que asisten dos mil participantes.
503	"Obras del Régimen. En Pasajes de San Pedro. S. E. el Jefe del Estado inaugura un poblado de 212 viviendas de pescadores."
504	"Labor Sanitaria. S. E. el Jefe del Estado inaugura un centro sanitario en Tolosa. Una gran obra del Régimen."
505	Franco, en La Coruña.
518	Cinegética. Franco, en una cacería de perdices. En tierras albaceteñas.

Año 1953

537	En el Palacio Nacional presenta credenciales el ministro de Siria, hacen entrega al Generalísimo de una alta condecoración china y el embajador de Estados Unidos en España se presenta a S. E. el Jefe del Estado.
538	Franco, en Sevilla, Huelva, zona repoblada de l Patrimonio Forestal y en tierras de Almonte y Bañares.
538	Franco visita una fábrica de cemento de la Confederación Hidrográfica del Guadalquivir.
540	Franco inaugura un pantano en Guadalén (Jaén).
540	Franco, en Córdoba. Homenaje al Gran Capitán.
547	Franco, en Aragón: Montalbán, Andorra y Teruel.
548	Franco, en la Basílica del Pilar. La Jota aragonesa.
554	Franco, en Vitoria. Visita a las obras de la nueva Catedral.
556	Franco, en Santander. El Generalísimo llega a la capital de La Montaña. Entrega de la Catedral reconstruida. Nuevo poblado de Pedro Velarde.
560	Franco, en el pueblo de El Ferrol del Caudillo.

Año 1954

583	"Ceuta. Homenaje a S. E. el Alto Comisario de España en Marruecos. Desfile de tropas."
590	Homenaje a Franco en la plaza de Salamanca. Doctor "Honoris Causa" por la Universidad.
597	Franco recibe en Vigo al presidente de la República Dominicana, Rafael Leónidas Trujillo.
600	Franco inaugura una estación depuradora en Alcalá de Henares.

603	Demostración Sindical ante Franco en el Palacio de Oriente.
605	Franco inaugura una institución benéfica, Residencia Sanitaria y Colegio de Huérfanos Ferroviarios.
607	Franco, en San Sebastián, clausura los Juegos Nacionales del Frente de Juventudes.
608	Franco inaugura el nuevo Seminario de San Sebastián.
611	Franco inaugura edificios de la Junta de Obras del Puerto en La Coruña. Exposición de Educación y Descanso.
612	Inauguración en Galicia de la Residencia "Carmen Polo de Franco" para huérfanos de pescadores.
614	Franco cumple años.
615	Franco, en la Escuela de Deportes de la Iglesia de Valencia. Inauguración del Colegio Mayor "Luis Vives". Carmen Polo de Franco inaugura la nueva Casa de la Misericordia. Coronación de la Virgen del Puig.
620	Trescientos asambleístas ganaderos ante Franco.
624	Premios a los mejores aprendices de España. El Frente de Juventudes, ante Franco.

Año 1955

637	Franco recibe a la senadora norteamericana Margaret Chase Smith.
645	En Madrid, Franco entrega una bandera a la Guardia Civil y actúa como madrina de la entrega su esposa, Carmen Polo de Franco.
660	Franco, en Bermeo. Inauguración del ferrocarril de Pedernales.
661	En Avilés, Franco visita la Siderúrgica Asturiana. Horno horizontal rotatorio.
663	Franco inaugura dos centros pedagógicos en La Coruña.
664	Franco inaugura factorías pesqueras en Vigo.
665	Franco, en los Pirineos. Inauguración de las centrales de Espot y Artiés. En el salto de San Mauricio.
666	En Lérida. Inauguración del Gobierno Civil y visita a La Seo. Recibimiento de Franco en Barcelona.
666	Día de Franco en el Palacio de Pedralbes.
667	Franco inaugura oficialmente la factoría de SEAT. Visita la III Bienal Hispanoamericana.
668	Día de la Hispanidad en los salones del Palacio de Ciento, en Barcelona.

669	Entregan en Barcelona a Franco la histórica espada de Mourad Rek.
670	Franco recibe el homenaje carreras agronómicas. Visita exposición conmemorativa centenario Avicultura en Reus. Ministro Agricultura recorre instalaciones y granjas.
677	En el Teatro de la Guardia, en El Pardo, función benéfica ante el Jefe de Estado.

Año 1956

694	En El Ferrol del Caudillo. Botadura del petrolero *Puentes de García Rodríguez*. Franco, en Sevilla. Entusiasta recibimiento.
695	El Generalísimo, en Sevilla. Visita Universidad Laboral. Riegos bajo Guadalquivir. Toros en Plaza de la Maestranza: Joselito Huerta, Rafael Ortega y Antonio Ordóñez.
697	Franco, en Almería: Dalias, Níjar y Rodalquivir.
713	Franco, en San Sebastián. Inauguración Ciudad Escolar y Gobierno Civil. Franco, en el yate *Azor*. Llegada a La Coruña.
715	Franco, en El Ferrol. Botadura de la fragata *Oquendo*.
716	Actualidad Nacional. Generalísimo visita Gran Matadero Industrial de Galicia, en Lugo. Inauguración en el puerto Malpica de la Casa del Pescador.
717	En la Cuenca del Sil. Franco inaugura salto Hidroeléctrico de San Esteban. Características obra. Visita a embalses.
718	"Actualidad Nacional. Franco inaugura el Salto Saucelle. Una de las obras hidráulicas más importantes de España. Nuevo Palacio de Justicia y nueva Casa de Falange en Salamanca."
719	"Visita del Generalísimo. En Alberche del Caudillo. Generalísimo visita Pantano de Valuengo y zonas bajas de Jerez de los Caballeros. Otra gran obra hidráulica. El Pantano de Piedra Aguda. El nuevo pueblo de Olivenza. Por las vegas del Alto Guadiana. Franco, en aeropuerto de Talavera la Real. Exhibiciones de aviación. Homenaje de la población de Badajoz a S. E. el Jefe del Estado."

RELACIONES INTERNACIONALES DEL RÉGIMEN

Año 1943

Número	Noticias
2	El ministro de Asuntos Exteriores, conde de Jordana, visita al presidente Carmona y al jefe del Gobierno de Portugal.
3	División Azul. Hitler impone las Hojas de Roble de Caballero de la Cruz de Hierro al heroico teniente general Muñoz Grandes.
4	Arrese atraviesa la frontera camino de Berlín.
5	Nuevo embajador alemán en Madrid.
6	Arrese coloca flores en el monumento a los Caídos en Berlín.
7	Buque-escuela *Juan Sebastián Elcano* zarpa de Cádiz hacia Hispanoamérica. Arrese firma en el Libro de Oro de Berlín y es recibido por Hitler.
14	Traslado de los restos del embajador alemán.
19	Franco recibe cartas credenciales del embajador de Italia.
20	Presentación de credenciales del nuevo embajador de Alemania.
24	División Azul. El general Esteban Infante recibe la Cruz Alemana de Oro.
47	Tánger. Residencia de S. A. I. el Jalifa.

Año 1944

55	En el Palacio de Oriente, S. E. el Jefe del Estado ofrece un almuerzo al Cuerpo Diplomático acreditado en Madrid y al Gobierno.

Año 1945

117	Llega a Madrid el nuevo embajador de Estados Unidos, Mr. Armour.
118	Presentación de cartas credenciales del embajador de Estados Unidos.
136	Embajador británico presenta cartas credenciales a Franco.
148	En honor al Cuerpo Diplomático: excursión al monasterio de Guadalupe. Visita a Lagartera y Oropesa. Fiesta taurina con la rejoneadora peruana Conchita Cintrón y los diestros Domingo Ortega y hermanos Bienvenida.

Año 1946

194	"Marruecos. El alto comisario, teniente general Varela, visita Melilla. Brillante desfile militar."
198	Embajador extraordinario de Argentina impone el Gran Collar de la Orden del Libertador al Generalísimo. "Madrid exterioriza su simpatía y afecto a la nación hermana."
200	El presidente de Portugal y el embajador español en Lisboa inauguran una Exposición del Libro Español en la capital portuguesa.

Año 1947

211	Llegan al aeropuerto de Barajas ilustres personalidades hispanoamericanas.
212	"Argentina-España. Llega a Barcelona el nuevo embajador de la Argentina, don Pedro M. Radio. Madrid le tributa un recibimiento encendido de entusiasmo."
213	"Argentina-España. El nuevo embajador de la República Argentina, don Pedro Radio, presenta a S. E. el Jefe del Estado, Generalísimo Franco, sus cartas credenciales.
232	"Mensajera de la Paz. Doña Eva Duarte de Perón, esposa del presidente de la República Argentina, llega a Villa Cisneros. Homenaje de la población española e indígena. En vuelo hacia Las Palmas. La bienvenida del pueblo canario. En Madrid y en el aeropuerto de Barajas es recibida por el Jefe del Estado y altas jerarquías de la nación. Vítores y ovaciones en las calles de la capital de España."
233	"En El Escorial. (Primera noticia del documental). Doña María Eva Duarte de Perón y la esposa del Jefe del Estado español visitan el glorioso Monasterio. En el Campamento del Frente de Juventudes. Toledo. (En segunda noticia). Recorrido por las calles de la imperial ciudad. Ante sus monumentos característicos. La primera dama argentina, en el Alcázar. Festival folclórico de danzas." Madrid. (Al final del documental). La capital de España despide conmovidamente a la primera dama argentina. El avión emprende vuelo desde el aeropuerto de Barajas".
234	(Mediado el documental). "Granada. Llega a la ciudad doña María Eva Duarte de Perón. Homenaje de la población. En la capilla de

	los Reyes Católicos. Visita a la Fábrica Nacional de Pólvoras y Explosivos. Sevilla. La primera dama argentina es acogida con enorme entusiasmo. En el templo de San Gil. Los macarenos y la Virgen de la Esperanza. Camarera Mayor de la Hermandad. En el pueblo de La Rinconada. Entrega por parcelas a los colonos de la finca "Torre Pava". La ciudad, iluminada. Fiesta folclórica en la Plaza de América."
235	(Mediado el documental). "Zaragoza. La Excma. Sra. Dña. María Eva Duarte de Perón llega a la inmortal ciudad de los Sitios. Recepción popular. Ofrenda y oración en el templo del Pilar." (Al final del documental). "Barcelona. La Ciudad Condal tributa a la primera dama argentina un fervoroso recibimiento. Desde el aeropuerto del Prat a la Plaza de España. Doña María Eva visita la Feria Oficial e Internacional de Muestras. Recorrido por sus principales instalaciones."
236	"La voluntad de España... La inmensa mayoría de los españoles ratifica su fe inquebrantable en el Caudillo. Jornada electoral."

Año 1948

261	Bandera argentina en el Museo del Ejército de Madrid. "Figurará junto a las enseñas de aquellos países que defendieron España en la ONU."
275	En honor de la Argentina. Madrid proclama su hermandad con la nación del Plata con motivo de la firma del protocolo Franco-Perón. La manifestación frente a la Embajada.
294	Llega a Barajas el jefe del Estado Mayor del Ejército cubano.
300	Llega a Barcelona el crucero-escuela *La Argentina*. Franco impone la Cruz del Mérito Naval a los cadetes argentinos.

Año 1949

349	Viajeros franceses visitando el "Pueblo Español", en la Ciudad Condal.
350	Marinos norteamericanos en Santiago de Compostela. Ofrenda en la Catedral. Recorriendo la ciudad.
350	"Abdullah I, en España. El rey de Jordania llega a La Coruña. Es recibido por S. E. el Jefe del Estado. En el Palacio Municipal. Desfile de las tropas. Recepción en el Pazo de Meirás."

351	"S. M. Abdullah I de Jordania, en Madrid. El Soberano hachemita visita Toledo. En el Real Sitio de San Ildefonso y en el Campamento de Robledo de la Milicia Universitaria. Ejercicios militares y desfile de fuerzas."
364	Agregados militares extranjeros en la zona del Protectorado de Marruecos. Visita a Xauen, playas de Alhucemas y campamento de Regulares.

Año 1950

372	Periodistas norteamericanos visitan España. En el aeropuerto Barajas y en El Escorial. Fiesta campera.
378	Brasil y España. Presentación credenciales nuevo embajador de Brasil.
383	Buque-escuela español *Juan Sebastián Elcano*, en Puerto Rico.
385	Unidades de la VI Escuadra norteamericana en aguas de las Baleares.
385	La esposa de Franco, en Tíboli (Italia). Canonización en San Pedro de Roma del santo español Antonio María Claret. Aspectos del Vaticano.
389	Llega a Barajas el ministro de Relaciones Exteriores de Colombia.
393	Presentación credenciales embajador Jordania.
404	"Marruecos. En el Acuartelamiento de Dar Riffien. El XXX Aniversario de la creación legionaria. Discurso de S. E. el Alto Comisario y desfile del Tercio."
405	"Hermandad hispano-portuguesa. Franco y Oliveira Salazar, en Vigo, Santiago, La Coruña y el Pazo de Meirás. Una perfecta concordia en apreciar la situación mundial."

Año 1951

417	Tradicional ceremonia de flores los 8 de diciembre de cada año ante el monumento de la Inmaculada en la Plaza de España en Roma, cerca de la Embajada española.
417	"Declaraciones del Generalísimo. Franco habla para la CBS. España ante el mundo."
420	Un crucero y cuatro destructores de la VI Flota de los Estados Unidos de América, en el puerto de Barcelona. Visita al "Pueblo Español".

426	Presentación cartas credenciales embajadores Bélgica y Holanda.
429	Cartas credenciales. Ceremonia diplomática. El embajador de Inglaterra, Sir John Balfour, ante S. E. el Jefe del Estado español.
433	Credenciales embajador Filipinas.
446	Senadores de Estados Unidos visitan España y son recibidos por Franco. Fiesta del 18 de julio. Recepción diplomática.
456	El Alto Comisario visita a S. A. I. el Jalifa de Marruecos y se cruzan felicitaciones con motivo de la Pascua Grande.
457	"Hermandad hispano-filipina. El presidente Quirino llega al puerto de Cádiz. El paso por Jerez de la Frontera. Triunfal recibimiento en Sevilla."
458	Firma de convenios aéreos y postales con Filipinas en el Palacio de Santa Cruz, sede del Ministerio de Exteriores. (Al final del noticiario). En los toros: Pepe Luis y Manolo Vázquez, Antonio Bienvenida.
458	Mensaje del alcalde de Palos al de Nueva York. El duque de Veragua será el portador.
458	Los marqueses de Villaverde, hijos de Franco, en París. Visita a Versalles.
463	Amistad de España y de Estados Unidos. Las relaciones turísticas entre ambos países.

Año 1952

472	La VI Flota norteamericana, en el puerto de Valencia.
478	Monolito en Marruecos en la Loma de Trincheras, en el lugar en que Franco "recibió su bautismo de sangre".
479	Nuevo poblado en Guinea: Valladolid de los Bimbiles.
480	Presentan cartas credenciales los embajadores de Suiza, Honduras y Haití.
483	Nuevo embajador de Estados Unidos, Mac Veagt.
487	Misión española. En Amman, capital del Reino Achemita de Jordania, con el rey Talal I. En Valle del Jordán y Jericó. Visita al Palacio de los Omeyas.
499	Cartas credenciales representantes diplomáticos de China, Cuba y Arabia.
500	Presidente de Liberia, Tubmann, llega a La Coruña.
512	Unidades de la VI Flota de los Estados Unidos de América, en la bahía de Tánger.

515 Nuevo embajador de Alemania.
518 Secretario de Comercio de los Estados Unidos, en Madrid. Entrevista con Franco. Visita a Toledo.

Año 1953

524 Buques de la VI Flota norteamericana, fondeados en el puerto de Valencia.
530 "Algeciras y Gibraltar. (Primera noticia). Renovada actualidad de un puerto. Un pedazo de tierra española irredenta."
530 El Ministro de Exteriores, Martín Artajo, en Filipinas.
530 (Primera noticia del número). "El buque-escuela norteamericano *Charleston,* en Málaga. Los marinos visitan la ciudad. Preparación de las Fallas valencianas..."
531 En el Palacio de Malacañán de Manila, el ministro Martín Artajo entrega el Collar de la Orden de Isabel la Católica al presidente Quirino de Filipinas.
532 "Hermandad hispano-filipina. El ministro de Asuntos Exteriores, señor Martín Artajo, en la Universidad de Santo Tomás de Manila. Recibe el título de doctor Honoris Causa".
523 "España en Filipinas. El ministro, señor Martín Artajo, en Baguío. Danzas típicas. Visita a la Academia Militar. En las instalaciones de la Feria Internacional. Condecorado con la Orden de Sikatuun."
537 Presentación de credenciales del ministro de Siria.
537 Entrega a Franco de alta condecoración china.
537 Nuevo embajador de Estados Unidos ante S. E. el Jefe del Estado.
542 (Número monográfico dedicado a la visita del presidente portugués). "Portugal y España. Llega a Madrid el presidente de la República portuguesa. Brillante desfile militar en presencia de Franco y de Craveiro Lopes. En el Museo del Ejército. Trofeos de nuestras gloriosas gestas guerreras. Ceremonias en el Palacio de El Pardo. Imposición de condecoraciones al Jefe del Estado portugués y a su esposa. En la Monumental de Madrid. La gracia de la mantilla en los tendidos. Corrida en honor de los ilustres huéspedes lusitanos."
543 "Portugal y España". El jefe del Estado portugués, en la Escuela de Formación Profesional "Virgen de la Paloma". Visita a la Empresa Nacional de Autocamiones Pegaso. En la imperial ciudad de Toledo y en la Academia de Infantería. Conferencia de Prensa en El Pardo."

548	Príncipe Akinito, en Madrid. En El Pardo, en la Universidad y en el campamento de La Granja.
561	"España y Estados Unidos. En el Palacio de Santa Cruz de Madrid. Firma de los Acuerdos Defensivos y de Ayuda Económica entre los dos países."
566	El Secretario y el Jefe del Estado Mayor del Aire de Estados Unidos y el senador Mr. Dennis Chávez, en Madrid.
567	"Reportaje con el Generalísimo. En los jardines del Palacio de El Pardo. Declaraciones de S. E. el Jefe del Estado a la United Press."
569	Exhibición de joyas. Colaboración franco-española. Alhajas de fantasía.
572	Marinos brasileños homenajean a Franco.

Año 1954

582	Inauguración de la Embajada de España en La Habana (Cuba).
583	"En el Palacio de Oriente. Distinción de Su Santidad a S. E. el Generalísimo. Imposición del Gran Collar de la Orden Suprema de Cristo."
589	Ministro de Comercio, en Washington.
594	El Director de la UNESCO, en España.
594	El ministro del Aire, en Estados Unidos. Visita a la fábrica de Fairchild.
597	(Última noticia del número). "Franco y Trujillo. Llega a Vigo el generalísimo dominicano don Rafael Leónidas Trujillo. Triunfal recibimiento en la capital de España. Visita a El Pardo e imposición de condecoraciones."
597	XXIII Certamen Internacional de la Industria en Barcelona, con asistencia de 13 países.
598	El generalísimo Trujillo visita el Monasterio de San Lorenzo de El Escorial, Valle de los Caídos. Despedida.
606	"¡Gibraltar!... 250 años después de la ocupación. Reliquias y documentos conservados en el Ayuntamiento de San Roque."
607	Llegan a España los cadetes que estuvieron en los Estados Unidos.
607	Pascua Grande del Islam en Marruecos. El Alto Comisario, teniente general García Valiño, visita a S. A. I. el Jalifa.
610	"Marruecos. Tetuán, en paz y orden. Aspectos de la capital del Protectorado."

616	España en el Certamen Internacional de Damasco.
617	"Grecia y España. El mariscal griego Papagos llega a Barcelona. Visita al "Pueblo Español". Entrega de condecoraciones en el Palacio de El Pardo."
617	Imposición de condecoraciones en la Embajada española en Santo Domingo. Desfile y flores ante el monumento a Colón.
623	Entrega de un dragaminas a la Flota española en San Diego (Estados Unidos).

Año 1955

628	"Reyes. Los soberanos de Oriente, en Barcelona. Vistosa cabalgata. En el Hospital-Asilo de San Juan de Dios."
630	Desembarco de la VI Flota norteamericana, que realiza maniobras en el Mediterráneo.
637	Franco recibe en El Pardo a la senadora norteamericana Margaret Chase Smith.
639	Nuevo embajador de Estados Unidos, con Franco.
649	Delegado de Sindicatos, señor Solís Ruiz, en Bonn. Entrevista con el canciller Adenauer.
650	"Bases aéreas en Torrejón y Zaragoza. Un reportaje con los corresponsales extranjeros."
655	Recepción al Cuerpo Diplomático en el Palacio de La Granja de San Ildefonso (Segovia). (Coincide con la celebración del 18 de julio, fiesta nacional.)
664	Ministro norteamericano del Aire, en Madrid. Con los periodistas. Llega a Madrid el ministro de Justicia de los Estados Unidos.
665	Gijón honra al descubridor de la penicilina. Monumento al doctor Fleming.
669	"Paz en el Protectorado. Viaje del Alto Comisario por la zona española de Marruecos. Notables mejoras en el agro."
675	Nuevo embajador de Arabia Saudita, ante Franco.
677	(Última noticia). "España, en la ONU. Reportaje retrospectivo. Una injusticia reparada."

Año 1956

679	(Primera noticia). "Después de un accidente. Aviador francés rescatado. Recibe asistencia en Barcelona."

681	Entrevista en el Palafito de Marruecos. Conferencia del residente general francés y el Alto Comisario español.
682	"España y Brasil. El presidente brasileño Kubitschek, en el Instituto de Cultura Hispánica. La estancia en Toledo. En la Catedral, en el Alcázar y en la Academia de Infantería. Conferencia de Prensa."
687	Entrega en el aeródromo de Manises de aparatos por el embajador de los Estados Unidos.
689	En la Escuela de Trabajo de Tetuán. II Concurso de Formación Profesional Obrera.
693	(Primera noticia). "Mohamed V, en España. En Toledo y en el Alcázar. Visita a la Academia de Infantería. Recorrido por el Monasterio de El Escorial. La declaración de independencia de Marruecos."
697	"Homenaje al Papa. De los tres Ejércitos de España al Sumo Pontífice. En la Real Iglesia de San Francisco el Grande."
697	Los príncipes de Mónaco, en Mallorca. Corrida de toros en el Coliseo balear.
699	Faisal II, en Madrid. Barajas. Bienvenida del Generalísimo, desfile de la Victoria en el Paseo de la Castellana, gran parada militar.
700	Faisal II, en La Mezquita y en la Alhambra.
701	(Primera noticia). "Temas de la infancia. Niños alemanes en Madrid. Pasarán vacaciones en albergues de Auxilio Social."
702	Un regalo para Eisenhower. La convalecencia del presidente.
703	Nuevo embajador de España en Rabat.
704	S. A. R. el príncipe Norodom llega a Barajas. Condecoraciones en el Palacio de El Pardo.
707	Unidades de la Armada norteamericana, en Barcelona. Guardiamarinas en viaje de instrucción.
710	Homenaje al Legado de Su Santidad el Papa en el Palacio de Ayete. Franco impone al cardenal Siri la Gran Cruz de Isabel la Católica.
720	Aeropuerto Naval. En la base de Rota. Colaboración hispano-norteamericana.

NOTICIAS ECONÓMICAS

Año 1943

Número	Noticias
2	Bendición y entrega de locomotoras a la RENFE.
5	Suecia. Botadura de un mercante en los astilleros de Eriksberg.
6	Comienza el nuevo servicio de autobuses en Madrid.
12	Electrificación de la línea RENFE entre Madrid, Ávila y Segovia.
16	Ministerio Gobernación inaugura viviendas protegidas en Las Rozas y Diputación de Barcelona entrega viviendas protegidas en Torelló.
18	Sesión del Consejo de Hispanidad en Barcelona.
20	Viviendas protegidas en Valencia.
25	Ministro Industria inaugura XI Feria Internacional de Muestras.
27	Inauguración de Ciudad Ducal en Navas del Marqués (Ávila).
29	Fiestas de San Fermín.
42	Problemas con suministro de gasolina. Autopedal en las calles de Bilbao y taxi eléctrico en Barcelona.
42	Inauguración de la III Feria Nacional de Muestras en Zaragoza.
51	Fabricación del turrón de Jijona.

Año 1944

60	Reconstrucción de la Alcazaba de Málaga. Nuevas casas para trabajadores de la Obra Sindical del Hogar.
61	Fabricación de medias en España.
66	Inauguración de la línea del Metro Goya-Argüelles.
103	Ministro Gobernación inaugura un grupo de Viviendas Protegidas en Guadix.

Año 1945

122	Exposición Nacional Industria Eléctrica en Madrid.
130	Inauguración de la XII Feria Internacional de Muestras de Barcelona.

Año 1946

158	Inauguración en Santander del primer edificio reconstruido en la zona siniestrada.
160	El ministro del Aire visita las obras del aeropuerto de Barajas.
172	Ministro de Gobernación entrega bloque de viviendas en Carabanchel Bajo.
184	Exposición de vehículos electrónicos en el Parque Móvil de los Ministerios Civiles.
194	Voladuras en las obras del puerto de Vinaroz.
206	Transporte por vía aérea de frutas españolas para Londres. Entrega de viviendas para obreros en Barcelona.

Año 1947

216	Salto del Esla después del régimen de sequía.
219	Obras en el salto de Villalcampo (Zamora). Nueva Central Hidroeléctrica. La crecida del Duero.
238	Primer vuelo regular entre Roma y Buenos Aires toma tierra en aeropuerto de Barajas.
259	Inauguración en Puebla de la Sierra: ayuntamiento, juzgado, iglesia y escuela.
260	El gremio de las confeccionadoras celebra a su patrona Santa Lucía en Barcelona.
260	Manifestación en Madrid contra logreros y especuladores.
267	Central eléctrica Vallat-Riveralbes en el salto del río Mijares.

Año 1948

268	Se reanudan comunicaciones marítimas entre Méjico y España. El transatlántico *Habana* zarpa rumbo al puerto de Veracruz.
283	Viaje de la nueva línea aérea Río de Janeiro-Madrid (el príncipe Juan de Orleans pilota el avión).
292	I Concurso Nacional de Entibadores mineros. Un alarde de fuerza, habilidad y rapidez.
298	III Feria Exposición de Ganados.
299	Ministro de Industria y Comercio, Suances, visita obras del Instituto Nacional de Industria (INI).
310	Cincuenta aniversario de la Radiotelegrafía.

Año 1949

314	Auge de la industria de muñecas en España.
326	España envía tejidos a Irlanda por avión.
330	Con la construcción de un pantano, el pueblo de Banagever queda bajo las aguas.
334	Prueba de tractores en El Pardo ante el Jefe del Estado.
335	Entrega de viviendas en Jerez.
336	Nueva línea "Iberia" une Madrid-París.
339	El ministro de Industria y Comercio, en la zona hidroeléctrica de Noguera Ribagorzana.
342	"Concurso Aéreo Internacional. Del aeródromo de Getafe despegan 133 avionetas. Llegada a Jerez y visita a las bodegas. Los participantes extranjeros asisten a las corridas de Feria en Pamplona. Entrega de premios."
344	Franco inaugura en Burgos la fábrica de celofán.
348	Gran riqueza de moscatel en la comarca de Denia.

Año 1950

375	Franco y el Progreso Industrial. Franco viaja en el tren Talgo. Fábrica de Nitratos de Castilla en Valladolid.
383	Pabellón español en la Feria de Milán.
387	XXVIII Feria de Muestras Internacional en Valencia.
388	Desfile en la I Feria Nacional del Campo en Madrid.
390	XVIII Feria Oficial e Internacional de Muestras en Barcelona.
408	España presenta su "Pegaso" en el Salón del Automóvil de París.
412	XIII Congreso Internacional de Oleicultura en España. Visita zona olivarera en Alcalá de Guadaira. Exposición maquinaria y productos en Madrid. Cuatro mil años de olivo cultivado.

Año 1951

421	Buscadores de oro en el río Darro.
426	Avance de la técnica española. Válvulas de radio.
440	Nueva línea aérea París-Palma de Mallorca.
443	Diversas inauguraciones en Puertollano. Central Térmica, el Pozo "Calvo Sotelo" y el Embalse del río Montoro.

445	Salto del Salime aprovechando las aguas del Navia.
446	Puerto de Alicante recibe el buque *Ocean Navigator*, que trae trigo desde Estados Unidos.
452	Inauguración del restaurado puente del Paso Honroso. En memoria del caballero leonés don Suero Quiñones. El ministro del Ramo, en el pantano de Luna. Los embalses mejoran las cosechas.
454	Botaura de tres destructores en El Ferrol: *Osado*, *Meteoro* y *Rayo*.

Año 1952

473	Fábrica de fibra artificial en Miranda de Ebro (Burgos).
478	Obras Hidráulicas. Ministros visitan los pantanos de Entrepeñas y Buendía.
487	Bodas de Oro en Altos Hornos de Vizcaya (también en el número 489).
492	Pantano del Puerto Contreras (Valencia). Botadura del transbordador *Virgen de África*.
495	Presencia de España en la Feria Mundial de Nueva York.
498	Concurso de Ganados en Larache. Presencia del Alto Comisario.
500	Nuevo avión *Cruz Magallanes* enlaza Madrid con San Francisco.
517	Prolongación del Paseo de la Castellana.
519	Entrega de viviendas en Olite.

Año 1953

530	La Real Fábrica de Tapices.
543	Desfile de la Feria Internacional del Campo por las calles de Madrid.
549	Urbanizaciones en el Barrio del Niño Jesús. Turismo: XVIII Asamblea de los Centros de Iniciativas.
550	I Concurso Nacional de Cocineros de Madrid.
555	Turismo español. Refugio en el Parque Nacional de Ordesa. Inauguración del albergue.
560	Nuevo barco para la línea con Estados Unidos. El *Covadonga*, en el puerto de Nueva York.
564	Triunfo del "Pegaso" español en el XL Salón del Automóvil de París.
571	Nuevo invento español. Vehículo a escala reducida.

Año 1954

575	Pantano aprovechando las aguas del río Aragón para regar las Bárdenas y Cinco Villas.
567	Viviendas protegidas en Zamora.
567	Centenario del Ferrocarril en Canfrac.
578	Exposición Permanente de la Fundación Generalísimo Franco. Tapices, bordados y porcelanas.
582	Prueba en Madrid de un camión de muchos usos, especial para terrenos difíciles.
594	Jornadas de Ingeniería Industrial en Madrid.
595	Asamblea de la Confederación Española de Cajas de Ahorro en Barcelona. Bodas de Oro.
595	Salón Nacional de la Alta Costura en Madrid.
603	Inaugurados 455 albergues en los suburbios de la capital.
614	I Conferencia Internacional de Técnica T en Barcelona y XIV Feria Nacional en Zaragoza.
619	Represión del contrabando en el Valle Intervil. Persecución casi peliculera.
622	Obras en el Canal de Deusto.
623	Recolección de naranjas en tierras levantinas. Embarque en el puerto con destino a su exportación.

Año 1955

629	"Casa del Barón", nuevo Parador de la Dirección General de Turismo.
632	Reparación de fuentes luminosas en Barcelona.
641	Primer Diesel marino de 7.300 CVE construido en España.
643	IV Concurso Internacional de Formación Profesional Obrera en la Institución Sindical "Virgen de la Paloma".
644	Botadura en Cádiz de los buques *Ukola* y *Escatrón*.
647	Triunfo del Talgo en Nueva Jersey.
654	Hospedería. El Hostal de los Reyes Católicos en la Plaza de España de Santiago de Compostela.
660	Prueba del primer reactor español.
674	Invento barcelonés: válvula de seguridad para frenos hidráulicos de coches.

Año 1956

681	Obras de encauzamiento del río Segura para evitar inundaciones.
683	Tres naves lanzadas al mar en Sevilla y Cádiz.
696	V Centenario Internacional de Formación Profesional Obrera.
700	Desfile anunciador del III Certamen Internacional del Campo.

NOTICIAS RELIGIOSAS

Año 1943

Número	Noticias
16	Semana Santa en España. Procesión de la Virgen de la Soledad desde San Francisco el Grande a la Catedral en Madrid. Procesiones en Zamora. Coros en Huesca.
26	Templo de San Isidro de Madrid elevado a la categoría de Basílica.
28	Setecientos niños celebran su Primera Comunión en la capilla del Grupo "Isabel Clara Eugenia" de Auxilio Social.
30	Procesión náutica de Nuestra Señora del Carmen en Santurce.
35	Costumbres religiosas en Ibiza.

Año 1944

54	Reconstrucción del retablo barroco de la Parroquia del Espíritu Santo de Tarrasa.
68	Reportaje sobre el Santuario de la Virgen de Covadonga.
68	Semana Santa en Málaga.
76	Franco asiste en el Cerro de los Ángeles a los actos de desagravio y consagración al Sagrado Corazón de Jesús.

Año 1946

112	Desfile de la Semana Misional en Granada.
116	Fiesta de Santo Tomás de Aquino. Tunas Universitarias en Madrid. Festejos deportivos en el Instituto "Ramiro de Maeztu".
136	Procesión de la Virgen del Carmen en Santurce.

Año 1947

166	Llegan a España los cardenales españoles y el cardenal norteamericano Spellman.
172	Clausura del I Congreso Catequístico en el Estadio de Montjuich.

174	Homenaje de la Acción Católica al arzobispo Caggiano, que es recibido por el Caudillo.
184	El Cuerpo de Sanidad celebra su fiesta patronal. Ceremonias religiosas. Desfile ante el ministro de Defensa.
186	Fiestas de la Virgen del Carmen en la Escuela Naval Militar de Marín. Misa de campaña y procesión.
194	Congreso Eucarístico de Pamplona. Primera Comunión. El cardenal Arce corona a la Virgen Santa María la Real.
200	Boda de 17 productores de la construcción en la Catedral de Madrid.

Año 1947

209	Reportaje navideño.
214	Homenaje a S. S. el Papa Pío XII. Emoción católica del acto.
219	Peregrinación al Santuario de Nuestra Señora de Lepanto en Villarejo de Salvanés. Actos de las Juventudes de Acción Católica.
223	Semana Santa en Bilbao.
227	Peregrinación a la Santa Montaña de Montserrat. Nuevo Trono ofrecido por el fervor mariano catalán a su Patrona.
243	Fiesta de La Candelaria en Tenerife (Canarias).
247	Romería de Nuestra Señora de Gracia en San Lorenzo del Escorial.
248	Cien mil miembros de Acción Católica rinden homenaje al Papa en la Plaza de San Pedro en Roma.
251	Cartuja de Miraflores (Burgos): Toma el hábito Sir Thomas Morre.
252	Fiestas de la Virgen del Pilar. Rosario general por las calles.
253	La imagen de la Virgen de Fátima, en la frontera luso-española. Por las calles de Badajoz.
260	Belén del escultor Salzillo en el Museo de Murcia.

Año 1948

262	Los Reyes Magos, en Madrid. Reparto de juguetes en instituciones benéficas. La Sección Femenina prepara "canastillas".
262	Fiestas de San Antón en Barcelona.
274	El Santo Cristo de El Pardo. Solemne cortejo religioso. Semana Santa en Tarragona. Imaginería de Salzillo en Murcia.
277	El Sello Misionero organizado por el Consejo Diocesano de la Juventud Femenina de Acción Católica en Madrid.

279	Peregrinación de la Acción Católica de Mallorca a Santiago de Compostela.
280	La imagen de la Virgen de Fátima, en Madrid.
282	Clausura de Ejercicios Espirituales en Manresa.
284	Procesión de la octava del Corpus Christi en Fuentepelayo. Paloteadores y danzantes.
296	Peregrinación mundial de la Acción Católica a Santiago de Compostela. Setenta y cinco mil personas de 29 países.
309	Llegan a Barcelona las reliquias de San José de Calasanz a bordo del *Pizarro*.

Año 1949

319	Albacete. Acontecimiento religioso. Llegada de las reliquias de San José de Calasanz.
325	Sevilla. La Virgen de la Macarena hace su entrada triunfal en el nuevo templo.
329	Semana Santa en León. Cofradías en Gerona.
331	Las reliquias de San José de Calasanz, recibidas en la Plaza de la Armería. Fieles honran la memoria del fundador de las Escuelas Pías. Traslado de la Virgen de Luján desde la Almudena al templo de San Isidro. Imposición de corbatines conmemorativos en la Plaza Mayor.
334	El ministro de Educación asiste a la canonización en Roma de la beata Juana de Lestona. El Papa Pío XII recibe al ministro de Educación, José Ibáñez Martín. "Augurios, votos y bendiciones de Su Santidad para Franco y el pueblo español."
336	Franco clausura en Vich el Congreso Internacional de Apologética. Mensaje del Papa. En el nuevo Seminario.
353	Traslado de la Virgen de Fátima.
360	Entrega de la Catedral de Segorbe, reconstruida por Regiones Devastadas.
365	Peregrinaciones en Roma con motivo del Año Santo.

Año 1950

366	Solemne apertura del Año Santo en la Basílica de San Pedro. Apertura del Centro Eclesiástico de España en Roma (Montserrat).

	Via-Crucis de peregrinos españoles. Audiencia del Papa al ministro de Asuntos Exteriores.
368	Navidad entre los negritos en Guinea.
369	Asturias. Reportajes en Monasterios de San Pedro de Villanueva y Corias. Arquitectura y paisaje.
375	Celebración del Día del Seminario.
380	Semana Santa en Jerez, Valladolid y Sevilla.
384	Reportaje en el Santuario de Santa María de la Cabeza. Fiesta de San Isidro.
387	Coronación de la Virgen de Guadalupe. Franco, el Gobierno y 30 obispos, en el acto.
402	Costumbres religiosas y populares. La romería de Santa Margarita en La Coruña. Danzas típicas al son de la gaita. La Virgen serrana de Gracia Plena. Fervoroso acto romero en San Lorenzo de El Escorial.
404	Ceremonia religiosa. La Virgen de la Consolación del Castillo, Patrona de Montánchez. Coronación solemne.
406	El Papa contempla una maqueta del Vaticano y Plaza de San Pedro que le entregan.
407	IV Centenario de San Juan de Dios. Sus reliquias llegan a Portugal.

Año 1951

421	Día de San Antón.
426	Clausura de la Santa Misión en Barcelona.
437	Homenaje a la Virgen de los Desamparados en Valencia.
444	La "Santina" reúne a la cuenca minera.
445	Peregrinación al templo del Sagrado Corazón en el Tibidabo de Barcelona.
455	Costumbres españolas. En las cimas del Valle de Nuria, ofrenda de los pastores a la Virgen Blanca.
463	Incendio de la Abadía de Samos, escuela de príncipes y magnates. El abad mitrado despide a los monjes.
68	Abadía de Samos, escuela de magnates y príncipes, víctima del incendio. Abad despide a los monjes.

Año 1952

469	Navidad en la Plaza Mayor madrileña.
471	Los niños y los Reyes Magos.
486	Reportaje sobre la Misión española en Jerusalén.
488	Consagración del nuevo obispo de Barbastro, don Pedro Cantero Cuadrado.
492	Congreso Eucarístico. Solemne pontifical en la plaza Pío XII. Franco formula la Consagración a la Eucaristía. Bendición papal y procesión. Exposición del Santísimo.
493	El cardenal Tedeschini, legado del Papa, en la Plaza Mayor de Salamanca. Coronación de la Virgen de la Peña.
494	El Nuncio del Papa, en Palencia.
498	Fiesta de San Fermín.
500	Procesión de los marineros en Tenerife.
515	Bodas de Diamante de la Adoración Nocturna Española en el Parque del Retiro.
520	Los Reyes Magos visitan el Asilo de San Rafael.
521	IV Centenario de San Francisco Javier. El legado del Papa llega a Goa.

Año 1953

523	Manresa. Entierro de Josefina Vilaseca, "ejemplo de virtud y heroísmo".
525	Nuevos cardenales españoles. Franco les impone la birreta cardenalicia.
527	Se reúne el Capítulo de la Orden de Caballería del Santo Sepulcro en la iglesia de San Francisco el Grande de Madrid. Imposición del lazo y manto a la marquesa de Villaverde, hija de Franco.
530	Campaña del Rosario en Familia en Málaga. Concentración en el puerto.
536	Fervor de la Semana Santa en Málaga. Semana Santa en Barcelona. Reportaje sobre el Cristo de Lepanto.
545	Romería. Camino de la Franqueira. El Santuario más antiguo de Galicia.
545	Corpus Christi en Toledo.
570	Celebración de la Virgen de la Paloma.

572 Fervor católico en la apertura del Año Mariano.
573 Belén de la Obra Diocesana de Suburbios. En los salones de la Sociedad Española "Amigos del Arte". Pascua en Zugspitz. Esquiadores en la nieve. La Lotería. Iluminación en Bruselas. Escaparates y canciones.

Año 1954

574 Nuevo Nuncio en España.
579 La fiesta de San Juan Bosco, Patrono de la cinematografía. Entrega de premios nacionales.
586 Don Pedro Cantero, nuevo obispo de Huelva.
588 El arzobispo-obispo de Barcelona bendice la primera piedra del estadio "Juan Samper".
590 Semana Santa en Cuenca y Santiago de Compostela.
595 Coronación de la Virgen María Auxiliadora en Sevilla.
602 Jinetes de la Policía Montada madrileña peregrinan a Santiago de Compostela.
604 El Frente de Juventudes peregrina a Santiago.
612 Magna peregrinación de productores a Santiago. Ofrenda al Apóstol.
613 Imágenes de la Virgen en Ávila. Gran acontecimiento religioso. Cabalgata fervorosa.
613 Marinos dominicanos ganan el jubileo en Santiago de Compostela.
617 Franco inaugura la Exposición de Tierra Santa en el Parque del Retiro.
626 Reyes Magos. En el Monte de El Pardo, agasajo a los niños.

Año 1955

630 Fiesta de San Raimundo de Peñafort en Barcelona.
637 La imagen de la Virgen de Fátima, en La Coruña.
639 Día de la Iglesia Perseguida. Manifestación religiosa en Madrid.
649 Coronación canónica de la Virgen del Milagro en Balaguer.
653 Inauguración del Colegio Apostólico Dominicano en Valladolid.
668 Homenaje de los atletas al Papa en Roma.

Año 1956

678	Navidad. Evocación navideña en Belén. Exposición de nacimientos en San Sebastián.
689	Homenaje al Papa en la Nunciatura de Madrid. El Gobierno, ante monseñor Antoniutti.
691	Procesión de Semana Santa en El Pardo, con asistencia del Jefe del Estado.
692	Semana Santa. Visita a los Santos Lugares de Tierra Santa. Procesión de tambores en Alcañiz. Procesiones sevillanas.
692	Homenaje de los tres Ejércitos al Papa en la iglesia de San Francisco el Grande de Madrid.
699	Fiesta de la Flor. Caridad y mesas petitorias.
700	Reliquias de San Ignacio de Loyola, en Barcelona.
709	Loyola (Guipúzcoa). Clausura IV Centenario San Ignacio de Loyola, con asistencia del Jefe del Estado.
710	Ceremonia naval religiosa.
712	Entronización de la imagen de la Virgen del Pilar en la cumbre del monte Aneto.
721	Romería Masas Corales al Monasterio de Montserrat.

NOTICIAS FOLCLÓRICAS

Año 1943

Número	Noticias
3	Cabalgata Reyes Magos en Barcelona.
4	Fiesta San Antón en Barcelona.
11	Labores artesanales de los albarderos de Ronda en un escenario natural maravilloso.
13	Fiestas de las Fallas en Valencia (en la fiesta de San José).
14	Lucha de carneros en Navarra. Concurso de aitzcolaris. Al son de los chistus se trenza la espatandantza.
21	Fiestas de Moros y Cristianos en Alcoy.
26	Tamborrada y actuación de espatandantzaris en San Sebastián (en la fiesta del Patrón San Sebastián).
28	Festejos de "La Saca" y la lidia de toros en Soria. Las tradicionales hogueras de San Juan en Alicante.
31	Festival de Danzas en Archanda por camaradas de la Sección Femenina.
32	Batalla de flores y carrozas en Valencia.
40	Boda típica en Ansó.

Año 1944

82	Pamplona. Fiesta de San Fermín.

Año 1945

109	Fiesta de San Antón en Barcelona.
116	Cómo se preparan las Fallas en Valencia.
118	Fallas en Valencia.

Año 1946

188	Fiestas populares en Poza de la Sal (Burgos): concurso de cabalgaduras y carros engalanados. Festival de danzas.
202	En Esprejo (Vizcaya), boda a la usanza tradicional y aristocrática.

Año 1947

227	Moros y Cristianos en Alcoy.
243	Procesión de la Candelaria en Tenerife.
246	Fiesta de Moros y Cristianos en Villena.

Año 1949

320	Los aiztcolaris se entrenan en Azpeitia (Guipúzcoa) y arrastre de piedras en Villarreal.
341	Fiesta de San Fermín en Pamplona.
345	Festejos de la tradicional Feria de Julio en Valencia. Desfile de carrozas y batalla de flores.
360	Vendimia en Berja (Almería).
361	Danzas españolas. Actuación del grupo de Almería. La selección de Buar, Alicante, ejecuta la jota "La Chicharra".
446	"Coros y Danzas de España", de la Sección Femenina de Falange, llega a Tánger (Marruecos).

Año 1951

448	El título de las tres vacas en el Valle de Roncal (Navarra).
461	Romería en Quintanar de la Sierra (Burgos). Trajes típicos.

Año 1953

534	Esplendor en Alicante de la "Nit del Foc".

Año 1954

584	Exposición en Madrid de "indumentarias típicas españolas".
602	San Fermín en Pamplona.

Año 1955

629	Bendición de animales en el día de San Antón.
634	Folclore gaditano: chirigotas y coros. Desfile de carrozas.
639	En Zamarramala (Segovia), el día en que mandan las mujeres.
642	Batalla de las Flores en Murcia.

Año 1956

684	Preparando las Fallas valencianas.
717	Campeonato de aitzcolaris en Soria.
722	Montserrat. En el Real Monasterio de Nuestra Señora. Romería de las Masas Corales.

NOTICIAS VARIAS

Año 1943

Número	Noticias
12	Inauguración de la Asociación Hispano-Germana.
13	Rodaje de una película de danzas.
21	Desfile de modelos en la Casa de Bruselas.
42	"Radio Andorra". Un invento del siglo XX en un paisaje medieval del pequeño Principado.

Año 1944

53	Número 100 del NO-DO. Reportaje retrospectivo.
63	Inundaciones en Cataluña por desbordamientos del río Xuriguera.

Año 1945

105	Reportaje sobre el propio NO-DO.

Año 1946

174	Catástrofe en la Vega del río Segura.

Año 1947

200	Niños polacos regresan a su país desde Barcelona.
215	Avión *Ruta de Colón* siniestrado en la Sierra de Gredos.
218	Desbordamiento del río Tajo en Aranjuez. "Un río disfrazado de mar."
219	Inundaciones en la ciudad de Sevilla y en la vega del Guadalquivir.
242	Catástrofe en Cádiz. Incendio en Astilleros Echevarrieta y la explosión de los depósitos de minas submarinas. La zona más afectada por el siniestro. Los primeros auxilios. El acto oficial de la inhumación de las víctimas.
248	El vicepresidente de United Press, Mr. Curran, visita España.
259	Escenas de miseria en el viejo continente. Para sobrevivir el duro invierno. Revisando los pavos para las fiestas navideñas. Quince mil aves en una granja.

Año 1948

266	Lluvias en Andalucía. Nieva en Nueva York. Servicios públicos interrumpidos.
270	Temporal en Badalona, Mongat y Arenys de Mar.
283	El doctor Fleming, en España. Visita a la Catedral de Barcelona.
292	Demostración de Televisión en el Círculo de Bellas Artes. Amplio reportaje sobre la Televisión.

Año 1950

368	Reportaje en los Estudios CEA de Madrid.
386	Boda de Elizabeth Taylor en Hollywood.

Año 1951

456	Las 22 muchachas más bonitas de Italia, a bordo del *Conde Grande*, en Barcelona.

Año 1952

475	Reportaje sobre los gamos en el Monte de El Pardo.
477	Míster Ruegger visita Madrid.
490	Fiesta de la Flor en Madrid.
510	Muere el director de NO-DO.

Año 1953

522	Emisora de Televisión en Chamartín, Madrid. Receptores de Televisión en el Asilo de San Rafael.
549	Turismo. XVII Asamblea de los Centros de Iniciativa. Gerona y sus paisajes. Clausura en San Feliú de Guixols.
555	El Generalísimo inaugura un pabellón en el Sanatorio Antituberculoso Amara, en San Sebastián, con capacidad para 250 camas.
556	Bajo el sol de verano. En la ría de Bilbao. Escenas en las playas.
561	I Semana Internacional del Cine de San Sebastián. Películas y artistas galardonados.
573	El sorteo de la Lotería.

Año 1954

574	Festival del Circo Price en favor de los pobres.
604	Carrera de sacos en la Ciudad Universitaria.
605	I Festival Internacional del Cine en San Sebastián. Tiro al pichón en Gudamendi en honor a los asistentes.
617	Plaga de langosta en Canarias.
623	Circo Price de Madrid. Aitzcolaris y levantamiento de peso.

Año 1955

627	Inocentadas en el día de los Santos Inocentes del 28 de diciembre. Más noticias sobre platillos volantes.
630	Campaña contra la poliomielitis.
637	Grandes nevadas en el Norte.
643	Vacuna del doctor Salk contra la poliomielitis.
664	Gijón honra al descubrirdor de la penicilina. Inauguración de un monumento al doctor Fleming.

Año 1956

688	Lluvias torrenciales en Canarias.
692	Cary Grant, en el aeropuerto de Barajas. Rodará una película de ambientación histórica.
699	El actor norteamericano Dany Kaye se entrevista con Franco.

NOTICIAS DEPORTIVAS

Año 1943

Número	Noticias
19	El nuevo estadio valenciano de Mestalla. Uno de los de mayor capacidad en España.
24	El Caudillo preside una gran prueba hípica.
26	El Caudillo preside una gran prueba deportiva. Cincuenta mil espectadores aclaman al Jefe del Estado en la final de fútbol.

Año 1944

104	Carrera ciclista de Juventudes Hitlerianas en Berlín.

Año 1945

128	Final de la V Vuelta Ciclista a España en el Metropolitano de Madrid.
132	Partido de pelota-base en Barcelona con la cooperación de la Sección de Prensa del Consulado General de Estados Unidos.

Año 1946

180	Final de la "Copa del Generalísimo" en Montjuich. El Real Madrid, frente al Valencia, gana por 3 a 1.
184	Vidal, vencedor del Gran Premio de Madrid de Motorismo en el Circuito de la Casa de Campo.
186	Arturito Pomar, en el gran Campeonato de España en Salones del Gran Casino de Santander.
202	Regata de bateles en el Parque del Retiro.

Año 1947

238	El español Luis Martínez, campeón mundial de pesos mosca, "Guante de Oro" al vencer al italiano Kid Mario.

Año 1948

288	Franco entrega los premios de la Copa del Generalísimo.
295	Campeonato de Europa de Lucha Libre y Peso Medio en Barcelona.

Año 1949

337	EDICIÓN ESPECIAL. Número completo del NO-DO dedicado al encuentro Irlanda-España, en que ésta ganó por 4 a 1 en el estadio de Dalymouk Park. El famoso gol de Zarra.
351	Regatas de traineras en San Sebastián.

Año 1950

385	VI Premio Internacional de Motorismo en el Parque del Retiro.
390	Campeonato Internacional de Arco en la Ciudad Universitaria de Madrid.
405	Piragüismo del SEU (Sindicato Español Universitario) en las aguas del río Tíber, en Roma.

Año 1951

445	Concurso Hípico Internacional en Barcelona.
460	Carrera Internacional de Automóviles en el Paseo del Retiro.
468	Futbolistas y toreros celebran encuentro amistoso en el Estadio de Chamartín.

Año 1952

496	Joaquín Blume, seleccionado para las Olimpiadas de Helsinki.
501	Los Trabers, acróbatas aéreos. Juegos Olímpicos de Helsinki.

Año 1953

545	Festival aéreo en Cuatro Vientos.
549	Expedición al Everest.
550	"Embajada deportiva. Llega a Buenos Aires el equipo español de fútbol. Cómo se produjo el gol argentino en el Estadio del River Plate."

552	Los Harlem Globe Troters, en Barcelona.
556	Escuela de "pelotaris" en Andoain.
565	El Real Madrid vence al Barcelona por 5-0.

Año 1954

590	Colonia (Alemania). El equipo español, campeón mundial de fútbol juvenil.
595	Cinco hombres componentes de la "Patrulla de Francia" se lanzan al espacio.
596	La Escuela Española de Equitación de Viena (Austria) actúa ante el Jefe del Estado español.
601	"El Deporte en la Historia. Tiradores de ballesta. Competición en Nüremberg. Evocando el nacimiento del fútbol. Partido medieval en Florencia."
604	Vuelta Ciclista a Francia. Bahamontes, el segundo en Luchon y vencedor en Tourmalet y Peyresourde.
607	Los trotamundos de Harlem, contra el equipo de Camp David.
619	Nuevo Estadio en Valencia.
625	II Rayllie Nacional del Real Automóvil Club Español en la Casa de Campo.

Año 1955

633	La montaña de Montjuich, escenario de los futuros Juegos del Mediterráneo.
652	Se iza la bandera Olímpica en Roma.
655	Los Juegos Mediterráneos en Montjuich (Barcelona).
662	"En el agua y sobre el agua". Campeonato mundial de balandros. *Portorose,* de Milán, vencedor.
668	Homenaje de los atletas al Papa.
672	El Real Madrid vence al Barcelona por 2-1.
673	II Campeonato Juvenil de Europa de Hockey sobre Patines. Victoria española.
675	Encuentro de fútbol España-Inglaterra en estadio de Wembley.

Año 1956

679	Reportaje sobre Quinielas y Apuestas Mutuas.
682	Arrastre de Piedras en Elgóibar. El boyero triunfador.
703	II Congreso Latino de Educación Física.

NOTICIAS TAURINAS

Año 1943

Número	Noticias
33	Corrida de toros en Arlés (Francia).

Año 1945

134	La peruana Conchita Cintrón rejonea en la Monumental de Barcelona.

Año 1946

182	Don Álvaro Domecq y los hermanos Bienvenida, en la corrida de toros de Toledo.
198	Corrida de toros a beneficio del Montepío de Policía: Rovira, Parrita y Gitanillo de Triana.

Año 1947

225	Corrida en la Maestranza de Sevilla: Pepe Luis Vázquez, Martín Vázquez y Parrita.
242	Franco, en la corrida de San Sebastián: M. Navarro, Manolete y Gitanillo de Triana.
244	Entierro de "Manolete" en Córdoba. Reportaje retrospectivo del famoso torero.

Año 1948

278	(Reportaje especial). "La Fiesta Brava. En la Venta de Antequera. Toros en los corrales. Las corridas de la Feria de Sevilla. Actuación de los diestros Pepe Luis Vázquez, El Choni, Antonio Bienvenida, Pepe y Luis Miguel Dominguín y Parrita."
285	Juan Aparicio, en la Monumental de Barcelona.
286	Franco, en la corrida de la Beneficencia: Bienvenida, Parrita, Rovira y Manolo González.
298	Corrida de toros en Aranjuez: Dominguín, Paquito Muñoz, Manolo González.

Año 1950

382	Ava Gardner, en los toros de la Feria de Sevilla: Pepe Luis, Manolo González y Manolo Carmona. (En el siguiente NO-DO, n.º 383, se dirá de ella que la actriz está "enamorada de España").
392	Corrida de toros de la Asociación de la Prensa: Aparicio y Miguel Báez, "Litri".
406	Toros en la plaza francesa de Nimes: Litri y Aparicio.

Año 1951

445	Encierros en Pamplona.

Año 1954

601	Festival benéfico de toros organizado por Radio Madrid.
609	Toros en Alcalá de Henares: Bienvenida, Ortega y Peralta como rejoneador.

Año 1956

651	Corrida de toros a beneficio de la Policía.

NOTICIAS CULTURALES (NACIONALES E INTERNACIONALES)

Año 1943

Número	Noticias
2	Navidad en el Frente de Guerra.
5	Botadura de un mercante en los astilleros de Eriksberg, en Suecia.
7	El mejor xilofonista del mundo, Teddy Brown, exhibe su maestría. En el Circo Price de Madrid, un periodista entra en la jaula de los leones.
8	Moda en Suiza.
11	Moda de primavera en el Hotel Inglaterra de Copenhague.
19	Premios de Cine en Hollywood. James Cagney y Greer Garson reciben premios de interpretación concedidos en Norteamérica. Llega a Madrid el secretario de la Cámara Internacional del Cine y visita los estudios españoles. Italia. Instituto de Restauración Artística.
21	Volcán en erupción en México.
23	Exhibición de joyas en Zaragoza.
26	Rodaje de *Boda de Quinita Flores*. El ministro de Industria visita el Salón Cinematográfico de la XI Feria de Muestras de Barcelona.
29	El Papa bendice a los obreros en Roma.
30	Homenaje al rey Gustavo V en su 85 cumpleaños.
31	China Nacional celebra con austero rito sus típicas bodas.
35	Estados Unidos fabrica goma sintética. Fiestas religiosas de Meepakski, en la India. Centro Italiano de Experimentaciones del Cine en diversas actividades.
34	Figuras de la pantalla asisten a un festival de Barcelona. El desembarco en Sicilia. Sensacionales documentos de esta fase de la guerra vista desde el frente aliado y desde las líneas del Eje. El cine, al servicio de la Historia.
39	Día de la Bandera en Suecia. El Metro en París.
42	Franco inaugura la Ciudad Universitaria.
44	Museo Nacional de Escultura Religiosa en Valladolid.

48	En el estudio del pintor Vázquez Díaz. Ceremonia militar en la Ciudad Universitaria. Despachos a 2.300 sargentos.
49	Exposición de pintura de Marceliano Santamaría.

Año 1944

53	*Romeo y Julieta,* en el Español, primer teatro oficial.
56	Rodaje de *Vísperas imperiales.*
58	Estreno de la película sobre el Papa *Pastor Angelicus.* La orquesta de Manolo Belt.
59	Rodaje de *Lola Montes.* Exposición de Arte Contemporáneo Español en Lisboa.
62	Exposición del pintor Juan Miguel Sánchez en Sevilla. Restauración de la Catedral de Barcelona.
63	Exposición del pintor Cabanas en Lisboa.
70	Budapest. Niños Cantores de Viena visitan la capital húngara. El rey Pedro de Yugoslavia y la princesa Alejandra de Grecia se casan en Londres.
71	El Vesubio, en erupción.
73	Homenaje al escultor Benlliure.
75	Fin del rodaje de *El Clavo* y *Camino de Babel.*
77	El Caudillo clausura la Asamblea del Libro Español.
82	Laboratorios cinematográficos de la UFA de Alemania para la impresión de películas culturales.
94	Estreno de *El Clavo.*
96	III Concurso de Coros y Danzas de la Sección Femenina de Falange en Barcelona.
97	Pintores en la cúpula del Capitolio de Washington. Operadores norteamericanos ruedan filmes de guerra en el Pacífico.
99	Representación de *Fuenteovejuna,* de Lope de Vega, en el Español.

Año 1945

106	Exposición de películas de guerra inglesas en París.
119	Teatro escolar. Representación de *Misterio español de Cristo* en el Parque del Retiro de Madrid. Procesiones de Semana Santa en Zamora y Cofradías de Sevilla.

120	Cincuenta años del descubrimiento de los Rayos X por Guillermo Roentgen (Alemania).
121	Expedición cinematográfica española a Santa Isabel (Guinea). Danzas indígenas en Fernando Poo.
125	Inauguración de una Estación Nacional de Onda Corta en Arganda.
127	Franco inaugura la Exposición Nacional de Bellas Artes.
130	Centenario de Jacinto Verdaguer en Barcelona.
140	Lapidarios y orfebres españoles trabajan en alhajas.
146	Arte taurino. Gran retrospectiva en la V Feria Nacional de Muestras de Zaragoza.
150	Nuevo papel moneda. Emisión de billetes de cinco pesetas en la Fábrica Nacional. Exposición religiosa misionera en el Círculo de Bellas Artes de Madrid.
156	El Caudillo clausura el VI Pleno del Consejo Superior de Investigaciones Científicas.

Año 1946

162	*Sueño de una noche de verano*, de Shakespeare, en el teatro Español.
164	En el Museo Nacional de Arte Moderno.
176	Exposición del Libro Misional en el Consejo Superior de Misiones. Regresa a España Jacinto Benavente.
179	Emisión cara al público de Radio SEU en el Parque del Retiro de Madrid. Franco inaugura el Museo Arqueológico en Lérida.
184	Ministro de Educación clausura Feria del Libro en Barcelona.
202	Entrega de Premios a la Cinematografía Nacional.

Año 1947

213	Entierro en Madrid de don Manuel Machado. Glosa de sus obras sobre Andalucía.
215	Estreno en Madrid de *Las inquietudes de Santi Andía*. Con el novelista Pío Baroja y el director del filme. Algunos planos.
217	Estudiantes del SEU desfilan por Madrid.
218	(Primera noticia). Exposición de pinturas de Pedro Bueno en Madrid.
220	Asamblea Nacional de Conserveros en el antiguo Palacio del Senado. Estreno de *Héroes del 95*. Embajador de Argentina visita los estudios CEA. Rodaje de *La Fe*. Ola de frío en Estados Unidos.

225	Cabalgata "Entierro de la Sardina" en Murcia.
232	Franco inaugura la Exposición Nacional de Artes Decorativas.
237	Artistas almerienses del Grupo "Indalo", en el Museo de Arte Moderno de Madrid.
241	Exposición de Artesanía Española en Buenos Aires.
242	Llega a Barajas Carmen Amaya.
249	Franco preside actos inauguración IV Centenario de Cervantes en la Universidad de Alcalá de Henares (Madrid).
252	Llega de Argentina la artista española Imperio Argentina. Fiesta del Cine en el británico Royal Albert Hall y desfile de modas.
253	Microbibliográfico salmantino Hipólito Sánchez Ledesma.
255	(Primera noticia). Valencia y Benlliure. El cortejo fúnebre de un gran escultor en su ciudad natal. Homenaje póstumo a su memoria.
256	Marionetas en el Parque del Retiro. El ministro de Educación impone la Cruz de la Orden de Alfonso X al padre Bover.
259	Lienzos del pintor Marceliano Santamaría.
260	Fiestas de indios voladores. El arriesgado carrusel. Expobiblioteca mexicana en el Consejo Superior de Investigaciones Científicas (CSIC). Los congresistas marianos, en el Monasterio de Montserrat y Poblet. El admirable Belén de Salzillo, conservador en el Museo Provincial de Bellas Artes de Murcia. Las más descollantes figuras del séptimo arte en un festival benéfico celebrado en el Odeón de Londres.

Año 1948

262	Filatélicos se reúnen en Alemania.
263	Estreno en el Teatro María Guerrero de *El anticuario*. Los inspectores de Primera Enseñanza comienzan visita en la Ciudad Universitaria.
266	Franco visita nuevas instalaciones del CSIC.
271	IV Centenario de Cervantes. El libro español, en Río de Janeiro. Estreno de *Don Quijote* bajo el patrocinio del Ministerio de Educación.
277	Premios cinematográficos en Hollywood.
279	Rodaje de *Cuando las aguas bajan negras*.
281	Alumnos hispanoamericanos del Colegio de Ntra. Sra. de Guadalupe visitan a S. E. el Jefe del Estado español.

282	Exposición de ilustraciones del Quijote en el Círculo de Bellas Artes de Madrid. El director de cine argentino Amadori y la estrella Zully Moreno llegan a Barajas.
283	(Primera noticia). "Procesiones y flores. La fiesta del Corpus en Punteareas. Tapices naturales engalanan las calles." Ceremonias reales en el Castillo de Windsor. La investidura de la Orden de la Jarretera. El insigne descubridor de la penicilina, Mr. Fleming, en España. Visita a la Catedral de Barcelona. Homenaje popular."
284	(Segunda noticia y con el epígrafe Actualidad Nacional). "Jorge Negrete, en Madrid. La bienvenida de los admiradores. Josefina en Barcelona. Mientras baila la artista. Pasando sobre el cable a gran altura. Los Mayers y los Trabers.
287	Con motivo del fallecimiento de Louis Lumière. Reportaje retrospectivo de los primeros tiempos del cinematógrafo.
288	"Cinematografía. Visita a los estudios CEA y Sevilla Films de los representantes del Certamen Cinematográfico Hispanoamericano. El acto de clausura, en el Palacio del Consejo Nacional."
300	Rodaje del documental *De Pedro Romero a Manolete*.
306	(Primera noticia). "Cinematografía. En una sala de fiestas de Madrid. Entrega de los premios otorgados por los lectores de *Triunfo*. Modelado gigantesco. Las grandes esculturas de Jack Bilbo. Locomotoras de juguete. Un maquinista inglés de doce años. (Última noticia). "IV Centenario del padre Suárez. El ministro de Educación Nacional de España visita Busaco y el santuario de la Virgen de Fátima. Exhibición de danzas populares en Alcobasa. El solemne acto de clausura en la Universidad de Coimbra."
307	Película española *El Marqués de Salamanca* en el centenario del ferrocarril. S. E. el Jefe del Estado inaugura en el centro docente de la Ciudad Universitaria la Nueva Escuela de Ingenieros Navales.
310	Museo Antropológico de México.
311	Homenaje a los hermanos Álvarez Quintero en el Parque madrileño del Retiro.
312	El Indalo de Oro al pintor Vázquez Díaz y a Eugenio d'Ors.

Año 1949

313	Reportaje de la Escuela de Formación Profesional "Virgen de la Paloma".

	Desfiles pintorescos, carrozas y cabalgatas en Hollywood, Nueva York y Filadelfia.
	"Arte y Milicia. La estatua ecuestre de S. E. el Jefe del Estado, obra del escultor Moisés Huertas. Solemne entrega y ceremonias militares en la Academia General de Zaragoza. Jura de la Bandera."
318	Premios del Sindicato Nacional del Espectáculo a las producciones de 1947-48. IX Pleno del CSIC, clausurado por Franco. El Observatorio de Tonantzintla. La aparición de un nuevo cometa.
323	Exposición "Cien años de pintura británica" en Madrid.
324	Hemeroteca Nacional. Homenaje a Gómez de la Serna.
345	Estudiantes del SEU se divierten. Juegos y concursos en la Ciudad Universitaria.
	Exposición de escultura europea en el Parque Sonsbeek de Arnhem. Obras clásicas y modernas. Centenario de la ciudad de Minneápolis. Proezas acuáticas en Maryland. El ministro de Educación inaugura en Santoña el monumento a Juan de la Cosa. Actos en honor de la Virgen del Puerto.
346	El escultor canario Plácido Fleitas. Sentido plástico de su obra. Arte sacro en el Círculo Medina. Via-Crucis en esmalte y vasos sagrados.
349	La ayuda a la Expedición Paul Emile Victor. Volando sobre el Polo.
351	Festival de Cannes. Astros y estrellas. Primera película corta de argumento: *El regador regado*. Velada suntuosa y fuegos de artificio.
354	El cardenal Spellman, en Roma.
355	Franco clausura el Congreso Iberoamericano de Historia en el CSIC.
359	Rodaje de *El amor brujo*.
360	Diversos actos sociales en Talavera la Vieja, Vega de Mesillas y Talavera de la Reina. Cursos en las Granjas-Escuela y entrega de fincas parceladas. Entrega de la Catedral de Segorbe, reconstruida por Regiones Devastadas. Figuras científicas universales. Los Nobel de Física y Química de 1949.
361	Exposición de don Marceliano Santamaría en el Círculo de Bellas Artes de Madrid. Avance ferroviario. Un tren de dos pisos en Inglaterra.

Año 1950

369	Rodaje de *Jack el negro* en Palma de Mallorca.
374	El actor Edward G. Robinson visita España.

379	Solemne acto en la Universidad Central de Madrid. Don Víctor Andrés Belaúnde, investido doctor "Honoris Causa" por la Facultad de Ciencias Políticas y Económicas.
381	Franco clausura el X Pleno del CSIC. Inauguración del Instituto de Óptica. "El Generalísimo, con los sabios extranjeros."
382	El profesor Waksman, descubridor de la estreptomicina, doctor "Honoris Causa" de la Universidad de Madrid.
386	Franco inaugura el certamen anual de Bellas Artes en el Palacio del Retiro. Recorrido por las salas.
387	Frank Sinatra llega a Barcelona para el rodaje de *Pandora*. Clausura del II Certamen de Cinematografía Hispanoamericana.
397	Rodaje en los Estudios CEA de *La noche del sábado*, con la presencia del escritor Jacinto Benavente.
398	Rodaje de *Agustina de Aragón*.
411	Instituto Egipcio Faruk I en Madrid.

Año 1951

418	El templo expiatorio de la Sagrada Familia de Barcelona, visitado por extranjeros. Exposición sobre la ciudad de Burgos en la Sociedad Española de Amigos del Arte de Madrid.
423	Premios de Cine en la fiesta de San Juan Bosco.
428	Inauguración de los Colegios Universitarios de San Felipe y Santiago y de San Pablo.
434	Franco inaugura el Colegio Universitario "Padre Poveda" (de la Institución Teresiana).
437	El actor Glenn Ford, en Madrid.
440	Inauguración de la Feria del Libro en el paseo de La Castellana. Universidad Hispalense. El ministro de Hacienda, doctor "Honoris Causa".
448	Exposición de Goya en el Museo del Prado.
449	Se fabrican en España proyectores de cine de 16 mm.
455	Entierro del maestro Guerrero.
457	I Concurso de Sardanas en Montserrat.
459	"Día de la Raza. El Generalísimo inaugura en el Palacio del Retiro la Exposición Bienal de Arte Hispanoamericano. El nuevo edificio de Cultura Hispánica."

460	Rodaje de *Parsifal* en los Estudios de Barcelona.
461	Un maestro de las letras: don José Martínez Ruiz, "Azorín". La intimidad y el trabajo del gran escritor. Entrega de premios de la revista *Triunfo*.
463	Dalí habla con los periodistas antes de su resonante conferencia en el Teatro María Guerrero. Fábrica de maniquíes para la histórica Exposición Museo de Cera de París.
464	Franco inaugura en el Palacio de Bibliotecas y Museos una Exposición Numismática.
465	El I Centenario de la Escuela Superior de Ingenieros Industriales. El ministro inaugura la Exposición "Cien años de Ingeniería". En el Círculo de Bellas Artes expone el pintor japonés Foujita.
466	Con la escritora Concha Espina.
467	En el María Guerrero, *El desdén con el desdén*. Un especialista en retratos infantiles. Indumentarias de otras épocas. Exposición en el Country Hall de Londres.
468	Bailarinas y payasos. En el Lope de Vega, función a beneficio del Hospital-Dispensario de Marillac.

Año 1952

470	Reportaje del escultor Aniceto Marinas. El Monumento del Cerro de los Ángeles y otras obras del octogenario artista. Exposición de Arte Sacro en Francia. Imágenes de los siglos XII y XIII.
474	Exposición de Dalí en el Palacio de Bibliotecas y Museos.
477	Inauguración de la Sociedad de Autores.
482	Fiesta de la Poesía en Madrid.
484	La Compañía Lope de Vega presenta un auto de Calderón de la Barca en la Comedia.
485	Nuevos taxis en Madrid. Procesión de Semana Santa en Zamora.
487	La actriz Jean Fontaine, en Madrid. Franco clausura el XII Pleno del CSIC.
490	Coros y Danzas de España en Alemania.
499	Incendio en los estudios de cine de la Warner Bross.
500	V Centenario de Leonardo da Vinci.
501	Juegos Olímpicos de Helsinki.
513	Charlot estrena *Candilejas* en Inglaterra. Franco inaugura en el Palacio de Bibliotecas y Museos la Exposición "Mil años de libro español".

Los Sumarios del NO-DO

514	Devuelta la carta de Colón de la Biblioteca del Congreso de Washington.
515	Rodaje de la película *Bienvenido, Mr. Marshall*.
516	Rodaje de *La guerra de Dios* en Estudios CEA.

Año 1953

523	Homenaje a Miguel Mihura.
532	Semana de Cine Italiano en Madrid.
533	XXXV Salón de Humoristas en Madrid.
535	En Sevilla Films se rueda *Así es Madrid*.
536	Centenario de Van Gogh en Holanda.
537	Lana Turner, en Andalucía.
557	Cursos de Verano en Barcelona.
563	(Amplio tratamiento). VIII Centenario de la Universidad de Salamanca.
571	Bibliobús en las calles. Agasajo a Víctor de la Serna. Homenaje a la escritora Concha Espina.
572	V Olimpiadas Universitarias. Deporte y humor. El Festival de Radio Nacional en Barcelona. Castillos humanos y encuentros cómicos. Acróbatas y domadores en la pista del circo Krone, en Florencia.

Año 1954

575	Estreno en Hollywood de una película cinemascópica. Estrellas populares del séptimo arte.
580	*Edipo*, por la Compañía Lope de Vega.
583	Imágenes de la Virgen en la escultura medieval de Aragón y Castilla, en el Ateneo.
584	Colegios Mayores. Inauguración del Centro Nuestra Señora de Guadalupe en la Ciudad Universitaria. Franco preside los actos.
585	Franco, en la Ciudad Universitaria, inaugura el Instituto Nacional de Investigaciones Agronómicas. Drama sacro en Olesa de Montserrat.
594	Franco inaugura la Exposición Nacional de Bellas Artes.
595	Exposición de ferrocarriles de Los Amigos del Ferrocarril.
598	Rodaje hispano-inglés: *Esa señora*, con Olivia de Havilland y Gilbert Roland.

603	Muere don Jacinto Benavente.
615	Inauguración del Colegio Mayor Universitario "Luis Vives" en Valencia. Entrega simbólica de la estatua ecuestre del Cid.
617	Exposición de Dalí. Exposición de alhajas en Nueva York.
621	Aviador solitario. Max Conrad, émulo de Lindbergh en Cuatro Vientos, de Madrid. Excavaciones en Barcelona. La historia de la Ciudad Condal, al descubierto. Concurso de la Federación Castellana de Arqueros en Madrid
622	El II Salón de Dibujos para Alta Costura en Madrid. Desfile de modelos.
625	En el Palacio de Bibliotecas y Museos: X Exposición de Retratos Femeninos y I Concurso Nacional de Diseños de Moda. Firma del Tratado Cultural hispano-germano.

Año 1955

627	Papel moneda de todo el mundo. Exposición de billetes en Mataró. *Alondra,* de Anouilh, en el Español.
629	Gregory Peck, en Canarias. Serenata española en Roma. Los estudiantes, ante la casa de Gina Lollobrigida. Rodaje de *La Ballena Blanca*.
630	Estudiantes del SEU se divierten.
631	San Juan Bosco: entrega de los premios anuales del Sindicato del Espectáculo. El director general de Prensa, en la estación invernal de La Molina. Inauguración en Barcelona de la Escuela de Periodismo.
639	Teatro del SEU en Almagro.
641	Entrega de los premios Óscar de Cinematografía en Estados Unidos.
643	Muerte de Einstein. Evocación retrospectiva. Festivales wagnerianos en Barcelona.
647	Restos prehistóricos en el río Manzanares, en Madrid. Un elefante de 250.000 años.
648	Llega a Barcelona el equipo español de hockey, campeón del mundo. Bernardo Ruiz gana la décima etapa en la Vuelta Ciclista a Italia.
653	Cincuenta años de cine en Estados Unidos. Retrospectiva. Medalla de Oro al arquitecto Miguel Fisac.

654	Premio a la escritora Carmen Laforet (el primer Premio Nadal).
657	Carmen Polo, esposa del Jefe del Estado, clausura el II Festival Internacional de San Sebastián. Cantinflas rueda película en Chinchón (Madrid).
658	Congreso de Arqueología en Santander. Los asistentes visitan Altamira y Santillana del Mar.
663	IV Centenario de la muerte de los Amantes de Teruel.
667	Nuevo curso en Barcelona en la Escuela Oficial de Periodismo. Preside el ministro de Información y Turismo. Homenaje a seis directores de cine en Madrid.
668	(Primera noticia). Honras fúnebres. Ha fallecido Ortega y Gasset. Entierro del ilustre pensador. Día de la Hispanidad. Solemne sesión académica en el Salón de Ciento, en Barcelona. El Generalísimo entrega títulos y medallas a diversos miembros del Instituto de Cultura Hispánica. XLII Salón del Automóvil en París.
669	Inundaciones en Estados Unidos.
671	Pájaros domesticados. En la pista del circo. La verbena de las aves.
672	El pintor de Montmartre. Reportaje retrospectivo de Mauricio Utrillo. Una muestra de sus obras.
676	Semana Infantil. (Primera noticia). El ministro de Información y Turismo inaugura una exposición en Valencia. Teatro para los niños. Temas navideños. Un curso en la Sección Femenina. Preparación de hogares para las fiestas tradicionales. Juguetes y adornos en Nuremberg. La alegría de los niños.
678	Belén y la Navidad. En el sitio donde nació el Redentor. Evocación bíblica. Exposición de nacimientos en San Sebastián. Exhibición religiosa y artística.

Año 1956

679	Campeonato de Música de Armónica. El quinteto "Los Akord's" ganó el Campeonato Mundial de Suiza.
683	Premios de Cine en la fiesta de San Juan Bosco.
688	La UNESCO lucha contra el analfabetismo.
690	Rodaje de la película *Retorno a la verdad*.
693	Inauguración del Consejo Superior de Investigaciones Científicas. Pantomima en el Colegio Mayor de Santa María de Europa.

694	Pinito del Oro y el espectáculo del circo.
700	Rosaleda en el Parque del Oeste con 63 variedades. Rodaje de *Los quince minutos del Rosario*. Colette Duval cae al Atlántico, pero bate una nueva marca.
702	Reunión internacional del Centro Europeo de Documentación e Información. Toledo, iluminada. Exposición en Nueva York de *La Cena*, de Dalí.
703	Rodaje en la Plaza de Cibeles de *Manolo, guardia urbano*.
705	Rodaje de *Orgullo y pasión*.
708	Semana Internacional de Cine de San Sebastián.
712	Conferencia del ministro Ibáñez Martín en Buenos Aires.
713	Cursos de Verano en la Universidad Internacional "Menéndez Pelayo" de Santander.
714	Documental en color de las pinturas de Goya en San Antonio de la Florida, en Madrid.
715	(Primera noticia). El planeta Marte. Reportaje en el Observatorio de Madrid. A través del telescopio.
721	En el María Guerrero, *Hoy es fiesta*, de Buero Vallejo. La 51 Promoción de E. M. Imposición de fajines a sus componentes.
722	(Primera noticia). Conmemoración histórica. En el Teatro de la Comedia de Madrid. Aniversario del acto fundacional de la Falange. El *Ciudad de Toledo*, en Buenos Aires. El éxito de una exposición flotante. Para pintar una cúpula. Andamiaje aerostático. (Segunda noticia). Televisión. Inauguración de la emisora madrileña, bajo la presidencia del Ministro de Información y Turismo. Muñequería. El escultor Gros y Pablito Calvo. Efigie del niño actor.

NOTICIAS PINTORESCAS (NACIONALES E INTERNACIONALES)

Año 1943

Número	Noticias
2	Croacia, industria apícola. Berlín, acrobacias en la cúpula de Wintergarten. Carreras de galgos en Bruselas.
3	Dinamarca. Fiesta de la caza bajo el Patrono San Humberto. Inglaterra. Entrenamiento de caballos de la Policía Montada. Fiesta de San Nicolás en Bélgica.
4	Alemania. Exposición de gatos y perros en Dinamarca. Fábrica de medias de seda.
5	Holanda. Fabricación de instrumentos de música de plexiglás. Instituto de tatuaje en Copenhague.
6	Bélgica. Molino de viento funciona como hace tres siglos. Gasógeno en Brasil. Granada. Buscadores de oro en los ríos Darro y Genil.
7	Madrid. Periodistas en la jaula de leones del Circo Price. Italia. Fiesta de pájaros en Emilia Regio.
8	Eslovaquia. Curiosas operaciones en criaderos de carpas.
9	Italia. Tres inventores italianos introducen modificaciones en la bicicleta.
26	Inglaterra. Excursionistas se divierten.
27	Francia. Racionamiento de tabaco y centenario de la invención del mismo. Protectorado de Bohemia y Moravia, fabricación de clavos.
31	Alemania. Coche en los frentes de combate. Automóvil anfibio lo usan las S. S.
38	Holanda. Fábrica de queso.
47	Madrid. Carreras de galgos en el Canódromo Metropolitano.
48	París. Teatro guiñol en Montmartre.
49	París. Pruebas de patín rodante.

Año 1944

54	(Primera noticia). Variedades. Estados Unidos. Una cometa gigante.
86	Estados Unidos. Nuevos modelos de zapatos.
96	Estados Unidos. Circo de chimpancés en San Luis.

Año 1945

118	Madrid. Original exposición de barcos dentro de botellas en el Museo Naval.
121	Alicante. Pruebas para reportaje cinematográfico submarino en el puerto.

Año 1946

186	Exhibición de los famosos billaristas argentinos hermanos Navarra. Carambolas de fantasía y juegos malabares sobre tapete verde.
188	Exhibiciones circenses en San Luis. Los ases de los juegos malabares.
190	Temas veraniegos. Últimos modelos de flotadores.
192	Boda curiosa en un "tiovivo" en Parque Palísades.

Año 1947

215	Pantalla ambulante en ferrocarriles norteamericanos. El cine sobre rieles.
221	Lanzamiento de gatos desde la torre del Castillo de los Condes de Flandes.

Año 1948

305	Bélgica. Campeonato de comedores de salchichas en Bruselas.

Año 1949

348	Bélgica. Fútbol femenino en Bruselas. Mujer y balón redondo.
356	Alemania. Coche diminuto.

Año 1950

359	París. Variedades de gatos.

Año 1951

452	Italia. Hombre enterrado tres años bajo la tierra en Turín.

Año 1952

478	Estados Unidos. Nadadores cómicos en Miami.
482	Bélgica. Pruebas humorísticas de estudiantes en Bruselas.
493	Estados Unidos. Jinetes infantiles en Oregón.
496	Estados Unidos. Esquí acuático en Florida. Rodeo en Portland.

Año 1953

550	Estados Unidos. Rodeo motorizado.

Año 1954

581	Habilidades de siluetas con las tijeras. Trabajos de la familia Von Rather de Muller en Barcelona. Estados Unidos. Esquiadores cómicos en Florida.
595	Motorista infantil. El mecánico más pequeño del mundo con una máquina de 25 kilos.
613	Alemania. El "stypor" alemán. Nuevo material para modelar. Alemania. Los equilibristas Trabers, sobre el Rhin.
621	Francia. Variedades caninas. Perros de todas las razas en el Palacio de los Deportes de París. De lo grande a lo pequeño. Goles y ladridos. Cuando los chuchos juegan al fútbol.
622	Panorama de curiosidades. El albañil y la paloma. La mensajera que lleva el jornal.

Año 1955

639	Simios, tripulantes experimentales.
653	Estados Unidos. Vaqueros improvisados en San Francisco. Revolcones.
654	Inglaterra. Reparación en la Torre de Londres. Cuidando el big-ben.
655	Inglaterra. Jubileo de Plata de coches viejos. Modelos de principios de siglo.
656	Estragos y catástrofes. Un helicóptero se estrella contra un rascacielos. Restos colgados del piso 18.
658	Estados Unidos. Héroes infantiles del Rodeo.
672	Un hipopótamo gigante, capturado en el Congo Belga, exhibido en Barcelona. Estados Unidos. Rodeo en una cárcel de Texas.

Año 1956

686	San Sebastián. Bañistas de invierno en La Concha. Inglaterra. Exposición canina en Londres. Amberes. Bueyes de peso. Halcones austriacos.
691	Barcelona. Las "monas de Pascua".
698	Francia. Moda canina. Los perros se han vuelto elegantes. Desfile parisiense.
717	Salamanca. Partida de ajedrez con piezas humanas en la Plaza Mayor.

NOTICIAS DE LA SEGUNDA GUERRA MUNDIAL

Año 1943

Número	Noticias
3	Desembarco japonés en las Islas Aleutianas. Ocupado Túnez, los alemanes avanzan hacia Taburba. Aviones del Reich bombardean la URSS. Petain se entrevista con Labal.
4	(Última noticia). La lucha contra el comunismo. La caballería rumana, en el frente soviético. Aniquilamiento de una división bolchevique cercada en Toropez.
5	(Última noticia). La lucha contra el comunismo. Guerra en Leningrado.
6	La lucha contra el comunismo. Guerra y nieve en el frente de Leningrado.
7	Reportajes de guerra. En el Cuartel General del Ejército germano-italiano de Túnez. Entrevista Rommel-Cavallero. Fuego antiaéreo contra bombarderos británicos. División Azul. En el frente de Leningrado. Una sección de la División, en marcha. El general Esteban Infantes revista y condecora a los héroes.
8	Lucha contra el comunismo. Batalla alemana defensiva en el frente soviético.
9	Lucha en Túnez. Combates aéreos.
11	Últimos combates sobre la nieve en los bosques del frente soviético. Derrota bolchevique.
12	Repatriados italianos. Blindados alemanes avanzan desde Túnez. Cruzada anticomunista. Los húngaros se dirigen al frente. Voluntarios holandeses. Finlandeses condecorados con la Cruz de Hierro.
13	Alemanes reconstruyen fábrica de pan destruida por los bolcheviques cerca de Kiev. Frente de África. Lucha contra el comunismo. Fracasa el desembarco soviético de Novorossisk. Defensa costera aniquila a bolcheviques.
16	Día de los Caídos en Alemania. La corona de Hitler, en el monumento de Unter den Lindem. Desfile de tropas alemanas por las calles de Atenas.
17	Mussolini inspecciona aeropuertos de guerra. Bombardeo Catedral Sta. Eduvigis de Berlín.

19   Guerra al comunismo. Batalla decisiva en lagos Ladoga e Ilmen. Inaccesibles fortificaciones desde Noruega a los Pirineos. El Duce de Italia, Benito Mussolini, es recibido por el Führer Canciller, Adolfo Hitler. División Azul. El jefe de la División Azul, Esteban Infantes, asiste a ejercicios de heroicos voluntarios españoles. Jefe Estado Generalísimo Franco recibe cartas credenciales embajador Italia. El Duce Mussolini es recibido por el Führer Hitler.
20   La Industria de Guerra en el III Reich.
21   Sumergible germano en el Mar Caribe.
22   "Españoles, acordaos. 1936-1940. Impresionante reportaje obtenido en el bosque de Katyn, donde fueron asesinados por la G. P. U. soviética 12.000 jefes y oficiales del antiguo Ejército polaco. La aviación del Reich bate eficazmente los objetivos bolcheviques."
23   Los *stukas* bombardean objetivos soviéticos junto a Novorossisk.
24   General Esteban Infantes recibe Cruz alemana de Oro e inspecciona un batallón de heroicos divisionarios.
25   Batalla en cabeza del puente Kubán.
28   General Martínez Campos con general Esteban Infantes visitan voluntarios de la División Azul. Regreso de voluntarios en Irún. Italia. La jornada del Ejército. S. M. el rey emperador de Italia condecora a los héroes. Jornada del Ejército.
29   En la pausa del combate llega el correo. Peluquería al aire libre, faenas del campamento.
30   Alegres ejercicios deportivos de los soldados alemanes en la segunda línea del frente soviético. En ese mismo día se celebra el 18 de julio de forma festiva en España (como Fiesta de la Exaltación del Trabajo), en que Franco preside concentración de productores en la Plaza de la Armería y pronuncia un importante discurso). Llegada de tropas al frente para lucha contra comunismo.
31   Lucha contra el comunismo. Batalla en la cabeza de puente de Kubán. Destrucción carros soviéticos y aviación bombardea centro de abastecimiento soviético. División Azul. Capitán general Lindemann felicita al general Esteban Infantes por su ascenso a general de División. "Los heroicos voluntarios oyen una misa de campaña."
32   *Stukas* destruyen lanchas desembarco soviético en pantanos Kubán. La Guerra en el Extremo Oriente. División británica en el frente de Birmania.

33	Comboyes norteamericanos en el Atlántico. Barcos alemanes navegan frente costas holandesas. Aparatos bolcheviques abatidos por alemanes. Gran batalla de tanques.
34	Almirante Doenitz revista tripulaciones submarinas alemanas. "El desembarco en Sicilia. Sensacionales documentos de esta fase de la guerra vista desde el frente aliado y desde las líneas del Eje. El cine al servicio de la historia."
36	La escuadra norteamericana, en aguas del Pacífico hacia las Islas Salomón. El Día del Valor en Sofía (Bulgaria). Uno de los últimos documentos de la vida pública de S. M. el Zar de Bulgaria, Boris.
37	Alemanes en Grecia.
40	Últimos combates en Sicilia.
41	Reportajes de guerra. Con soldados alemanes con guarnición en Normandía. Artillería del II Reich defiende y vigila las costas de Europa. Fabricación de tanques de artillería en Estados Unidos.
42	Guerra en Italia. Embarque de tropas inglesas y norteamericanas.
44	Fusil antitanque norteamericano. La aviación del Reich, en acción.
45	Canje de prisioneros alemanes e ingleses bajo signo humanitario de la Cruz Roja Española.
46	Efecto de los bombardeos sobre Bruselas.
47	Tropas aliadas avanzan sobre Nápoles. Submarinos alemanes en el Atlántico.
49	Rommell visita las fortificaciones del norte de Italia.
50	El Führer condecora al capitán Lith. Desfile motorizado de alemanes en Grecia.
51	Ofensiva aliada sobre Birmania. Desfile conmemorativo de la liberación de Estonia. Lord Montbatten se entrevista en Chung King con Chang-Kai-Check.

Año 1944

53	El ministro Speer y el almirante Doenitz inspeccionan lanchas rápidas alemanas. Primer Gobierno libre de Albania.
55	(La segunda noticia). Estados Unidos. Las mujeres reemplazan a los hombres en las industrias de guerra. Frentes de guerra. La aviación del Reich bombardea objetivos militares bolcheviques. "Actualidad mundial. Voluntarios franceses contra el bolchevismo. El general Eisenhower inspecciona una división británica. Servicio militar de la juventud finlandesa. Hitler recibe en el Cuartel General al jefe del Gobierno búlgaro. El rey de Suecia juega al tenis.

56	Normalidad en Berlín tras los bombardeos.
57	(Variadísima actualidad internacional). El presidente de Estados Unidos, en Teherán. Visita del Gran Mufti de Jerusalén a las tropas musulmanas en Berlín. El ministro de Tráfico alemán, en Rumania. En Budapest, el almirante Horthy revista a su guardia personal. Ocupación alemana de la isla Leros, en el Dodecadeso.
58	Rommell visita fortificaciones alemanas en Dinamarca. Pétain recibe en Vichy al cuerpo diplomático.
59	Operaciones en el Pacífico. Barcos de guerra alemanes, en el golfo de Vizcaya.
60	Sensacional ataque japonés al portaaviones norteamericano en el Pacífico.
61	Tropas norteamericanas invaden Nueva Bretaña. Rommell inspecciona fortificaciones alemanas en el Atlántico. "Actualidad mundial. Voluntarios croatas en lucha contra el comunismo. Asamblea del Partido Republicano-Fascista en Verona. Pétain visita a los annamistas. Princesa Martha de Noruega, en los Estados Unidos."
63	Alemania defiende sus posiciones en Monte Casino (Italia).
64	Concierto de los soldados alemanes en la Catedral de Nôtre Dame, en París. Gran batalla aeronaval en las Islas Marshall.
66	Los Aliados, camino de Roma.
70	Los combatientes de Tscherkassi, ante el ministro del Reich. Goebbels.
73	Nelson Rockefeller, en Costa Rica.
74	Soldados alemanes desfilan por las calles de Londres.
75	Lucha en el frente germano-soviético.
78	"Actualidad mundial. El general Nikoloff inspecciona las tropas búlgaras. La hija de Churchill bautiza una fortaleza volante. Voluntarios letones se incorporan al Servicio alemán del Trabajo. Entierro of Frank Knox, secretario de la Marina de los Estados Unidos. El mariscal Pétain visita el Museo de las Misiones."
80	Tras el desembarco de Normandía, los alemanes se resisten.
86	Nuevas armas del Ejército de los Estados Unidos y nuevas armas alemanas: torpedo humano y avión sin piloto. Mariscal Pétain visita Lyon. Tesoros de la Iglesia puestos a salvo en Polonia.
88	Ensayo alemán de nuevas armas de los Aliados. Aliados prosiguen ofensiva en el Pacífico. Desembarco aliado en Saipán. Emocionante

	reportaje aviadores aliados en Francia. Bombardeos y luchas aéreas.
90	En la frontera franco-española. Personalidades aliadas cruzan el Puente Internacional de Irún.
92	Aliados desembarcan en el sur de Francia.
93	El general De Gaulle condecora al general Clark.
94	Aliados conquistan El Havre y Bruselas.
96	Juventud Hitleriana, ante el general Guderian. Presidente Brasil visita base aérea americana.
102	Fuerzas norteamericanas en las Islas Filipinas (Combate del Pacífico).
103	Reelección del presidente Roosevelt. Ghandi se ve con el jefe musulmán en la India.

Año 1945

105	Eisenhower condecora a tres jefes de las Fuerzas Aéreas. S. M. el rey de Inglaterra visita Porstmouth.
106	El Volksturm. Los ciudadanos alemanes se alistan en las Milicias Populares.
107	Churchill visita a Eisenhower en su cuartel general.
109	Eisenhower, recibido por el Gobierno belga en Bruselas.
110	Abastecimiento tropas en Birmania. Patrullas salvamento alemán, en los Alpes alemanes. Ejércitos aliados en frente occidental. Bombarderos norteamericanos atacan Manila. Emocionantes luchas aéreas.
113	Tropas alemanas en frente del Este.
115	Armas de represalia alemanas: el V-2. Aviación aliada sobre Alemania.
116	Toma posesión presidente Roosevelt en la Casa Blanca.
118	Roosevelt y Churchill se entrevistan.
119	Primer ministro de Noruega visita a Hitler. Quinientos niños holandeses, en Inglaterra. Mussolini visita Milán.
121	Norteamericanos liberan Manila.
122	Destrucción de la barrera alemana del Rhin.
123	Tropas norteamericanas desembarcan en la isla de Iwo Jima. Preliminares de la Conferencia de Seguridad Mundial en San Francisco.

NOTICIAS DESPUÉS DE LA SEGUNDA GUERRA MUNDIAL

Año 1945

Número	Noticias
124	La paz vuelve a Europa. Desde el estallido de la contienda al momento actual. (Reportaje retrospectivo). Manila: 27.000 personas liberadas por las tropas del general Mac Arthur en Fuerte de Santo Tomás. Soldados ingleses y norteamericanos, con el Papa en Roma.
125	Seis mil quinientos soldados aliados liberados en el campo alemán de Buchen Wald.
126	Toma posesión el presidente Truman.
127	Truman recibe a los delegados de la Conferencia de San Francisco. Holanda homenajea XXX División de Infantería de los Estados Unidos. Antiguo canciller del Reich, Von Papen, prisionero de los aliados. Rendición ejército alemán en Italia del Norte.
128	Conferencia de Seguridad en San Francisco. Día de la Victoria en Londres.
130	Empleo de plasma sanguíneo y penicilina por las Fuerzas Armadas.
132	Operaciones de guerra marina aliada en Japón.
134	El Capitolio de Washington y la Estatua de la Libertad, iluminados al terminar la guerra de Europa. Al margen de la guerra. Tropas norteamericanas adoptan a un huérfano chino.
136	Clausura de la Conferencia de San Francisco. Firma de la Carta de Seguridad Mundial.
138	Ocupación de la capital de Birmania. La UNRA recoge ropas en las calles de Nueva York con destino a Europa.
140	Entre las ruinas de Berlín. Vista de la causa contra el mariscal Pétain.
142	¡Victoria sobre el Japón! Antecedentes e historia de la última guerra. El ataque a Pearl Harbour. En las Islas Filipinas. La campaña de Okinawa. La bomba atómica, sobre Hiroshima. Japón se rinde. El Día de la Victoria en Inglaterra. Los reyes reciben el homenaje popular. El presidente Truman comunica al mundo la sensacional noticia. En las calles de Nueva York.

144	Defectos del radar, que, tras haber reducido riesgo de sorpresas en la guerra, desempeña impresionante papel en la paz.
148	Proceso contra los responsables de la guerra. Quisling, acusado de traición. Primer reportaje del proceso Belsen. En honor del Cuerpo Diplomático. Excursión a Guadalupe, Lagartera y Oropesa. Fiesta taurina con participación de Conchita Cintrón, Domingo Ortega y los hermanos Bienvenida. Hong-Kong y la isla de Wake se entregan a los Aliados.
149	Actualidad mundial. La esposa de Chiang-Kai-Check regresa a Chung-King procedente de Nueva York. El presidente Truman impone en Washington la medalla de Servicios Distinguidos a Mr. Henry Stimson. Un acto de ayuda pública a la carta de las Naciones Unidas en el Albert Hall de Londres […]. Aniversario bélico. A los tres años del desembarco aliado en Dieppe. Homenaje a los caídos. Fotogramas retrospectivos. Desfile de fuerzas canadienses.
150	Acto de ayuda pública a la Carta de las Naciones Unidas en el Albert Hall de Londres.
154	Exhibición modelos peletería en elegante casa de Barcelona.
156	Proceso histórico. El Palacio de Justicia en Nuremberg. La cárcel y la sala. Una sección del proceso.

Año 1946

160	"Actualidad mundial. Getulio Vargas y el nuevo presidente de Brasil, general Dutra. El jefe del Gobierno británico, Attlee, en los Estados Unidos. Ceremonia ante el Monumento al Soldado Desconocido. Las conversaciones con el presidente Truman y el primer ministro del Canadá. Mr. Attlee, ante el Congreso. El general Eisenhower, jefe del Estado Mayor del Ejército de los Estados Unidos, habla en favor del servicio militar obligatorio."
162	El rey de Inglaterra recibe al delegado de Organizaciones de las Naciones Unidas. En Central Hall se celebra la Asamblea General de la ONU.
168	La ciudad de Berlín, en pleno invierno.
182	Referéndum en Italia. Fin de curso en la Academia norteamericana de West Point. Entrega de diplomas a los nuevos alféreces de la Escuela Naval de Minneápolis. Italia. Reportaje sobre el referéndum recientemente celebrado.

184	Modelos de Nueva York embarcan en transporte aéreo. Últimas creaciones elegancia femenina en bolsillos.
190	Procesión de penitentes en Furner (Bélgica).
192	La independencia de Filipinas. Primer juramento del presidente Rojas.
194	En Lake Sucess se celebran sesiones del Consejo de Naciones Unidas. Votaciones, discursos y discusiones.
196	Montgomery visita Wets Point. En Washington, con Eisenhower y Bradley. Huésped del presidente Truman, en la Casa Blanca.
202	Un coloso del mar. El *Queen Elizabeth* preparado en Southampton. Es visitado por la reina de Gran Bretaña y las princesas Isabel y Margarita. La travesía y la llegada a Nueva York.
204	Asamblea de la ONU. Congreso Internacional de Peinados en París. Cuatrocientos peluqueros exhiben modelos.
208	Inundaciones en el campo de Roma.

Año 1947

214	En Gorakpun se celebra la XXVII reunión pan-indostánica. Fastuoso desfile. Las llamas destruyen el puerto de Nueva Jersey, en Nueva York. Incendio en una barriada de Tokio. Discurso del secretario de Estado norteamericano, Mr. Brynes.
216	Argentina. Gran fiesta ganadera de la Sociedad Rural presidida por el general Perón. Destruido en Munich el monumento al nacional-socialismo. Despedida de los reyes en Gran Bretaña, que salen de Potsmouth en el *Vanguard,* acorazado real, en travesía hacia los mares del Sur.
218	Visita al Palacio del Quirinal en Roma. Mudanzas de un régimen. En el Quai d'Orsay se reúnen representantes de 21 naciones aliadas. Firma de tratados. Los reyes británicos, en los mares del Sur.
221	Cuba recibe al presidente Truman. Homenaje y festival de deportes y danzas típicas.
229	Fuerte tornado en los Estados Unidos.
233	Emperador Hiro Hito aprueba la nueva Constitución.
239	Agitación política social en París. Gendarmes contra los comunistas.
240	Inglaterra. Esponsales princesa Isabel y su prometido, el teniente Mountbatten. Ceremonia en la Abadía de Westminster. Fiesta real en los jardines del Palacio.

241	En Munich construyen un coche diminuto.
242	Montgomery, en Melbourne. Representantes de 16 países, en París. Desfile de las fuerzas aliadas en la capital del Japón.
245	Desfile en Argentina con motivo de la Fiesta de la Independencia. Palestina, bajo ley marcial.
247	Aviación de los Estados Unidos cumple cuarenta años. Fiestas en Washington y San Antonio de Texas.
248	Nueva línea fronteriza entre Italia y Yugoslavia.
251	Reconstrucción del obelisco de la Plaza de San Juan, en Roma.
254	Peregrinación a Lourdes de Miss Italia 1947.
256	Entrega de una espada al general Eisenhower en nombre del pueblo holandés. Conferencia en Nueva Delhi ante la presencia del Maharajah. Ceremonias de la India milenaria. Ceremonia nupcial de la princesa Isabel, heredera del Trono de Inglaterra, con el duque de Edimburgo, Lord Mountbatten.
260	Reunión ministros Exteriores de las grandes potencias en Londres. Discurso del general Marshall.

Año 1948

263	Hiroshima, visitada por Hiro Hito.
266	De Gaulle, en Saint Etienne. Primera piedra de un monumento. Alocución anticomunista.
273	Truman visita Puerto Rico. Emigrantes llegan a Palestina. Consejo de Seguridad de la ONU.
274	Las últimas tropas inglesas abandonan la India.
275	Inundaciones y heladas en los Estados Unidos.
279	Estados Unidos. Desfile ante Truman.
280	Sucesos sangrientos comunistas en Bogotá.
282	Lord Mountbatten, en Nueva Delhi.
285	Congreso Eucarístico en Japón.
287	Luchas en Jerusalén. Grecia e Italia reciben ayuda de trigo a través del Plan Marshall.
289	Cincuenta aniversario de la ciudad de Nueva York.
290	Conflicto en Palestina.
292	Atentado contra Togliatti en Roma y desórdenes comunistas.
295	Churchill, en Bristol. Ceremonia universitaria. El petróleo se desborda en Alberta (Canadá). Inauguración aeródromo de Nueva York.

297	Moda precolombina azteca en México.
309	Lucha entre árabes y judíos.
311	Truman, en Florida. El secretario de Estado, Marshall, llega de París a Washington.

Año 1949

313	Desfiles pintorescos. Carrozas en Hollywood, Nueva York y Filadelfia.
314	La tarta para el bautizo del príncipe heredero de Gran Bretaña.
319	Jura y toma de posesión de Truman.
317	Católicos de Nueva York celebran la fiesta patronal de San Patricio.
320	Lucha de fuerzas nacionales contra el comunismo en China. Reportaje sobre Chang-Kai-Chek.
326	Mujeres rusas visitan el Museo Británico. Bloqueo de un edificio soviético en Frankfurt.
328	Truman inaugura una exposición de fotos. Bodas de Oro sacerdotales de Pío XII. Homenaje de los niños al Papa.
330	Voladura de la Cancillería del III Reich en Berlín.
331	Actos tradicionales en la Catedral de San Patricio de Nueva York.
333	Guerra en China. Amenazas comunistas.
337	Rita Hayword se casa con el jalifa Alí Kan.
342	El mayor yate del mundo, que perteneció a Hitler, entra en la bahía de Nueva York.
343	Llegan a Tokio 2.000 prisioneros de guerra japoneses de la URSS.
345	Celebración del 138 aniversario de la Independencia de Argentina.
346	Botadura de un barco para Argentina en los astilleros ingleses de Barrow. El transatlántico *Eva Perón*.
352	Día de Gran Bretaña.
353	El IV Reich. Nuevo presidente federal de Alemania. Resumen histórico.
355	Conflictos y huelgas en sector acero de Estados Unidos.
358	Sesión plenaria de la ONU. Primera piedra de la nueva sede.
361	Dolor de la postguerra: 65.000 niños alemanes separados de sus padres. Un encuentro emocionante.
363	Inundaciones en Italia.
364	Nuevo modelo de avión supersónico en Estados Unidos.

Año 1950

377	Ayuda norteamericana a Europa.
380	Gubitchev, expulsado de Estados Unidos.
386	Príncipe de Siam, Phumpham, coronado rey.
389	Se abre al tráfico el túnel de Brooklyn. Es el mayor de los Estados Unidos.
392	Ceremonia en West Point.
394	Lucha entre Norte y Sur de Corea y ayuda norteamericana. (También se habla del conflicto de Corea en los números 398, 399, 400 y 402.)
395	Excavaciones en Egipto. En la legendaria Avenida de las Esfinges.
404	Avance de las fuerzas aéreas de Estados Unidos. Motores de reacción del B-36. La nueva revista *Atlantic City*.
408	Mac Arthur entrega el poder civil de Corea al presidente Rhe. Lucha contra los comunistas en Pyonhyan.
414	Lluvias torrenciales en Inglaterra y California (Estados Unidos).
416	Erupción del Etna.

Año 1951

418	Conferencia de Defensa del Atlántico.
421	Guerra en Indochina. Aviones supersónicos, en Corea.
425	Prodigios del radar. Aparatos de reacción norteamericanos F-94. Nuevos modelos bombarderos ingleses. Salen libres algunos de los condenados de Nuremberg.
434	Muerte del mariscal Carmona.
435	Mac Arthur abandona Japón. Recibimiento en Washington.
436	Homenaje a Mac Arthur en Chicago.
437	Festival en Gran Bretaña. Un siglo de progreso.
438	Con lujo y fausto oriental se celebra la boda del rey de Egipto. Las tropas regresan a Estados Unidos.
439	Terremoto en San Salvador.
441	Con las fuerzas aliadas en Corea.
443	Voto francés.
444	Últimos episodios de la guerra de Corea. Torneos reales en Londres. Bailes típicos escoceses.
447	Rey Balduino presta juramento en Bélgica. Estragos del temporal en Kansas City.

449   Entierro de Pétain en la isla Yeu, "glorioso soldado". Arde un petrolero en Irán. Muere Federico Guillermo de Prusia.
450   París a vista de pájaro.
454   Justas modernas en Holanda.
455   Conferencia de San Francisco. Tratado de Paz con Japón.
460   Catedrales europeas restauradas. Sacerdotes-obreros.
461   Inundaciones en Sicilia y Cerdeña.
462   Bajo Eisenhower, maniobras de la Escuadra norteamericana en el Mediterráneo. Elecciones en Inglaterra y triunfo conservador.
463   Príncipes Isabel y duque de Edimburgo se entrevistan con Truman.
466   En el Foro Itálico de Roma. Reunión del Consejo de la NATO. Tropas británicas, en Egipto. Reportaje en el Canal de Suez. Manifestaciones contra Inglaterra. Británicos en el Canal de Suez. El Papa

canoniza tres santos en la Basílica de San Pedro, en Roma.
468   Un avión británico para vuelos nocturnos. El DH-110. Un nuevo jefe indio. Continuador de las doctrinas del Mahatma. Volcán en Filipinas. Panorama de desolación.

Año 1952

471   Guerra en Corea. Prosiguen las hostilidades al finalizar el año. Rendición de soldados norcoreanos. El cardenal Spellman visita los hospitales del frente. Aliento y consuelo para los heridos.
472   Vigilancia en el Canal de Suez. Llegada de Churchill a Wash-ington.
473   Juegos Olímpicos en Helsinki.
475   Elecciones en la India. Crisis en Suez.
477   Restos de Jorge VI son trasladados de Westminster a Windsor.
481   Golpe de Estado del general Batista en Cuba.
486   Trescientos años de la Ciudad de El Cabo.
487   Mensaje del Papa en San Pedro de Roma.
488   Nuevo sello de Correos con el símbolo del Congreso Eucarístico Internacional de Barcelona: el Ángel de la Paz.
491   Pruebas nuevo reactor en Texas, el moderno YB-60. Gigante de los Mares: el nuevo transatlántico *United States*.
495   Fuerzas aéreas de Estados Unidos ensayan una nueva bomba.
496   Gran Avenida de Bolívar en Caracas. Nuevos cadetes de West Point.

498	Candidatos de los Estados Unidos. Triunfo de Eisenhower.
502	El Papa, en la residencia veraniega de Castelgandolfo.
503	Embajador en Río de Janeiro. Imposición del Collar de Isabel la Católica al presidente Vargas. En Corea, los soldados se divierten.
504	Día del Ejército en Bruselas. Brillantes supuestos tácticos.
505	Reconstrucción de Berlín. Traslado de los restos de Eva Perón.
515	Eisenhower, presidente de los Estados Unidos. Reportaje retrospectivo.
524	Eisenhower, en familia.
525	Churchill, en Nueva York. Con Eisenhower. El LXXXIII Congreso norteamericano. Los nuevos legisladores prestan juramento.

Año 1953

526	Eisenhower jura su cargo. Desfile en Washington. El *Queen Elizabeth* navega de nuevo.
531	Corea: ayuda benéfica de los Estados Unidos.
534	Innovaciones del Ejército norteamericano. Prueba atómica en los campos de prueba del desierto de Nevada. Reportaje sensacional.
537	Canje de prisioneros en Corea. Niños reciben regalos de los Estados Unidos. Inhumación de los restos de Carol II de Rumania en el panteón de la Casa Braganza, en Portugal. En la Pascua, el Papa imparte la bendición apostólica.
538	Boda de los príncipes de Luxemburgo.
539	Inauguración de la mezquita Ain-Chock en Casablanca.
540	Huracán en los Estados Unidos. Homenaje al doctor Oliveira Salazar en Portugal. Desfile de los representantes de las naciones.
541	Repatriación de los ingleses de Corea. Coreanos protestan ante la posible división del país.
542	(Número totalmente monográfico). "Portugal y España. Llega a Madrid el presidente de la República portuguesa. Brillante desfile militar en presencia de Franco y de Craveiro Lopes. En el Museo del Ejército. Trofeos de nuestras gloriosas gestas guerreras. Ceremonia en el Palacio de El Pardo. Imposición de condecoraciones al jefe del Estado portugués y a su esposa. En la Monumental de Madrid. La gracia de la mantilla en los tendidos. Corrida en honor de los ilustres huéspedes lusitanos."

543	"Portugal y España. El jefe del Estado portugués, en la Escuela de Orientación Profesional "Virgen de la Paloma". Visita a la Empresa Nacional de Autocamiones Pegaso. En la imperial ciudad de Toledo y en la Academia de Infantería. Conferencia de Prensa en El Pardo."
545	Coronación de Isabel II. Cortejo hacia la abadía de Westminster.
546	Conversaciones en Panmunjonn. Manifestaciones en Corea.
548	Disturbios en Berlín por la oposición al comunismo.
549	Nuevo Gobierno en Francia.
554	Ciudadanos de la zona soviética de Berlín, hambrientos. Alimentos de los Aliados.
559	Triunfo de Konrad Adenauer en Alemania.
560	Intento de asesinato al sultán de Marruecos.
561	Paracaidistas en Corea mientras se negocia la paz.
563	Inundaciones en japón. Ciudades anegadas. Desfile en Seul. Despedida del general Clark. Reportaje sobre el sensacional secuestro y asesinato del niño Bobby Greenlease.
564	Maniobras de la NATO en aguas del Mar del Norte. Gran acto religioso en Nueva York con la presidencia del cardenal Spellman.
567	Los reyes de Grecia, en Estados Unidos.
568	Una de las hermanas Dionne ingresa en un convento. Conmovedoras escenas de la profesión. Temporal en el Atlántico.
569	El caso Drummond. Gaston Dominici confiesa. Un enigma aclarado.
572	Reflejos del mundo. El frente único asiático, contra los soviets. Chiang-Kai-Shek se avista con Syngman Rhee. En las Islas Bermudas. Reunión de los "Tres Grandes".
573	Eisenhower, en la ONU.

Año 1954

578	Incendio en Nueva York, en unos almacenes de Brooklyn.
583	XLV División norteamericana sale de Corea.
585	Conferencia Interamericana se reúne en Caracas.
587	Escuela de la NATO en Roma.
592	La Conferencia de Ginebra. Llegada de delegados. En la Sala de Sesiones.
593	Reyes de Dinamarca, en Holanda. Mar del Norte: una construcción naval bajo el mar.

594	Sigue la Conferencia de Ginebra sobre el Extremo Oriente. Sigue la guerra de Indochina.
596	Elecciones en Formosa. Chiang-Kai-Sheck, nuevo mandato presidencial. Reparaciones en Alemania. La Columna de la Victoria, restaurada. Ministro de Agricultura español en Alemania. Visita a una granja modelo.
598	El viejo Oeste.
590	En Texas, inundación del Río Grande y sequía en Colorado.
591	Ciudad diminuta en La Haya.
598	Tráfico de drogas en San Francisco. Captura de contrabandistas.
599	Aniversario de la insurrección de Berlín. Contra la opresión soviética.
600	Conflicto de Guatemala, en el Comité de Seguridad. La lucha anticomunista en el país.
604	Fin de la guerra en Indochina. Firma del alto el fuego.
605	Presidente Sugman Ree, de Corea del Sur, recibido por Eisenhower. El presidente Hoover cumple ochenta años en su residencia de West Branch.
609	Noveno aniversario de la bomba atómica de Nagasaki e Hiroshima.
610	Nuevo presidente de Paraguay y juramento de su Gobierno. El presidente argentino, en Asunción. Tetuán, en paz y orden. Aspectos de la capital del Protectorado. En la Meca. Miles de árabes en la Ciudad Sagrada. En nombre de Alá. Fervor en la Meca en nombre de Alá.
611	Instantáneas mundiales. Epílogo de la guerra en Indochina. El regreso del general De Castries. Para la defensa de la China Nacional. La Flota norteamericana, en Formosa.
612	Garaje subterráneo en Chicago para 2.300 coches. Huracán en las costas norteamericanas.
615	Reunión de representantes de las Nuevas Potencias en Lancaster Housen.
616	Inundaciones en Chicago.
617	Demolición en Berlín del Reichstag. Imágenes retrospectivas. "Un edificio que no quiere abatirse." Imposición de condecoraciones en la Embajada de España en Santo Domingo. Desfile militar y ofrenda de flores ante el monumento a Colón.
618	Huelga en los muelles de Londres.
619	Elecciones en Estados Unidos.

620	El Papa corona a la Virgen como Señora de la Humanidad. XLII Aniversario de la fundación de la República China. Conmemoración en Formosa. Ciclón en Portugal. Destruye el edificio Castelo Branco.
624	Elecciones en Alemania. Árbol de Navidad frente al Rockefeller. Reportaje sensacional sobre nuevas armas norteamericanas contra aviones. En los Estudios de Televisión de París, Chevalier, rodeado de estrellas.
626	Se desborda en Londres el Támesis.

Año 1955

627	Jóvenes de Chipre contra Inglaterra.
628	Fiesta de las Rosas en Pasadena. El desfile más vistoso de los Estados Unidos.
630	El cardenal Spellman llega a Saigón.
631	VII Flota en el Mar de China. Vigilancia en esta zona estratégica.
633	Primer día del año budista en Indochina.
634	El vicepresidente norteamericano, Nixon, en Cuba. Entrevista con Morales y Batista. Evacuación de las Islas Tacheu, bajo protección de la VII Flota norteamericana.
639	Recepción de japoneses muertos en la guerra en los muelles de Yokohama.
640	Eisenhower examina importantísimos documentos bíblicos. Manifestaciones en Bruselas del Partido Católico Belga contra la nueva ley escolar.
641	Experiencia atómica en Nevada. Terremoto en Filipinas.
642	Domingo de Resurrección en la Plaza de San Pedro. Bendición del Papa.
644	Conferencia de Bandung. Asisten 29 países.
646	Adenauer, en la NATO. Alemania ingresa en la Alianza.
647	Presidente francés Coty, en Copenhague.
648	Rey Balduino, en Leopoldville.
649	Triunfo conservador en Inglaterra.
653	X Aniversario de fundación de la ONU. Eisenhower interviene.
655	Agitación en el Marruecos francés.
656	Reunión de los Cuatro Grandes en Ginebra. Negociaciones de los jefes supremos. Futura Academia Aérea de Estados Unidos en Colorado Springs. Congreso Eucarístico en Río de Janeiro.

658	Austria libre. Evacuación de tropas. Estados Unidos comienza la construcción de un satélite artificial.
660	(Primera noticia del documental). Argentina. Aniversario de la muerte de Eva Perón. Discurso de Frondizi en la radio.
661	Disturbios en Marruecos. Inundaciones en Estados Unidos.
662	El problema marroquí. Reunión en Aix-les-Bains. Disturbios y saqueos. Los indígenas solicitan el "aman". Nuevos reactores norteamericanos.
664	Crisis en Argentina. Renuncia del ex presidente Perón.
665	Huracanes en los Estados Unidos.
666	Huelgas de transportes en París.
667	Delegación francesa se retira de la ONU.
668	Conferencia de prensa sobre estado de salud de Eisenhower. Presidente continúa mejorando. Embajador español presenta credenciales en Argentina. Día de la Hispanidad en Argentina. Ante el Monumento a la Madre Patria. Grandes inundaciones en México.
670	Recuerdo del Descubridor. Una estatua de Colón llega a Ohio. Referéndum en El Sarre.
671	Presidente portugués, Craveiro Lopes, en Inglaterra. Fiesta en el Covent Garden.
672	Reina Juliana de Holanda, en Lisboa.
673	Júbilo en Teherán por retorno sultán Haile Selassie.
674	Regreso del sultán a Rabat. Fiesta de Exaltación al Trono.
675	Eisenhower, con sus ministros, en Camp David.
676	Presidente italiano visita al Papa.
677	Disturbios en Chipre contra la presencia inglesa.

Año 1956

679	Hindúes se purifican en las aguas.
680	Elecciones en Francia. Nuevo Ejército alemán.
682	El cardenal Spellman, en reactor. El vicario de las Fuerzas Armadas de los Estados Unidos.
683	Maniobras navales norteamericanas. Supuesto de desembarco.
684	Míster Eden, en la Casa Blanca. Con Eisenhower.
685	Manifestaciones en Argelia.
686	Versión norteamericana del tren español Talgo. Pruebas del proyectil dirigido *Reguilus,* un arma excepcional.

688	El Papa cumple ochenta años. Homenaje de los niños.
690	Deportación del arzobispo Makarios tras los sucesos de Chipre. Perfeccionamiento en Canadá de la vacuna contra la poliomielitis.
691	Conferencia de El Cairo. Pineau se entrevista con los jefes de los tres Estados árabes. Maniobras militares de seis países en Bangkok. Dispositivo contra agresión comunista.
692	Marinos de Estados Unidos rumbo al Mediterráneo. Mediación de la ONU para evitar la guerra en Israel. Estampas de la Semana Santa. Una visita a los Santos Lugares. Paisajes y recuerdos de Jerusalén. Se firma en París la independencia de Túnez.
693	Nuevas armas antiaéreas en Estados Unidos.
694	Grace Kelly llega a Mónaco. Preparativos.
695	En el Principado de Mónaco, boda de Rainiero y Grace Kelly.
697	El portaaviones norteamericano *Saratoga,* el más grande del mundo. Preparativos Olimpiadas de Melbourne.
699	Disturbios antibritánicos en Atenas.
701	Coronación del rey de Nepal. Desfile vistoso.
704	En la Universidad de Yale, Adenauer es recibido como doctor en leyes. Hospital de Maryland: energía atómica usada como fuerza curativa.
706	Negociaciones Francia-Túnez.
708	Conmemoración de la Independencia de Venezuela. Desfile en Caracas.
709	Espectacular incendio en Nueva York.
710	Nasser decreta la nacionalización del Canal de Suez.
710	Ceremonia naval religiosa. Bendición de barcos en el Mississippi.
712	El problema de Suez. La Conferencia de Londres. Discurso de Mr. Eden.
713	Mozambique. El presidente portugués, en Lourenço Marques (Mozambique). El homenaje a los caídos de la Gran Guerra y desfile de la juventud deportiva.
714	Syngmann Ree, reelegido presidente de Corea. Desfilan las Fuerzas Armadas.
717	Hispanoamérica. Productos y actividades de Venezuela y España. Exposición Permanente en Caracas.
719	Acusados en el proceso de Poznam. Huracán *Flosy* en Estados Unidos. Víctimas y daños. Agitación en Chipre. Actuación fuerzas británicas.

720	El Papa beatifica al Papa Inocencio XI en San Pedro de Roma.
721	El sultán de Marruecos, en Fedala. Conferencia Internacional.
721	Exhibición en una base norteamericana. Helicópteros.
722	Opresión soviética en Varsovia. Nueva arma *Sidewinder* y sus infalibles impactos.

Bibliografía

FUENTES PRIMARIAS

- **NOTICIARIOS-DOCUMENTALES NO-DO.** Todos los documentales Sección A desde el número 1 (4 enero 1943) hasta el número 722 (5 noviembre 1956), en que comienza la Televisión Española.
- **SUMARIOS** semanales de los Noticiarios que se colocaban en las puertas de los cines.
- **GUIONES** de redacción de los números de NO-DO.
- **ENTREVISTAS** a personajes que tuvieron diversas responsabilidades en NO-DO:
  - José Solís Ruiz (ministro secretario general del Movimiento).
  - Manuel Augusto García Viñolas (jefe del Departamento de Cinematografía en el Gobierno de Burgos en 1936 y primer director de NO-DO).
  - Alberto Reig (subdirector primero y después director en los primeros años).
  - Matías Prats (locutor en los primeros años).
  - Joaquín Esteban Perruca (redactor jefe primeros años).
  - Jorge Palacios (documentalista desde el comienzo).
  - Manuel Fernández Colino (director Film Popular, zona republicana).
- **VÍDEOS**
  - "Cincuenta años de NO-DO". Documental realizado por Televisión Española (TV) con motivo del cincuentenario del Noticiario.
  - Filmación de TVE de las dos intervenciones de Ramón Serrano Suñer en los Cursos de Verano de la Universidad Complutense en El Escorial en los veranos de 1992 y 1993.

1. HISTORIA DE LA ESPAÑA DE POSTGUERRA

ABELLA, R.: *La vida cotidiana en España bajo el régimen de Franco*, Argos-Vergara, Barcelona, 1975.
  – *Por el Imperio hacia Dios. Crónica de una posguerra (1939-1955)*, Planeta, Barcelona, 1978.
  – "La España del Biscuter", *Cuadernos del Mundo Actual*, 44 (1994), Historia 16, Madrid.
  – "La España del 600", *Cuadernos del Mundo Actual*, 53 (1944), Historia 16, Madrid.
  – *Vida cotidiana bajo el régimen franquista*. Edición nueva en Temas de Hoy, Barcelona (nueva edición 1997).

ABELLÁN, M.: *Censura y creación literaria en España (1939-1976)*, Península, Barcelona, 1980.

ABELLÁN, J. L.: *Los españoles vistos por sí mismos*, Turner, Madrid, 1986, pp. 141, 147-176 y 217.

AGUIRRE PRADO, L.: *La Iglesia y la guerra española*, Colec. Documentos Históricos, Servicio Informativo Español, Ministerio Información y Turismo, Madrid, 1964.

ALCÁZAR DE VELASCO, A.: *Serrano Suñer, en la Falange*, Patria, Madrid, 1941.
  – *Los siete días de Salamanca*, Del Toro, Madrid, 1976.

ALTHUSSER, L.: *Escritos*, Laia, Barcelona, 1974.

ALVA, V.: *Historia de la resistencia antifranquista*, Planeta, Barcelona, 1978.

ÁLVAREZ BOLADO, A.: "Acompañamiento eclesial a la Guerra Civil y al Estado emergente", en *La Iglesia Católica y la Guerra Civil Española*, Fundación Friedrich Ebert e Instituto Fe y Secularidad, Madrid, 1990.
  – *El experimento del nacional-catolicismo, 1939-1975*, Edicusa, Cuadernos para el Diálogo, Madrid, 1976.

— "Guerra Civil y universo religioso. Fenomenología de una implicación", en *Miscelánea Comillas*, 44 (1986), 45 (1987), 47 (1989), 48 (1990).
— "El alzamiento que se transformó en Cruzada", en *Vida Nueva*, 1538 (19-VI-1986), Madrid.

ÁLVAREZ PUGA, E.: *Historia de la Falange*, Dopesa, Barcelona, 1969.

ÁLVAREZ DEL VAYO: "Les batailles de la liberté", *Cahiers Libres*, 50-51, Máspero, París, 1961.

ANGOSTURES, A.: *Historia de España en el siglo XX*, Ariel Historia, Barcelona, 1995.

AROSTEGUI, J.: "La Guerra Civil", *Cuadernos Historia 16*, 2 (1985), Madrid.

ARANGUREN, J. L.: *Memorias y esperanzas españolas*, Tecnos, Madrid, 1969.
— *Catolicismo día tras día*, Noguer, Barcelona, 1955.
— *La democracia establecida: una crítica intelectual*, Taurus, Madrid, 1979.

ARBELOA, V. M.: *Separación de la Iglesia y el Estado en España*, Mañana Editorial, Madrid, 1977.
— *Aquella España católica*, Sígueme, Salamanca, 1975.

ARIAS-SALGADO, G.: *Textos de doctrina política de la Información*, Ministerio de Información y Turismo, Secretaría General Técnica, Madrid.

ARRARÁS, J.: *Franco*, Editora Nacional, Madrid, 1965. (Original en Aldecoa, Burgos, 1938.)

BADÍA, J. F.: *El régimen de Franco*, Tecnos, Madrid.

BAHAMONDE MAGRO, A.: "La sociedad española de los años 40", *Cuadernos del Mundo Actual*, 3 (1993), Historia 16, Madrid.

BAREA, A.: *La forja de un rebelde*, La Ruta, Buenos Aires, 1951.

BARRERA, C.: *Periodismo y franquismo. De la censura a la apertura*, Ediciones Intercionales Universitarias, Barcelona, 1992.

LAÍN ENTRALGO, P.: *Descargo de conciencia (1930-1960)*, Barral, Barcelona, 1976.

MARTÍ GÓMEZ, J.: *La España del estraperlo (1936-1952)*, Planeta, Colección Memoria de la Historia/Siglo XX, Barcelona, 1995.

MATEOS, A., y SOTO, A.: *El final del franquismo, 1959-1975. La transformación de la sociedad española*. Colec. Historia de España, 29. Historia 16/Temas de Hoy, Madrid, 1997.

OTERO, L.: *Al paso alegre de la Paz*, Plaza Janés, Barcelona, 1996
— *Gris marengo*, Plaza Janés, Barcelona, 1997.

PAYNE, S. N.: *El primer franquismo, 1939-1959. Los años de la autarquía*. Colec. Historia de España 28, Historia 11/Temas de Hoy, Madrid, 1997.

PORTERO, F.: *Franco, aislado. La cuestión española (1945-1950)*, Aguilar-Maior, Madrid, 1989 (prólogo de Javier Tusell).

PRESTON, P.: *Franco, Caudillo de España*, Grijalbo-Mondadori (bolsillo), Barcelona, 1998.

SUÁREZ, L.: *España, Franco y la II Guerra Mundial, desde 1939 hasta 1945*. Colec. Franco, Crónica de un Tiempo, Actas Editorial, Madrid, 1997.

TUSELL, J.: *La dictadura de Franco*, Alianza, Madrid, 1988.

IBÁÑEZ MARTÍN, J.: *1939-1949. Diez años de servicios a la cultura española*, Magisterio Español, Madrid, 1950.

BELDA, R.: *Iglesia y sociedad en España: 1939-1975*, Popular, Madrid, 1977.

BENAVIDES GÓMEZ, D.: *El fracaso social del catolicismo español*, Barcelona, 1973.

BEN AMI, S.: *La revolución desde arriba: España 1936-1979*, Barcelona, 1980.

BENEYTO, J.: *La identidad del franquismo. Del Alzamiento a la Constitución*, Edic. en El Espejo, Madrid, 1979.

BENET, J., y otros: *Dionisio Ridruejo, de la Falange a la oposición*, Taurus, Madrid, 1976.

Bennasar, B.: *Historia de los españoles* (I, II), Crítica, Barcelona, 1985.

Bernanos, G.: *Les grandes cimetières sous la lune,* Plon, París, 1938. (Traducida al castellano en Santiago de Chile, 1939. Reeditado en francés en "Le Livre de Poche", París.)

Biescas, J. A., y Tuñón de Lara, M.: *España bajo la dictadura franquista (1939-1975),* Labor, Barcelona, 1980.

Borkenau, F.: *El reñidero español. Relato de un testigo de los conflictos sociales y políticos de la guerra civil española,* Ruedo Ibérico, París, 1971.

Brenan, G.: *El laberinto español. Antecedentes sociales y políticos de la guerra civil,* Ruedo Ubérico, París, 1962.

Borrás, T.: "Política Internacional (1939-1957)", *Temas Españoles,* 329 (1975), Publicaciones Españolas, Madrid.

Calvo Serer, R.: *España sin problema,* Madrid, 1948.
- *Política de integración,* Rialp, Madrid, 1955.

Callahan, W. J.: "Dos Españas, dos Iglesias", *Historia 16,* 37 (1979), Madrid, 1979.

Cámara Villar, G.: *Educación y política en España, 1936-1951. Una aproximación al estudio de la ideología nacional-católica,* Universidad de Granada, 1980.
- *Nacional-catolicismo y escuela. La socialización política del franquismo (1936-1951),* Hesperia, Jaén, 1984.

Cantero, P.: *La hora católica de España,* Ruta, Madrid, 1942.

Cardona, G.: "La División Azul: 50 aniversario", *Historia 16,* XVI, 183 (VII-1991), Madrid.

Carpintero, H.: "Cinco aventuras españolas (Laín, Marías, Aranguren, Ayala, Ferrater)", *Revista de Occidente,* Madrid, 1967.

Carr, R.: *España: de la Restauración a la Democracia, 1985-1980,* Ariel, Barcelona, 1988.
- *Spain 1808-1975,* Oxford, 1982.
- y Fusi, J. P.: *España, de la dictadura a la democracia,* Planeta, Barcelona, 1979.
- *La tragedia española. La Guerra Civil en perspectiva,* Alianza, Madrid, 1986.
- *España 1808-1975,* Ariel, Barcelona, 1982.

Castellet, J. M, y otros.: *La cultura bajo el franquismo,* Ediciones de Bolsillo, Barcelona, 1977.

Cazorla, J.: "Las relaciones entre los sistemas eclesial, político y social en la España contemporánea: un esquema interpretativo", en Fraga, M.; Velarde, J.; Del Campo, S.: *La España de los años 70,* III, Ed. Moneda y Crédito, Madrid, 1974, p. 383-418.

Cierva, R. de la: *Historia de la Guerra Civil española,* Librería Editorial, Madrid, 1969.
- *Historia del franquismo (1945-1975),* Planeta, Barcelona, 1979 (4.ª ed.).
- *Franco,* Planeta, Barcelona, 1986.
- *Historia del franquismo. Orígenes y configuración (1939-1945),* Barcelona, 1975.
- *Pro y contra Franco,* Planeta, Barcelona, 1985.
- *Asedio exterior y conspiración. Segunda Victoria.* Colec. Episodios Históricos de España, n.° 47, ARC Editores, Madrid, 1997. (Realizado en colaboración con Editoriales Eudema y Fénix de Madrid, 1997.)

Comín, A. C.: *España, ¿país de misión?,* Barcelona, 1966.

Cooper, N.: "La Iglesia: de la "Cruzada" al cristianismo", en Preston, P.: *España en crisis: La evolución y decadencia del régimen de Franco,* FCE, Madrid, 1978.

Córdoba, J. M. de: "Para una posible historia de la Acción Católica", *Pastoral Misionera,* 6 (1969), Madrid.

Cordero Torres, J. M.: *Relaciones exteriores de España. Problemas de la presencia española en el mundo*, Ediciones del Movimiento, Madrid, 1954.

Crozier, B.: *Franco: Historia y Biografía, Novelas y Cuentos*, Madrid, 1969.

Cuenca Toribio, J. M.: *Sociología de una élite de poder de España e Hispanoamérica contemporáneas: La jerarquía eclesiástica (1789-1965)*, Pegaso, Madrid, 1986.
- *Relaciones Iglesia-Estado en la España contemporánea*, Alhambra, Madrid, 1989.
- *La Guerra Civil de 1936*, Espasa-Calpe, Madrid, 1986.

Chao, R.: *Après Franco, l'Espagne*, Stock, París, 1975.

Chao Rego, J.: *La Iglesia que Franco quiso*, Mañana Editorial, Madrid, 1977.
- *La Iglesia en el franquismo*, Felmar, Madrid, 1976.
- *Documentos colectivos del Episcopado español, 1870-1974*. Edición preparada por Jesús Iribarren, BAC, Madrid, 1974.

Chueca, R.: *El fascismo en los comienzos del régimen de Franco. Un estudio sobre FET-JONS*, CIS, Madrid, 1983.

Díaz, E.: *Pensamiento español en la era de Franco, 1939-1975*, Tecnos, Madrid, 1992.
- "Pensamiento político español en el siglo XX", en Vallespín, F. (Ed.): *Historia de la teoría política*, Alianza, VI, Madrid, 1995.

Díaz Plaja, F: *España franquista en sus documentos. La postguerra española en sus documentos*, Plaza-Janés, Barcelona, 1976.
- *La vida cotidiana en la España de la Guerra Civil*, Edaf, Col. Crónicas de la Historia, Madrid, 1995.

Díaz Salazar, R.: *Iglesia, dictadura y democracia. Catolicismo y sociedad en España, 1953-1979*, HOAC, Madrid, 1981.
- *El capital simbólico: estructura social, política y religión en España*, HOAC, Madrid, 1988.

Doucastella, R.; Marcos, J.; Díaz Mozaz, J. M.: *Análisis sociológico del catolicismo español*, Nova Terra, Barcelona, 1967.

Elorza, A., y López Alonso, C.: *Arcaísmo y modernidad. Pensamiento político en España, siglos XIX-XX*, Biblioteca Historia 16, Madrid, 1989.

Ellwood, S.: *Prietas las filas (Historia de la Falange Española, 1933-1983,)* Crítica, Barcelona, 1984.

Episcopado Español: *Documentos colectivos del Episcopado español, 1870-1974*. Edición a cargo de Jesús Iribarren, BAC, Madrid, 1974.
- *La Iglesia y la Guerra Civil española*, Servicio Informativo Español, Madrid, 1964.

Equipo Reseña (Coord.: Alberto Alcocer): *La cultura española durante el franquismo*, Mensajero, Bilbao, 1977.

Fernández Areal, M.: *La política católica en España*, Dopesa, Barcelona, 1970.
- *La libertad de prensa en España (1938-1971)*, Edicusa, Madrid, 1971.

Fernández de Castro, I.: "La Iglesia de la "Cruzada" y sus supervivencias", en *Horizonte Español*, I (1966), Ruedo Ibérico, París.

Fernández-Cuesta, R.: *Testimonio, recuerdos y reflexiones*, Dyrsa, Madrid, 1985.

Foessa: *Informe sociológico sobre la situación social de España*, Euramérica, Madrid, 1970.

Fontán, A.: *Los católicos en la Universidad española*, Rialp, Madrid, 1961.

Fontana, J. (Ed.): *España bajo el franquismo* (Jornadas organizadas en 1984 por el Departamento de Historia Contemporánea de la Universidad de Valencia, el ICE de la misma Universidad, la Fundación de Investigaciones Marxistas y la Fundación Pablo Iglesias), Crítica, Barcelona, 1986.

Franco Bahamonde, F.: *Diario de una bandera por el comandante Francisco Franco* (prólogo del teniente coronel Millán Astray, Sevilla), La Novela del Sábado-Genio y Hombres de España, Madrid, 1922.
- *Palabras del Caudillo*, Editora Nacional, Madrid, 1943.
- *Pensamiento católico*, Centro de Estudios Sociales-Organización Sindical de FET y de las JONS, Madrid, 1958.
- "Mensaje a las Cortes sobre el Concordato", *Revista Española de Derecho Canónico* (IXX/1953), pp. 835-845.
- "Discursos y mensajes del Jefe del Estado", *Publicaciones Españolas*, Madrid, 1968.
- *Diario de una bandera*, Doncel, Madrid, 1976.

Fusi, J. P.; Vilar, S.; Preston, P.: "De la dictadura a la democracia", *Historia 16*, XXIV (XII-1982), *Historia de España*, XII: "La España de la Cruzada". *Guerra Civil y primer franquismo (1936-1959)*.

Fusi, J. P.: "De la dictadura a la democracia. Desarrollismo, crisis y transición (1959-1977)", XXV (II-1983) XIII, *Historia 16*, Madrid.
- "Franco", *El País*, Madrid, 1992.
- "Franco: Autoritarismo y poder personal", *El País*, Madrid, 1985.

Galinsoga, L. de: *Centinela de Occidente. Semblanza biográfica de Francisco Franco*, Ed. AHR, Madrid, 1956.

Gallo, M.: *Historia de la España franquista*, Ruedo Ibérico, París, 1971. (Original francés: "Histoire de l'Espagne franquiste", de Robert Laffont, Gérard & Cl, Verviers, París, 1969).

García de Cortázar, F.: "La Iglesia y la Guerra Civil en el País Vasco", *Vida Nueva*, 1533 (14-VI-1986), Madrid.

García Escudero, J. M.: *Catolicismo de fronteras adentro*, Euramérica, Madrid, 1956.
- *Los españoles de la conciliación*, Espasa-Calpe, Madrid, 1987.
- *El pensamiento de "El Debate". Un diario católico en la crisis de España (1911-1936)*, Madrid, BAC, 1983.

García Fernández, J.: *El régimen de Franco. Un análisis político*, Akal, Madrid.

García Jiménez, J.: *Radiotelevisión y política cultural en el franquismo*, CSIC, Madrid, 1976.

García Lahiguera, F.: *Ramón Serrano Suñer. Un documento para la Historia*, Planeta, Barcelona, 1986.

García Nieto, J. N.: *El sindicalismo cristiano en España*, Mensajero, Bilbao, 1960.

García Nieto, M. C.: *Guerra Civil española 1936-1939*, Salvat, Barcelona, 1982.
- "La Guerra Civil" (3.ª parte, IX, *Historia de España*, "La crisis del Estado: Dictadura, República, Guerra (1923-1939)", dirigida por Tuñón de Lara, Labor, Barcelona, 1981.

García Nieto, M. C.; Donezar, J. M.: *Bases documentales de la España contemporánea. La España de Franco (1939-1973)*, Madrid, 1975.

García Queipo de Llano, G.: "La España de los 50", *Cuadernos del Mundo Actual*, 19, *Historia 16*, Madrid, 1993.

García Serrano, R.: *La gran esperanza*, Planeta, Barcelona, 1983.

García Venero, M.: *La Falange en la guerra de España, la unificación y Hedilla*, Ruedo Ibérico, París, 1967.

Garriga, R.: *El cardenal Segura y el nacionalcatolicismo*, Planeta, Barcelona, 1977.
- *Franco-Serrano Suñer. Un drama político*, Planeta, Barcelona, 1986.

Georgel, J.: *El franquismo. Historia y balance, 1939-1969*, Ruedo Ibérico, París, 1971 (Original, "Le franquisme. Histoire et bilan, 1939-1969"), Seuil, París, 1970.

GIL ROBLES, J. M.ª: *No fue posible la paz*, Ariel, Barcelona, 1968.
– *La Monarquía por la que yo luché (1941-1945)*, Taurus, Madrid, 1976.
GIL DELGADO, F.: *Conflicto Iglesia-Estado*, Sedmay, Madrid, 1975 (prólogo del cardenal Bueno Monreal).
GIMÉNEZ CABALLERO, E.: *El genio de España*, Madrid, 1932.
– *La nueva catolicidad. Teoría general sobre el fascismo en Europa; en España*, Madrid, 1933.
– *Retratos españoles*, Planeta, Barcelona, 1985.
GOMÁ Y TOMÁS, I.: *Por Dios y por España*, Casulleras, Barcelona, 1940.
– *Pastorales de la guerra de España*, Rialp, Madrid, 1955.
GÓMEZ PÉREZ, R.: *Política y religión en el régimen de Franco*, Dopesa, Barcelona, 1976.
GONZÁLEZ, M.: *Análisis dialéctico de la sociedad española*, Hoac, Madrid, 1979.
GONZÁLEZ ANLEO, J.: *Catolicismo nacional: nostalgia y crisis*, Paulinas, Madrid, 1975.
– "Situación religiosa en España", en Fundación Foessa: *Informe sobre la situación social de España-1970*, Euramérica, Madrid, 1970 (pp. 433-470).
– "Cambio religioso y futuro de la religión", Laicado, 50, Madrid, 1980.
GUBERN, R.: *La censura: Función política y ordenamiento jurídico bajo el franquismo (1936-1975)*, Península, Barcelona, 1981.
HEINE, H.: *La oposición política al franquismo*, Grijalbo, Barcelona, 1983.
HERMET, G.: *Los católicos en la España franquista*, I: *Los actores del juego político*, CIS-Siglo XXI, Madrid, 1985.
– *Los católicos en la España franquista*, II: *Crónica de una dictadura*, CIS-Siglo XXI, Madrid, 1986.
– "El catolicismo en los regímenes autoritarios", I, 4 (1974), *Sistema*, Madrid.

HERNANDO, B. M.: "Iglesia y Estado. ¿Luna de miel o luna de hiel?", *Cuadernos EDB*, 15, EDB, Barcelona, 1984.
– *Delirios de Cruzada*, Ediciones 99, Madrid, 1977.
HERRERA ORIA, A.: *Meditación sobre España. Ideario político-social de Ángel Herrera*, BAC, Madrid, 1976.
– *Historia de la Iglesia en la España contemporánea (1808-1975)*, Madrid, 1979.
HERRERO, J.: *Los orígenes del pensamiento reaccionario español*, Cuadernos para el Diálogo, Madrid, 1973.
HILLS, G.: *Franco, el hombre y su nación*, San Martín, Madrid, 1968.
HISTORIA 16: *Siglo XX. Historia Universal*, XX, "Franco, acorralado"; XXIX, "La España del desarrollo", *Historia 16*, Madrid, 1983.
HISTORIA 16: "Franco, diez años después", 115 (XI-1985), *Historia 16*, Madrid.
HISTORIA 16: "La Guerra Civil", 13, "La Iglesia durante la guerra"; 14, "Sociedad y guerra"; 17, "La cultura"; 18, "La República aislada"; 20, "El nuevo Estado", *Historia 16*, Madrid, 1986.
HISTORIA Y VIDA: 4, "Testimonios de la guerra de España", Barcelona, 1975.
HODGSON, R.: *Franco frente a Hitler*, AHR, Barcelona, 1954. (El autor fue representante oficioso de Gran Bretaña ante el Gobierno de Burgos.)
HORIZONTE ESPAÑOL: I, II, III (1972), Ruedo Ibérico, París.
IRIBARREN, J.: *Documentos colectivos del Episcopado español (1879-1974)*, BAC, Madrid, 1974.
– "La Iglesia y el franquismo: 'Ecclesia' y el cardenal Pla y Deniel", *Razón y Fe*, 951 (1977), Madrid.
ITURRALDE, J. DE: *El catolicismo y la cruzada de Franco. Quiénes y con qué fines prepararon la guerra*, Egi Indarra, Vienne, 1955.

372

JACKSON, G.: *Breve historia de la Guerra Civil de España*, Ruedo Ibérico, Londres, 1974.

JÁUREGUI, F., y VEGA, P.: *Crónica del antifranquismo* (I, II, III), Argos Vergara, Madrid, 1983-1985.

JEREZ, M.: *Élites políticas y centros de extracción en España, 1938-1957*, CIS, Madrid, 1982.

LAÍN ENTRALGO, P.: *España como problema*, Madrid, 1947.
- *Descargo de conciencia (1930-1960)*, Barral, Barcelona, 1976.
- *Ejercicios de comprensión*, Taurus, Madrid, 1955.

LANNON, F.: *Privilegio, persecución y profecía. La Iglesia Católica en España 1875-1975*, Alianza, Madrid, 1990 (original editado en Oxford, 1989).

LEDESMA RAMOS, R.: *¿Fascismo en España? Discurso a las juventudes de España*, Ariel, Barcelona, 1968.

LÉON, PIERRE.: *Historia económica y social del mundo*, VI, *El nuevo siglo XX: 1947 a nuestros días*, Zero/Zyx-Encuentro, Madrid, 1979.

LINZ, J. J.: *El sistema de partidos en España*, Narcea, Madrid, 1967.
- "Una teoría del régimen autoritario. El caso de España", en *La España de los años sesenta*. Obra colectiva de varios autores bajo dirección de M. Fraga, J. Velarde y S. del Campo, vol. 3, I, Madrid, 1974.
- "Una interpretación de los regímenes autoritarios", *Papers* 8 (1978), Barcelona.

LÓPEZ, A.: *La Iglesia desde el Estado*, Editora Nacional, Madrid, 1972.

MADARIAGA, Salvador de: *Sanco Panco*, Latino-Americana, México, 1964.
- *General, márchese usted*. Grupo Libro 88, Madrid, 1992.

MAEZTU, R.: *Defensa de la hispanidad*, Madrid, 1934.

MALERBE, Pierre: *La oposición al franquismo, 1939-1975*, Naranco, Madrid, 1977.

MANCEBO, M. F.: "La España del exilio", 11 (1994), *Cuadernos del Mundo Actual, Historia 16*, Madrid.

MANGINI, Shirley: *Rojos y rebeldes. La cultura de la disidencia durante el franquismo*, Antrhopos, Barcelona, 1987.

MARQUENAT PERALTA, J. M.ª: "Testigos de la reconciliación en la España de la guerra civil (1936-1939)", *Vida Nueva*, 1510 (4-I-1986), PPC, Madrid.

MARQUINA BARRIO, A.: *La diplomacia vaticana y la España de Franco (1936-1945)*, Madrid, CSIC, 1983.

MARSAL, J. E.: *Pensar bajo el franquismo. Intelectuales y política en la generación de los años cincuenta*, Barcelona, 1979.

MARTÍ, C.: "Datos para un estudio sobre la Iglesia en la sociedad española a partir de 1939", *Pastoral Misionera*, 2 (1972), Madrid.

MARTÍN, C.: *Franco, soldado y estadista*, Fermín Uriarte Editor, Madrid, 1965 (francés colaborador del Gobierno de Vichy, refugiado en España).

MARTÍN, C.: *Franco, soldat et chef d'Etat*, Editions des Quatre Fils Aymon, París, 1959.

MARTÍN, I.; GONZÁLEZ RUIZ, N.: *Seglares en el catolicismo español*, Madrid, 1968.

MARTÍN ARTAJO, A.: "Las constantes de nuestra política exterior", *Arbor* (VII-VIII, 1958), pp. 336-346.

MARTÍN SÁNCHEZ JULIÁ, F.: *Ideas claras. Reflexiones de un español actual*, Madrid, 1959.

MARSAL, F., y otros: *Pensar bajo el franquismo. Intelectuales y políticos en la generación de los años cincuenta*, Península, Barcelona, 1979.

MARTÍNEZ ALIER, J.: "El corporativismo católico: ACNP y Opus Dei", *El Viejo Topo*, Extra 1 (1976), Madrid.

MARTÍNEZ DE CAMPOS, C.: *Ayer*, Instituto Estudios Políticos, Madrid, 1970.

MENÉNDEZ PELAYO, M.: *Historia de los heterodoxos españoles* (8 vols.). Buenos Aires, 1945.
MIGUEL, A. DE: *Manual de estructura social de España*, Tecnos, Madrid, 1974.
MIGUEL, A. DE: *Sociología del franquismo*, Euros, Barcelona, 1975.
MIRET MAGDALENA, E.: "Reflexiones sobre el hombre católico español de nuestros días", *Espiritualidad Seglar*, 27-28 (1955), Barcelona.
— "La Iglesia franquista", *Tiempo de Historia*, 62 (1980), Barcelona.
— *Los nuevos católicos*, Nova Terra, Barcelona, 1966.
— "La educación nacional-católica en nuestra postguerra", *Religión e Irreligión Hispanas*, Fernando Torres, Valencia, 1976.
MONTORO ROMERO, R.: *La Universidad en la España de Franco (1939-1970): Un análisis sociológico*, CIS, Madrid, 1981.
MORADIELOS, E.: "La España aislada", *Cuadernos del Mundo Actual*, Historia 16, Madrid, 1993.
MORODO, R.: *Acción Española, orígenes ideológicos del franquismo*, Tucar, Madrid, 1980.
MUNDO: "Religión y Política", 1573 (8-XII-1973), Barcelona.
NOURRY, P.: *Francisco Franco: La conquista del Poder*, Júcar, Madrid, 1977. (Original: *Francisco Franco, la conquête du pouvoir*, Denoël, París, 1975.)
OLIVER, J.; PAGES, J.; PAGES, P.: *La prensa clandestina. Propaganda y documentos antifranquistas (1939-1956)*, Planeta, Barcelona, 1978.
OLTRA, B.; MIGUEL, A. DE: "Bonapartismo y catolicismo: Una hipótesis sobre los orígenes ideológicos del franquismo", *Papers*, 8 (1978), Barcelona, pp. 53-102.
ORENSANZ, A. L.: *Religiosidad popular española (1940-1965)*, Editora Nacional, Madrid, 1974.
ORTEGA, J. L.: "La Iglesia española desde 1939 hasta 1975," en *Historia de la Iglesia en España* (V), BAC, Madrid, 1979.
PALACIO ATARD, V.; CIERVA, R. DE LA; SALAS LARRAZÁBAL, R.: *Aproximación histórica de la guerra española (1936-1939)*.
PAPERS (Revista Sociología, Universidad Autónoma Barcelona): *El régimen franquista*, Península, Barcelona, 1978.
PAZOS, A. M. (Coord.): *Un siglo de catolicismo social en Europa: 1891-1991*. (Actas Coloquio Internacional con motivo del centenario de la Encíclica *Rerum Novarum*, organizada en Pamplona, 16-27 abril 1991), Eunsa, Pamplona, 1993.
PAYNE, S. G.: *Falange. Historia del fascismo español*, Sarpe, Barcelona, 1985 (10.ª ed. en castellano, Ruedo Ibérico, París, 1965).
— *El catolicismo español*, Planeta, Barcelona, 1984.
— *Historia del fascismo*, Planeta, Barcelona, 1995.
PEMARTÍN, J.: *¿Qué es lo nuevo?*, Espasa-Calpe, Madrid, 1930 (3.ª ed.).
— *Teoría de la Falange*, Editora Nacional, Madrid, 1941.
PETSCHEN, S.: *La Iglesia en la España de Franco*, Sedmay, Madrid, 1977.
PORTERO, F.: *Franco, aislado. La cuestión española (1945-1950)*, Aguilar, Madrid, 1990.
PRESIDENCIA DE GOBIERNO: *La verdad de España*, Instituto Nacional de Estadística (2.ª ed.), Madrid, 1950.
PRESTON, Paul (Ed.): *España en crisis: La evolución y decadencia del régimen de Franco*, Fondo de Cultura Económica, Madrid, 1978. (Original: *Spain in crisis. The Evolution ande Declive of the Franco Regimen*, Hassocks (Sussex), The Harvester Press, 1976.)
— *Franco, "Caudillo de España"*, Grijalbo, Madrid, 1993 (completísima bibliografía final).
— *Las derechas españolas en el siglo XX: autoritarismo, fascismo, golpismo*, Sistema, Madrid, 1986.

PRIET, I.: *Convulsiones de España*, Oasis, México, 1967.

PRIMO DE RIVERA, L. A.: *Obras completas* (Agustín del Río Cisneros Ed.), Editora Nacional, Madrid, 1962.

PUELLES, M. DE: *Educación e ideología en la España contemporánea (1767-1975)*, Labor, Barcelona, 1980.

RAGUER SUÑER, H.: *La Espada y la Cruz (La Iglesia 1936-1939)*, Bruguera, Barcelona, 1977.

- "El Vaticano y la Guerra Civil", *Vida Nueva*, 1523 (5-IV-1986), Madrid.

RAMÍREZ, L.: *Francisco Franco. Historia de un mesianismo*, Ruedo Ibérico, París, 1964. (El nombre del autor es un pseudónimo.) París

RAMÍREZ, M.: *España, 1939-1975. Régimen político e ideología*, Guadarrama, Madrid, 1978.

- y OTROS: *Las fuentes ideológicas de un régimen (España, 1939-1945)*, Universidad de Zaragoza, Cátedra de Derecho Político, Libros Pórtico, Zaragoza, 1978.

REIG TAPIA, A.: *Ideología e historia. Sobre la represión franquista y la Guerra Civil*, Akal, Madrid, 1986.

RIDRUEJO, D.: *Escrito en España*, Losada, Buenos Aires, 1962.

- *Casi unas memorias*, Planeta, Barcelona, 1976.

RODRÍGUEZ AISA, M. L.: *El cardenal Gomá y la guerra de España*, Madrid, 1981.

RODRÍGUEZ DEL CORO, E.: *Colonización política del catolicismo. La experiencia española de postguerra (1941-1945)*, San Sebastián, 1979.

ROMERO, L.: *El final de la guerra*, Ariel, Barcelona, 1976.

RUIZ GIMÉNEZ, J. (Ed.): *Iglesia, Estado y sociedad en España (1939-1982)*, Argos-Vergara, Barcelona, 1984.

RUIZ RICO, J. J.: *El papel político de la Iglesia católica en la España de Franco*, Tecnos, Madrid, 1977.

SÁEZ ALBA, A.: *La Asociación Católica Nacional de Propagandistas*, Ruedo Ibérico, París, 1974.

SÁEZ MARÍN, J.: *El Frente de Juventudes. Política de juventud en la España de la postguerra (1937-1960)*, Siglo XXI, Madrid, 1988.

SAINZ RODRÍGUEZ, P.: *Testimonios y recuerdos*, Planeta, Barcelona, 1978.

SÁNCHEZ JIMÉNEZ, J.: *La España contemporánea* (3 vols.), Istmo, Madrid, 1984.

- *Para entender la Historia*, Verbo Divino, Estella, 1995.

- *Cáritas Española 1942-1997 (Acción social y compromiso cristiano)*, Cáritas Española, Madrid 1999.

SAÑA, HELENIO: *El franquismo, sin mitos. Conversaciones con Serrano Suñer*, Grijalbo, Barcelona, 1981.

SALAS LARRAZÁBAL, R.: "El factor católico y la Guerra Civil", en *La Iglesia católica y la Guerra Civil española*, Fundación Friedrich Ebert-Instituto Fe y Secularidad, Madrid, 1990.

SEMPRÚN, J.: "La oposición política en España, 1956-1966", en *Horizonte Español*, Ruedo Ibérico, París, 1966, t. II.

SERRANO SUÑER, R.: *Memorias*, Planeta, Barcelona, 1977.

- *Entre Hendaya y Gibraltar*, Nauta, Barcelona, 1973. (Original en Edictions du Cheval Alié, Ginebra, 1947.)

- *Entre el silencio y la propaganda*, Planeta, Barcelona, 1977.

SILIO, V.: *Un hombre ante la Historia* (I, II), Hispania, Madrid, 1965.

SINOVA, J.: *La censura de prensa durante el franquismo*, Espasa-Calpe, Madrid, 1989.

SHENEIDEMAN, J. L.: *Spain and Franco, 1949-1959*, Fats on Line Inc., Nueva York, 1973.

SOUCHERE, Elena de la: "Positions de l'Eglise d'Espagne", *Esprit* (IX-1956), París.

SOUTHWOR, Herbert Rutledge: *El mito de la Cruzada de Franco. Crítica bibliográfica*, Ruedo Ibérico, París, 1963.

- *Antifalangismo. Estudio crítico de la Falange en la guerra de España de M. García Venero*, Ruedo Ibérico, París, 1967.
SUÁREZ FERNÁNDEZ, L.: *Francisco Franco y su tiempo* (8 tomos), Fundación Nacional Francisco Franco, Madrid, 1984.
SUEIRO, D.; DÍAZ NOSTY, B.: *Historia del franquismo* (I, II), Sarpe, Madrid, 1986.
TAMAYO ACOSTA, J. J.: *Del campanario a la política (La Iglesia española)*, Antonio San Román y Ribas, Madrid, 1978.
TAMAMES, R.: *La República*. "La era de Franco", VII, *Historia de España* (dirigida por Miguel Artola), Alianza, Madrid, 1988.
TELLO, J. A.: *Ideología y política. La Iglesia católica española (1936-1959)*, Pórtico, Zaragoza, 1984.
TEMAS ESPAÑOLES n.° 152: "Leyes fundamentales del Reino", *Publicaciones Españolas*, Madrid, 1955.
TEZANOS, J. F.: "Interpretación sociológica del franquismo", *Sistema*, III, 23 (1978), Madrid.
TERRÓN MONTERO, J.: *La prensa de España durante el régimen de Franco*, Centro de Investigaciones Sociológicas, Madrid, 1981.
THOMAS, H.: La guerre d'Espagne, Robert Laffont, París, 1964.
– *La Guerra Civil española*. Coleccionable de *Diario 16* (I, II), Madrid, 1976. (También en Grijalbo, Barcelona, 1981.)
– *Tiempo de Historia*, "1939-1979: 40 años de España", Madrid, VI, 62 (I-1980).
TRYTHALL, J. W. D.: *Franco*, Rupert. Hart-Davis, Londres, 1970.
TOVAR, A.: *Universidad y educación de masas (Ensayos sobre el porvenir de España)*, Ariel, Barcelona, 1979.
TRIUNFO: "Los españoles", 532 (9-XII-1972); 507 (17-VI-1972): "La cultura en la España del siglo XX", Madrid.

TUÑÓN DE LARA, M.: *El hecho religioso en España*, Ed. Libraire du Globe, París, 1968.
– y otros: *Ideología y sociedad en la España contemporánea*.
– y BIESCAS, J. A.: *España bajo la dictadura franquista (1939-1975)*, Labor, Barcelona, 1980.
– "Por un análisis del franquismo", *Cuadernos para el Diálogo*, Madrid, 1977.
– y VIÑAS, A.: "La España de la Cruzada. Guerra Civil y primer franquismo", en *Historia de España*, Historia 16, XXV (II-1983), XIII, Historia 16, Madrid.
TUSELL, J.: *Historia de la democracia cristiana en España*, Edicusa, Madrid, 1974.
– *La oposición democrática al franquismo (1939-1962)*, Planeta, Barcelona, 1977.
– *Franco y los católicos. La política interior española entre 1945 y 1957*, Alianza, Madrid, 1984.
– *La dictadura de Franco*, Alianza, Madrid, 1988.
TUSELL, J.; GARCÍA QUEIPO DE LLANO, G.: *El catolicismo mundial y la guerra de España*, BAC, Madrid, 1993.
UMBRAL, F.: *Memorias de un niño de derechas*, Planeta, Barcelona, 1976.
URBINA, F.: "Historia de la Acción Católica desde 1939 hasta nuestros días", *Pastoral Misionera*, 4/5 (1972), Madrid.
VÁZQUEZ, J. M.; MEDÍN, F.; MÉNDEZ, L.: *La Iglesia española contemporánea*, Madrid, 1973.
– *Realidades socio-religiosas de España*, Editora Nacional, Madrid, 1967.
VÁZQUEZ MONTALBÁN, M.: *Crónica sentimental de España*, Lumen, Barcelona, 1971.
VALLS MONTES, R.: *La interpretación de la Historia de España y sus orígenes ideológicos en el Bachillerato franquista (1938-1953)*, Universidad de Valencia, Instituto de Ciencias de la Educación, 1984.

VIDAL, J.: "Iglesia y sociedad en la España franquista", 3 (1972), *Cuadernos de Ruedo Ibérico*, París.

VIDAL BENEYTO, J.: "Apuntes para una aproximación al estudio sobre la religión y sociedad en la españa actual", en *Estudios de Ciencia Política y Sociología*. Homenaje al profesor C. Ollero, Madrid, 1972.

VIEJO TOPO: "Franco" (extra 1976), Barcelona.

VILAR, Sergio: *Protagonistas de la España demócratica. La oposición a la dictadura, 1939-969*, Ayma, Barcelona, 1976.

— *La naturaleza del franquismo*, Península, Barcelona, 1977.

VILARIÑO, J. P.: *Política y Religión en los periódicos españoles*, Facultad de Ciencias Políticas y Sociología, Madrid, 1979. (Tesis doctoral).

VV. AA.: *La cultura bajo el franquismo*, Ed. de Bolsillo, Barcelona, 1977.

— *La cultura española durante el franquismo*, Mensajero, Bilbao, 1977.

— *Iglesia y sociedad en España. 1939-1975*, Popular, Madrid, 1977.

— *Cambio social y religión en España*, Fontanella, Barcelona, 1975.

— *La cuestión social en la España contemporánea* (IV y V Semanas de Historia Eclesiástica de España Contemporánea), Ediciones Escurialenses, Madrid, 1981.

— *La España de la postguerra*. Coleccionable de *Diario 16* (I, II) (1984), Madrid.

— *Un siglo revolucionario*. Coleccionable de *El País* (1990), Madrid.

— *Historia del franquismo*. Coleccionable *Diario 16*, (I, II) (1984), Madrid.

— *La guerra de todos*. Coleccionable de *El Periódico de Barcelona*, Barcelona, 1989.

— *La Guerra de España*. Coleccionable de *La Actualidad Española* (I, II) (I-1973), Madrid.

— *Cambio social y religión en España* (XIII Conferencia Internacional de Sociología en Lloret del Mar), Fontanella, Barcelona, 1975.

— *La España de la postguerra*. Coleccionable de *La Actualidad Española* (1973), Madrid.

— *Hace medio siglo. La postguerra*. Coleccionable de *Ya* (1987), Madrid.

— *Cincuenta años de la vida de España*, Coleccionable de *Diario 16* (I, II), (30-IX-1990), Madrid.

— *La vida cotidiana en la España de los 40. La vida cotidiana en la España de los 50*, Ediciones del Prado, Madrid, 1990.

— *Religión y Sociedad en España*, CIS, Madrid, 1993.

— *Biblioteca de la Guerra Civil* (17 tomos), Folio, Barcelona, 1998.

— "Franco, acorralado", en *Siglo XX, Historia universal* (tomo 20, 1998), Historia 16/Temas de Hoy, Madrid, 1998

VIDAL BENEYTO, J.: *España a debate* (I, II), Tecnos, Madrid, 1991.

VILAR, S.: *Historia del antifranquismo, 1939-1975*, Plaza-Janés, Barcelona, 1984.

VIVER PI-SUNYER, C.: *El personal político de Franco, 1936-1945*, Vicens Vives, Barcelona, 1978.

ZUGASTI, M.: "Le Catholicisme espagnol", *Esprit* (IX-1957), París.

ZUGAZAGOITIA, J.: *Guerra y vicisitudes de los españoles*, Librería Española, París, 1968.

2. TEORÍA Y SOCIOLOGÍA DE LA COMUNICACIÓN DE MASAS

ABRIL, G.: *Signo y significado*, Pablo del Río, Madrid, 1976.

ADORNO, TH. W.: *Prismas. La crítica de la cultura y la sociedad*, Ariel, Barcelona, 1962

— *Consignas*, Amorrortu, Buenos Aires, 1973.

- *Sobre la metacrítica de la teoría del conocimiento*, Monte Ávila, Caracas, 1970.
- *La ideología como lenguaje*, Taurus, Madrid, 1971.

ALTHUSER, L.: *Escritos*, Laia, Barcelona, 1974.

ARANGUREN, J. L.: *La comunicación humana*, Guadarrama, Madrid, 1967.

BANDURA: *Introducción a la sociología de la comunicación*, Ariel, Barcelona, 1979.

BARTHES, R.: *Elementos de semiología*, Alberto Corazón, Madrid, 1971.

BARTHES, R., y otros: *La teoría*, Anagrama, Barcelona, 1971.

BAUDRILLARD, J.: *El sistema de los objetos*, Siglo XXI, México, 1969.
- *Cultura y simulacro*, Kairós, Barcelona, 1978.
- *Crítica de la economía política del signo*, Siglo XXI, Madrid, 1974.

BENEDICT, R.; LAZARSFELD, P. F.: *Cultura y comunicación*, Eudeba, Buenos Aires, 1968.

BENEYTO, J.: *Teoría y técnica de la opinión pública. Cinco estudios sobre opinión, tiempo y sociedad*, Tecnos, Madrid, 1961.

BENJAMIN, W.: "Sur le langage en générale et sur le langage humain", *Mythe et Violence*, Denöel, París, 1971.

BENITO, A.: *Teoría general de la información*, Guadiana, Madrid, 1973.

BERELSON, B.: "La comunicación colectiva y la opinión pública", en CISHRAMM, W.: *Proceso y efectos de la comunicación colectiva*, Ciespal, Quito, 1964.

BERGER, P.: *Para una teoría sociológica de la religión*, Kairós, Barcelona, 1971.

BERGER, P. L.; LUCKMANN, TH.: *La construcción social de la realidad*, Amorrortu, Buenos Aires, 1972.
- *Para una teoría sociológica de la religión*, Kairós, Barcelona, 1971.

BERLO, D. K.: *El proceso de comunicación. Introducción a la teoría y práctica*, Ateneo, Buenos Aires, 1972.

BORDEN, G. A.: *Introducción a la teoría de la comunicación humana*, Editora Nacional, Madrid, 1974.

BUBER, M.: *Yo y tú*, Nueva Visión, Buenos Aires, 1977.

CASTILLA DEL PINO, C.: *La incomunicación*, Península, Barcelona, 1970.

CORTINA, A.: *Razón comunicativa y responsabilidad solidaria*, Sígueme, Salamanca, 1985.

CHOMSKY, M.: *Images de la culture*, Edic. Ouvrières, París, 1966.

CHOMSKY, N.; MILLER, G. A.: *L'analyse formelle des langues naturelles*, Mouton, París, 1971.

COUFFIGNAL, L., y otros: *El concepto de información en la ciencia contemporánea*, Siglo XXI, México, 1966.

DANCE, F. X.: *Teoría de la comunicación humana*, Troquel, Buenos Aires, 1973.

DAVIS, F.: *La comunicación no verbal*, Alianza, Madrid, 1976.

DEUTSCH, K. W.: *Los nervios del Gobierno. Modelos de comunicación y control políticos*, Paidós, Buenos Aires, 1971.

DÍAZ, E.: *Ética contra política. Los intelectuales y el poder*, Centro de Estudios Constitucionales, Madrid, 1990.

DÍAZ NICOLÁS, J.: *Los españoles y la opinión pública*, Editora Nacional, Madrid, 1976.

DUNCAN, H. D.: *Communication and Social Order*, Oxford, University Press, Oxford, 1962.

DURAND, J.: *Las formas de comunicación*, Mitre, Barcelona, 1985.

DURKHEIM, E.: *Las reglas del método sociológico*, Dédalo, Buenos Aires, 1964.

DUVERGER, M.: *Sociología política*, Ariel, Barcelona, 1968.

ECCO, U.: *La estructura ausente*, Lumen, Barcelona, 1975
- *Tratado de semiótica general. Una teoría global de los sistemas de significación y comunicación*, Lumen, Barcelona, 1977.

ESCOBAR DE LA SERNA, L.: *Comunicación, información y cultura de masas*, Ministerio de Cultura, Secretaría General Técnica, Madrid, 1980.

Escarpit, R.: *Teoría general de la información y la comunicación*, Icaria, Barcelona, 1977.

Fleur, M. L.: *Teoría de la comunicación masiva*, Paidós, Buenos Aires, 1972.

FOESSA: *Informe sociológico sobre la situación social de España*, Euramérica, Madrid, 1968.

Fontcuberta, M.: *Estructuras de la noticia periodística*, Mitre, Madrid, 1981.

Fraise, P.; Piaget, J.: *Lenguaje, comunicación y decisión*, Paidós, Buenos Aires, 1974.

Fromm, E.: *Psicoanálisis de la sociedad contemporánea*, Fondo de Cultura Económica, México, 1967.

Fundesco: *Comunicación social 1994-Tendencias*, (Informes anuales de Fundesco). Fundesco, Madrid, 1994.

Goebbels, J.: *The Goebbels Diaries, 1942-1943*, Doubleday, Nueva York, 1948.

González Seara, L.: "Los efectos de los medios de comunicación de masas y la opinión pública", *Revista Española de la Opinión Pública*, 8.
— *Opinión pública y comunicación de masas*, Ariel, Barcelona, 1968.
— *La España de los años 70. I, La Sociedad* (dir.: M. Fraga, J. Velarde y S. del Campo), Moneda y Crédito, Madrid, 1972.

Gramsci, A.: *Los intelectuales y la organización de la cultura*, Nueva Visión, Buenos Aires, 1971.

Gubern, R.: *Comunicación y cultura de masas*, Península, Barcelona, 1977.

Guilhot, J., y otros: *La dynamique de l'expression et de la communication*, Mouton, La Haya, 1962.

Gumpérez, J.; Bennet, A.: *Lenguaje y cultura*, Anagrama, Barcelona, 1981.

Habermas, J.: *Conciencia moral y acción comunicativa*, Península, Barcelona, 1979.
— *Teoría de la acción comunicativa (I, II)*, Taurus, Madrid, 1978.
— *Historia y crítica de la opinión pública*, Gustavo Gili, Barcelona, 1981 (original alemán en 1962).
— *Teoría de la acción comunicativa. Complementos y estudios previos*, Cátedra, Madrid, 1989.

Hale, J. M.: *El entorno cambiante de la información*, Fundesco-Tecnos, Madrid, 1981.

Hamelink, C.: *La aldea transnacional*, Gustavo Gili, Barcelona, 1981.

Hegel, G. F.: *Filosofía del espíritu*, Claridad, Buenos Aires, 1969.
— *Fenomenología*.

Heller, A.: *Sociología de la vida cotidiana*, Península, Barcelona, 1977.

Hogg, J., y otros: *Psicología y artes visuales*, Gustavo Gili, Barcelona, 1975.

Holzer, H.: *Sociología de la comunicación social en Alemania Federal*, Akal, Madrid, 1978.

Horkheimer, M.; Adorno, T. W.: "La industria cultural", en VV. AA.: *Industria cultural y sociedad de masas*, Monte Ávila, Caracas, 1974.

Hovland, C. I., y otros: *Communication and Persuasion*, New Haven, Yale, Univ. Press, 1953.

Instituto de la Opinión Pública: *Estudio sobre los medios de comunicación de masas en España* (I, II, III), Madrid, 1964-1965.

Jackobson, R.: *Essais and Communications*, University of Oxford Press, Oxford, 1950.

Jachaturov, K. A.: *Medios de comunicación y opinión pública en la URSS*, Ciespal, Quito, 1970.

Katz, Ch. S., y otros: *Diccionario básico de la comunicación*, Nueva Imagen, México, 1980.

Klapper, Joseph T.: "Los medios de comunicación colectiva y la persuasión", en Schramm, W.: *Proceso y efectos de la comunicación colectiva*, Ciespal, Quito, 1964.

Laswell, H. D., y otros: *Language of Politics*, The MIT Press, Cambridge, Massachusetts, 1949.

- "Structure et Fonction de la Comunication dans la Société", en *Sociologie de l'Information,* Larousse, París, 1943.
LASWELL, Harold D.: "La estrategia de la propaganda soviética", en SCHRAMM, W.: *Proceso y efectos de la comunicación colectiva,* Ciespal, Quito, 1964.
LEACH, E.: *Cultura y comunicación,* Siglo XXI, Madrid, 1976.
LERNEL, Daniel: "La propaganda eficaz: condiciones y evaluación", en SCHRAMM, Wilbur: *Proceso y efectos de la comunicación colectiva,* Ciespal, Quito, 1964.
LEVINAS, E.: *Totalidad e infinito. Ensayo sobre la exterioridad,* Sígueme, Salamanca, 1977.
– *El humanismo del otro hombre,* Siglo XXI, Madrid.
LÉVI-STRAUSSS, C.: *El pensamiento salvaje,* Fondo de Cultura Económica, México, 1964.
– *Las estructuras elementales del parentesco,* Paidós, Buenos Aires, 1969.
– *Estructuralismo y epistemología,* Nueva Visión, Buenos Aires, 1970.
– *Antropología estructural,* II, Siglo XXI, México, 1979.
MCLUHAN, M.: *El aula sin muros,* Edic. Cultura Popular, Barcelona, 1968.
– *El medio es el mensaje,* Paidós, Buenos Aires, 1969.
– *La galaxia Gutemberg,* Aguilar, Madrid, 1969.
MCLUHAN, M.; FIORE, Q.; AGEL, J.: *Guerra y paz en la aldea global,* Martínez Roca, Barcelona, 1985 (original en inglés, 1968).
MCQUAIL, D.: *Introducción a la teoría de la comunicación de masas,* Eunsa, Pamplona, 1985 (original en inglés, 1981).
– *Sociología de los medios masivos de comunicación,* Paidós, Buenos Aires, 1969.

– *Teoría sociológica,* Taurus, Madrid, 1971.
– *Communication,* Logman, London-New York, 1975.
– *Introducción a la sociología de la comunicación de masas,* Paidós, Buenos Aires, 1983.
MANNHEIM, K.: *Ensayos de sociología de la cultura,* Aguilar, Madrid, 1963.
– *Ideología y utopía,* Aguilar, Madrid, 1966.
MARCUSE, M.: *El hombre unidimensional,* Seix Barral, Barcelona, 1968.
– *Para una teoría crítica de la sociedad,* Tiempo Nuevo, Caracas, 1971.
MARTÍN SERRANO, M. (Ed.): *Teoría de la comunicación,* Universidad Internacional Menéndez Pelayo, Madrid, 1981.
– *La mediación social,* Akal, Madrid, 1977.
MATTELART, A.: "Los medios de comunicación de masas en un proceso revolucionario", *Los Libros,* 15-16, Buenos Aires, 1971.
– *Frentes culturales y comunicación de masas,* Anagrama, Barcelona, 1977.
– *La comunicación en el mundo. Historia de las ideas y de las estrategias,* Fundesco, Madrid, 1993.
MAYOR SÁNCHEZ, J.: *Psicología de la comunicación,* Universidad Complutense, Madrid, 1977.
MEAD, G. H.: *Espíritu, persona y sociedad,* Paidós, Buenos Aires, 1970.
MERTON, R. K.: *Teoría y estructura sociales,* Fondo de Cultura Económica, México, 1966.
MOLES, A.: *Teoría de la información y percepción estética,* Júcar, Madrid, 1975.
– *Teoría de los objetos,* Gustavo Gili, Barcelona, 1975.
– *La comunicación y los "mass media",* Mensajero, Bilbao, 1985.
– *Teoría de los actos. Hacia una ecología de las acciones,* Trillas, México, 1983.

MOLES, A.; ROHMER, A.: *Teoría estructural de la comunicación y sociedad*, Trillas, México, 1983.
— *Psicología del espacio*, R. Aguilera, Madrid, 1972.
MONTES, S.: *Teoría de la información*, Pablo del Río, Madrid, 1976.
MORAGAS, M. (Ed.): *Sociología de la comunicación de masas*, Gustavo Gili, Barcelona, 1980.
— *Semiótica y comunicación de masas*, Península, Barcelona, 1980.
— *Teoría de la comunicación*, Gustavo Gili, Barcelona, 1982.
MORIN, E.: *Por una política del hombre*, Extemporáneos, México, 1971.
MORRIS, C. W.: *Fundamentos de la teoría de los signos*, Paidós, Barcelona, 1985.
— *Signos, lenguaje y conducta*, Losada, Buenos Aires, 1962.
MOYA, C.: *Sociólogos y sociología*, Siglo XXI, México, 1970.
MÚJICA, H.: *El imperio de la noticia*, Universidad Central de Venezuela, Caracas, 1975.
MUÑOZ ALONSO, A. (Ed.): *Opinión pública y comunicación política*, Eudema, Madrid, 1990.
PACKARD, Vance: *Las formas ocultas de la propaganda*, Losada, Buenos Aires, 1959.
— *La sociedad desnuda*, Losada, Buenos Aires, 1965.
PARSONS, T.: *El sistema social*, Revista de Occidente, Madrid, 1966.
PASQUALI, A.: *Comunicación y cultura de masas*, Universidad Central de Venezuela, Caracas, 1963.
PAULI, J. A.: *Comunicación e información*, Trillas, México, 1983.
PEARSON, J.: *La industria de la persuasión*, Oikos-Tau, Vilasar del Mar, 1968.
PIAGET, J.: *Introducción a la psicología*, Planeta-Agostini, Barcelona, 1985.
PIERCE, J. R.: *Símbolos, señales y ruidos. Naturaleza y proceso de la comunicación*, Revista de Occidente, Madrid, 1972.

PRAKKE, H., y otros: *Comunicación social*, Akal, Madrid, 1977.
RICOEUR, P.: *El discurso de la acción*, Cátedra, Madrid, 1981.
RIVERS, W. L., y otros: *Responsabilidad y comunicación de masas*, Troquel, Buenos Aires, 1973.
RODA FERNÁNDEZ, R.: *Medios de comunicación de masas*, Centro de Investigaciones Sociológicas, CIS-Siglo XXI, Madrid, 1989.
RODRIGO ALSINA, J.: *Los modelos de la comunicación*, Tecnos, Madrid, 1989.
ROIZ, M.: *Técnicas modernas de persuasión*, Eudema, Madrid, 1994.
SÁNCHEZ MECA, D.: *Martin Buber, fundamento existencial de la incomunicación*, Herder, Barcelona, 1978.
SAPIR, E.: "Communication", *International Encyclopedia of the Social Sciences*, McMillan, New York, 1930.
— *Antropologie*, Minuit, París, 1967.
SAUVY, Alfred: *La opinión pública*, Compañía General Fabril Editorial, Buenos Aires, 1961.
SCHRAMM, W.: *La ciencia de la comunicación humana*, Roble, México, 1962.
— *Hombre, mensaje y medios*, Forja, Madrid, 1982 (original publicado en inglés en 1973).
SCHRISCHKOFF, G.: *La masificación dirigida*, Editora Nacional, Madrid, 1968.
SCHUTZ, A.: *Fenomenología del mundo social*, Paidós, Buenos Aires, 1972.
— *El problema de la realidad social*, Paidós, Buenos Aires, 1974.
— *Estudios sobre la teoría social*, Paidós, Buenos Aires, 1974.
SHANNON, C. E.; WEAVER, W.: *Teoría matemática de la comunicación*, Forja, Madrid, 1981.
SING, J.: *Ideas fundamentales sobre la información, el lenguaje y la cibernética*, Alianza, 1972.
STEWARD, D.: *Psicología de la comunicación. Teoría y análisis*, Paidós, Buenos Aires, 1970.

SCHUMPETER, J. A.: *Capitalismo, Socialismo y Democracia*, Aguilar, Madrid, 1968.
SPENCER, H.: *El hombre contra el Estado*, Aguilar, Buenos Aires, 1966.
TAUFIC, C.: *Periodismo y lucha de clases*, Akal, Madrid, 1973.
THAYER, L.: *La comunicación y sistemas de comunicación*, Península, Barcelona, 1975.
TOVAR, A.: *Universidad y educación de masas*, Ariel, Barcelona,
UNESCO: *El Correo de la Unesco*: "Los medios de Información. Las aventuras de la libertad", XLIII (IX-1990), Unesco, París, 1990.
UÑA, O.: *Comunicación y libertad*, Ediciones Escurialenses, Madrid, 1984.
— *Materiales para una sociología del conocimiento*, Ediciones de la Universidad Nacional Autónoma de México, México, 1990.
URSUL: *Naturaleza de la información*, Pueblos Unidos, Montevideo, 1972.
VALLS PLANA, R.: *Del yo al nosotros. Lectura de la fenomenología del espíritu de Hegel*, Laia, Barcelona, 1971.
VV. AA.: "La industria de la cultura", *Comunicación*, 2 (1969), Alberto Corazón, Madrid.
— *Las Ciencias Sociales en España. Historia inmediata, crítica y perspectivas (I, II, III). I, Sociología* (Román Reyes, Ed.; Jesús Ibañez, Coord.). Complutense, Madrid, 1992.
VERON, E.: *Lenguaje y comunicación social*, Nueva Visión, Buenos Aires, 1971.
WEBER, M.: *Economía y sociedad*, Fondo de Cultura Económica, México, 1967.
WIENER, N.: *Cibernética y Sociedad*, Sudamericana, Buenos Aires, 1975. (Original: *Cybernetique et Société*, Union Générale d'Editions, París, 1971).
WRIGHT, CH. R.: *Comunicación de masas*, Paidós, Buenos Aires, 1969.
YERRO BELMONTE, M.: *Información y comunicación en la sociedad actual*, Dopesa, Barcelona, 1970.

YOUNG, K.: *Psicología social de la opinión pública y de los medios de comunicación*, Paidós, Buenos Aires, 1969.
— *Psicología social de la propaganda*, Paidós, Buenos Aires, 1969.

3. EFECTOS DE LA COMUNICACIÓN

BENITO, A.: *Ecología de la comunicación de masas*, Eudema, Universidad, Madrid, 1989.
BISKY, L.: *Crítica de la teoría burguesa de la comunicación de masas*, De la Torre, Madrid, 1982.
BURGELIN, O.: *La comunicación de masas*, Ate, Barcelona, 1984.
CARPENTER, E.; MCLUHAN, M.: *El aula sin muros. Investigación sobre las técnicas de investigación*, Laia, Barcelona, 1974.
CEBRIÁN, J. L.: "¿Qué pasa en el mundo? Los medios de información de masas", *Temas Clave*, 55 (1981), Salvat, Barcelona.
CHOMSKY, N.; HERMAN, E. S.: *La segunda guerra fría*, Crítica, Barcelona, 1984 (traducción de *Towards a New Cold War*, Pantheon, Nueva York, 1982.)
— *Los guardianes de la libertad*, Crítica, Barcelona, 1990.
CURRAN, J.: *Sociedad y comunicación de masas*, Fondo de Cultura Económica, México, 1981.
DOELKER, CH.: *La realidad manipulada*, Gustavo Gili, Barcelona, 1982.
DORFMAN, A.; MATELLART, A.: *Para leer el Pato Donald. Comunicación de masas y colonialismo*, Siglo XXI, Buenos Aires, 1973.
ECCO, U., y otros: *Los efectos de la comunicación de masas*, J. Álvarez, Buenos Aires, 1964.
ENZENSBERGER, H. M.: *Elementos para una teoría de los medios de comunicación*, Anagrama, Barcelona, 1974.
EUDES, Y.: *La colonización de las conciencias*, G. Gili, Barcelona, 1984.

FELEDMAN, E.: *Teoría de los medios masivos de comunicación*, Kapelusz, Buenos Aires, 1977.

FLEUR, M. L. DE; BALL-ROKEACH, S.: *Teorías de la comunicación de masas*, Paidós, Barcelona, 1980.

FREIRE, P.: *Extensión o comunicación*, Edic. Populares, Bogotá, 1977.

FRIEDMAN, G.: *Les merveilleux instruments: essais sur les communications de masas*, Donöel-Gouthier, París, 1979.

FUNDESCO: *Innovación tecnológica y cambio social*, Fundesco, Madrid, 1973.

GALBRAITH, J. K.: *La sociedad opulenta*, Barcelona, 1969.

KLAPPER, J. T.: *Los efectos de las comunicaciones de masas*, Aguilar, Madrid, 1974.
— "Los efectos comparativos de los diversos medios de comunicación" en SCHRAMM, V.: *Proceso y efectos de la comunicación colectiva*, Ciespal, Quito, 1964.

LASWELL, H. D.: *Propaganda Tecnique in the World Ward*, Knopf, Nueva York, 1927.
— *Language of Politics*, Stewart, New York, 1949.
— "Estructura y función de la comunicación en la sociedad", en MORAGAS, M. DE: *Sociología de la comunicación de masas; II, Estructura, funciones y efectos*, Gustavo Gili, Barcelona, 1985. (Original en inglés, 1948.)
— "Communication Research and Public Policy", *Public Opinion Quarterly*, 26.

LAZARSFELD, P.: "Propaganda", *Encyclopaedia of the Social Sciencies*, Macmillan, New York, 1933.

LAZARSFELD, P.; MERTON, R. K.: "Comunicación de masas, gusto popular y acción social organizada", en MAC DONALD y otros: *La industria de la cultura*, Alberto Corazón, Madrid, 1969.

LAZARSFELD, P., y otros: *La comunicación de masas*, Centro Editor de América Latina, Buenos Aires, 1977.

LAZARSFELD, P.; KATZ, E.: *La influencia personal. El individuo en el proceso de comunicación de masas*, Hispano-Europea, Barcelona, 1970.

LÓPEZ ESCOBAR, E.: *Análisis del "nuevo orden" internacional de la información*, Eunsa, Pamplona, 1978.

LUCKMANN, T.; BERGER, P. L.: *La construcción social de la realidad*, Amorrortu, Buenos Aires, 1972.

McLUHAN, M. H.: *El aula sin muros. Investigaciones sobre técnicas de comunicación*, Cultura Popular, Barcelona, 1968.

MALETZKE, G.: *Psicología de la comunicación colectiva*, Ciespal, Quito, 1976.

MATTELART, A.: *Agresión desde el espacio. Cultura y napalm en la era de los satélites*, Siglo XXI, México, 1980.
— *Comunicación masiva en el proceso de liberación*, Siglo XXI, México, 1977.
— *Comunicación e ideologías de la seguridad*, Anagrama, Barcelona, 1978.

MATTELART, A.; STOURDZE, M.: *Tecnología, cultura y comunicación*, Mitre, Barcelona, 1984.

MATTELART, A.; PICCINI, A.: *Frentes culturales y movimientos de masas*, Anagrama, Barcelona, 1977.

MATTELART, A.; PIEMME, J. M.: "Veintitrés notas para un debate político sobre la comunicación", en MORAGAS, M. (Ed.). (IV) *Sociología de la comunicación de masas*, Gustavo Gili, Barcelona, 1980.
— *Multinacionales y sistemas de comunicación*, Siglo XXI, México, 1977.

McLUHAN, M.: *Laws of Media*, Toronto University Press, Toronto, 1989.

MELICH MAIXE, A.: *La influencia de la imagen en la sociedad de masas*, Instituto de Periodismo de la Universidad de Navarra, Pamplona, 1964.

MERRILL, J. C.; LEE, J.; FRIEDLANDER, E. J.: *Medios de comunicación social*, Fundación Germán Sánchez Ruipérez, Madrid, 1992.

MILLS, C. W.: *La élite del poder*, Fondo de Cultura Económica, México.

MOLINERO, C.: *La intervención del Estado en la prensa,* Dopesa, Barcelona, 1971.
MOLES, A.: *Sociodinámica de la cultura,* Paidós, Buenos Aires, 1978.
ORIVE, P.: *Estructura de la Información 2. Comunicación y Sociedad Democrática,* Pirámide, Madrid, 1978.
ORTEGA Y GASSET, J.: *La rebelión de las masas,* Vergara, Madrid, 1962.
PINILLOS, J. L.: *Comunicación, lenguaje y pensamiento,* Fundación Juan March, Madrid, 1974.
PINILLOS SUÁREZ, P. J.: *La empresa informativa: prensa, radio, cine y televisión,* Castillo, Madrid, 1975.
REESE, J., y otros: *El impacto social de las modernas tecnologías de la información,* Fundesco-Tecnos, Madrid, 1982.
RODRIGO ALSINA, M.: *Los modelos de la comunicación,* Tecnos, Madrid, 1989.
SÁNCHEZ JIMÉNEZ, J.: "Los mass media", *Cuadernos del Mundo Actual,* 42 (1994), Historia 16, Madrid.
SCHRAMM, W.: *Proceso y efectos de la comunicación colectiva,* Ciespal, Quito, 1985. (Original en inglés, 1944.)
 – *Hombres, mensaje y medios,* Forja, Madrid, 1982.
 – *Mass Communications,* University of Illinois Press, Urba, 1960.
 – "Las ciencias de la comunicación en USA", en *Introducción a la investigación de la comunicación colectiva,* Ciespal, Quito, 1972.
SCHRAMM, W.; RIVERS, W. L.: *Responsabilidad y comunicación de masas,* Troquel, Buenos Aires, 1957.
 – *Proceso y efectos de la comunicación colectiva,* Ciespal, Quito, 1964.
SHANNON, C. E.: *The matematical theory of communication,* Urbana, Illinois, 1949.
SHANNON, C. E.: "Teoría matemática de la comunicación", en SHANNON, C. E., y WEABER, W.: *Teoría matemática de la comunicación,* Forja, Madrid, 1981. (Original en inglés, 1948.)
SILBERMAN, A.: "Los campos de investigación sociológica de la comunicación de masas", *Revista Española de la Opinión Pública,* 78 (1970), Madrid.
SOLA, I. DE, y otros: *Handbook of Communications,* Chicago, Rand McNally, 1973.
TARDE, C.: *La opinión y la multitud,* Taurus, Madrid, 1989.
THAYER, L.: *Comunicación y sistemas de comunicación,* Península, Barcelona, 1975.
TUCHMAN, G.: *La producción de la noticia. Estudio sobre la construcción de la realidad,* Gustavo Gili, Barcelona, 1982.
UNESCO (Informe Sean MacBride): *Un solo mundo, voces múltiples. Comunicación e información en nuestro tiempo,* FCE-Unesco, México, 1980.
 – *La sociedad de la información,* Fundesco-Tecnos, Madrid, 1983.
VÁZQUEZ MONTALBÁN, M.: *Informe sobre la información,* Fontanella, Barcelona, 1976
 – *Historia y comunicación social,* Bruguera, Madrid, 1980.
WHITE, R.: "La nueva resistencia a la propaganda internacional", en SCHRAMM, W.: *Proceso y efectos de la comunicación colectiva,* Ciespal, Quito, 1964.
WILLIAMS, R.: *Los medios de comunicación social,* Península, Barcelona, 1971.
WOLF, M.: *Sociología de la vida cotidiana,* Cátedra, Madrid, 1982.
WRIGTH, CH. R.: *Comunicación de masas. Una perspectiva sociológica,* Paidós, Buenos Aires, 1973.
YOUNG, K., y otros: *La opinión pública y la propaganda,* Paidós, Buenos Aires, 1967.
 – *Psicología social de la opinión pública y de los medios de comunicación,* Paidós, Buenos Aires, 1969. (Original en inglés, 1956.)

4. SEMIÓTICA DE LA COMUNICACIÓN Y ANÁLISIS DE CONTENIDO

ABELLÁN, M. L.: "Análisis cuantitativo de la censura bajo el franquismo (1955-1976)", en *Sistema*, 28 (I-1979), Madrid.

BARDIN: *Análisis de contenido*, Akal, Madrid,

BARTHES, R.: *Análisis estructural del relato*, Tiempo Contemporáneo, Buenos Aires, 1970.

BERELSON, B.: *Content Analysis in Communication Research*, Glencoe, The Free Press, 1952.

BERLO, D. K.: *El proceso de comunicación*, El Ateneo, Buenos Aires, 1971.

CASASÚS, J. M.: *Ideología y análisis de medios de comunicación*, Dopesa, Barcelona, 1972.

CEBRIÁN, M.: *Introducción al lenguaje de la televisión. Una perspectiva semiótica*, Pirámide, Madrid, 1978.

COCOUREL, A.: *El método y la medida en sociología*, Editora Nacional, Madrid, 1987.

FONT, D.: *El poder de la imagen*, 44 (1981), "Temas clave", Salvat, Barcelona.

GUBERN, R.: *Mensajes icónicos en la cultura de masas*, Lumen, Barcelona, 1974.

GUTIÉRREZ, L.: *Narrativa fílmica*, Pirámide, Madrid, 1978.

KATZ, E.: "La investigación comunicacional y la imagen de la sociedad, convergencia de dos tradiciones", en SMITH, A. G.: *Good-bye, Gutemberg*.
— *La revolución del periodismo electrónico*, Gustavo Gili, Barcelona, 1983.

KIENTZ, J.: *Para analizar los medios*, Fernando Torres, Valencia, 1974. (Original en Mame, París, 1971.)

HENDRICKS, W. D.: *Semiología del discurso literario*, Cátedra, Madrid, 1976.

LASSWELL, H:. "L'Analysie du Contenu et le Langage de la Politique", en *Revue Française de Science Politique*, II (3, 1952), París.

LAZARSFELD, P. F.; HENRY, N. W.: *Latent Structure Analysis*, Boston Mifflin Co., Boston, 1968.

LEVY-STRAUSS, C., y otros: *El análisis estructural*, Centro Editor de América Latina, Buenos Aires, 1977.
— "La gesta de Asdiwal", en *Antropología Estructural*, Siglo XXI, México, 1979.

MARTIN, M.: *Le langage cinématographique*, Ed. du Cerf, París, 1968.

MARTÍN SERRANO, M.: *Métodos actuales de investigación social*, Akal, Madrid, 1978.

MAY, R.: *Cine y Televisión*, Rialp, Madrid, 1966.

METZ, C.: *El significante imaginario*, Gustavo Gili, Barcelona, 1979.

METZ, C., y otros: *Análisis de las imágenes*, Tiempo Contemporáneo, Buenos Aires, 1971.

MORENO, J. L.: *Fundamentos de sociometría*, Paidós, Buenos Aires, 1962.

MORÍN, V.: *El cine o el hombre imaginario*, Seix Barral, Barcelona, 1972.
— *Tratamiento periodístico de la información*, Ate, Barcelona, 1974.

OSGOOD, CH.; SUCI, G. J.; TANNENBAUM, P. H.: *La medida del significado*, Gredos, Madrid, 1976.

RESENGREEN, K. E. (Ed.): *Advances in Content Analysis*, Sage, Beverly Hills, 1981.

SÁNCHEZ CARRIÓN, J. J. (Ed.): "Métodos y técnicas de análisis de contenido", en *Revista Internacional de Sociología*, 43 (1985), Madrid.
— "Análisis estructural del telefilm", en *Revista de Investigación Sociológica*, Madrid, n.° 3 (1978), Madrid.

SIERRA BRAVO, R.: *Ciencias Sociales: Análisis estadísticos y modelos matemáticos*, Paraninfo, Madrid.

SILBERMAN, A.: "Análisis sistemático de contenido", en KOENIG, R. (Ed.): *Tratado de sociología empírica*, Tecnos, Madrid, 1973.

URRUTIA, J.: *Contribuciones al análisis del film*, Fernando Torres, Valencia, 1976.

VV. AA.: "L'explication. Approche semiologique", *Revue Européenne de Sciences Sociales* (XIX), 56 (1981), París.
 – "El lenguaje cinematográfico", en *Comunicación*, 3 (1969), Alberto Corazón, Madrid.
VIDAL BENEYTO, J.: *Posibilidades y límites del análisis estructural*, Editora Nacional, Madrid, 1981.
VERON, E.: *Construir el acontecimiento*, Gedisa, Buenos Aires, 1983.

5. LOS MEDIOS AUDIOVISUALES

ADORNO, T. W.: *TV y cultura de masas*, Eudocor, Córdoba (Argentina), 1966.
ALSINA THEVENET, H.: *El libro de la censura cinematográfica*, Lumen, Barcelona, 1977.
ANDRADE (pseudónimo del general Franco): *"Raza", anecdotario para el guión de una película*, Numancia, Madrid, 1942.
BUSTAMANTE, E.: *Los amos de la información en España*, Akal, Madrid, 1982.
CABERO, J. A.: *Historia de la cinematografía española, 1896-1949*, Madrid, 1949.
CANALS, S.: *La Iglesia y el cine*, Rialp, Madrid, 1965.
CAPARRÓS LERA, J. M.: *El cine republicano español 1931-1939*, Dopesa, Barcelona, 1977.
CASTRO, A.: *El cine español, en el banquillo*, Fernando Torres, Valencia, 1974.
CAZENEUVE, J.: *La sociología de la radio-televisión*, Paidós, Buenos Aires, 1967.
 – *Les pouvoires de la télévision*, Presses Universitaires, París, 1970.
 – *La sociedad de la ubicuidad*, Gustavo Gili, Barcelona, 1972.
 – *El hombre telespectador*, Gustavo Gili, Barcelona, 1974.

CEBOLLADA, P.: *La censura de cine en España*, Centro Español de Estudios Cinematográficos, Madrid, 1963.
EQUIPO RESEÑA: *El Cine en la España republicana*, Mensajero, Bilbao.
FERNÁNDEZ CUENCA, C.: *La guerra de España y el cine (I, II)*, Editora Nacional, Madrid, 1972.
GARCÍA ESCUDERO, J. M.: *La Historia en cien palabras. El cine español y otros escritos sobre cine*, Cine-Club SEU, Salamanca, 1954.
 – *Cine español*, Rialp, Madrid, 1962.
GARCÍA JIMÉNEZ, J. (Ed.): *Radiotelevisión Española y la Constitución*, Universidad Internacional Menéndez Pelayo, Madrid, 1981.
GOMIS SANAHUJA, L.: *El medio media: La función política de la prensa*, Seminarios y Ediciones, Madrid, 1974.
GONZÁLEZ BALLESTEROS, T.: *Aspectos jurídicos de la censura cinematográfica en España*, Ediciones Universidad Complutense, Madrid, 1981, pp., 409-471.
BARBACHANO, C.: *El Cine. Arte, evasión y dólares*, Salvat, Barcelona, 1981.
GUARNER, J. L.: *Treinta años de cine en España*, Kairós, Barcelona, 1971.
GUBERN, R.: *La censura. Función pública y ordenamiento jurídico bajo el franquismo*, Península, Barcelona, 1981.
GUBERN, R.; DOMENECH, F.: *Un cine para el cadalso*, Euros, Barcelona, 1975.
HANKARD, M.: *La radio y la televisión en Europa*, Ciespal, Quito, 1971.
HERNÁNDEZ, M.; REVUELTA, M.: *Treinta años de cine al alcance de todos los españoles*, Zero, Madrid, 1976.
LAMET, P. M.: *Lecciones de cine, historia, estética y sociología (I, II)*, Mensajero, Bilbao, 1968.
LARRANA, E.: *Le cinema espagnol des origines a nous jours*, Cerf, París, 1986.
MANDER, J.: *Cuatro buenas razones para eliminar la televisión*, Gedisa, Barcelona, 1981.
MARÍAS, J.: *Visto y no visto (I, II)*, Punto Omega, Madrid, 1970.

MÉNDEZ LEITE, F.: *Historia del cine español* (I, II), Rialp, Madrid, 1965.

PIZARROSO QUINTERO, A.: *De la "Gaceta Nueva" a "Canal Plus". Breve historia de los medios de comunicación en España,* Ediciones Universidad Complutense, Madrid, 1992.

REVISTA DE OCCIDENTE, "Guerra y Franquismo en el Cine", 53 (X-1985), Madrid.

SADOUL, G.: *Diccionario del cine: cineastas,* Istmo, Madrid, 1977.

— *Dictionaire des films,* Microcosme-Seuil, París, 1990.

SANTOS, M.: *El cine bajo la svástica. La influencia fascista en el cine internacional,* Tierra y Libertad, Barcelona, 1937.

SOBRAO MARTÍNEZ, F.: "La Junta de censura y apreciación de películas: Problemas de procedimiento y recursos", *Estudios de Información,* 23 (1977), Madrid, pp. 101-112.

TUDOR, A.: *Cine y comunicación social,* Gustavo Gili, Barcelona, 1975.

VIZCAÍNO CASAS, F.: *Diccionario del cine español,* Editora Nacional, Madrid, 1968.

VV. AA.: *Enciclopedia del Cine* (I, II, III), Labor, Barcelona, 1969.

— *Cine español 1896-1983,* Augusto M. Torres (Ed.), Ministerio de Cultura, Dirección General de Cinematografía, Madrid, 1984.

— *Ideología y lenguaje cinematográfico,* Alberto Corazón, Madrid, 1969.

— *Lenguaje y comunicación social,* Nueva Visión, Buenos Aires, 1969.

— *Enciclopedia ilustrada del Cine* (I, II, III). (Coord.: ROMAGUERA, J.; Ases.: GUBERN, R.). Labor, Barcelona, 1969.

XXII CERTAMEN INTERNACIONAL DE CINE DOCUMENTAL: *El cine de las organizaciones populares republicanas entre 1936 y 1939,* Bilbao, 1980.

XXV FESTIVAL INTERNACIONAL DE CINE DOCUMENTAL: *Cine español en la República,* San Sebastián, 1977.

ZIMMER, CH.: *Cine y política,* Sígueme, Salamanca, 1976.

ZÚÑIGA, A.: *Una historia del cine,* Destino, Barcelona, 1948.

6. ARTÍCULOS SOBRE NO-DO
(por orden cronológico de publicación)

MARQUERÍE, A.: "NO-DO por dentro", *Primer Plano,* 215 (26-XI-44).

"Bodas de plata de NO-DO", *Arriba* (30-I-1968), p. 15.

GORDON, M.: "NO-DO cumple veinticinco años", *Ya* (30-I-1968).

"El NO-DO no muere", *Arriba* (7-III-1968), p. 13.

"Nueva orientación de NO-DO: "Imágenes" aparecerá en color y los noticiarios se convertirán en una revista cinematográfica", *Arriba* (3-VII-1968), p. 29.

"Noticiarios y Documentales Cinematográficos NO-DO", Ministerio de Información y Turismo, Madrid, 1970.

"En el Festival de Cortina d'Ampezzo: NO-DO, galardonado por sus imágenes del deporte", *Arriba* (1973), p. 36.

MIRASIERRAS, M. R.: "De la noticia al reportaje. Treinta años de NO-DO", *Arriba* (3-I-1974), p. 19.

M. L. S.: "A partir de 1976 no será obligatoria la proyección del NO-DO", *Ya* (20-IX-1975), p. 39.

"NO-DO, propaganda cinematográfica oficial traumatizada por el cambio", *El País* (18-XII-1977), p. 25.

NAVARRO, B.: "A los 35 años de su creación, NO-DO pierde la exclusiva", *Arriba,* 1978.

"NO-DO cambia sus actividades tras la pérdida del monopolio", *El País* (27-V-1978), p. 21.

"NO-DO será el Centro Español de Cinematografía", *Arriba* (7-VI-1978).

PAREJA, V.: "NO-DO se extingue", *Ya* (18-XI-1979), pp. 6-7.

GALÁN, D.: "El documental cinematográfico: después de NO-DO, nada", *El País* (23-VIII-1980), p. 8.

GÓMEZ MARDONES, Inmaculada: "NO-DO: el mundo entero (menos España) al alcance de los españoles", *Tiempo de Historia*, 66 (IV-1980), pp. 28-47.

MAYHER, G.: "Todo pasa y todo queda". *El País dominical* (22-IV-1990), pp. 60-66.

TORRES, A. M.: "El viejo espíritu nacional", *El País* (2-I-1993).

ARANGÜENA, R.: "Cincuenta años de historia al alcance de los españoles", en *Panorama* (18-I-1993)), pp. 72-75.

D. M.: "La Filmoteca Española celebró el 50 aniversario del NO-DO", *El País* (29-I-1993).

HUETE, L., y MARTÍNEZ, L.: "La memoria filmada del franquismo", *El País* (31-I-1993), p. 24.

TADEO, T. F.: "NODO, noticiario de una época", *Telerradio* (II-1993), pp. 24-26.

PENEDO, M.: "Vuelve el NO-DO", *Diario 16* (24-V-1993), p. 8.

S. C.: "Los directores del NO-DO aseguran que los informativos no estaban sometidos a censura", *ABC* (10-VIII-1993), p. 45.

Agencias: "Directores del NO-DO dicen que no había censura ni consignas en los noticiarios", en *El Periódico* (10-VIII-1993).

Agencia EFE: "El 50 aniversario del NO-DO, en un documental que emitirá TVE", *Diario 16* (12-VIII-1993), p. 49.

VV. AA.: *Cuadernos de la Filmoteca* (n.° 1, 1993). *NO-DO: El tiempo y la memoria*, Ministerio de Cultura, Filmoteca Nacional del Instituto de Cine, Madrid, 1993.

VV. AA.: Archivos de la Filmoteca. *NO-DO, 50 años después* (2.ª época, octubre 1993); n.° 15, Filmoteca Generalitat Valenciana, Institut Valenciá d´Arts Esceniques, Cinematografía i Música, Valencia, 1993.

MANRIQUE, M.: "Una España en blanco y negro", *El Mundo* (13-VIII-1993), pp. 4-5.

BURGOS, A.: "El NO-DO existe", *Diario 16* (16-VIII-1993), p. 2.

SÁNCHEZ-BIOSCA, Vicente, y TRANCHE, Rafael R.: "NO-DO: El tiempo y la memoria" 1 (1993), *Cuadernos de la Filmoteca*, Filmoteca Española, Ministerio de Cultura, Madrid.

ELLWOOD, S.: "Franco y el NO-DO", en *Biblioteca de la Guerra Civil*, tomo 17: *Postguerra, II: Aislamiento y pobreza*, Folio, Barcelona, 1998.

Merece especial atención el Encuentro monográfico que sobre NO-DO se organizó dentro de los Cursos de Verano de la Universidad Complutense de Madrid, en El Escorial, entre los días 9-11 de agosto de 1993, bajo el título "NO-DO: Medio siglo de historia en imágenes", dirigido por la historiadora Josefina Martínez y participación de los propios hombres que en su día hicieron el NO-DO.

Notas

INTRODUCCIÓN

[1] *Crónica de España,* Plaza Janés, Barcelona, 1988, p. 875.

[2] Ruiz Rico, J. J.: *El papel político de la Iglesia católica en la España de Franco,* Tecnos, Madrid, 1977, p. 75.

[3] Calvo Serer, R.: *Política de Integración,* Rialp, Madrid, 1955.

[4] Sánchez-Biosca, V.; Tranche, R. R.: NO-DO: "El tiempo y la memoria", *Cuadernos de la Filmoteca,* I (1993), Filmoteca Española, Ministerio de Cultura, Madrid, p. 51.

CAPÍTULO 1

[1] Gallo, M.: *Historia de la España franquista,* Ruedo Ibérico, París, 1971, p. 127. (Versión española del original en francés de Robert Laffont *Histoire de l'Espagne franquiste,* edit. Gérard & C.°, Verviers, París, 1969. Y De la Cierva, R.: *Episodios históricos de España.* ARC Editores, Eudema, Madrid, 1997 (tomo 47).

[2] George, J.: *El franquismo, historia y balance: 1939-1969,* Ruedo Ibérico, París, 1972, pp. 72-74. (Edición española del original *Le franquisme. Histoire et bilan (1939-1969),* Seuil, París, 1970.)

[3] Raguer Suñer, H.: *La Espada y la Cruz (La Iglesia 1936-1939),* Bruguera, Barcelona, 1937, pp. 69-75.

[4] Georgel, J.: O. c., p. 152.

[5] Beneyto, J.: "Arias-Salgado quiso crear una Prensa orientada hacia la doctrina cristiana", en *Historia del Franquismo* (I, II), Historia 16, Madrid, 1976, p. 376 (I).

[6] Garriga, R.: *La España de Franco* (I, II), G. del Toro, Madrid, 1976, p. 350.

[7] Sinova, J.: *La censura de Prensa durante el franquismo (1936-1951),* Espasa-Calpe, Madrid, 1989.

[8] Hermey, G.: *Los católicos en la España franquista. II Crónica de una dictadura,* Centro de Investigaciones Sociológicas (CIS) y Siglo XXI, Madrid, 1986. Cita a Artigues, D.: *El Opus Dei,* Ruedo Ibérico, París, 1971, p. 60, que sitúa en un 20% el número de catedráticos de esa tendencia; Clairbois, R., "Inquisiteurs sans bûcher", *Esprit* (IX-1956), p. 288, que lo sitúa en un 40%, y Dern, W., que establece la cifra en un 25%.

[9] García Jiménez, J.: *Radiotelevisión y política cultural en el franquismo,* Consejo Superior de Investigaciones Científicas (CSIC), Instituto Balmes de Sociología, Madrid, 1980, pp. 82-83. La ideología de Ibáñez Martín queda clara en otras obras suyas tales como: *Hacia una ciencia española,* CSIC, Madrid, 1940; Íd., *1939-1949, diez años de servicios a la cultura española,* Magisterio Español, Madrid, 1950; Íd., *Dos discursos,* Tipografía Samarán, Madrid, 1940; Íd., *El sentido político de la cultura en la hora presente,* Universidad Central, Madrid, 1952.

[10] Payne, S. G.: *El catolicismo español,* Planeta, Barcelona, 1984, p. 226.

[11] Pemartín, J.: *Qué es "lo nuevo"... Consideraciones sobre el momento español presente,* Espasa-Calpe, Madrid, 1940 (3.ª ed.), pp. 112-156.

[12] Pemartín, J.: O. c., pp. 36-37.

[13] O. c., p. 104.

[14] Carr, R.: *España: de la Restauración a la democracia, 1875-1980,* Ariel, Barcelona, 1988, p. 201.

[15] Giménez Caballero, E.: *El genio de España,* Madrid, 1934, recogido por Abellán, J. L., en la antología *Los españoles vistos por sí mismos,* Turner, Madrid, 1986, p. 141.

[16] UMBRAL, F.: *Del 98 a Don Juan Carlos*, Planeta, Barcelona, 1992, p. 287.

[17] ARIAS SALGADO, G.: *Política española de la Información* (I, II), Publicaciones Secretaría General Técnica, Sección de Documentación del Ministerio de Información y Turismo, Madrid, 1957 (5.ª edic.). Íd.: *Textos de doctrina y política de la Información*, Ministerio Información y Turismo, Madrid, 1956; Íd.: *Doctrina y política de la Información* (I, II, III), Secretaría General Técnica del Ministerio de Información y Turismo, Madrid, 1960.

[18] BARDAVÍO, J.: "La confusión entre la teología y el franquismo", en *Historia del franquismo* (I, II), Ed. Diario 16, Madrid, 1984, p. 380 (I).

[19] TERRÓN, J., tomado de *Los 90 ministros de Franco*, del Equipo Mundo, Dopesa, Barcelona, 1971, pp. 169-170.

[20] O. c., p. 95.

[21] MIGUEL, A. de: *Sociología del franquismo*, Euros, Barcelona, 1975 (8.ª ed.), pp. 205 y 215.

[22] ABELLÁ, R.: *La vida cotidiana en España bajo el régimen de Franco*, Argos Vergara, Barcelona, 1984, p. 121.

[23] *Anuario de la Prensa Española*, Delegación Nacional de Prensa, Madrid, 1943-1944, p. 394.

[24] TUSELL, J.: "Una década en el control de la prensa", *Historia del franquismo* (I, II), Diario 16, Madrid, 1984, p. 379 (I).

[25] BOTTI, A.: *Cielo y dinero. El nacionalcatolicismo en España (1881-1975)*, Alianza Madrid, 1992, p. 123.

[26] TUSELL, J.: *Franco y los católicos*, Alianza, Madrid, 1984, p. 188.

[27] GEORGE, J.: O. c., p. 159. Remite igualmente al discurso de Arias-Salgado ante el Segundo Consejo Nacional (12-XII-1954), en *Chroniques étrangeres, Espagne*, 155 (I, 1955).

[28] SUEIRO, D.; DÍAZ NOSTY, B.: *Historia del franquismo* (I, II), Sarpe, Madrid, 1986, p. 136 (I).

[29] O. c., p. 137. Cita a MARCOTTE, V. A.: *L'Espagne nationale-syndicaliste*, A. Puverz, Bruselas, 1943.

[30] DÍAZ, E.: "Pensamiento político español del siglo XX", *Historia de la teoría* (VI), Vallespín, F. (ed.), Alianza, Madrid, 1995, p. 509.

[31] De la entrevista a Gonzalo Fernández de la Mora en su intervención en el curso "Franco y su época", organizado por los Cursos de Verano de El Escorial de la Universidad Complutense de Madrid el 24 de julio de 1992.

[32] MIGUEL, A. de: *Sociología del franquismo*, Madrid, 1975, p. 237.

[33] CONDE, F. J.: *Representación política y régimen español*, Subsecretaría de Educación Popular, Madrid, 1945, reelaborado después con el título *Contribución a la doctrina del caudillaje*, Vicesecretaría de Educación Popular, Madrid, 1952, pp. 17-18.

[34] PAYNE, S. G.: *El catolicismo español*, Planeta, Barcelona, 1984, p. 218. A su vez cita a BERTRÁN GUEL, F.: *Preparación y desarrollo del alzamiento nacional*, Valladolid, 1939, p. 243, y TUÑÓN DE LARA, M.: *El hecho religioso en España*, Globe, París, 1968, pp. 134-135.

[35] ANDRÉS GALLEGO, J.: "El nombre ''cruzada'' y la guerra española", *Apuntes Revista Historia Contemporánea*, 8 (1988), Madrid, pp. 65-71; CASTRO ALBARRÁN, A.: *Éste es el cortejo... Héroes mártires de la Cruzada española*, Salamanca, 1937, p. 36.; Íd.: *Movimiento Nacional Español*, Burgos,

1938, pp. 58 y 59. SOUTHWORTH, H. R.: *El mito de la Cruzada de Franco. Crítica bibliográfica,* Ruedo Ibérico, París, 1963.

[36] SÁNCHEZ JIMÉNEZ, J.: *La España contemporánea* (I, II, III), Istmo, Madrid, 1991.

[37] PAYNE, S. G.: O. c., p. 226. Cita algunas de estas frases tomadas de CHAO REGO, J.: O. c.: *La Iglesia...,* pp. 26, 377-379. Del arzobispo de Valladolid: "La más santa que han visto los siglos" (30 de marzo de 1937) y [Los soldados nacionalistas son] "cruzados de Cristo y de España" (28 de marzo de 1937); del arzobispo de Granada: "Nos encontramos de nuevo en Lepanto" (octubre 1937); del arzobispo de Córdoba: "La cruzada más heroica que registra la historia" (30 diciembre de 1937); del obispo de Tuy: "No es guerra civil, sino cruzada patriótica y religiosa", y del obispo de Tenerife: "De cuantas guerras legítimas y santas registra la historia, ninguna más legítima y santa".

[38] SUEIRO, D.; DÍAZ NOSTY, B.: O. c., p. 176.

[39] RODRÍGUEZ AÍSA, M. L.: "La Carta del Episcopado" (XIII), "Historia 16", *Iglesia durante la Guerra,* edit. "Historia 16", Madrid, 1986, pp. 56-63. Íd.: *El cardenal Gomá y la guerra de España,* Consejo Superior de Investigaciones Científicas (CSIC), Madrid, 1981.

[40] AGUIRRE PRADO, L.: *La Iglesia y la guerra española,* Servicio Informativo Español (SIE), Ministerio de Información y Turismo, Madrid, 1964.

[41] *Acta Apostolicae Sedis* (1-IV-1939).

[42] En *ABC* (18 abril 1939), citado por SUEIRO, D.; DÍAZ NOSTY, B.: *Historia del franquismo* (I, II), Sarpe, Madrid, 1986, p. 15 (I).

[43] SUEIRO, D.; DÍAZ NOSTI, B.: O. c., p. 25 (I).

[44] LANNON, F.: *Privilegio, persecución y profecía. La Iglesia en España 1875-1975,* Alianza Editorial, Madrid, 1987, p. 241.

[45] GÓMEZ PÉREZ, R.: *Política y religión en el régimen de Franco,* Dopesa, Barcelona, 1976, pp. 199-200.

[46] BENNASAR, B.: *Historia de los españoles* (I, II), Crítica, Barcelona, 1989, p. 404 (II).

[47] RIDRUEJO, D.: *Escrito en España,* Losada, Buenos Aires, 1962, pp. 60-61.

[48] CARR, R.: O. c., p. 201.

[49] LANNON, F.: O. c., p. 245.

[50] RUIZ RICO, J. J.: *El papel político de la Iglesia Católica en la España de Franco,* Tecnos, Madrid, 1977, p. 76. Cita a CALVO SERER, R.: *Política de integración,* Rialp, Madrid, 1955, pp. 83-85.

[51] LINZ, J.: O. c., p. 23.

[52] TERRÓN MONTERO, J.: *La prensa de España durante el régimen de Franco. Un intento de análisis político,* Centro de Investigaciones Sociológicas, Madrid, 1981, pp. 27-39.

[53] IRIBARREN, J.: *El Derecho a la Verdad,* BAC, Madrid, 1968, pp. 3-4.

[54] LAÍN ENTRALGO, P.: *España como problema* (I, II), Aguilar, Madrid, 1948, y CALVO SERER, R.: *España sin problema,* Rialp, Madrid, 1949 (originariamente en revista *Arbor,* 45-46, IX/X-1949).

[55] DÍAZ, E.: O. c., p. 54. Destaca en una nota cómo en realidad, aunque el título de Calvo Serer parece una clara alusión a la contestación a Laín, sin embargo, el artículo de Calvo en *Arbor* era una respuesta a los comentarios que Antonio Tovar había hecho del pensamiento de Menéndez Pelayo, recopilando textos suyos y prologándolos en el

libro *La conciencia española,* Epesa, Madrid, 1948.

⁵⁶ CARR, R.; FUSI, J. P.: *España, de la dictadura a la democracia,* Planeta, Barcelona, 1979, p. 33.

⁵⁷ GÓMEZ PÉREZ, R.: *Política y religión en el régimen de Franco,* Dopesa, Barcelona, 1976, p. 156.

⁵⁸ RIDRUEJO, D.: "La vida intelectual española en el primer decenio de la postguerra", extra revista *Triunfo,* 507 (17-VI-1972), pp. 70-80.

⁵⁹ O. c., pp. 273-282.

⁶⁰ PEMARTÍN, J.: *¿Qué es lo nuevo?* (Edición anterior a la que hemos utilizado, Cultura Española, Sevilla, 1937, p. 80-81).

⁶¹ GOMÁ, I.: "La Cuaresma en España", en *Pastorales de la Guerra de España,* Rialp, Madrid, 1955 (Carta pastoral del Cardenal Primado el 30-I-1937).

⁶² PAYNE, S. G.: O. c., p. 220.

CAPÍTULO 2

¹ BERELSON, B. B., y JANOWICH (Eds.): *Reader in Public Opinion and Communication,* The Free Press, Glencoe, 1955 (ed. revisada en 1966).

² ARIAS-SALGADO, G.: Discurso pronunciado el 13-V-1957 en Mallorca.

³ ROIZ, M.: *Técnicas modernas de persuasión,* Eudema, Madrid, 1994, pp. 67-71. Resumiendo, BROWN, J. A. C.: *Técnicas de persuasión. De la propaganda al lavado de cerebro,* Alianza, Madrid, 1978.

⁴ RODA FERNÁNDEZ, R.: *Medios de Comunicación de Masas: su influencia en la sociedad y en la cultura contemporáneas,* Centro de Investigaciones Sociológicas (CIS), Madrid, 1989.

⁵ LAZARSFELD, P.: MERTON, R. K.: "Mass communication, popular taste and organized social action", en L. BRYSON (comp.): *The communication of ideas,* Harper, New York, 1948, pp. 55-118. Reeditado en W. SCHRAMM (comp.): *Mass communications,* Urbana, University of Illinois Press, 1960, pp. 492-513.

⁶ MURILLO, F.: *Estudios de Sociología Política,* Tecnos, Madrid, 1972, p. 136. Cita a *Droit Constitutionnel et Institutions Politiques,* París, 1959, p. 17.

⁷ CHINOY, E.: *La sociedad. Una introducción a la Sociología,* Fondo de Cultura Económica, México, 1961, p. 352.

⁸ TAUCIF, C.: *Periodismo y lucha de clases,* Akal, Madrid, 1973, p. 23.

⁹ TAUCIF, C.: O. c., citando a BERLO, D. K.: *El proceso de la comunicación,* El Ateneo, Buenos Aires, 1969, pp. 10-11.

¹⁰ ROIZ, M.: O. c., p. 91.

CAPÍTULO 3

¹ AGEL, H.; AGEL, G.: *Manual de iniciación cinematográfica,* Rialp, Madrid, 1958, pp. 214-225.

² "La UFA", en *Historia Universal del Cine,* Planeta, 1985, p. 395 (IV).

³ Una anécdota aclara bastante las intenciones de estos aparentes filmes históricos. Una de las películas producidas se titulaba *El Cid,* de tono fascista, en el que los soldados de fortuna aparecían uniformados con camisas negras y bajo un líder carismático unificando la Italia del siglo XVI.

⁴ Datos tomados de "Cine nazi y fascista", en *Historia Universal del Cine,* cap. 32, Planeta, Barcelona, 1982, p. 857-858 (VII).

[5] O. c., p. 856.

[6] La película y la obra de la famosa directora de cine se proyectó en la primera cadena de TVE, en el programa "Documentos TV", en el mes de mayo de 1995.

[7] O. c., p. 244.

[8] BARTHES, R.: *Le plaisir du texte*, París, 1973.

[9] ZIMMER, C.: *Cine y Política*, Sígueme, Salamanca, 1975, p. 140.

[10] "Recordando la revolución", en *Historia Universal del Cine*, tomo 3, Planeta, Barcelona, 1985.

[11] TORRES, A. M.: *Cine español 1896-1983*, Ministerio de Cultura, Dirección General de Cinematografía, Madrid, 1984, p. 86.

[12] ARMERO, J. M.: "El cine que el Caudillo dejaba ver a los españoles", en *Historia del Franquismo*, (2 t.), Historia 16, Madrid, 1976, p. 154 (I).

[13] LÓPEZ CLEMENTE, *Cine Documental Español*, Madrid, 1960.

[14] GIL, R.: "Si no cortabas el guión, no hacías la película", en *Historia del Franquismo*, Historia 16 (2 t.), Madrid, 1976, pp. 120-121.

[15] O. c., p. 104.

CAPÍTULO 4

[1] MOLES, A.: *La comunicación y los "mass media"*, Mensajero, Bilbao, 1975, p. 449.

[2] GÓMEZ MARDONES, I.: "NO-DO: el mundo entero (menos España) al alcance de todos los españoles", en *Tiempo de Historia 16* (V-1980), pp. 30-47, Historia 16, Madrid, 1988.

[3] BENEYTO, J.: "Arias-Salgado quiso crear una Prensa orientada hacia la doctrina cristiana", *Historia del Franquismo* (I, II), Historia 16, Madrid, 1976.

[4] PAREJA, V.: "NO-DO se extingue", *Ya*, Madrid, 1978; BENEYTO, J.: *Conocimiento de la información*, Alianza, Madrid, 1973, pp. 226 y 230.

[5] Los datos proceden de otro trabajo realizado con ocasión del 50 aniversario del NO-DO. TADEO, T. F.: "Se celebra el 50 aniversario de su creación. NO-DO, noticiario de una época", en *Telerradio* (IV-1980), pp. 24-26.

[6] GORDON, M.: "NO-DO cumple veinticinco años", *Ya* (I, 1968), Madrid. (Entrevista al director en funciones, Luis Figuerola Ferretti.)

[7] *Arriba* (30-I-1968), p. 15.

[8] *Noticiarios y Documentales Cinematográficos NO-DO*, Ministerio de Información y Turismo, Madrid, 1971, recoge en apéndice la lista de directores que realizaron algún reportaje para NO-DO: Rafael Campos de España, Rafael Escamilla Serrano, Rafael Feo Zarandieta, Augusto Martínez Torres, Carlos Puerto Arribas, Luis Revenga de Ancos, Juan Tamariz Martel, Alberto Carles Blat, Esteban Municio, Ana María Muñoz, José Ochoa Jorba, Paul Pickembach, Alberto Schommer García, Alfonso Ungría Ovies, Daniel Bohr Aratuz, Francisco Caro García, José Luis Font Martí, Jesús García Dueñas, Mamerto López Tapia, Antonio Mercero Juldaín, Raúl Peña Nalda, José Luis Rodríguez Díaz, Aurelio Rodrigo Antón, José Royo Jara, Francisco Tamames Lorenzo y Marcelo Tobajes López. Lista a la que habría que añadir otros nombres de otros realizadores como Ramón Marsats, Javier Aguirre, 'Jesús Fernández San-

tos, Jorge Grau, Ángel del Pozo, Francisco Summers, Jorge Feliú, Amando Osorio y Pío Caro Baroja, estos últimos citados en artículo de Pareja, V.: "NO-DO se extingue", *Ya* (18-XI-1979), p. 7.

[9] O. c.: *Noticiarios y Documentales Cinematográficos NO-DO*.

[10] Mirasierras, M. R.: "De la noticia al reportaje. Treinta años de NO-DO", en *Arriba* (3-I-1968), p. 19.

[11] O. c.: *Noticiarios y Documentales Cinematográficos NO-DO*.

[12] En el artículo ya citado de Tadeo, T. F.: ("NO-DO: Noticiario de una época", *Telerradio* (II-1993), Madrid.

[13] "NO-DO: Noticiario...".

[14] Ellwood, S.: "NO-DO, imagen del régimen", en *Historia del Franquismo* (I, II), *Historia 16*, Madrid, 1976, p. 118 (I).

[15] Beneyto, J.: *Conocimiento de la información*, Alianza, Madrid, 1973, p. 225.

CAPÍTULO 5

[1] Sopeña, A.: *El florido pensil*, Crítica, Barcelona, 1940, p. 133.

[2] Marquerie, A.: "NO-DO por dentro", en *Primer Plano*, 215 (26-XI-1944), p. 7.

CAPÍTULO 6

[1] Sánchez-Biosca, V., y Tranche, R.: "NO-DO: el tiempo y la memoria", en *Cuadernos de la Filmoteca*, n.° 1 (1993), Filmoteca Nacional, Ministerio de Cultura, Madrid, 1993.

[2] NO-DO, n.° 16 (19 abril 1943). Noticia ofrecida al final como suplemento al noticiario, según señala textualmente el guión.

[3] Centeno, F.: "Alfredo Marquerie, comentarista de NO-DO", en *Primer Plano*, 215 (26-XI-1944), p. 11).

[4] Ibáñez Martín, J.: *1939-1949, diez años de servicio a la cultura española*, Magisterio Español, Madrid, 1950, p. 778.

[5] De la entrevista a José Solís Ruiz, que fue ministro secretario general del Movimiento y de quien dependía, junto a otras actividades sindicales, el Sindicato del Espectáculo, y, por tanto, también NO-DO.

[6] Ellwood, S.: *Historia del franquismo* (I, II), Historia 16, Madrid, 1976.

[7] Ellwood, S.: "Franco y el NO-DO", en *Biblioteca de la Guerra Civil. Postguerra II: Aislamiento y pobreza*, Folio, Barcelona, 1996.

[8] Marquerie, A.: "NO-DO por dentro", en *Primer Plano*, 215 (26-XI-1944), p. 7.

[9] De la filmación hecha con Televisión Española (TVE) de la conferencia pronunciada por Ramón Serrano Suñer en los Cursos de Verano de la Universidad Complutense de Madrid, en El Escorial, en el mes de agosto de 1993.

[10] Sueiro, D., y Díaz Nosty, B.: *Historia del franquismo* (I, II), Sarpe, Madrid, 1986, p. 159 (I).

[11] Galinsoga, L. de: *Centinela de Occidente. Semblanza biográfica de Francisco Franco*, Madrid, 1956, pp. 443-445.

[12] Descola, J.: *Oh, España*, Argos-Círculo de Lectores, Barcelona, 1977, p. 314, citando *Los archivos secretos del conde Ciano*, p. 294.

[13] Vázquez Montalbán, M.: *Los demonios familiares de Franco*, Barcelona, 1987, p. 144.